样 书

Jiaotong Shigu Shuzihua Chonggou Lilun yu Shijian

交通事故数字化重构理论与实践

金先龙 张晓云 著

人民交通出版社

内 容 提 要

全书共九章:第一章分析了交通事故数字化重构技术的国内、外研究现状和发展趋势。第二章介绍了用于交通事故现场重构的摄影测量方法。第三、四、五、六、七章则分别讨论了用于交通事故过程重构的5种主流方法,包括:冲量/动量方法、能量/变形方法、多刚体模型方法、有限元模型方法以及行人数字模型方法。第八章和第九章主要研究了在交通事故数字化重构中需要用到的两种新技术:并行计算技术和远程计算技术。

本书体系完整、内容丰富、取材新颖。可供与交通事故处理、鉴定、分析、防范等相关的政府机关、研究机构、大专院校、交通警察、保险公司以及各类交通事故鉴定中心和交通事故物损评估中心的技术人员阅读参考,也可供汽车、摩托车等交通工具,公路、隧道、桥梁等交通建筑的规划、设计以及管理人员参考。

图书在版编目(CIP)数据

交通事故数字化重构理论与实践/金先龙,张晓云著.
北京:人民交通出版社,2007. 11
ISBN 978-7-114-06870-6

Ⅰ. 交… Ⅱ. ①金…②张… Ⅲ. 数字技术—应用—交通运输事故—处理 Ⅳ. U491. 31-39

中国版本图书馆 CIP 数据核字(2007)第 157465 号

书　　名: 交通事故数字化重构理论与实践
著 作 者: 金先龙　张晓云
责任编辑: 王振军　白　峭
出版发行: 人民交通出版社
地　　址: (100011) 北京市朝阳区安定门外外馆斜街3号
网　　址: http://www.ccpress.com.cn
销售电话: (010) 85285838,85285995
总 经 销: 北京中交盛世书刊有限公司
经　　销: 各地新华书店
印　　刷: 鑫正大印刷有限公司
开　　本: 787×1092　1/16
印　　张: 17.25
字　　数: 380千
版　　次: 2007年11月第1版
印　　次: 2007年11月第1次印刷
书　　号: ISBN 978-7-114-06870-6
定　　价: 45.00元

第一作者介绍

金先龙，男，博士，1961年8月出生。现任上海交通大学机械与动力工程学院、上海交通大学机械系统与振动国家重点实验室教授、博士生导师；上海交通大学高性能计算中心主任；上海超级计算中心上海交通大学分中心主任；全国专用汽车技术标准专业委员会副主任；中国计算机学会高性能计算专业委员会理事；上海市道路交通安全协会常务理事；上海市道路交通事故预防咨询专家等。

金先龙教授长期致力于利用计算数学、计算力学的最新理论，计算机科学与工程的最新技术，解决工程实际问题。在理论上，主要研究非线性结构动力学、流固耦合系统动力学的数值计算方法。在技术上，主要研究并行计算、网格计算和分布计算等高性能计算技术。在应用上，主要集中在交通运输安全工程领域，重点研究交通运输工具(汽车、轻轨车辆等)安全性的数值模拟、交通运输建筑(高速公路、隧道、桥梁等)安全性的数值模拟以及交通安全事故的数字化重构和再现等。

1985年至今，金先龙教授以第一作者或第二作者(第一作者是其指导的研究生)共发表学术论文120余篇，其中，SCI收录16篇，EI收录80余篇。参加编写了《汽车工程手册(基础篇)》、《专用汽车设计》、《专用汽车构造》、《国外专用汽车新技术》等专业图书和教材。

2000年至今，金先龙教授作为项目负责人和主要参加者先后承担了近20项国家和上海市的科研项目。其中包括：国家自然科学基金重点项目1项、国家自然科学基金面上项目2项、国家863计划课题4项、国家教育部博士点基金项目1项、国家科技部社会公益项目1项、上海市科委攻关项目3项、上海市信息委信息化专项6项等。有6项成果通过了上海市科委组织的专家鉴定，达到了国际先进水平。申请发明专利(已公开)10项，获得计算机软件著作权8项。

2005年，金先龙教授作为第一完成人的科研成果“基于超级计算机的结构动力学并行算法设计、软件开发与工程应用”获得了上海市科学技术进步奖一等奖。

第二作者介绍

张晓云，男，1975年5月出生，江苏镇江人，现任上海交通大学机械与动力工程学院讲师，中国机械工程学会高级会员。2004年毕业于上海交通大学车辆工程专业，获工学博士学位(导师：金先龙教授)，同年被评为上海市优秀毕业生。

2001年至今，张晓云博士作为主要研究成员参与了国家自然科学基金项目、教育部博士点基金项目、国家高技术研究发展计划(863计划)项目及上海市的多项科研课题，致力于汽车碰撞数值模拟、道路交通事故虚拟再现及工程CAE分析等方面的研究工作。2007年张晓云博士作为项目负责人承担了国家自然科学基金项目(50705058)“面向行人接触特征的车—人碰撞事故再现优化方法研究(2008.1~2010.12)”。

近五年来，张晓云博士以第一作者身份在《机械工程学报》、《Vehicle System Dynamics》等刊物上发表论文20篇，其中SCI检索期刊论文4篇，EI检索期刊论文15篇，ISTP检索论文3篇。

2005年，张晓云博士作为第五完成人的科研成果“基于超级计算机的结构动力学并行算法设计、软件开发与工程应用”获得了上海市科学技术进步奖一等奖。

前　言

世界范围内，交通事故经常发生，导致重大人员伤亡和财产损失。交通事故数字化重构技术的总体思路是：利用动力学原理、数值计算方法和计算机技术，根据事故发生后的现场遗留信息，推断事故发生时的初始条件，在此基础上模拟再现整个事故发生过程。

上海交通大学金先龙教授及其研究团队多年从事交通事故数字化重构技术的理论研究和应用推广工作，本书是近5年最新研究成果的总结。因此，本书作者在此要特别感谢这些研究成果的资助单位、合作单位和全体研究人员。

本书研究成果获得了国家和上海市多项科研项目的资助。其中，包括：国家自然科学基金项目(60174023)“汽车碰撞事故在超级计算机上的虚拟再现(2002.1～2004.12)”、教育部博士点基金项目(20010248008)“汽车碰撞事故在超级计算机上的虚拟再现(2002.1～2004.12)”、科技部社会公益项目(2004OIB2J046)“道路交通事故信息处理与现场重建研究(2005.1～2007.12)”、上海市信息化委员会信息化专项(200412)“安全事故防范的数字化公共平台及其应用(2004.9～2006.8)”、上海市科学技术委员会重大攻关项目(052112024)“数字技术运用于交通事故现场取证及事故再现研究(2005.9～2007.8)”。2007年又承担了国家863计划课题(2007AA11Z234)“行人交通事故的数字化重构技术及其应用示范(2007.8～2009.12)”和国家自然科学基金项目(50705058)“面向行人接触特征的车—人碰撞事故再现优化方法研究(2008.1～2010.12)”。

本书研究成果得到了上海超级计算中心、司法部司法鉴定科学技术研究所、上海市公安局交通警察总队等单位的大力支持和密切合作。上海超级计算中心提供了高性能计算机的硬件和软件资源；司法部司法鉴定科学技术研究所提供了大量交通事故案例和法医学鉴定结论，该研究所下属的上海道路交通事故鉴定中心的专家直接参与了交通事故数字化重构方案的确定和重构结果的讨论。上海市公安局交通警察总队事故防范处提供了部分案例和交通事故资料查询的便利，上海市公安局长宁分局交通警察支队、闵行分局交通警察支队和奉贤分局交通警察支队提供了交通事故现场取证的条件。

本书研究成果还包括了金先龙教授所指导的博士生和硕士生学位论文的部分研究内容。其中，包括：张晓云博士论文(2004年)“基于车身三维变形的汽车碰撞事故再现研究”、亓文果博士论文(2006年)“基于并行有限元和神经网络的汽车碰撞事故再现方法研究”、申杰博士论文(2007年)“汽车—行人碰撞事故再现研究与应用”、孙奕硕士论文(2004年)“汽车—乘员—约束系统碰撞安全性的数值模拟与匹配设计"、陆玉凯硕士论文(2005年)"摄影测量方法和有限元方法在汽车碰撞事故再现中的应用研究"、黄靖硕士论文(2005年)"汽车碰撞事故再现中车辆运动与乘员损伤的数值模拟研究"、喻学兵硕士论文(2006年)"道路交通事故远程仿真系统的研究"、杨群印硕士论文(2007年)"面向人体伤害的车—行人交通事故再现研究"。另外,在读研究生郭磊、刘军勇等也参与了本书的部分研究工作。

以本书研究成果作为主要内容之一,获得了2005年度上海市科学技术进步奖一等奖。

本书研究成果可应用于交通警察和司法鉴定部门的事故鉴定和处理,提高事故鉴定的客观性;可应用于司法机关对交通事故案件的审理,提高案件审理的公正性;可应用于保险公司的车险理赔,提高保险理赔的准确性;可应用于汽车等交通工具制造企业的新产品开发,提高交通工具的安全性;可应用于道路等交通设施的规划和设计,提高交通设施规划设计的合理性;可应用于对各类人员的交通安全培训,提高社会大众交通安全意识的警惕性。

真实交通事故是非常复杂的,受到许多不确定因素的影响。交通事故数字化重构技术还在不断发展和完善中,加之作者水平有限,书中难免存在错误和不足之处,敬请读者批评指正。

金先龙　张晓云

2007年8月

目　录

第一章　绪　论

第一节　交通事故数字化重构的目的与意义

随着社会的发展，科技的进步，带来了我国汽车工业的突飞猛进，但同时也导致了交通事故的大量发生。2000 年以来，我国交通事故相关统计数据如表 1-1 所示，统计数据表明我国交通事故死亡人数持续在高位徘徊，特别是从 2001 年～2004 年连续数年死亡人数突破 10 万大关，这使得我国成为汽车交通事故死亡人数最高的国家之一。交通事故的增加不仅给人们的生活、生产带来了巨大的损失，同时，交通事故处理的公正性和公平性也对我国和谐社会的建设提出了严峻的考验。

我国近年交通事故相关数据统计　表 1-1

年　份	事故次数（次）	死亡人数（人）	受伤人数（人）	直接经济损失（亿元）
2006	378781	89455	431139	14.9
2005	450254	98738	469911	18.8
2004	517889	107077	480864	23.9
2003	667507	104372	494174	33.7
2002	773137	109381	562074	33.2
2001	754919	105930	546485	30.9
2000	616973	93853	418721	26.7

综合分析我国目前道路交通事故现状，具有以下几方面的特点：

（1）机动车超速、客车超员、不按规定驾驶等严重违法行为依然是导致事故的主要原因。2006 年上半年全国因未按规定让行、超速行驶、违法占道行驶等交通违法行为导致的交通事故占死亡总数的 30.5%，主要原因在于交通参与者交通安全意识和法律意识淡薄。

（2）营运车辆交通事故数量大，特大事故居高不下，其中 2006 年上半年全国营运车辆肇事 55939 起，造成 16102 人死亡，分别占总数的 29.4% 和 38.4%，其主要原因在于交通运输市场机制不健全，道路运输企业安全生产责任制落实不到位，对运输车辆及其从业人员的安全监管效果不明显，在许多方面仍存在大量薄弱环节。另外，货运车辆盲目发展，无序竞争，超限超载现象普遍，屡禁不止。

（3）公路危险路段、安全防护水平低的路段事故突出。据统计，2006 年上半年全国有超过 50% 的交通事故发生在无隔离道路上，而一次死亡 10 人以上的特大事故中，坠车事故也达到 73.1%，其主要原因在于道路整体安全技术水平较低，低等级公路的交通安全设施缺乏，交通标志线和交通控制设施不完善。

(4)农村地区交通事故依然居高不下,主要表现在道路交通工具安全技术水平普遍偏低,摩托车、拖拉机等安全性能较差的机动车占较大比例。

(5)随着国内经济水平的提高,私用车辆交通肇事明显上升,而私用车辆驾驶员中有较大比例驾龄在3年以下。据统计,2007年1月至5月在重庆发生的交通事故中,私用车辆发生交通事故的频率最高,共发生事故1426起,其次是货运车辆发生的交通事故,共发生事故598起。交警部门从驾驶员的驾龄分析发现,3年驾龄内的驾驶员发生事故的次数最多,占事故总数的39%,其中在1年驾龄内的驾驶员所发生的交通事故次数占事故总数的15.38%。

根据我国道路交通事故的特点,如果在交通运输工具的设计、交通建筑环境的规划、交通管理法规的完善、交通安全意识的培养等几方面予以改进[1],可以有效减少道路交通事故总量,保护人民群众的生命财产安全,而在以上几方面开展工作必须对交通事故的发生机理进行深入地研究。

另外,交通事故的增加不仅给人们的生活、生产带来巨大的损失,而且增大了事故处理部门的工作量。道路交通事故的处理包括事故现场勘测、事故分析和责任认定三部分。事故现场勘测完成的主要任务是现场测量(包括事故现场定位测量及事故现场各事故元素的测量)、绘制现场图、拍摄现场照片等,而责任认定则以事故过程分析的结果为基础,以《中华人民共和国道路交通安全法》等法律法规的规定为依据,作最后的事故处理。事故处理的一个重要环节,即事故分析过程主要是根据事故现场的采集、记录、调查和分析,将事故涉及车辆由碰撞后的终止位置反推回碰撞过程,再反推回碰撞前的运动状态,来分析事故原因。重现道路交通事故的发生过程对事故起因分析和快速、公正地裁定事故责任具有重要意义。因此,如何根据现场遗留痕迹反推碰撞接触时刻及碰撞前的车辆或人体状态(包括行人、自行车骑车人或车内人员)成为事故分析的重要目标。

由于交通事故的多样性、复杂性和瞬时性,用传统计算方法对事故做定量分析其精度是很低的,很多事故现场提供的信息不能得到有效分析和综合利用。随着计算机硬件和数值模拟技术的发展,使通过数字化重构方法进行交通事故虚拟再现在技术实现上成为可能。利用数字化方法进行道路交通事故现场处理和过程分析具有事故防范的应用前景:第一,该方法可应用于交通警察和司法鉴定部门的事故鉴定和处理,提高事故鉴定的客观性;第二,可应用于司法机关对交通事故案件的审理,提高案件审理的公正性;第三,可应用于保险公司的车险理赔,提高保险理赔的准确性;第四,可应用于汽车等交通工具制造企业的新产品开发,提高交通工具的安全性;第五,可应用于道路等交通设施的规划和设计,提高交通设施规划设计的合理性;第六,可应用于对各类人员的交通安全培训,提高社会大众交通安全意识的警惕性。

第二节　交通事故数字化重构的现状与趋势

一、交通事故现场重构技术的现状与趋势

1. 手工测量方法

目前,交通事故现场勘察主要是靠人眼判断、手摸、皮尺量、手工绘图等传统方法,这样易发生漏测、错测、漏画、错画等现象,如图1-1所示。传统的现场勘察方法还受到环境、气

候和时间的限制，如交通事故发生在深沟地段或遇雨雪、浓雾天气以及夜晚等都将给现场勘察带来很大的困难。另外，随着高速公路、高架公路及桥梁的发展，对交通事故现场处理提出了更高的要求，即应在最短的时间内采集最多的事故现场信息，同时以最快的速度恢复交通畅通。

图 1-1 传统手工测量方法

传统的事故现场勘测方法还有一个较大的缺陷就是无法对事故现场信息进行二次提取。一旦勘察结束，现场即被撤除，若收集证据不全，或数据间发生矛盾时，则无法进行二次提取，使事故处理陷入困境。

当前，在交通事故现场开展工作的交警主要通过手工绘图的方式，这导致了事故现场资料存储、建档和检索极不方便，对于重大、疑难交通事故的处理缺乏系统、完整、形象化的依据，事故现场形象化恢复和数字立体再现等新概念就更难以实现，所以传统的事故现场勘察方法已经不适应当今交通事故快速处理的需要。

在过去的 10 多年当中，研究人员通过大量的研究和实验，并采用新技术（例如：全站仪、全球定位系统、激光测量装置、摄影测量等）来减少交通事故的影响和处理时间。尽管目前国内、外大部分交通警察仍然会首先使用传统测量方法，但是先进的数字测量方法作为交通事故现场快速处理的有效工具有着逐步取代现有传统方法的趋势。

2. 全站仪

自从 1990 年以来，许多国外的交通警察开始采用全站仪（Total Station）作为现场测量工具[2,3]。它通过电子转换装置发射红外光束到交通事故现场测量点标杆的棱镜上，在接收到棱镜反射回来的光束后，可以精确的测量和记录指定测量点的距离和角度等坐标信息。信息采集后被带回办公室，通过全站仪的配套软件将数据存入电脑，并通过相关 CAD 软件绘制交通事故现场图。

用全站仪进行交通事故现场测量由 3 个基本步骤组成：

（1）现场数据采集。

（2）数据传入电脑。

（3）绘制交通事故现场图。

该方法的局限性在于仪器价格普遍偏高，不便于携带，测量需要专门的技术知识，因此目前不适合在我国普遍推广。

3. 激光测量

由于交通事故现场处理的特殊性，人们越来越倾向于采用便携式的测量设备进行交通事故现场勘察。激光测量仪具有比传统的皮尺、测量轮等工具更快的测量速度、更高的测量精度。同时,相比全站仪,激光测量设备具有轻便易携带的特点,因此受到研究人员广泛地关注。

激光测量技术在交通事故快速处理中的应用包括激光测距和激光三维扫描,其中激光测距仪可以用于绘制交通事故现场图,激光扫描装置用于测量车辆变形[4]。

国内、外许多交警部门已经采用激光测距仪作为交通事故现场测量的工具,如:California Police Dept.、Oregon Police Department's Traffic Safety Team 和 Oregon Sheriff's Department 采用了"Laser Technology"公司的激光测量设备(如图 1-2 所示)。

图 1-2　激光测距仪的使用

激光测距与全站仪的操作类似,只是不需要标杆标定测定点。进行测量时,激光测距仪与专用的便携式计算机相连接,被一起固定在单脚支架上面。通过使用安装在计算机中的 CAD 数据采集和绘图软件,能够完成足够精度的交通事故现场测量。

图 1-3 是采用激光扫描仪进行交通事故车辆扫描的例子。

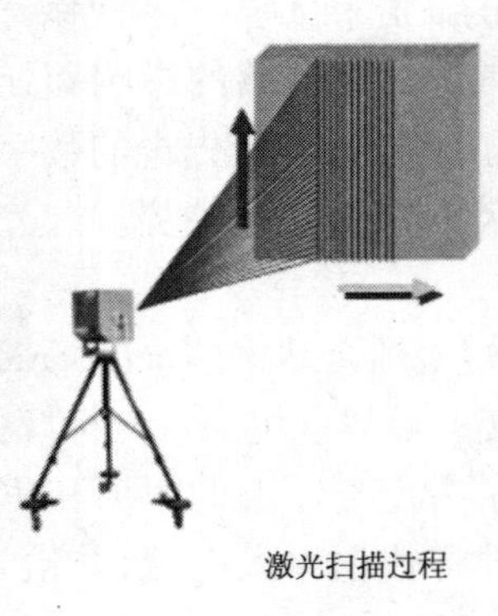

激光扫描过程

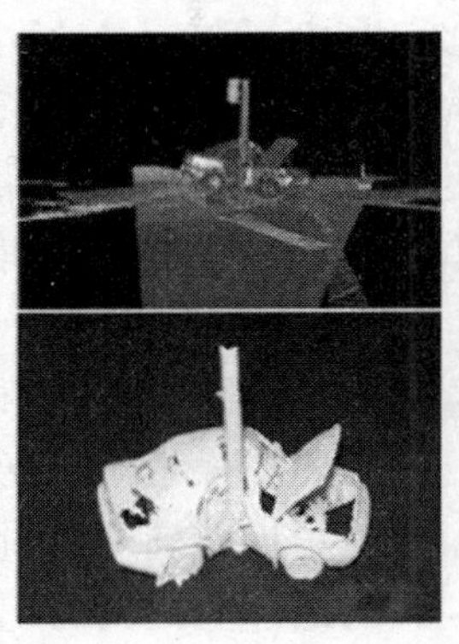

图 1-3　利用激光扫描仪测量事故车辆变形

4. 全球定位系统

虽然全站仪、激光测量等技术极大地缩短了交通事故现场勘察的时间,但是,在某些条件下,使用这些测量技术还是存在一定的不便,如:在测量较大的交通事故现场时,测量人员不能很好地衔接不同测量区域;另外,在比较恶劣的天气情况下,这些测量技术不利于保持测量的精度。全球定位系统(GPS)技术应用于交通事故现场测量能很好地弥补这些缺陷。它具有测量精度好、测量效率高等优点,能在任何恶劣天气中使用,同时可以有效地衔接较大的事故现场的不同测量区域[5]。

2002 年,美国国家道路交通安全局(NHTSA-National Highway Traffic Safety Administration)与 Optimus 公司在 SBIR 项目中开发了基于 GPS 系统的 AutoDOCS 系统。2003 年,特拉华州购买了第一套该产品用于交通事故现场的测量。

图 1-4 是 Optimus 公司为了验证 AutoDOCS 系统的测量精度而设计的实验,左边的是标准图,右边的是系统测量结果图。AutoDOCS 系统用了 10min,测量了 20 个点的坐标,由图 1-4 可知,测得的最大偏差是 5.1cm,平均偏差是 1.7cm,可以达到测量精度要求。

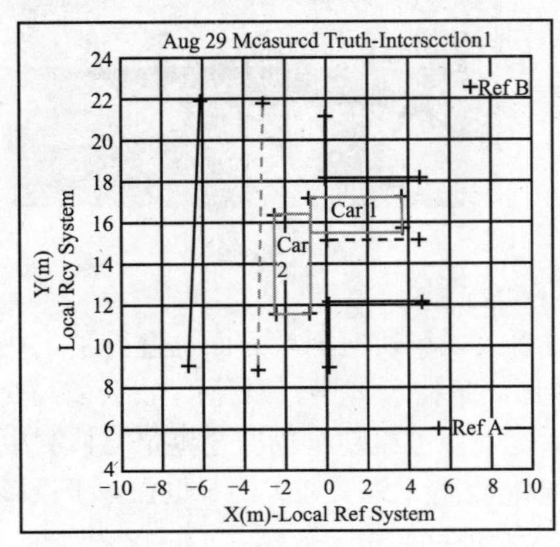

a)精确测量结果

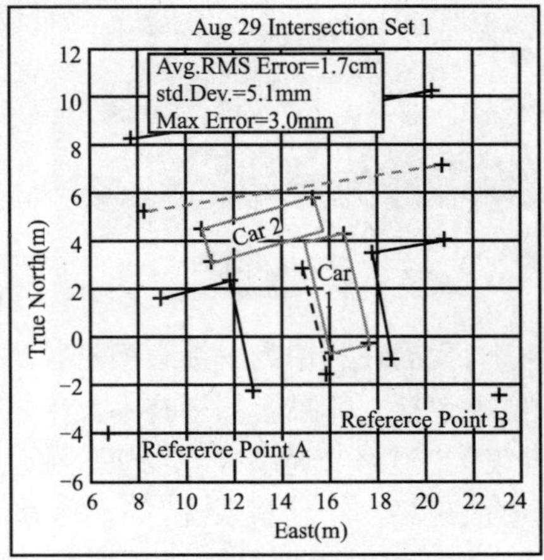

b)AutoDOCS 测量结果

图 1-4 GPS 测量交通事故对比试验

5. 摄影测量

摄影测量是基于人眼视觉原理将影像的灰度信号通过耦合装置 CCD 转换为数字信号,然后应用图像处理、模式识别、人工智能以及计算机视觉等方法获取研究对象资料的一门技术,摄影测量工作原理如图 1-5 所示。

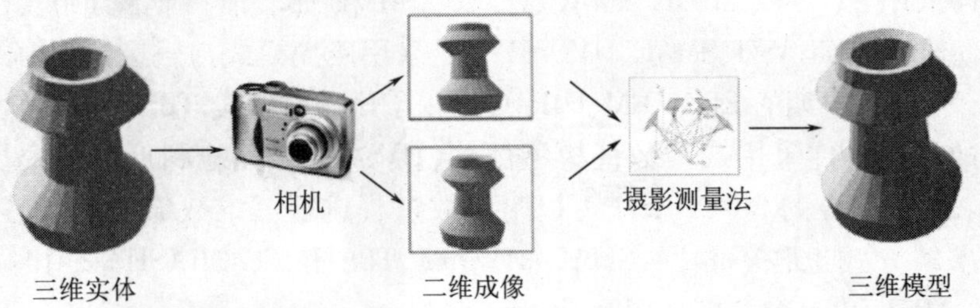

图 1-5 摄影测量原理示意图

对比其他测量方法如全站仪、激光测量、全球定位系统等,摄影测量方法具有仪器设备普及、测量过程简单等优势[6,7]。一般,根据测量对象和测量方式的不同,摄影测量可以分为远景摄影测量和近景摄影测量,如图 1-6 所示。

摄影测量技术在交通事故方面的应用主要包括:

(1)利用摄影照片测量事故现场。

(2)利用摄影照片测量车辆变形。

(3)利用摄影照片进行智能识别。

瑞典在 20 世纪 40 年代首先采用了摄影测量方法处理交通事故,德国等也相继展开了相关工作。在欧洲一些国家研究和应用的基础上，日本于1967年率先在世界上推出了第一辆采用摄影测量方法勘察交通事故现场的专用警车。1989年新加坡研究了利用非量测相机进行现场测量的方法。

a）远景摄影测量

b）近景摄影测量

图1-6　摄影测量示意图

近年来，我国在利用数字摄影测量技术对事故现场快速测量方面也进行了一些研究工作，其中主要包括立体摄影测量技术及单目摄影测量技术[8~10]，如石河子市公安局交通科学研究所开发的“道路交通事故现场快速测绘系统”、中国机动车辆安全鉴定与检测中心开发的“交通事故现场测绘勘察系统”等。另外，吉林大学、上海交通大学等也在基于摄影测量方法的交通事故现场快速测量领域开展了相关的研究工作。

二、交通事故过程重构技术的现状与趋势

近年来许多国家从能量、动量、实体的弹塑性变形等多个角度，根据碰撞阶段的特征参数（如车辆变形特性、回弹系数、接触面摩擦系数、碰撞中心等）以及从事故现场所拍摄的图像，建立了若干具有代表性的数值模型[11]，并且相继开发出了用于事故过程重构的应用软件，如CRASH、EES-ARM、HVOSM、IMPAC、SMAC、PC-CRASH和TBS等[12,13]。其中美国国家道路交通安全局资助研究的CRASH、SMAC、HVOSM等是采用碰撞模式与轨迹模拟模式来描述车辆碰撞前、后行为的；而早期的EES-ARM、IMPAC[14]仅采用碰撞模式；TBS则采用轨迹模拟模式。

多数事故重构软件采用二维数值模型解释，HVOSM和奥地利刑事研究所（Institute of Forensic Research）开发的PC-CRASH可以对事故过程进行三维数值显示。另外，现有事故重构软件的求解方式也各不相同，SMAC、HVOSM、TBS和PC-CRASH采用时间步骤分析，CRASH、EES-ARM和IMPAC则采用衡量问题求解。

由于交通事故形式多样，因此针对不同的事故类型所研究的事故重构方法也很多，以下为几种常用方法介绍。

1. 冲量/动量方法

基于冲量/动量原理的事故数字化重构方法以清晰的制动印迹或准确的停车位置为基本信息，并以此为优化目标，以汽车速度及初始接触位置等作为优化变量进行计算，当计算得到的制动印迹或停车位置与真实事故现场信息吻合时，则该状态下所对应的各项参数与真实情况接近。PC-CRASH[15]是该方法的代表性软件，可以对事故过程进行三维动画演示，并且可以通过调用数据库中不同型号汽车及外界环境模型，使事故过程得到更加形象地显示。

文献[16]开发设计的计算机碰撞模拟再现系统，根据车辆碰撞位置和停止位置、车体上

碰撞痕迹位置、驾驶员状态等事故现场实测数据，应用解析计算的方法，即把碰撞作用后瞬间事故车辆在地面坐标系中的速度和角速度作为车辆在碰撞作用后运动解析的初值，来计算碰撞车速（碰撞前瞬间的车速）及事故过程中的车辆运动行为。根据刚体平面碰撞理论，将汽车简化为单质量三自由度的平面碰撞模型，并假设碰撞前、后汽车在平坦、规则的水平路面上运动。该项研究所用的车轮—地面力学模型采用 G. Gim 和 P. E. Nikavesh 模型，车辆运动力学模型为二次元四轮模型。并在此基础上研究了含第二次碰撞[17]的计算模型。

文献[18]将汽车简化为刚体，即不考虑变形所产生的几何尺寸变化，运用动量平衡原理和动量守恒原理，研究了推算汽车碰撞速度的解析计算方法，并提出了两种图解的方法来推算碰撞前的汽车速度。

典型的冲量/动量分析方法具有如下特点：

(1)汽车质量必须已知，在大部分事故中，车的质量在事故发生前后不会有大的变化。

(2)汽车碰撞区域及终止位置必须明确。

(3)碰撞后方向可以通过轮胎印迹、事故现场的凹坑等物理信息获得。

(4)计算碰撞接触时刻到终止位置的减速度，碰撞后速度将可以通过此减速度及碰撞终止距离获得，在此将应用能量分析方法。

(5)如果碰撞前每辆车的方向是已知的，则通过动量方程可以得到车的速度，同样，如果其中一辆车的速度及运动方向是已知的，则可计算出另一辆车的速度及方向；

综上所述，基于冲量/动量原理的事故重构方法对事故现场的完好性提出了更高的要求，而在我国目前的交通状态下，为了保持道路的畅通，对未发生严重人员伤亡或物品损伤的交通事故必须快速撤离现场。同时，天气、雨水及过往人群也容易对事故现场造成破坏，因此该方法在应用方面受到了一定的局限。

2. 能量/变形方法

美国国家道路交通安全局资助开发的 CRASH（Calspan Reconstruction of Accident Speed on the Highway Program）是其中具有代表性的软件。在 CRASH 中假定汽车所受到的挤压力与汽车前端变形存在线性关系，碰撞中不考虑回弹问题，忽略碰撞前后汽车的旋转动能，忽略变形能以外的噪声、热等能量损失，假设碰撞过程结束时接触面有相同的速度。

在 CRASH 中，

$$F_C = A + B \cdot CR \tag{1-1}$$

式中：F_C——单位宽度上的力；

A、B——刚度系数；

CR——残余变形[19,20]。

如图 1-7 所示。车身变形测量主要通过均匀间隔的点对车身外部轮廓进行测量，图 1-8 中描述了正面碰撞变形、斜碰撞变形及汽车撞击柱体情况下的变形测量方法。

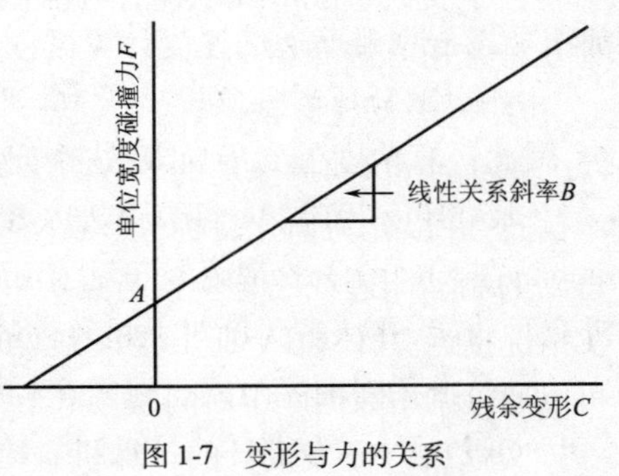

图 1-7　变形与力的关系

美国国家道路交通安全局做了大量的汽车碰撞固定壁的试验，根据汽车的大小和车型，将车辆分成不同的类，每一类通过碰撞固定壁的试验得到刚度

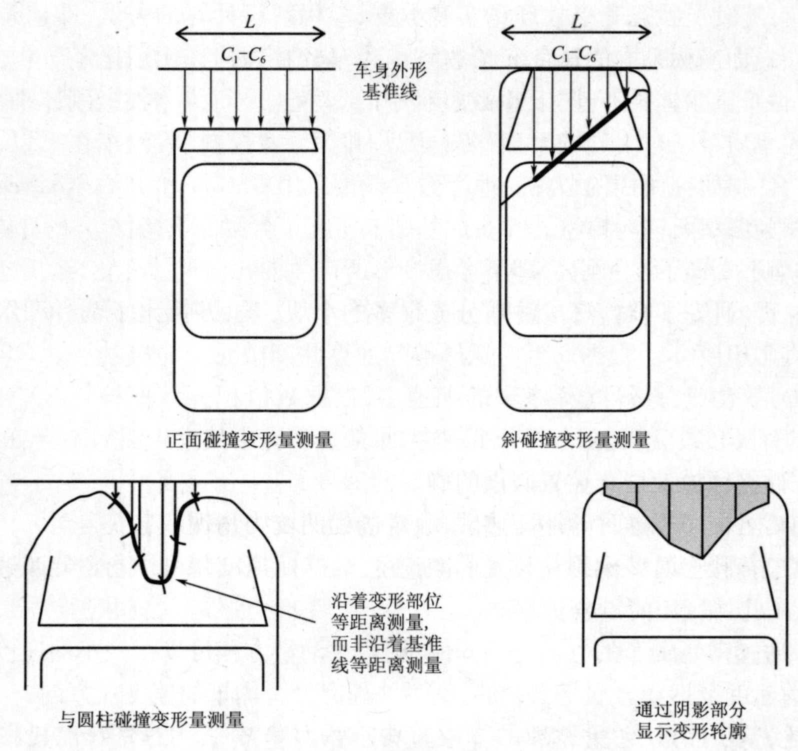

图 1-8 变形量测量

系数 A、B 的值[21~23],不同类型的汽车具有不同的刚度系数值,同样上式表示的线性关系也适用于汽车的追尾碰撞、侧面碰撞和偏置碰撞,只是汽车的正面、侧面和后面具有不同的刚度系数值[24~27]。

汽车的变形能 CE 可以用积分求出,这里假设汽车的变形特性不随汽车的宽度变化,且变形总是沿着汽车纵轴方向。各个汽车变形能的和就是碰撞过程中总的变形能,认为是碰撞过程的能量损失 E:

$$E = \int_0^L \int_0^C (A + B \times C)\,\mathrm{d}c\mathrm{d}l = A\int_0^L C\mathrm{d}l + B\int_0^L (C^2/2)\,\mathrm{d}l + A^2L/(2B) \tag{1-2}$$

然后根据能量守恒和动量守恒定律,可以得到碰撞过程的接近阶段速度变化(ΔV)和能量损失的关系,据此求得的 ΔV 为标量,用户自己确定等效冲量(整个碰撞过程汽车之间的接触力的时间和空间积分)的方向,此方向也就是 ΔV 的方向,然后用矢量加法可以根据碰撞后的速度计算碰撞前的速度,如图 1-9 所示。

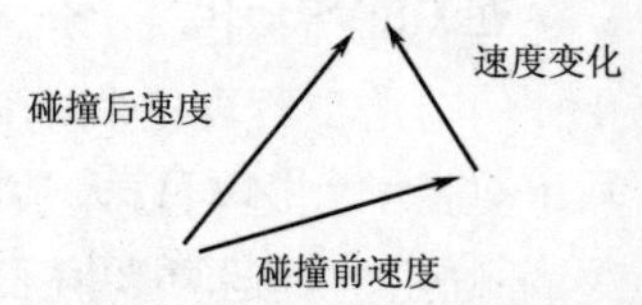

图 1-9 碰撞前速度求解示意图

由于 CRASH 软件假设挤压力与汽车前部变形成线性关系[28~30],没有考虑到回弹的影响,因此计算精度受到了局限,这个问题在不断发展中将予以完善[31~33]。

CRASH 有相应的升级版本如 CRASH3 等,美国 EDC 公司(Engineering Dynamics Corporation)在 CRASH3 的基础上开发了 EDCRASH 软件,降低了对计算机硬件的要求,增强了人机交互功能,并从多角度对上述软件的计算结果进行了对比[34]。

同样由美国国家道路交通安全局资助开发的 SMAC(The Simulation Model of Automobile Collision Program)软件[35,36]通过综合考虑车身变形和汽车运动轨迹来进行事故过程重构研究，该方法主要使用牛顿第二定律的数值积分求解。

SMAC 软件假定碰撞过程中汽车作平面运动，同时假设汽车为刚性质量块，周围被均质、各向同性的弹塑性材料层包围，接触力与汽车的动态变形存在线性关系，如式 1-3 所示。

$$F_S = K_V \cdot C_T \tag{1-3}$$

式中：F_S——单位宽度上的接触力；

K_V——刚度系数；

C_T——动态变形。

在碰撞过程的任一时刻，将接触面分成很多的小块，某时刻受力分析示意图如图 1-10 所示。根据此刻的变形情况计算此刻微元上的接触力，将接触力矢量合成，计算此刻汽车的加速度，根据数值积分计算整个碰撞过程的加速度变化，通过积分可得速度曲线。

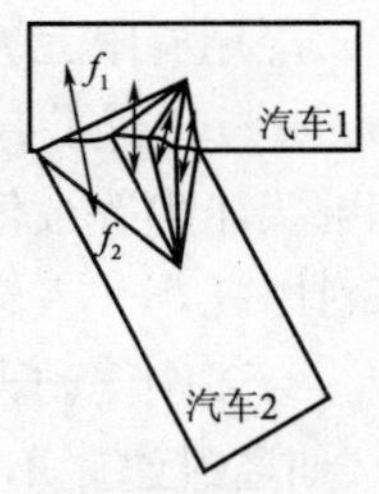

图 1-10　SMAC 模型受力示意图

SMAC 软件必须由使用者输入假设的碰撞前速度，这个初速度可以用 CRASH 或其他软件求解而得，然后根据碰撞过程的受力情况模拟碰撞过程的运动，按轨迹模型模拟碰撞后的轨迹。根据模拟结果和实际结果的差异修改初始值并反复迭代计算，直到车身变形与运动轨迹和现场遗留信息相吻合为止。

3. 多刚体方法

多刚体系统动力学方法是近 20 年来在经典刚体力学、分析力学和计算机技术基础上发展起来的力学分支。它以多刚体为研究对象，建立所研究系统的数值模型，对它们进行运动分析和动力分析。美国 EASI 公司的 EASI—MAD 和荷兰国家科学研究院研究开发的 MADYMO 等碰撞仿真软件都成功地应用了多刚体动力学理论。该方法的优点是模型简单、编程方便以及运算快捷，但是利用这种方法不能很好地体现出车身结构的变形特性，因此该方法在汽车碰撞仿真中通常用来对人体模型的碰撞响应进行分析。

多刚体动力学方法对交通事故进行分析主要用于模拟机动车—行人碰撞事故[37,38]。文献[39]应用多刚体动力学方法研究了汽车与行人碰撞动力学响应过程，特别是碰撞时行人的运动轨迹。通过分析与行人伤害部位相关的动力学响应参数包括速度、加速度、碰撞力以及行人头部伤害指标 HIC 值、胸部伤害指数 TTI 等，研究了动力学响应参数与行人损伤部位及其伤情严重程度之间的内在联系，预测和评估了事故中行人身体各碰撞部位的伤害风险。

文献[39]还对行人头部碰撞汽车前部的动力学响应进行参数研究，包括选取参数分析变量、确定仿真运算真值表、计算不同碰撞条件下的行人头部损伤动力学参数，分析了发动机罩盖和前挡风玻璃窗结构参数对行人头部动力学响应及头部损伤的影响，为保护行人头部的汽车前部结构设计提供了参考依据。

一般使用多刚体动力学方法进行事故分析主要是研究正问题，即假设初始条件下的碰撞问题，而很少运用此方法进行逆动力学问题研究，即事故过程重构问题的求解。

上海交通大学对基于多刚体动力学理论的逆动力学问题展开研究，并将此方法运用于多种类型的交通事故重构分析[40~42]。

4. 有限元方法

汽车和碰撞对象的弹塑性变形是碰撞事故留下的重要信息，其他建模方式很少考虑到材料的弹塑性特性。而采用很小积分时间步长的显式有限元算法不仅考虑到材料在高速运动下的应变率效应还考虑到材料的弹塑性特征。因此基于有限元方法的事故重构研究可以达到较高的计算精度。另一方面,事故车变形等信息相对于制动印迹而言更容易受到保护。同时,利用有限元方法进行事故重构研究可以通过三维动画形式进行结果显示,并且可以对前纵梁、挡泥板等关键吸能零部件在不同类型事故中的变形行为进行直观地考察。这一点是其他事故重构软件所无法做到的。因此,利用有限元方法进行事故重构研究将是对基于制动印迹信息的事故重构方法很好的补充。

应用有限元方法进行交通事故再现研究,英国运输研究实验室(Transport Research Laboratory)进行了有益的探索,他们在头部撞击摩托车试验的基础上根据撞击力、头部加速度和脑膜压力等数值建立了人体头部有限元模型,仿真结果和试验之间良好的相关性可以用来对摩托车—人碰撞事故进行重构分析[43]。

与多刚体动力学方法一样,有限元方法在交通事故分析中的应用主要集中于正问题分析,如通过建立车辆和行人的有限元模型来对车—人碰撞事故中的人体损伤进行分析[44,45]。尽管有限元方法具有精度高、可视性好等方面的优势,但是该方法在汽车碰撞事故重构领域没有得到广泛应用[46],主要是由于精细的有限元模型用于逆动力学问题研究需要耗费大量的计算时间,而这一点在高性能计算机及并行计算方法发展以前是不可接受的。

目前随着计算机硬件和软件技术的发展[47],使得有限元方法应用于道路交通事故数字化重构研究成为可能。文献[48]通过对某起机动车—固定物碰撞事故建立了包含车辆、固定物、碰撞环境及驾驶员的全三维有限元模型,通过结合使用响应面模型及均匀设计方法作为事故重构优化计算方法,通过计算得到了汽车碰撞速度及角度,同时也可以对驾驶员的人体损伤进行详细分析。文献[49]则通过使用神经网络模型对上述方法进行了改进,从而进一步减少计算时间,降低事故重构过程中的人工干预程度。

除了应用整体有限元模型以外,还可以通过局部有限元方法进行简化计算,即将事故中发生变形的部分建立有限元模型,而未发生变形的部分使用刚体模型进行替代。局部有限元方法可以有效减少计算时间,提高事故数字化重构的效率。文献[50]还通过有限元方法对基于能量/变形原理的事故重构方法中的关键参数进行求解。

5. 数字化假人方法

1)数字化假人的主要建模方法

行人交通事故的数字化重构需要数字化假人模型来模拟行人,假人模型不仅需要能适应人体运动学分析,而且能进行人体损伤分析。因此,数字化假人必须具有很高的计算效率,能适应不同载荷环境,能符合人体的各项生物力学特性,还要能提供必要的输出作为损伤指标的计算依据。按建模方法分类,数字化假人模型可以分为多刚体模型和有限元模型。

多刚体假人模型的主要特征就是用集中质量代替人体的主要环节,通过动力学铰链实现各部分的连接,并且通过集中质量上附着描述人体几何外形的椭球面来模拟人体与周围环境之间的相互作用。为了保证假人的生物逼真性,质量参数、铰链特性和椭球面接触特性都是根据人体生物力学试验获得。因此,多刚体假人模型具有计算效率高、鲁棒性强、建模简单等优势。经过近30年的不断改进和有效性验证,多刚体假人的建模和应用研究已经趋于成熟,逐渐被人们所接受。常见的多刚体假人模型有TNO假人、JARI假人、Chalmers假人，它们分别是荷兰国家应用科学研究院（Netherlands Organization for Applied Science Research）、日本汽车研究所（Japan Automobile Research Institute）和瑞典查尔摩斯科技大学（Chalmers University of Technology）的研究成果。

有限元假人模型是利用有限元网格离散人体组织。理论上来说，有限元网格划分得越细，模型考虑得越复杂，假人的计算精度就越高，但是计算的成本也随之增加。比较著名的有限元假人是HUMOS假人和THUMS假人。HUMOS假人属于欧盟第四框架计划项目“HUMOS人体有限元模型”，该项目于1997年启动，目标是建立通用的有限元人体模型，研究和总结人体几何学、运动学、生物力学等方面的知识以及相应的仿真方法。THUMS假人是日本丰田公司开发的有限元假人模型。以上两种模型都属于大规模的有限元模型，包括人体骨骼、肌肉、韧带、皮肤、内脏和脑组织，而且经过严格的实验验证，具有很高逼真度。

2）数字化假人建模技术的国外发展现状与趋势

数字化假人最初是用于评价汽车车内乘员的安全性。1963年，McHenry[51]建立了二维的多刚体乘员模型，将其车辆模型和乘员约束系统模型整合后进行仿真计算。1975年，美国国家空军实验室[52]建立了三维多刚体假人ATB（Articulated Total Body），后被包括在LS-Dyna软件包内，被广泛应用于乘员安全的仿真试验。由于该假人的姿势不受限制，因此可以应用于站姿或坐姿的情况。后来，随着ATB拟人试验装置的发展，越来越多的机构和单位开始以实车碰撞试验用假人为原型，建立它们的数字仿真模型。荷兰国家应用科学研究院（TNO）[53]采用多刚体系统动力学方法构建人体运动系统，用椭球面模拟人体几何外形，建立了HybridIII多刚体假人。TNO[54]提出以刚性的有限元曲面代替椭球面，建立了可以更精确模拟人体几何外形的Facet假人模型。通用汽车公司[55]和美国国家道路交通安全局[55]分别建立了HybridIII假人的有限元模型。该模型可完全满足现有的汽车安全法规的要求，可对头部、颈部、胸部、大腿等部位的损伤进行预测。德国汽车研究组织（FAT）[56]根据侧碰假人USSID、EUROSID-1和EUROSID-2，建立了相应的有限元假人模型，并进行实验验证。另外，如LSTC、ESI、Mecalog等公司也分别结合各自的有限元仿真求解器LS-Dyna、PAM-CRASH和Radioss建立了不同版本的数字化假人。

行人数字化假人也是最近一段时间内的研究重点。目前的汽车安全法规，如欧盟法规2003/102/EC和日本的《步行者头部保护基准》，只要求利用行人子系统撞击器试验（Subsystem Model Test）评估行人安全性，因此数字化行人假人也以子系统模型为主。子系统模型是指模拟人体关键部位的仿生碰撞器，用它来与汽车前部结构进行碰撞，以预测真实车—人碰撞事故中的损伤情况。Neal[57]、Takahashi[58]、Konosu[59]等分别建立了行人子系统撞击器的有限元模型，并进行了验证。Konosu[60]、Yoshida[61]、Holding[62]分别将EuroSID侧碰假人、ATB多刚体假人、HybridⅡ前碰假人模型应用于行人安全研究。Kuehn[63]提出利用混合试验方法评价行人安全性，首先用行人整体模型确定关键区域，然后用子系统模型进行评价。

3）数字化假人技术的国内发展现状与趋势

在国内，吉林大学、清华大学、湖南大学、同济大学、上海交通大学等高校都已经将HybridIII数字仿真假人广泛应用到汽车碰撞安全性数值模拟实验中。湖南大学[64]应用多体系统动力学及动态显式有限元的混合方法，建立了适用于汽车前碰仿真的乘员有限元模型。该假人各主要部分由铰链连接，利用壳单元表示人体几何外形，并采用有限元的接触算法。江苏大学[65]对侧碰假人EuroSID-Ⅰ有限元模型进行了修正，并按假人标定试验要求对其进行了全面的验证。另外，国内的学者在行人子系统撞击器模型的改进和应用上进行了相关研究[66~68]。清华大学[69]根据多刚体动力学方法，开发了"汽车碰撞人体运动响应"软件系统，其中包含了多刚体的行人整体假人。上海交通大学[70]也正在建立可用于碰撞分析的"中国力学虚拟人"，该假人将会是一个中国标准人体的"骨骼—肌肉—韧带"生物力学系统，全身骨骼将会由有限元模型表示。由第一军医大学等[71]单位承担的"中国数字化虚拟人"项目也正在进行当中，该项研究主要目标是将人体结构数字化和可视化，建立符合中国民族特点的多层次数字化虚拟人体模型，预计可为中国力学虚拟人的建立提供先期的支持。

6. 其他方法

交通事故数字化重构技术除了上述几种主要研究方法之外，还有些适用于特定事故类型的数值研究方法。

1）离心力分析方法

当汽车沿弯道行驶时，随着速度的增大及转弯半径的减小，离心力将增加，如图1-11所示。

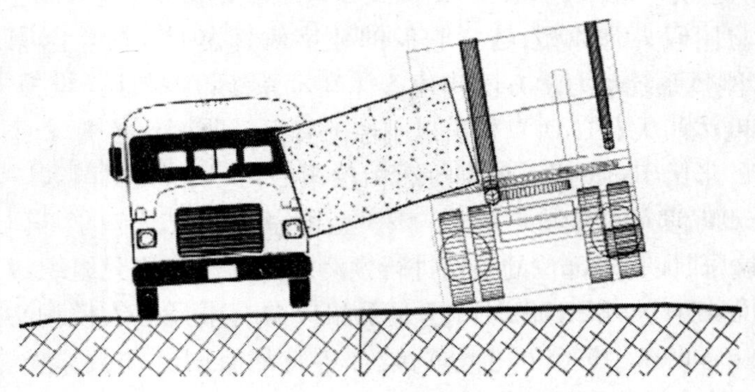

图1-11　弯道行驶时由离心力导致的事故示意

离心力分析方法可以对车辆翻滚问题进行重构分析，而更重要的一点是利用此方法将可以对弯道部分进行合理限速。转向、制动及悬架将对汽车所受离心力造成重要影响，突然的转向将减小旋转半径，从而导致重心移动，最终造成翻车事故，制动则可以在轮胎脱离安全轨迹时降低车速。

2）弹射和跌落分析方法

当汽车和物体脱离地面支撑时称为"弹射"，在开始坠落之前，物体将保持原有的水平速度。该方法适用于以下范围：①车—行人碰撞；②骑车人与车分离；③汽车在堤坝上行驶并跌落水中；④在沟渠及悬崖上行驶并坠落，如图1-12所示。该方法的基本原理是当汽车和被碰撞物体一旦脱离地面时，在空间运动将遵循弹道学原理。在使用该方法时，大部分情况下空气阻力及风速影响忽略不计，但是当高速运动或者研究对象密度远低于汽车及人时，其影响是显著的。为了提高计算精度，必须确保弹射角度及水平方向运动距离测量的准确性。在汽车脱离地面之前，如果行驶在非平坦的路面上或者与路边护栏碰撞，则弹射角度很难准确得到，而汽车的旋转也会影响到弹射起始点到落地点的距离判断，上述两点在水平运动距离不是很长时尤其显著[72,73]。

图 1-12　弹射及坠落过程示意

交通事故中行人及抛撒物的抛距同样为计算车速提供了有用的信息。

文献[74]通过骑自行车的假人模型和汽车($v=25\sim43\text{km/h}$)碰撞得到了汽车玻璃以及人体模型抛距、移动距离和车速之间的对应关系,为自行车和汽车相撞的车速鉴定提供依据。

文献[75]认为在交通事故中,抛撒物在它们第一次撞击地面后,仍在向前继续运动,根据它们的大小和形状以及路面材料的差异,运动过程可能同时含有 3 种分量:滑动、滚动和弹跳。文中给出了碎片 3 种运动形式下的数学模型以及适用范围,即用于计算沥青或水泥路面上汽车与行人、汽车与自行车碰撞事故中的汽车行驶速度。

在某些情况[76]下,应用该方法具有很大的局限性,例如,汽车完全正面或追尾相撞时,可能大多数碎片受碰撞对象的遮挡,因此在这种情况下抛距不能用于推算车速。

3)几何与时间分析方法

随着 ABS 的广泛使用,在发生交通事故时,路面的制动印迹显得很模糊或者根本就不存在,因此传统的依赖路面制动印迹的分析方法的实用性就有所下降。此时事故分析者将可能会利用视觉和反应时间的关系去推算车速[77]。

在一定的环境条件下,驾驶员看到前方的物体是有一定的距离限制的,最长的这段距离称为反应距离(Perception / Reaction Distance,简称 PRD)。

当驾驶员到达这个反应距离的时候,就会识别此物体,便决定采取适宜的行动(包括制动和转向)。在此,假设驾驶员采取了制动方案,但从驾驶员准备制动到实际的制动器起作用,会有一段时间滞后,这段时间就称为反应时间(Perception / Reaction Time,简称 PRT)。

在反应时间内,汽车会行驶一段距离,这段距离即为反应距离。

$$\text{PRD}=v_0\cdot\text{PRT}\tag{1-4}$$

式中:v_0——汽车初速度。

在汽车以速度 v_0 开始制动时,该起始点到汽车完全停止的终止点之间的距离称作制动距离(Brake Distance,简称为 BD)。

$$\text{BD}=v_0^2/(2\cdot\mu\cdot g)\tag{1-5}$$

式中:μ——路面摩擦系数。

反应距离和制动距离的和称为避让距离(Avoid Distance,简称 AD)。

$$\text{AD}=\text{PRD}+\text{BD}\tag{1-6}$$

PRD 及 PRT 数值通过大量试验数据统计而得,而且在夜间发生的交通事故与视觉的关系更为密切,因此对夜间的 PRD 和 PRT 研究显得更为重要[78]。

比较 PRD 和 AD 的大小：

当 PRD < AD 时，就说明驾驶员没有足够的时间让汽车制动到静止，碰撞难以避免，驾驶员没有责任；当 PRD > AD 时，就说明驾驶员有足够的时间来让汽车制动到静止，碰撞可以避免，则驾驶员有责任。

以上即是几何与时间分析方法的基本原理。该方法可以用于缺少清晰及完整的制动印迹的事故处理，但是考虑到事故当事人证言的客观性，该方法通常作为事故鉴定的辅助手段。

4）分类及实车碰撞经验公式求解

文献[79]采用间接描述碰撞阶段的特征参数，将典型的事故状态分为单车事故、汽车与汽车、汽车与两轮车等十大类。每大类又分成相应的子类，如汽车与汽车大类可分成迎面对心、迎面偏置、前斜侧撞等 10 个子类，然后根据每一类的特点建立了分类（CM）碰撞模型。在事故分析的时候，根据不同的情况应用不同的模型参数，文献通过利用日本汽车研究所的整车碰撞实验数据对模型参数进行了验证。

文献[80]分别对摩托车正面和侧面与汽车相撞进行了研究。当摩托车与汽车正面碰撞时，忽略汽车前部变形，认为动能损失与摩托车前部变形吸收的能量相等。由实车碰撞试验得到摩托车在碰撞过程中速度的变化量与加速度的关系，同时结合现场勘察的摩托车变形量求出两车相撞前的相对速度。同时有资料表明，不同型号的某摩托车（90 ~ 218kg）对轿车直角侧面碰撞所造成的摩托车变形量与摩托车速度成线性关系。由此可方便地计算碰撞前摩托车及汽车的速度。

5）碰撞数据记录仪

现代汽车大多安装安全气囊、ABS 等电子装备系统，这些系统在事故发生时记录了关于汽车状态的重要信息，因此可以利用此信息进行事故的合理分析。这些数据信息可以通过专门的设备和软件进行下载和处理。但是，该方法最大的缺陷是最初的数据获取系统没有统一的标准，各厂商的设备大不相同，因此，对该方法的推广普及造成了一定的困难。20 世纪 90 年代初期，美国汽车工程协会（SAE）公布了汽车与数据获取设备接口的标准，目前的接口标准是 OBD II（On Board Diagnostics Version II）。

对于事故重构而言，最有用的数据信息来自于安全气囊或“辅助约束系统”的控制器[81]。安全气囊在汽车发生碰撞时必须及时引爆来保护乘员，因此它有一个电子控制器处理来自许多传感器的不同信息。这些信息存储在电子存储器中，在事故发生后，存储器中记录了事故发生前 5 ~ 10s 的信息，这些信息可以被下载下来进行处理，用于确定汽车在碰撞前及碰撞过程中的运动行为。同样，由于各汽车生产厂商执行标准的不同，该方法目前在国内尚未得到推广。但是，随着汽车电子技术的发展，该方法将会得到更好的应用。

第三节　本书内容安排

根据交通事故的分析流程及所采用研究方法的不同，本书各章主要研究内容如下：

第一章首先介绍了交通事故数字化重构的目的与意义。同时对国内、外交通事故数字化重构技术的研究现状和趋势进行了概述；

第二章提出了适用于道路交通事故现场及车身、固定物变形量信息提取的摄影测量方法，通过对3起具体交通事故案例的分析验证了该方法的可行性，与传统方法相比，该方法具有速度快、精度高、可重复性好等优点；

第三章将冲量/动量原理运用于交通事故数字化重构分析，以车辆制动印迹、停止位置等信息为优化目标，通过优化计算得到了车辆速度、接触碰撞初始位置等相关信息，并将该方法在3类典型碰撞事故中进行了应用，并通过多种方法对计算结果的可靠性进行了验证；

第四章将能量/变形原理运用于交通事故数字化重构分析，以车辆外部轮廓变形作为基础信息，根据车辆速度与变形量之间的近似线性关系得到真实碰撞事故中的车辆运行速度，并将此方法在正面碰撞、侧面碰撞及追尾碰撞等3类碰撞事故中分别进行了应用；

第五章将多刚体动力学理论运用于交通事故数字化重构分析，以人体损伤为主要研究对象，通过具体案例分析，将3起碰撞事故中的人体损伤数值模拟结果与法医鉴定结果相比较，从而对人员致死原因给出了相应的力学解释；

第六章主要探讨了交通事故中占有较大比例的机动车—行人碰撞事故，提出了面向受害人体形特征的假人建模方法。同时为了解决试凑法计算效率低、人工参与程度高的缺点，提出了车-人碰撞事故再现优化方法，并将此方法在具体案例中进行了运用；

第七章提出了利用有限元理论进行交通事故数字化重构的方法，同时为了解决该方法中存在的计算时间长、人工参与程度高等缺点，又进一步提出了利用神经网络模型进行事故重构分析。该方法最大的优势在于可以通过真实事故案例分析，为汽车设计部门在结构设计、材料选取及加工工艺确定等方面提供数值参考；

第八章为了解决有限元计算中存在的单次碰撞计算时间长等缺陷，提出了适用于高性能计算机的并行计算方法，其关键技术包括基于接触均衡的区域分割方法和临界子区域数的确定，并通过具体实例进行了分析应用；

第九章提出了交通事故的远程计算方案，其主要内容包括运用XML技术进行事故车辆和事故场景的网络化建模，运用Web技术进行交通事故的远程计算，并通过典型的机动车碰撞事故案例，对该系统的应用流程进行了介绍。

参考文献

[1] Wang Z G. A survey of road traffic injuries. The 3rd International Forum of Automotive Traffic Safety[C]. Shanghai, P. R. China, 2004: 1-8.

[2] Nee J, Carson J L, Legg B B. Technology transfer success story: Total station use for accident investigation[J]. IET Journal(Institution of Transportation Engineering), 1997, 67(6): 28-30.

[3] Agent K R., Deacon J A, Pigman J G, et al. Evaluation of advanced surveying technology for accident investigation[R]. Transportation Research Record, 1995, 1485: 124-133.

[4] Gilbert R K, Gerber G L, Pont W F, et al. Measurement of vehicle trajectories using 3D laser radar[C]. Proceedings of SPIE-The international society for optical engineering, 1995, 2344: 30-41.

[5] Shrestha R. Traffic accident vehicle position location on Florida's highways using differential GPS[C]. Proceeding of ION GPS, 1994, 1: 547-554.

[6] Stephen F, Wendy J, James L, et al. Using digital photogrammetry to determine vehicle crush

and equivalent barrier speed[C]. SAE 1999-01-0439,1999.

[7] Kerkhoff J F. Photographic techniques for accident reconstruction[C]. SAE 850361,1985.

[8] 陆玉凯,金先龙,侯心一. 数字摄影测量技术在交通事故再现中的应用[J]. 计算机辅助设计与图形学学报,2005,17(10):2318-2322.

[9] 鲁光泉,李一兵,黄山. 变形车辆自标定三维重建的建模研究[J]. 汽车工程,2007,29(2):128-131.

[10] 李江,汪国宪,李洪才. 摄影测量技术在交通事故再现中的应用[J]. 中国公路学报,1995,8(1):39-41.

[11] 张晓云,金先龙,张淑敏. 有限元方法在汽车碰撞事故再现中的应用展望[J]. 农业机械学报,2004,35(6):206-210.

[12] Aparicio F, San Roman J. L, Diaz V. Theoretical model to analysis the collision of an automobile vehicle[J]. International Journal of Vehicle Design,1996,17(4):415-429.

[13] Lozana J A, Vera C, Félez J. A computational dynamical model for traffic accident reconstruction[J]. International Journal of Vehicle Design,1998,19(2):213-227.

[14] Woolley R L. The "IMPAC" computer program for accident reconstruction[C]. SAE 850254,1985.

[15] Stephan H, Moser A. The collision and trajectory models of PC-CRASH[C]. SAE 960886,1996.

[16] 魏朗,陈荫三等. 车对车碰撞事故再现计算机模拟系统的研究[J]. 中国公路学报,1996,9(4):105-110.

[17] 魏朗,陈荫三等. 含第二次碰撞的车对车碰撞事故模拟计算模型研究[J]. 汽车工程,2000,22(1):38-41.

[18] 许洪国,施树明,潘洪达. 利用动量原理求汽车碰撞速度方法[J]. 中国公路学报,1997,10(1):105-109.

[19] Cheng P H, Secs M J, Wiechel J F, et al. An overview of the evolution of computer assisted motor vehicle accident reconstruction[C]. SAE 871991,1987.

[20] Nystrom G A, Kost G, Werne S M. Stiffness parameters for vehicle collision analysis[C]. SAE Transaction,1991,100:169-176.

[21] Day T D, Hargens R L. An overview of the way EDCRASH computes delta-V[C]. SAE 870045,1987.

[22] Strother C E, Woolley R L, et al. Crush energy in accident reconstruction[C]. SAE 860371,1986.

[23] Strother C E, Woolley R L, James M B. A comparison between NHTSA crash test data and CRASH3 frontal stiffness coefficients[C]. SAE 900101,1990.

[24] James A N. A comparison of crush stiffness characteristics from partial-overlap and full-overlap frontal crash tests[C]. SAE 1999-01-0105,1999.

[25] James A N. Crush stiffness coefficients, restitution constants, and a revision of CRASH3 &SMAC[C]. SAE 980029,1998.

[26] James A N, James E F. A method for determining crush stiffness coefficients from offset frontal and side crash tests[C]. SAE 980024, 1998.

[27] James A N, James E F, Howard W. Impact analysis based upon the CRASH3 damage algorithm[C]. SAE 950358, 1995.

[28] Raymond M B. A review of impact models for vehicle collision[C]. SAE 870048, 1987.

[29] Ishikaw A H. Impact center and restitution coefficients for accident reconstruction[C]. SAE 940564, 1994.

[30] Ishikaw A H. Impact model for accident reconstruction-normal and tangential restitution coefficients[C]. SAE 930654, 1993.

[31] Struble D E. Generalizing CRASH3 for reconstructing specific accidents[C]. SAE 870041, 1987.

[32] Fonda A G. Energy and major diversion in accident reconstruction[C]. SAE 960888, 1996.

[33] Brach R M. Energy loss in vehicle collisions[C]. SAE 871993, 1987.

[34] Day T D, Hargens R L. Differences Between EDCRASH and CRASH3[C]. SAE 850253, 1985.

[35] Mchenry B G, Mchenry R R. SMAC97 refinement of the collision algorithm[C]. SAE 970947, 1997.

[36] Day T D, Hargens R L. An overview of the EDSMAC4 collision simulation model[C]. SAE 1999-01-0102, 1999.

[37] Wijk J, Wismans J, Maltha J. Madymo pedestrian simulations[C]. SAE 830060, 1983.

[38] Yang J K, Lövsund P J. Development and validation of a human-body mathematical model for simulation of car-pedestrian impacts[C]. Proc. of the International IRCOBI Conference on the Biomechanics of Impacts, Hannover, Germany, 1997.

[39] 李莉. 汽车与行人碰撞事故调查分析及仿真研究[D]. 博士学位论文, 湖南大学, 2006.

[40] 申杰, 金先龙, 郭磊, 等. 基于乘员运动的事故再现[J]. 上海交通大学学报, 2006, 40(6): 963-965.

[41] 郭磊, 金先龙, 申杰, 等. 汽车—自行车碰撞事故三维仿真再现研究[J]. 振动与冲击, 2006, 25(6): 66-70.

[42] 申杰, 金先龙, 张晓云, 等. 大客车对行人碰撞事故再现研究[J]. 汽车工程, 2006, 28(1): 64-67.

[43] Kang H S, Willinger R, Diaw B M, et al. Validation of a 3D anatomic human head model and replication of head impact in motorcycle accident by finite element modeling[C]. Proceeding of Stapp Car Crash Conference, 1997: 329-338.

[44] Howard M, Watson J, Hardy R. The simulation of real world car to pedestrian accidents using a pedestrian humanoid finite element model[J]. International Journal of Crashworthiness, 1998, 3(4): 347-357.

[45] Hardy R, Watson J, Howard M. Developments in the simulation of real world car to pedestrian accidents using a pedestrian humanoid finite element model[J]. International Journal of Crashworthiness, 2000, 5(3): 103-117.

[46] Allen R Y, Terry D D. The DYMESH method for three-dimensional multi-vehicle collision

simulation[C]. SAE Transaction,1999,108:365-382.

[47] 亓文果,金先龙,张晓云,等. 冲击-接触问题有限元仿真的并行计算[J]. 振动与冲击,2006,25(4):68-72.

[48] 张晓云,金先龙,亓文果,等. 基于关键点变形的汽车碰撞事故再现[J]. 上海交通大学学报,2007,41(2):238-244.

[49] 张晓云,金先龙,亓文果,等. 基于有限元法和神经网络技术的汽车碰撞事故再现方法[J]. 机械工程学报,2007,43(3):143-147;

[50] 张晓云,金先龙,陆玉凯,等. 面向事故分析的车身关键参数数值模拟计算[J]. 上海交通大学学报,2006,40(6):958-962;

[51] McHenry R. R. Analysis of the dynamics of automobile passenger restraint systems[C]. Proceedings of the 7th Stapp Car Crash Conference,1963.

[52] Cheng H,Rizer A. L. Articulated Total Body Model Version V User's Manual[M]. USA:United States Air Force Research Laboratory,1998.

[53] TNO. MADYMO model manual version 6.2[M]. Holland: TNO,2004.

[54] Hovenga P. E. ,Spit H. H,et al. Comparison of faceted vs ellipsoid dummies in frontal crash simulations[C]. The 5th European LS-DYNA Users Conference,Birmingham,UK,2005.

[55] Khalil T. B. ,Lin T. C. ,Simulation of the HybridIII Dummy Response to impact by nonlinear finite element analysis[C]. SAE 942227,1994.

[56] Kan C. ,Marzougui D. ,Bedewi N. E. Development of a 50th percentile hybrid III dummy model[C]. The 4th European LS-DYNA Users Conference,Ulm,Germany,2003.

[57] Franz U. ,Schmid W. ,Schuster P. ,Observations during validation of side impact dummy model - consequences for the development of the FAT ES-2 model[C]. Nordic LS-DYNA User Conference,Gothenburg,Sweden,2002.

[58] Neal M. O. ,Kim H. S. ,Wang J. T. and etc. Development of LS-DYNA FE models for simulating EEVC pedestrian impact[C]. Proceedings of the 18th International Conference on the Enhanced Safety of Vehicle(ESV),Nagoya,Japan,May 19-22,2003.

[59] Takahashi Y. and Kikuchi Y. ,Biofidelity of test devices and validity of injury criteria for evaluating knee injuries to pedestrians[C]. Proceedings of the 17th International Conference on the Enhanced Safety of Vehicle(ESV),Amsterdam,Netherlands,June 2001.

[60] Konosu A. ,Ishikawa H. ,Kant R. ,Development of computer simulation models for pedestrian subsystem impact tests[J]. JSAE Review 2000,21:109-115.

[61] Konosu A. ,Ishikawa H. A study on pedestrian impact procedure by computer simulation - the upper legform to bonnet leading edge test[C]. Proceedings of the 16th International Conference on the Enhanced Safety of Vehicle(ESV),Ontario,Canada,May,1998.

[62] Yoshida S. ,Matsuhashi T. ,Matsuoka Y. Simulation of car-pedestrian accident for evaluate car structure[C]. Proceedings of the 16th International Conference on the Enhanced Safety of Vehicle(ESV),Ontario,Canada,May,1998.

[63] Holding P. N. ,Chinn B. P. and Happian-Smith J. Pedestrian protection - an evaluation of an

airbag system through modeling and testing[C]. Proceedings of the 17th International Conference on the Enhanced Safety of Vehicle(ESV), Amsterdam, Netherlands, June 2001.

[64] 雷正保,钟志华,李岳林. 汽车碰撞中乘员冲击响应的分析方法及应用[J]. 中国公路学报,2001,14(2):115-119.

[65] 陈晓东,葛如海,程勇,等. EuroSID-Ⅰ侧面碰撞假人有限元模型的验证方法[J]. 汽车工程,2005,27(4):467-482.

[66] 程秀生,张吉国,周刚,等. 汽车保险杠参数对人体腿部损伤程度的影响[J]. 吉林大学学报(工学版),2003,33(2):25-31.

[67] 曹立波,张冠军,危海烟,等. 基于人体下肢生物力学特性及事故分析的下肢冲击器模型研究[C]. 2006 中国汽车安全技术国际研讨会,北京,2006.8.

[68] 刘奇,夏勇,周青. EEVC 行人头模块标定实验的敏感性分析[C]. 2006 中国汽车安全技术国际研讨会,北京,2006.8.

[69] 陆秋明,黄世霖. 汽车撞行人模拟计算研究[J]. 汽车工程,1999,21(3):177-183.

[70] 王成焘. 中国力学虚拟人[J]. 医用生物力学,2006,21(3):172-178.

[71] 李安安,刘谦,龚辉,等. "虚拟中国人男性一号"高精度骨骼系统的三维建模[J]. 中国临床解剖学杂志,2006,24(3):292-294.

[72] Leden L, Wikstrom P. Safety and accessibility effects of code modifications and traffic calming of an arterial road[J]. Accident Analysis and Prevention, 2006, 38(3): 455-461.

[73] Edosomwan J A, Khalil T M. Accident prevention in slips and falls[J]. Professional Safety, 1981, 26(6): 30-35.

[74] Haight W R, Eubanks J J. Trajectory analysis for collisions involving bicycles and automobiles[C]. SAE Transaction, 1990, 99: 528-546.

[75] 许洪国,高延龄,陈礼璠. 玻璃碎片抛距理论模型用于推算汽车碰撞速度的研究[J]. 汽车工程,1995,17(4):246-251.

[76] 许洪国,苏键,高蔚,等. 汽车—自行车碰撞速度确定的探讨[J]. 中国公路学报,1996,9(3):98-103.

[77] Serrano A, Conde C. Computer vision application: Real time smart traffic light[J]. Lecture Notes in Computer Science, 2005, 3643: 525-530.

[78] Olson P L, Sivak M. Visibility problems in nighttime driving[M]. Human Factors and Biodynamics, 1981.

[79] 李一兵,陈云刚,吴卫东. CM 碰撞模型的建立及试验验证[J]. 清华大学学报,1999,41(11):98-101.

[80] 宋景芬,张国方. 摩托车碰撞交通事故再现研究[J]. 武汉汽车工业大学学报,1999,21(2):1-3.

[81] Webb W. Black boxes capture car-crash data, controversy[J]. EDN, 2005, 50(10): 33-38.

第二章 基于摄影测量理论的交通事故现场数字化重构方法

第一节 引 言

事故现场勘测是道路交通事故处理的第一步环节,主要任务包括现场测量(包括事故现场定位测量及事故现场各事故元素的测量)、绘制现场图、拍摄现场照片等。目前,事故现场测量主要依靠人工进行,经过实践考察发现人工测量存在以下几方面的局限:

(1)人工测量工作效率低,不利于事故现场交通的快速恢复。通常一起交通事故的测量时间需要20min以上,而大型交通事故往往需要更多的时间。目前,随着我国高速公路、高架公路及桥梁的快速发展,对保持道路畅通也提出了更高的要求。

(2)人工测量精度较低。人工测量的工具主要依靠皮卷尺等相对误差较大的工具,对于大场景的交通事故,操作人员对卷尺的张紧程度将直接影响到测量结果。

(3)人工测量无法对事故场景进行二次验证。交通事故现场在测量后很快就会得到恢复,发生变形的车辆也会在一段时间后根据变形情况被修复或报废,而其他固定物变形,如高速公路护栏等,在发生大的变形后也会得到及时更换。因此,对于某些有争议的事故如果在事故现场处理后对部分测量尺寸产生疑义,或者现场测量尺寸之间发生矛盾时,无法进行二次验证。

(4)人工测量方法无法对事故车辆或固定物变形进行精确测量。对于变形深度测量,通常是采用两把直尺形成90°夹角进行估算,其精度是很低的。而变形的精确测量主要是利用三坐标测量仪等专业工具,不仅价格昂贵,而且需要专门的技术知识,不适合在交通事故处理基层部门推广。

为了对事故现场进行快速、精确地测量,研究人员开发或利用了先进的测量设备如全站仪、激光测距仪、全球定位系统等[1,2]。其中,摄影测量学是对研究的对象摄影,根据构像信息,从几何和物理两方面获取研究对象资料的一门学科。摄影技术自20世纪40年代开始应用于交通事故分析以来,已得到广泛应用[3~5]。但长期以来,由于缺乏必要的技术,对事故现场照片的应用多局限于简单的定性分析。随着计算机视觉技术和图像处理技术的发展[6,7],使利用摄影图像对交通事故进行定量分析成为可能。

本章通过对摄影测量方法进行研究,并将其应用于道路交通事故的现场定位勘测及车身、固定物变形量的测量,通过3起典型事故分析从精度、效率两方面验证了该方法的有效性。

第二节 基 本 理 论

一、近景摄影测量的基本概念

1. 近景摄影测量的坐标系

近景摄影测量的坐标系统分为物方空间坐标系、像空间坐标系和辅助空间坐标系等 3 种，如图 2-1 所示。

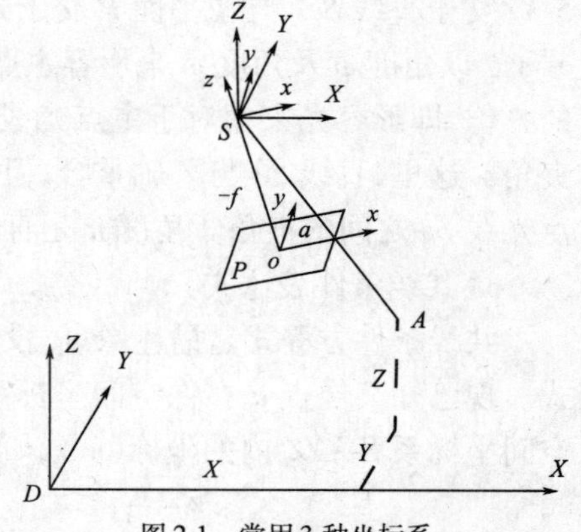

图 2-1 常用 3 种坐标系

物方空间坐标系 *D-XYZ* 用于形容被测目标的空间形状，例如某物方点 *A* 的空间坐标(X,Y,Z)。

像空间坐标系 *S-xyz* 用于形容像点 *a* 的空间坐标($x,y,-f$)。

辅助空间坐标系 *S-XYZ* 是像空间坐标系 *S-xyz* 和物方空间坐标系 *D-XYZ* 之间的某种过渡性坐标系。

物方空间坐标系 *D-XYZ* 是为确定被测目标而定义的一个三维直角坐标系，其中，点 *A* 的空间坐标为(X,Y,Z)。此坐标系符合“右手法则”，即伸出右手拇指、食指和中指成互相垂直状，拇指指向为 *X* 轴，食指指向为 *Y* 轴，中指指向为 *Z* 轴，坐标系原点为 *D*。像空间坐标系 *S-xyz* 的坐标原点 *S* 是摄影中心，自该点拍摄了相片 *P*。摄影中心 *S* 与相片面 *P* 之间的垂直距离 *So* 称为相片的主距，点 *o* 为相主点。延长直线 *So*，远离 *o* 点的方向定义为坐标系 *S-xyz* 中的 *z* 轴。*S-xyz* 中的 *x* 轴与 *y* 轴分别平行于相片坐标系 *o-xy* 中的 *x* 轴与 *y* 轴。坐标系 *o-xy* 中的原点设为主点 *o*，此坐标系的 *x* 轴与 *y* 轴是为测量像点坐标定义的。因而，像点 *a* 的像空间坐标为($x,y,-f$)。

2. 相片的内方位元素和外方位元素

1) 内方位元素

内方位元素是确定摄影中心 *S* 与所摄相片 *P* 相对位置关系的要素，依据此相对位置即可恢复摄影时光束的形状。如图 2-2 所示，要恢复相片 *P* 上像点 *a* 对应的光束形状，必须要确定 *o* 点和 *S* 点，因此像主点坐标(x_0,y_0)和主距 *f* 即称为相片 *P* 的内方位元素。

2) 外方位元素

外方位元素是确定光束在给定物方空间坐标系 *D-XYZ* 中位置和朝向的要素。外方位元素共有 6 个，3 个直线元素和 3 个角元素，如图 2-3 所示。3 个直线元素，即坐标值

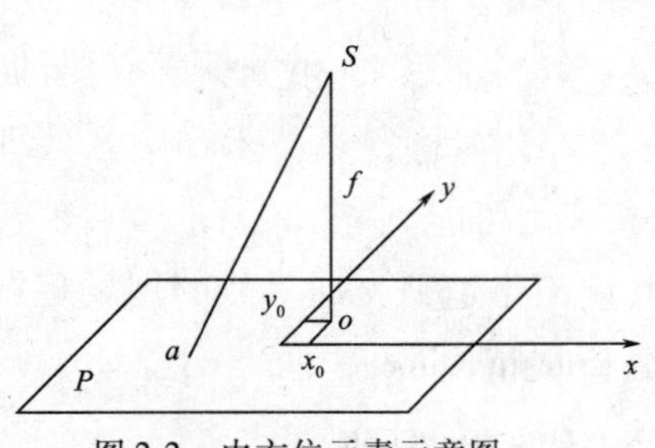

图 2-2 内方位元素示意图

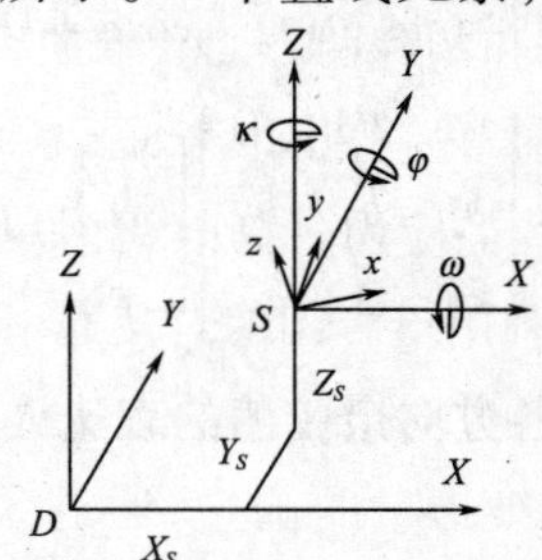

图 2-3 外方位元素示意图

(X_S, Y_S, Z_S)，用以形容光束顶点(摄影中心)S 在物方空间坐标系 $D\text{-}XYZ$ 中的位置，也就是从物方空间坐标系 $D\text{-}XYZ$ 到辅助空间坐标系 $S\text{-}XYZ$ 的坐标变换；而 3 个角元素，即 3 个角度$(\varphi, \omega, \kappa)$，用以形容光束在物方空间坐标系 $D\text{-}XYZ$ 中的朝向，也就是从辅助空间坐标系 $S\text{-}XYZ$ 到像空间坐标系 $S\text{-}xyz$ 的坐标变换。

需要注意的是，这里采用的是$(\varphi, \omega, \kappa)$转角系统。如图 2-4 所示，图中辅助坐标系 $S\text{-}XYZ$与物方空间坐标系 $D\text{-}XYZ$ 平行。过 Y 轴以及主点光线 So 作平面 ω，此平面 ω 与平面 $S\text{-}XZ$交于直线 Se'，与像平面 P 交于 $e'e''$。像片上有测量像点坐标时所选取的像平面坐标系 $o\text{-}xy$。以角度 φ 及角度 ω 来形容主点光线 So 的方位，以角度 κ 形容光束相对于主点光线 So 的方位，即形容光束相对于主点光线 So 所转的角度。其中，角度 φ 是自直线 Sn 到 Se'间的夹角。这里，直线 Sn 与 Z 轴重合，但其方向与 Z 轴的正方向相反。角度 ω 是自直线 Se'到主点光线 So 之间的夹角。角度 κ 是直线 oe'到像点坐标系 $o\text{-}xy$ 的 y 轴之间的夹角[8]。

3)共线条件表达式

共线条件方程式是描述像点、投影中心以及物方点应位于同一直线上的一种条件方程式。现已知某像点 a 在像空间坐标系 $S\text{-}xyz$ 内的坐标为$(x, y, -f)$，要求解此像点 a 在辅助空间坐标系 $S\text{-}XYZ$ 内的坐标(u, v, w)，如图 2-5 所示[9~12]。

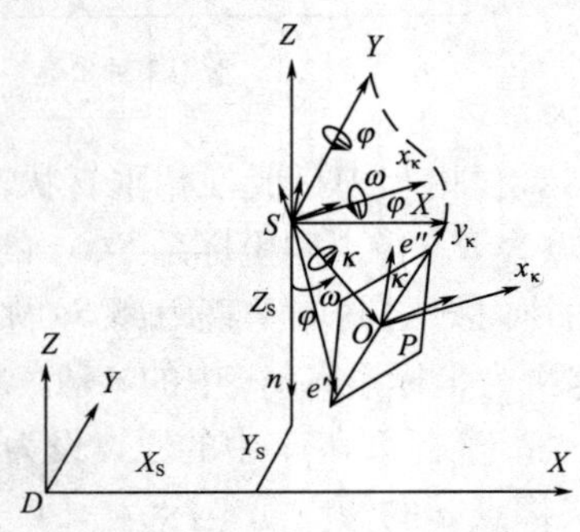

图 2-4 $(\varphi, \omega, \kappa)$转角系统

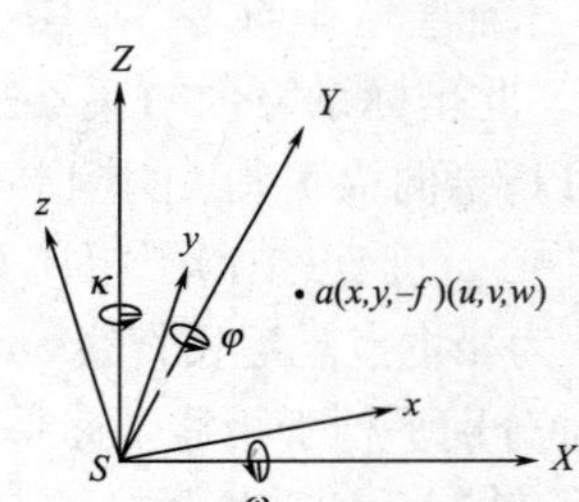

图 2-5 像点 a 在两种坐标系下的坐标

前面已经讨论过，从坐标系 $S\text{-}XYZ$ 到 $S\text{-}xyz$，是经过顺序旋转 3 个角度($\varphi \to \omega \to \kappa$)得到的，这就相当于 3 次旋转坐标变换，其变换关系为：

$$
\begin{aligned}
\begin{bmatrix} u \\ u \\ w \end{bmatrix} &= \boldsymbol{T}_\varphi \boldsymbol{T}_\omega \boldsymbol{T}_\kappa \begin{bmatrix} x \\ y \\ -f \end{bmatrix} \\
&= \begin{bmatrix} \cos\varphi & 0 & -\sin\varphi \\ 0 & 1 & 0 \\ \sin\varphi & 0 & \cos\varphi \end{bmatrix} \begin{bmatrix} 1 & 0 & 0 \\ 0 & \cos\omega & -\sin\omega \\ 0 & \sin\omega & \cos\omega \end{bmatrix} \begin{bmatrix} \cos\kappa & -\sin\kappa & 0 \\ \sin\kappa & \cos\kappa & 0 \\ 0 & 0 & 1 \end{bmatrix} \begin{bmatrix} x \\ y \\ -f \end{bmatrix} \\
&= \begin{bmatrix} a_1 & a_2 & a_3 \\ b_1 & b_2 & b_3 \\ c_1 & c_2 & c_3 \end{bmatrix} \begin{bmatrix} x \\ y \\ -f \end{bmatrix} = \boldsymbol{R} \begin{bmatrix} x \\ y \\ -f \end{bmatrix}
\end{aligned}
\tag{2-1}
$$

以上各方向余弦值的表达式为：

$$a_1 = \cos\varphi\cos\kappa - \sin\varphi\sin\omega\sin\kappa$$

$$a_2 = -\cos\varphi\sin\kappa - \sin\varphi\sin\omega\cos\kappa$$

$$a_3 = -\sin\varphi\cos\omega$$
$$b_1 = \cos\omega\sin\kappa$$
$$b_2 = \cos\omega\cos\kappa$$
$$b_3 = -\sin\kappa$$
$$c_1 = \sin\varphi\cos\kappa + \cos\varphi\sin\omega\sin\kappa$$
$$c_2 = -\sin\varphi\sin\kappa + \cos\varphi\sin\omega\cos\kappa$$
$$c_3 = \cos\varphi\cos\omega$$

$\boldsymbol{R}$ 为正交矩阵，故有：

$$\begin{bmatrix} x \\ y \\ -f \end{bmatrix} = R^{-1}\begin{bmatrix} u \\ u \\ w \end{bmatrix} = \begin{bmatrix} a_1 & b_1 & c_1 \\ a_2 & b_2 & c_2 \\ a_3 & b_3 & c_3 \end{bmatrix}\begin{bmatrix} u \\ u \\ w \end{bmatrix} \tag{2-2}$$

考虑到像点 a、投影中心 S 以及物方点 A 应位于同一直线上，如图 2-6 所示。

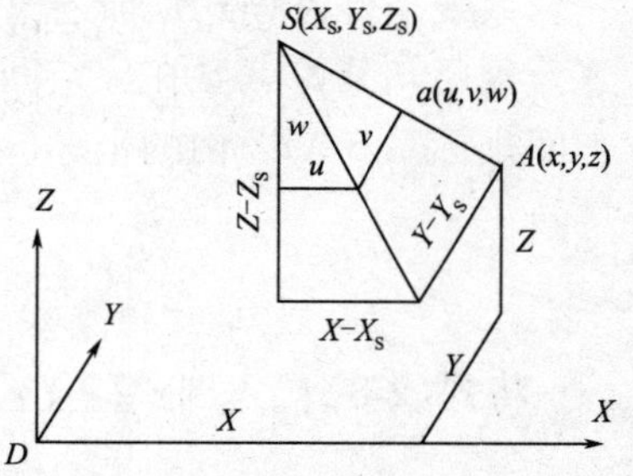

可得：

$$\begin{bmatrix} u \\ u \\ w \end{bmatrix} = \lambda\begin{bmatrix} X - X_S \\ Y - Y_S \\ Z - Z_S \end{bmatrix} \tag{2-3}$$

图 2-6　像点和物点的对应关系

联立以上两式，可得：

$$\begin{bmatrix} x \\ y \\ -f \end{bmatrix} = \lambda\begin{bmatrix} a_1 & b_1 & c_1 \\ a_2 & b_2 & c_2 \\ a_3 & b_3 & c_3 \end{bmatrix}\begin{bmatrix} X - X_S \\ Y - Y_S \\ Z - Z_S \end{bmatrix} \tag{2-4}$$

式(2-4)可转换为：

$$\begin{cases} x = -f\dfrac{a_1(X - X_S) + b_1(Y - Y_S) + c_1(Z - Z_S)}{a_3(X - X_S) + b_3(Y - Y_S) + c_3(Z - Z_S)} \\ y = -f\dfrac{a_2(X - X_S) + b_2(Y - Y_S) + c_2(Z - Z_S)}{a_3(X - X_S) + b_3(Y - Y_S) + c_3(Z - Z_S)} \end{cases} \tag{2-5}$$

这就是共线条件方程式。

二、直接线性变换

1. 直接线性变换原理

直接线性变换(DLT——Direct Linear Transformation)算法是直接建立相片影像坐标和物方空间坐标之间几何关系式的一种算法。计算中不需要内方位元素，也不需要外方位元素的初始值，因此它是采用非量测数字相机进行摄影测量最基本的公式。鉴于在近景摄影测量中越来越广泛地使用各种类型的非测量用摄像机，所以直接线性变换运算方法已经成为近景摄影测量处理的重要组成部分[13]。

在数字近景摄影测量中，一般可以直接在图像处理软件中量测影像点的坐标。直接线性变换解法实质上是一种变通的后方交会—前方交会解法。后方交会用于解算直接线性变换系数,前方交会用于解算物方空间坐标。

相片坐标和物方坐标应满足共线条件方程,将其改写为:

$$\begin{cases} x - x_0 = -f\dfrac{a_1(X - X_S) + b_1(Y - Y_S) + c_1(Z - Z_S)}{a_3(X - X_S) + b_3(Y - Y_S) + c_3(Z - Z_S)} \\ y - y_0 = -f\dfrac{a_2(X - X_S) + b_2(Y - Y_S) + c_2(Z - Z_S)}{a_3(X - X_S) + b_3(Y - Y_S) + c_3(Z - Z_S)} \end{cases} \tag{2-6}$$

数字影像以"数字阵列坐标系(I,J)"为准,像元素的位置由所在行号I和列号J确定,与相片本身的像坐标系不一致。"数字阵列坐标系"和相片坐标系之间的转换关系可以由仿射变形实现:

$$\begin{cases} x = e_1 I + e_2 J + e_3 \\ y = e_4 I + e_5 J + e_6 \end{cases} \tag{2-7}$$

实际求解过程中先将数字阵列坐标系与像坐标系重心化,上式改化为:

$$\begin{cases} x - x_0 = e_1(I - I_0) + e_2(J - J_0) + e_3 \\ y - y_0 = e_4(I - I_0) + e_5(J - J_0) + e_6 \end{cases} \tag{2-8}$$

令:

$$\begin{cases} I' = I - I_0 \\ J' = J - J_0 \end{cases} \tag{2-9}$$

将式(2-8)代入到式(2-7),然后再代入到式(2-6),可得:

$$\begin{cases} e_1 I' + e_2 J' + e_3 = -f\dfrac{a_1(X - X_S) + b_1(Y - Y_S) + c_1(Z - Z_S)}{a_3(X - X_S) + b_3(Y - Y_S) + c_3(Z - Z_S)} \\ e_4 I' + e_5 J' + e_6 = -f\dfrac{a_2(X - X_S) + b_2(Y - Y_S) + c_2(Z - Z_S)}{a_3(X - X_S) + b_3(Y - Y_S) + c_3(Z - Z_S)} \end{cases} \tag{2-10}$$

上式可改写为:

$$\begin{cases} e_1 I' + e_2 J' + e_3 + f\dfrac{a_1 X + b_1 Y + c_1 Z + \gamma_1}{a_3 X + b_3 Y + c_3 Z + \gamma_3} = 0 \\ e_4 I' + e_5 J' + e_6 + f\dfrac{a_2 X + b_2 Y + c_2 Z + \gamma_2}{a_3 X + b_3 Y + c_3 Z + \gamma_3} = 0 \end{cases} \tag{2-11}$$

式中:

$$\begin{cases} \gamma_1 = -(a_1 X_S + b_1 Y_S + c_1 Z_S) \\ \gamma_2 = -(a_2 X_S + b_2 Y_S + c_2 Z_S) \\ \gamma_3 = -(a_3 X_S + b_3 Y_S + c_3 Z_S) \end{cases} \tag{2-12}$$

将式(2-10)中的第一式乘以e_5减去第二式乘以e_2以消去J',得:

$$(e_1e_5 - e_2e_4)I' + (e_3e_5 - e_4e_6) + f\frac{(a_1e_5 - a_2e_2)X + (b_1e_5 - b_2e_2)Y + (c_1e_5 - c_2e_2)Z + (\gamma_1e_5 - \gamma_2e_2)}{a_3X + b_3Y + c_3Z + \gamma_3} = 0 \tag{2-13}$$

上式可表示为:

$$d_1 I' + d_2 + f\frac{m_1 X + m_2 Y + m_3 Z + m_4}{a_3 X + b_3 Y + c_3 Z + \gamma_3} = 0 \tag{2-14}$$

将式(2-14)的第二项并入第三项,得:

$$d_1 I' + f\frac{(m_1 + d_2 a_3)X + (m_2 + d_2 b_3)Y + (m_3 + d_2 c_3)Z + (m_4 + d_2 c_3)}{a_3 X + b_3 Y + c_3 Z + \gamma_3} = 0 \tag{2-15}$$

再将上式除以 d_1，可得：

$$I' + \frac{[(m_1 + d_2 a_3)f/d_1]X + [(m_2 + d_2 b_3)f/d_1]Y + [(m_3 + d_2 c_3)f/d_1]Z + (m_4 + d_2 c_3)f/d_1}{a_3 X + b_3 Y + c_3 Z + \gamma_3} = 0 \tag{2-16}$$

上式第二项分子分母除以 γ_3，可得：

$$I' + \frac{[(m_1 + d_2 a_3)f/d_1\gamma_3]X + [(m_2 + d_2 b_3)f/d_1\gamma_3]Y + [(m_3 + d_2 c_3)f/d_1\gamma_3]Z + (m_4 + d_2 c_3)f/d_1\gamma_3}{(a_3/\gamma_3)X + (b_3/\gamma_3)Y + (c_3/\gamma_3)Z + 1} = 0 \tag{2-17}$$

引入相应符号，可得：

$$I' + \frac{l_1 X + l_2 Y + l_3 Z + l_4}{l_9 X + l_{10} Y + l_{11} Z + 1} = 0 \tag{2-18}$$

同理可得：

$$J' + \frac{l_5 X + l_6 Y + l_7 Z + l_8}{l_9 X + l_{10} Y + l_{11} Z + 1} = 0 \tag{2-19}$$

以上两式联立，可得：

$$\begin{cases} I' + \dfrac{l_1 X + l_2 Y + l_3 Z + l_4}{l_9 X + l_{10} Y + l_{11} Z + 1} = 0 \\ J' + \dfrac{l_5 X + l_6 Y + l_7 Z + l_8}{l_9 X + l_{10} Y + l_{11} Z + 1} = 0 \end{cases} \tag{2-20}$$

此式就是直接线性变换（DLT）关系式，其中，l_1 至 l_{11} 是直接线性变换系数（DLTP），它们是内方位元素和外方位元素的函数。此关系式的优点在于把式（2-6）转换为线性形式，因此，计算程序简单且计算速度快。同时要注意到内方位元素（x_0, y_0, f）与外方位元素（X_S, $Y_S, Z_S, \varphi, \omega, \kappa$）共 9 个未知数，在直接线性变换后共有 11 个未知数，所以直接线性变换导致了未知数的增加，但相比于计算方法的简便性，这种未知数增加的代价是值得的。

2. 三维 DLT 计算过程

分析直接线性变换关系式（2-20）可以看出，计算过程分为求解 11 个未知系数和求解未知点物方空间坐标两个步骤。

1）解算各系数

将式（2-20）改为改正数方程，得：

$$\begin{cases} (I' + v_{I'})(l_9 X + l_{10} Y + l_{11} Z + 1) + l_1 X + l_2 Y + l_3 Z + l_4 = 0 \\ (J + v_{J'})(l_9 X + l_{10} Y + l_{11} Z + 1) + l_5 X + l_6 Y + l_7 Z + l_8 = 0 \end{cases} \tag{2-21}$$

取符号：$A = l_9 X + l_{10} Y + l_{11} Z + 1$

若有 n 个已知控制点的物方空间坐标及其相应的像点坐标，可以按式（2-21）列出 $2n$ 个改正数方程，用矩阵符号表示为：

$$\boldsymbol{CL} + \boldsymbol{W} = \boldsymbol{V} \tag{2-22}$$

式中：

$$\boldsymbol{C} = -\frac{1}{A}\begin{bmatrix} X & Y & Z & 1 & 0 & 0 & 0 & 0 & I'X & I'Y & I'Z \\ 0 & 0 & 0 & 0 & X & Y & Z & 1 & J'X & J'Y & J'Z \end{bmatrix}$$

$\boldsymbol{L} = [l_1 \quad l_2 \quad l_3 \quad l_4 \quad l_5 \quad l_6 \quad l_7 \quad l_8 \quad l_9 \quad l_{10} \quad l_{11}]^{\mathrm{T}}$

$\boldsymbol{W} = -\frac{1}{A}[I' \quad J']^{\mathrm{T}}$

$\boldsymbol{V} = [v_{\mathrm{I}'} \quad v_{\mathrm{J}'}]^{\mathrm{T}}$

与改正数方程式(2-22)相应的法方程为:

$$\boldsymbol{C}^{\mathrm{T}}\boldsymbol{CL} + \boldsymbol{C}^{\mathrm{T}}\boldsymbol{W} = 0 \tag{2-23}$$

为了解算11个未知数,必须已知6个以上控制点(每个点可列出两个改正数方程式)。当已知6个以上分布合理的控制点以及相应的相片坐标(x,y),即可利用式(2-23)按最小二乘法平差原理来求解11个l_{i}系数。

2)解算各加密点的物方空间坐标

在正确求解了11个未知数之后,并且测量了所有加密点的相片坐标,就可以解算各加密点的物方空间坐标(X,Y,Z)。改正数方程(2-22)可以转换为:

$$\begin{cases} -\frac{1}{A}[(l_1 + l_9 I')X + (l_2 + l_{10} I')Y + (l_3 + l_{11} I')Z + (l_4 + I')] = v_{\mathrm{I}'} \\ -\frac{1}{A}[(l_5 + l_9 J')X + (l_6 + l_{10} J')Y + (l_7 + l_{11} J')Z + (l_8 + J')] = v_{\mathrm{J}'} \end{cases} \tag{2-24}$$

上式写成矩阵形式为:

$$\boldsymbol{NS} + \boldsymbol{Q} = \boldsymbol{V} \tag{2-25}$$

式中:$\boldsymbol{N} = -\frac{1}{A}\begin{bmatrix} l_1 + l_9 I' & l_2 + l_{10} I' & l_3 + l_{11} I' \\ l_5 + l_9 J' & l_6 + l_{10} J' & l_7 + l_{11} J' \end{bmatrix}$

$\boldsymbol{S} = [X \quad Y \quad Z]^{\mathrm{T}}$

$\boldsymbol{Q} = -\frac{1}{A}[l_4 + I' \quad l_8 + J']^{\mathrm{T}}$

$\boldsymbol{V} = [v_{\mathrm{I}'} \quad v_{\mathrm{J}'}]^{\mathrm{T}}$

与改正数方程式(2-25)对应的法方程为:

$$\boldsymbol{N}^{\mathrm{T}}\boldsymbol{NS} + \boldsymbol{N}^{\mathrm{T}}\boldsymbol{Q} = 0 \tag{2-26}$$

从法方程(2-26)可以看出,为了求解各加密点的物方空间坐标,至少需要两张相片以上按最小二乘平差原理来解算。

具体计算步骤是:

(1)取$A=1$,因为控制点的坐标重心化,A的平均值接近1,所以A的值取1有利于快速收敛。按式(2-22)组成改正数方程,按式(2-23)组成法方程,然后计算相片的11个系数l_{i}的近似值l_{i}'。

(2)由$A = l_9 X + l_{10} Y + l_{11} Z + 1$计算$A$值,然后再回到(1),反复迭代直至$A$值差小于给定的限差,因此确定$A$的值,再计算相片的11个系数$l_{\mathrm{i}}$。

(3)按照式(2-25)、式(2-26)计算加密点的物方空间坐标。

(4)根据$m = \sqrt{\frac{[\Delta\Delta]}{n}}$计算多余控制点物方空间坐标较差的中误差。

3. 二维 DLT 计算过程

考虑到在某些情况下物点有可能处于同一平面上,例如交通事故发生在比较平整的路面上,此时就可以使用二维 DLT 处理。

二维 DLT 公式的推导和三维 DLT 公式的推导基本相同,只是在二维时一般情况下$Z=0$。

式(2-21)可以转化为:

$$\begin{cases} I' + \dfrac{l_1X + l_2Y + l_3}{l_7X + l_8Y + 1} = 0 \\ J' + \dfrac{l_4X + l_5Y + l_6}{l_7X + l_8Y + 1} = 0 \end{cases} \tag{2-27}$$

这就是二维 DLT 公式。从式(2-27)可以看出,为了求解 8 个未知数 l_1 至 l_8 必须至少要有 4 个平面控制点。二维 DLT 的计算过程和三维 DLT 的计算过程基本相同,也是先解算 l_i,然后求解加密点坐标,但相片的二维处理的计算量比三维要减少很多,因此计算速度提高。

三、数字相机的检校

近年来,随着数字摄影测量的快速发展,数字相机是获取摄影测量数据的重要设备。以往近景摄影测量多数采用量测用胶片相机,这类相机制造精密,价格昂贵,生产厂家准确地测定了内方位元素。而目前摄影测量工作者广泛采用的数字相机并不是为摄影测量专门设计的,厂家制作时也没有准确测定内方位元素,透镜组的排列没有进行严格的校正。因此,在进行精确的摄影测量工作前,对数字相机检校是必要的。

由于空间物体某点的几何位置与其在图像中对应点之间的相互关系是由摄像机成像的几何模型决定的,因此把这些几何模型参数称为摄像机参数。对于非量测相机来说这些参数必须通过实验和计算才能得到,这个过程称之为相机检校[14]。数字相机检校的目的是恢复相片的内方位元素,并改正成像过程的各项畸变。

1. 数字相机的特性

数字相机与普通相机的不同之处在于物体经拍摄由光学透镜组构像不是在底片上而是在 CCD 阵列上。光学透镜将要拍摄的画面聚焦到一片光电转换器(电荷耦合部件 CCD)上,光电转换器将投射而来的光信号转换为电流信号,然后将数据传输到模拟电子信号处理器上转化成计算机能识别的数字信号,通过数字压缩处理软件压缩处理后存储在电子芯片上,图 2-7 是数字相机工作原理图。

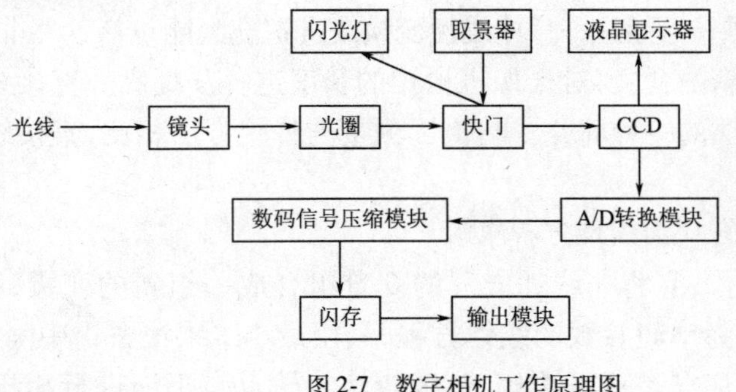

图 2-7 数字相机工作原理图

数字相机具有以下特点：

(1)具有体积小、质量轻、高灵敏、低噪声、电压及功耗低、可靠性高、寿命长等优点。

(2)像元尺寸小、几何精度高，当配置适当的光学系统可以获得很好的空间分辨率。

(3)具有数字扫描能力，像元的位置可由数字代码确定，CCD 输出信号易于数字化处理，容易与计算机相连。

(4)数字相机相对于量测相机价格低廉，摄像机参数未知或者不稳定从而导致成像过程不稳定。CCD 相机量化误差大，存在较大的非线性镜头畸变。

2. 数字相机的误差来源

数字相机的误差包括光学误差、机械误差和电学误差。

光学误差主要是光学畸变差，是指相机物镜系统设计、制造和装配误差所引起的像点偏离其理想位置的点位误差。理想的透镜成像是针孔模型，物与像满足相似三角形关系，而实际的透镜并不满足这个条件，成像总存在缺陷，即光学畸变差。光学畸变差主要包括径向畸变差(Radial Distortion)和离心畸变差(Decentering Distortion)两类。径向畸变使构像点沿向径方向偏离其准确位置，而离心畸变是由于镜头光学中心和几何中心不一致引起的误差，它使构像点沿向径方向和垂直于向径方向都偏离其理想位置。

机械误差是指从光学镜头摄取的影像转化到数字化阵列影像这一步产生的误差。这项误差是由两个因素引起的：

(1)扫描阵列不平行于光学影像，致使数字化影像相对于光学影像有旋转。

(2)每个阵列元素尺寸不同而产生不均匀变形。

电学误差主要包括行同步误差、场同步误差与采样误差。行同步误差是指视频信号转化时影像每行开头处的同步信号产生的错动现象；场同步误差是指影像奇数行和偶数行间的错位；采样误差是指由于时钟频率不稳引起的采样间隔误差。

3. 数字相机的检校方法

目前国内、外进行相机检校的方法大致可以分为 4 种：

1)直接线性变换

在这类方法中建立了控制点的空间三维坐标与影像坐标的投影关系，用迭代关系对非线性方程组求解。该方法的优点是可以覆盖所有的像差变形。但因采用迭代算法，稳定性不好。当迭代步骤设计不当，像差校正参数与摄像机内、外方位元素参数会互相干扰，可能导致无意义的解。Abdel-Aziz 和 Karara 在 1971 年首先提出了直接线性变换方法，通过给出一组基本的线性约束方程，用来表示像坐标系和物方之间的线性变换关系，但没有考虑成像时的非线性补偿问题。到后来，直接线性变换改进扩充到能包括这些非线性因素。这样，直接线性变换已含有新的含义，对摄像机检校的精度进一步提高。直接线性变换方法是对摄影测量学中传统方法的一种简化。与摄影测量的传统方法相比，直接线性变换更符合使用 CCD 摄像机的特点。

2)非线性方程转化为线性方程求解

该方法不需迭代，它将非线性方程的变量组合成一组新的变量，称之为中间参数，原非线性方程也转化为中间参数的线性方程，利用最小二乘法解出中间参数后，再求解原变量的值。该方法的优点是不需迭代，速度较快。缺点是不能进行相机系统误差校正。另外由于中间参数间互相存在约束,加上存在噪声和镜头差的影响,使校正精度不高。

3)两步法

该方法第一步是解线性方程,得到部分摄像机参数的精确解,第二步再将其余摄像机参数与畸变校正系数进行迭代求解。该方法的优点是迭代参数少,能自动提供较好的初值,求解速度快,考虑了部分相差,精度比较高。缺点是像差修正是轴对称的,且对像的主点无纠正。Weng Y. 等提出了另一种形式的两步求解法,使之可以修正像主点,且加进了对非对称的像差的校正。由于该方法是将摄像机参数和畸变参数修正系数的求解分开,第一步的摄像机参数的求解运用了第二步的结果,两步间要进行多次迭代计算。因此尽管检验精度提高了,但运算量也随之增加。

4)自检校法

上述几种方法是利用一个标准参照物与图像的对应关系来确定摄像机的参数。还有一种自检校法,并不需要知道准确的三维度量信息,试图利用从图像序列中得到的约束关系来计算摄像机模型的参数。这种方法最显著的优点是不用预先布设人工控制点,仅利用影像中直线约束等条件就可对摄像机检校。在有些人工布设控制点不便的条件下有很大的优越性。然而由此也产生不少问题,例如有些摄像机自检校得到的解既不是唯一的,也不是稳定的。由约束关系所得到的解在一般情况下是多解的,同时,在图像中含有噪声,在此情况下,求得的解与实际值有不小的差别。如何在噪声的情况下提高解的稳定性,一直是自检校领域研究人员试图解决的问题。

4. 数字相机检校的数学模型

直接线性变换是相机检校的主要方法,为了解算如式(2-20)所示的 11 个 l 系数,必须在物空间至少布置 6 个分布均匀的控制点。这里将着重讲解考虑数字相机的误差时直接线性变换问题,也就是相机校验问题。在进一步考虑数字相机的误差时,式(2-20)可以改化为:

$$\begin{cases} I' + \delta_{\mathrm{i}} + \dfrac{l_1 X + l_2 Y + l_3 Z + l_4}{l_9 X + l_{10} Y + l_{11} Z + 1} = 0 \\ J' + \delta_{\mathrm{j}} + \dfrac{l_5 X + l_6 Y + l_7 Z + l_8}{l_9 X + l_{10} Y + l_{11} Z + 1} = 0 \end{cases} \tag{2-28}$$

式(2-28)是考虑了各项畸变差严密的直接线性变换方程式,考虑了 CCD 摄像机的各项误差。(I,J)方向畸变$(\delta_{\mathrm{i}},\delta_{\mathrm{j}})$可表达为:

$$\begin{cases} \delta_{\mathrm{i}} = \delta_{\mathrm{ri}} + \delta_{\mathrm{di}} + \delta_{\mathrm{m}} \\ \delta_{\mathrm{j}} = \delta_{\mathrm{rj}} + \delta_{\mathrm{dj}} + \delta_{\mathrm{n}} \end{cases} \tag{2-29}$$

镜头的径向畸变有球面像差、彗星像差、像散、像场弯曲等,引起的系统误差可由式(2-30)表示:

$$\delta_r = k_1 r^3 + k_2 r^5 + k_3 r^7 \tag{2-30}$$

式中:k_1、k_2、k_3——径向畸变系数;

r——像点辐射距;

(I_0', J_0')——阵列坐标系中像主点坐标。

$$r = \sqrt{(I' - I_0')^2 + (J' - J_0')^2} = \sqrt{I''^2 + J''^2} \tag{2-31}$$

(I,J)方向的径向畸变可表示为：

$$\begin{cases}\delta_{ri}=\dfrac{I''}{r}\delta_r=I''(k_1r^2+k_2r^4+k_3r^6)\\ \delta_{rj}=\dfrac{J''}{r}\delta_r=J''(k_1r^2+k_2r^4+k_3r^6)\end{cases}\tag{2-32}$$

离心畸变可表示为：

$$\begin{cases}\delta_{di}=P_1(r^2+2I''^2)+P_2(2I''J'')\\ \delta_{dj}=P_1(2I''J'')+P_2(r^2+2J''^2)\end{cases}\tag{2-33}$$

δ_m、δ_n 为在(I,J)方向的吸引和剪切畸变(affine and shear deformation)。摄影测量学者认为吸引畸变是因 CCD 阵列不均匀造成,剪切畸变是由主光轴与 CCD 阵列不正交引起的。

$$\begin{cases}\delta_m=b_1I''+b_2J''\\ \delta_n=b_1J''+b_2I''\end{cases}\tag{2-34}$$

最终得到数字相机检校的严密数学模型：

$$\begin{cases}I'+\delta_i+\dfrac{l_1X+l_2Y+l_3Z+l_4}{l_9X+l_{10}Y+l_{11}Z+1}=0\\ J'+\delta_j+\dfrac{l_5X+l_6Y+l_7Z+l_8}{l_9X+l_{10}Y+l_{11}Z+1}=0\end{cases}\tag{2-35}$$

式中：

$$\begin{cases}\delta_i=k_1I''r^2+k_2I''r^4+k_3I''r^6+p_1(r^2+2I''^2)+p_2(2I''J'')+b_1I''+b_2J''\\ \delta_j=k_1J''r^2+k_2J''r^4+k_3J''r^6+p_1(2I''J'')+p_2(r^2+2J''^2)+b_1J''+b_2I''\end{cases}\tag{2-36}$$

5. 数字相机检校的计算过程

分析方程(2-35)、方程(2-36)发现直接线性变换系数和变形改正系数间有密切相关性。如果联立求解必然会因方程相关性而造成无法求解。因此采用顺序迭代法求解。顺序迭代法的特点在于以两组方程为基础求解未知数。这两组方程出现在不同的两个阶段。后一组方程在前一组方程的求解结果基础上进一步求解。这样做的优点是避免了因相关性造成的无法求解,而且解算步骤清晰,计算量减少。采用顺序迭代法解算本模型,利用两组方程交替迭代计算,收敛迅速,取得了满意结果。

直接线性变换严密计算公式为：

$$\begin{cases}I'+\delta_i=\dfrac{l_1X+l_2Y+l_3Z+l_4}{A}\\ J'+\delta_j=\dfrac{l_5X+l_6Y+l_7Z+l_8}{A}\end{cases}\tag{2-37}$$

式中：

$$A=l_9X+l_{10}Y+l_{11}Z+1\tag{2-38}$$

有多余控制点条件下,视(δ_i,δ_j)为已知量,$(l_1,l_2,\cdots,l_{11})$为未知数。假定(I',J')的改正数为$(v_{I'},v_{J'})$,则可得求解待定系数的误差方程是：

$$\begin{cases}v_{I'}=-\left(\dfrac{l_1X+l_2Y+l_3Z+l_4}{A}+I'+\delta_i\right)\\ v_{J'}=-\left(\dfrac{l_5X+l_6Y+l_7Z+l_8}{A}+J'+\delta_j\right)\end{cases}\tag{2-39}$$

式(2-39)可以转化为:

$$\begin{cases}v_{I'}=-\dfrac{1}{A}[Xl_1+Yl_2+Zl_3+l_4+(I'+\delta_i)Xl_9+(I'+\delta_i)Yl_{10}+(I'+\delta_i)Zl_{11}+(I'+\delta_i)]\\ v_{J'}=-\dfrac{1}{A}[Xl_5+Yl_6+Zl_7+l_8+(J'+\delta_j)Xl_9+(J'+\delta_j)Yl_{10}+(J'+\delta_j)Zl_{11}+(J'+\delta_j)]\end{cases} \tag{2-40}$$

此误差方程式及其相应的法方程式矩阵形式为:

$$ML+W=V \tag{2-41}$$

$$M^{\mathrm{T}}ML+M^{\mathrm{T}}W=0 \tag{2-42}$$

式中:$\boldsymbol{V}=[v_{I'}\quad v_{J'}]^{\mathrm{T}}$

$$\boldsymbol{M}=-\frac{1}{A}\begin{bmatrix}X & Y & Z & 1 & 0 & 0 & 0 & 0 & (I'+\delta_i)X & (I'+\delta_i)Y & (I'+\delta_i)Z\\ 0 & 0 & 0 & 0 & X & Y & Z & 1 & (J'+\delta_j)X & (J'+\delta_j)Y & (J'+\delta_j)Z\end{bmatrix}$$

$$\boldsymbol{L}=[l_1\quad l_2\quad l_3\quad l_4\quad l_5\quad l_6\quad l_7\quad l_8\quad l_9\quad l_{10}\quad l_{11}]^{\mathrm{T}}$$

$$\boldsymbol{W}=-\frac{1}{A}[I'+\delta_i\quad J'+\delta_j]^{\mathrm{T}}$$

以上是求解转换系数的过程。

下一步再将$(l_2,l_3,\cdots,l_{11})$视为已知量,将(δ_i,δ_j)视为未知数。由式(2-37)可得解算畸变差系数的观测方程:

$$\begin{cases}\delta_i+\left(\dfrac{l_1X+l_2Y+l_3Z+l_4}{A}+I'\right)=0\\ \delta_j+\left(\dfrac{l_5X+l_6Y+l_7Z+l_8}{A}+J'\right)=0\end{cases} \tag{2-43}$$

其矩阵形式为:

$$\boldsymbol{GU}+\boldsymbol{K}=0 \tag{2-44}$$

式中:$\boldsymbol{G}=\begin{bmatrix}I''r^2 & I''r^4 & I''r^6 & r^2+2I''^2 & 2I''J'' & I'' & J''\\ J''r^2 & J''r^4 & J''r^6 & 2I''J'' & r^2+2J''^2 & J'' & I''\end{bmatrix}$

$$\boldsymbol{U}=[k_1\quad k_2\quad k_3\quad p_1\quad p_2\quad b_1\quad b_2]^{\mathrm{T}}$$

$$\boldsymbol{K}=\left[\frac{l_1X+l_2Y+l_3Z+l_4}{l_9X+l_{10}Y+l_{11}Z+1}+I'\quad \frac{l_5X+l_6Y+l_7Z+l_8}{l_9X+l_{10}Y+l_{11}Z+1}+J'\right]$$

反复迭代方程(2-43)和方程(2-44),直到 DLTP(直接线性变换系数)和 DSTP(畸变改正系数)变量收敛到限差内,即可获得直接线性变换参数和畸变改正系数的正确解。通过上述过程可以求得摄像机参数和畸变改正参数。解求了$(k_1,k_2,k_3,p_1,p_2,b_1,b_2)$之后,可对像点坐标进行改正。

$$\begin{cases}I'+\delta_i=I'+k_1I''r^2+k_2I''r^4+k_3I''r^6+p_1(r^2+2I''^2)+p_2(2I''J'')+b_1I''+b_2J''\\ J'+\delta_j=J'+k_1J''r^2+k_2J''r^4+k_3J''r^6+p_1(2I''J'')+p_2(r^2+2J''^2)+b_1J''+b_2I''\end{cases} \tag{2-45}$$

将改正后的相片坐标代入式(2-39),并设 $v_{I'}$、$v_{J'}$为待定点相片坐标的改正数,那么解待定点的误差方程式可由此获得:

$$\begin{cases}v_{I'}=-\dfrac{1}{A}[(l_1+l_9I')X+(l_2+l_{10}I')Y+(l_3+l_{11}I')Z+(l_4+I')]\\ v_{J'}=-\dfrac{1}{A}[(l_5+l_9I')X+(l_6+l_{10}I')Y+(l_7+l_{11}I')Z+(l_8+I')]\end{cases} \tag{2-46}$$

将误差方程和法方程用矩阵形式表示：

$$\boldsymbol{PS}+\boldsymbol{Q}=\boldsymbol{V} \tag{2-47}$$

$$\boldsymbol{P}^{\mathrm{T}}\boldsymbol{PS}+\boldsymbol{P}^{\mathrm{T}}\boldsymbol{Q}=0 \tag{2-48}$$

式中：$\boldsymbol{V}=[v_{I'} \quad v_{J'}]^{\mathrm{T}}$

$$\boldsymbol{P}=-\frac{1}{A}\begin{bmatrix} l_1+l_9I' & l_2+l_{10}I' & l_3+l_{11}I' \\ l_5+l_9I' & l_6+l_{10}I' & l_7+l_{11}I' \end{bmatrix}$$

$$\boldsymbol{S}=[X \quad Y \quad Z]^{\mathrm{T}}$$

$$\boldsymbol{Q}=-\frac{1}{A}[l_4+I' \quad l_8+I']^{\mathrm{T}}$$

为了求得(X,Y,Z)三个未知数，如式(2-48)的方程组至少要两组，即至少需要两张相片组成的一个立体像对。至此，所有待定点的坐标以及变换系数都可得到。但由于整个上述求解过程实际上是由已知点进行后交确定11个变换系数，再通过立体像对进行前交以确定未知点坐标。在此过程中，反复迭代计算两类误差方程，直到DLTP和DSTP变量收敛到限差内，即可获得直接线性变换参数和畸变改正参数正确解。计算程序框图如图2-8所示。

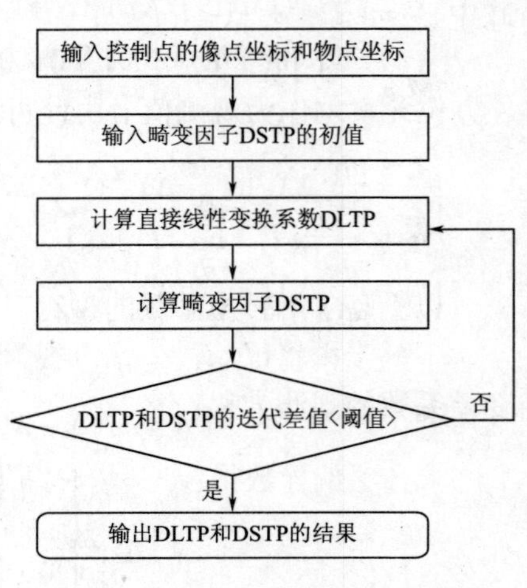

图2-8　相机检校程序框图

最后需要说明的是，在所有相机误差中，径向畸变所占的比重最大，也就是影响最大，同时径向畸变差主要由第一项决定，由此可以看出，为了解算方便，有时在选取畸变改正参数时，可以只取k_1，其余为零。

四、光束法平差数学模型

1. 光束法平差模型

光束法平差是以每张相片相似投影光束为平差单元，要求全区域内控制点和加密点都确保三点共线条件，在全区域内进行平差计算，以求得每张相片的6个外方位元素和加密点的地面坐标。光束法区域平差理论严密，加密精度高，但计算量大。

通过直接线性变换的方法可以得到各相片外方位元素近似值和加密点物方空间坐标的近似值。列出像对上所有控制点和加密点的误差方程式，按最小二乘法原理进行平差计算，解算出各相片外方位元素和加密点物方空间坐标的最合适值。光束法的理论基础仍然是共线方程，经过校正后的共线方程可由下式表述：

$$\begin{cases} x=-f_x\dfrac{a_1(X-X_S)+b_1(Y-Y_S)+c_1(Z-Z_S)}{a_3(X-X_S)+b_3(Y-Y_S)+c_3(Z-Z_S)} \\ y=-f_y\dfrac{a_2(X-X_S)+b_2(Y-Y_S)+c_2(Z-Z_S)}{a_3(X-X_S)+b_3(Y-Y_S)+c_3(Z-Z_S)} \end{cases} \tag{2-49}$$

式中：　(x,y)——经过畸变差改正后的像点坐标。

$$\begin{cases} x=I'-I'_0+\delta_i \\ y=J'-J'_0+\delta_j \end{cases} \tag{2-50}$$

(I'_0, J'_0)——阵列坐标系中主点坐标；

(X,Y,Z)——控制点和加密点物方空间坐标；

(X_S, Y_S, Z_S)——摄影中心物方空间坐标；

(f_x, f_y)——主距在 x,y 方向的投影；

$$\boldsymbol{R} = \begin{bmatrix} a_1 & a_2 & a_3 \\ b_1 & b_2 & b_3 \\ c_1 & c_2 & c_3 \end{bmatrix} = \begin{bmatrix} \cos\varphi\cos\kappa - \sin\varphi\sin\omega\sin\kappa & -\cos\varphi\sin\kappa - \sin\varphi\sin\omega\cos\kappa & -\sin\varphi\cos\omega \\ \cos\omega\sin\kappa & \cos\omega\cos\kappa & -\sin\kappa \\ \sin\varphi\cos\kappa + \cos\varphi\sin\omega\sin\kappa & -\sin\varphi\sin\kappa + \cos\varphi\sin\omega\cos\kappa & \cos\varphi\cos\omega \end{bmatrix}$$

对共线方程式进行线性化，像点坐标(x,y)为观测值，其改正数为(v_x, v_y)，控制点坐标和 DLT 方法求得待定点物方坐标为观测值，控制点坐标改正数 ΔX、ΔY 和 ΔZ 为 0，DLT 求得外方位元素也作为观测值。由此可得光束法平差的误差方程式：

$$\begin{cases} v_x = \dfrac{\partial x}{\partial X_S}\Delta X_S + \dfrac{\partial x}{\partial Y_S}\Delta Y_S + \dfrac{\partial x}{\partial Z_S}\Delta Z_S + \dfrac{\partial x}{\partial \varphi}\Delta\varphi + \dfrac{\partial x}{\partial \omega}\Delta\omega + \dfrac{\partial x}{\partial \kappa}\Delta\kappa + \dfrac{\partial x}{\partial X}\Delta X + \dfrac{\partial x}{\partial Y}\Delta Y + \dfrac{\partial x}{\partial Z}\Delta Z - l_x \\ v_y = \dfrac{\partial y}{\partial X_S}\Delta X_S + \dfrac{\partial y}{\partial Y_S}\Delta Y_S + \dfrac{\partial y}{\partial Z_S}\Delta Z_S + \dfrac{\partial y}{\partial \varphi}\Delta\varphi + \dfrac{\partial y}{\partial \omega}\Delta\omega + \dfrac{\partial y}{\partial \kappa}\Delta\kappa + \dfrac{\partial y}{\partial X}\Delta X + \dfrac{\partial y}{\partial Y}\Delta Y + \dfrac{\partial y}{\partial Z}\Delta Z - l_y \end{cases} \tag{2-51}$$

令：
$$A = a_3(X - X_S) + b_3(Y - Y_S) + c_3(Z - Z_S)$$

求各项偏导数得：

$$a_{11} = \frac{\partial x}{\partial X_S} = -\frac{\partial x}{\partial X} = \frac{a_1 f_x + a_3 x}{A}$$

$$a_{12} = \frac{\partial x}{\partial Y_S} = -\frac{\partial x}{\partial Y} = \frac{b_1 f_x + b_3 x}{A}$$

$$a_{13} = \frac{\partial x}{\partial Z_S} = -\frac{\partial x}{\partial Z} = \frac{c_1 f_x + c_3 x}{A}$$

$$a_{14} = \frac{\partial x}{\partial \varphi} = y\sin\omega - \left[\frac{x}{f_x}(x\cos\kappa - y\sin\kappa) + f_x\cos\kappa\right]\cos\omega$$

$$a_{15} = \frac{\partial x}{\partial \omega} = -f_x\sin\kappa - \frac{x}{f_x}(x\sin\kappa + y\cos\kappa)$$

$$a_{16} = \frac{\partial x}{\partial \kappa} = y$$

$$a_{21} = \frac{\partial y}{\partial X_S} = -\frac{\partial y}{\partial X} = \frac{a_2 f_y + a_3 y}{A}$$

$$a_{22} = \frac{\partial y}{\partial Y_S} = -\frac{\partial y}{\partial Y} = \frac{b_2 f_y + b_3 y}{A}$$

$$a_{23} = \frac{\partial y}{\partial Z_S} = -\frac{\partial y}{\partial Z} = \frac{c_2 f_y + c_3 y}{A}$$

$$a_{24} = \frac{\partial y}{\partial \varphi} = x\sin\omega - \left[\frac{y}{f_y}(x\cos\kappa - y\sin\kappa) + f_y\cos\kappa\right]\cos\omega$$

$$a_{25}=\frac{\partial y}{\partial \omega}=-f_{y}\sin\kappa-\frac{y}{f_{y}}(x\sin\kappa+y\cos\kappa)$$

$$a_{26}=\frac{\partial y}{\partial \kappa}=x$$

式中：$l_{x}=x+f_{x}\frac{a_{1}(X-X_{S})+b_{1}(Y-Y_{S})+c_{1}(Z-Z_{S})}{a_{3}(X-X_{S})+b_{3}(Y-Y_{S})+c_{3}(Z-Z_{S})}$

$l_{y}=y+f_{y}\frac{a_{2}(X-X_{S})+b_{2}(Y-Y_{S})+c_{2}(Z-Z_{S})}{a_{3}(X-X_{S})+b_{3}(Y-Y_{S})+c_{3}(Z-Z_{S})}$

式(2-51)可改写为：

$$\begin{bmatrix}v_{x}\\v_{y}\end{bmatrix}=\begin{bmatrix}a_{11}&a_{12}&a_{13}&a_{14}&a_{15}&a_{16}\\a_{21}&a_{22}&a_{23}&a_{24}&a_{25}&a_{26}\end{bmatrix}\begin{bmatrix}\Delta X_{S}\\\Delta Y_{S}\\\Delta Z_{S}\\\Delta\varphi\\\Delta\omega\\\Delta\kappa\end{bmatrix}+\begin{bmatrix}a_{11}&a_{12}&a_{13}\\a_{21}&a_{22}&a_{23}\end{bmatrix}\begin{bmatrix}\Delta X\\\Delta Y\\\Delta Z\end{bmatrix}-\begin{bmatrix}l_{x}\\l_{y}\end{bmatrix}\tag{2-52}$$

用矩阵形式表示为：

$$\boldsymbol{V}=\boldsymbol{At}+\boldsymbol{BX}-\boldsymbol{L}\tag{2-53}$$

式中：$\boldsymbol{V}=[v_{x}\quad v_{y}]^{T}$

$\boldsymbol{A}=\begin{bmatrix}a_{11}&a_{12}&a_{13}&a_{14}&a_{15}&a_{16}\\a_{21}&a_{22}&a_{23}&a_{24}&a_{25}&a_{26}\end{bmatrix}$

$\boldsymbol{t}=[\Delta X_{S}\quad\Delta Y_{S}\quad\Delta Z_{S}\quad\Delta\varphi\quad\Delta\omega\quad\Delta\kappa]^{T}$

$\boldsymbol{B}=\begin{bmatrix}a_{11}&a_{12}&a_{13}\\a_{21}&a_{22}&a_{23}\end{bmatrix}$

$\boldsymbol{X}=[\Delta X\quad\Delta Y\quad\Delta Z]^{T}$

$\boldsymbol{L}=[l_{x}\quad l_{y}]$

由式(2-53)可以看出，误差方程式有两类不同性质的待定值，即外方位元素的改正数和待定点物方空间坐标的改正数。前者用列向量 $\boldsymbol{t}$ 表示，后者用列向量 $\boldsymbol{X}$ 表示。

由于光束法平差属整体平差，应适当节省计算单元，一般是组成法方程后约去某一类参数再进行求解，如消去待定点坐标未知数，仅计算相片外方位元素，然后再回代求解坐标，考虑到 $\boldsymbol{X}$ 分为控制点和未知点两类，则误差方程(2-53)可分解为：

$$\begin{cases}\boldsymbol{V}_{1}=\boldsymbol{A}_{1}\boldsymbol{t}-\boldsymbol{L}_{1}\\\boldsymbol{V}_{2}=\boldsymbol{A}_{2}\boldsymbol{t}+\boldsymbol{BX}-\boldsymbol{L}_{2}\end{cases}\tag{2-54}$$

上式可改写为：

$$\begin{bmatrix}\boldsymbol{V}_{1}\\\boldsymbol{V}_{2}\end{bmatrix}=\begin{bmatrix}\boldsymbol{A}_{1}&0\\\boldsymbol{A}_{2}&\boldsymbol{B}\end{bmatrix}\begin{bmatrix}\boldsymbol{t}\\\boldsymbol{X}\end{bmatrix}-\begin{bmatrix}\boldsymbol{L}_{1}\\\boldsymbol{L}_{2}\end{bmatrix}\tag{2-55}$$

组成法方程，可得：

$$\begin{bmatrix} \boldsymbol{A}_1{}^{\mathrm{T}}\boldsymbol{A}_1 + \boldsymbol{A}_2{}^{\mathrm{T}}\boldsymbol{A}_2 & \boldsymbol{A}_2{}^{\mathrm{T}}\boldsymbol{B} \\ \boldsymbol{B}^{\mathrm{T}}\boldsymbol{A}_2 & \boldsymbol{B}^{\mathrm{T}}\boldsymbol{B} \end{bmatrix} \begin{bmatrix} \boldsymbol{t} \\ \boldsymbol{X} \end{bmatrix} = \begin{bmatrix} \boldsymbol{A}_1{}^{\mathrm{T}}\boldsymbol{L}_1 + \boldsymbol{A}_2{}^{\mathrm{T}}\boldsymbol{L}_2 \\ \boldsymbol{B}^{\mathrm{T}}\boldsymbol{L}_2 \end{bmatrix} \tag{2-56}$$

简化得到：

$$\begin{bmatrix} \boldsymbol{N}_{11} & \boldsymbol{N}_{12} \\ \boldsymbol{N}_{21} & \boldsymbol{N}_{22} \end{bmatrix} \begin{bmatrix} \boldsymbol{t} \\ \boldsymbol{X} \end{bmatrix} = \begin{bmatrix} \boldsymbol{L}_1{}' \\ \boldsymbol{L}_2{}' \end{bmatrix} \tag{2-57}$$

约去参数 $\boldsymbol{X}$ 得如下方程式：

$$(\boldsymbol{N}_{11} - \boldsymbol{N}_{12}\boldsymbol{N}_{22}{}^{-1}\boldsymbol{N}_{21})\boldsymbol{t} = \boldsymbol{L}_1{}' - \boldsymbol{N}_{12}\boldsymbol{N}_{22}{}^{-1}\boldsymbol{L}_2{}' \tag{2-58}$$

回代得到：

$$\begin{cases} \boldsymbol{X} = \boldsymbol{N}_{22}{}^{-1}(\boldsymbol{L}_2{}' - \boldsymbol{N}_{21}\boldsymbol{t}) \\ \boldsymbol{t} = (\boldsymbol{N}_{11} - \boldsymbol{N}_{12}\boldsymbol{N}_{22}{}^{-1}\boldsymbol{N}_{21})^{-1}(\boldsymbol{L}_1{}' - \boldsymbol{N}_{12}\boldsymbol{N}_{22}^{-1}\boldsymbol{L}_2{}') \end{cases} \tag{2-59}$$

2. 待定点物方空间坐标的计算

由共线方程式经线性化后的误差方程式为(2-51)。因每张相片的 6 个外方位元素已解算求得，对每张相片可列出每个待定点的前方交会误差方程式：

$$\begin{cases} v_{\mathrm{x}} = -a_{11}\Delta X - a_{12}\Delta Y - a_{13}\Delta Z - l_{\mathrm{x}} \\ v_{\mathrm{y}} = -a_{21}\Delta X - a_{22}\Delta Y - a_{23}\Delta Z - l_{\mathrm{y}} \end{cases} \tag{2-60}$$

如果一个待定点出现在 n 张相片里，则可列出 n 组式(2-60)的误差方程式，共 $2n$ 个误差方程式。然后把所有待定点误差方程式组成方程组，解出每个待定点的物方空间坐标改正数，再加上其近似值，得到该点物方空间坐标。

3. 内、外方元素的初始值计算

由共线方程式

$$\begin{cases} x - x_0 + f_{\mathrm{x}} \dfrac{a_1(X - X_{\mathrm{S}}) + b_1(Y - Y_{\mathrm{S}}) + c_1(Z - Z_{\mathrm{S}})}{a_3(X - X_{\mathrm{S}}) + b_3(Y - Y_{\mathrm{S}}) + c_3(Z - Z_{\mathrm{S}})} = 0 \\ y - y_0 + f_{\mathrm{y}} \dfrac{a_2(X - X_{\mathrm{S}}) + b_2(Y - Y_{\mathrm{S}}) + c_2(Z - Z_{\mathrm{S}})}{a_3(X - X_{\mathrm{S}}) + b_3(Y - Y_{\mathrm{S}}) + c_3(Z - Z_{\mathrm{S}})} = 0 \end{cases} \tag{2-61}$$

改化为：

$$\begin{cases} x - x_0 + f_{\mathrm{x}} \dfrac{a_1X + b_1Y + c_1Z + \gamma_1}{a_3X + b_3Y + c_3Z + \gamma_3} = 0 \\ y - y_0 + f_{\mathrm{y}} \dfrac{a_2X + b_2Y + c_2Z + \gamma_2}{a_3X + b_3Y + c_3Z + \gamma_3} = 0 \end{cases} \tag{2-62}$$

式中：$\gamma_1 = -(a_1X_{\mathrm{S}} + b_1Y_{\mathrm{S}} + c_1Z_{\mathrm{S}})$

$\gamma_2 = -(a_2X_{\mathrm{S}} + b_2Y_{\mathrm{S}} + c_2Z_{\mathrm{S}})$

$\gamma_3 = -(a_3X_{\mathrm{S}} + b_3Y_{\mathrm{S}} + c_3Z_{\mathrm{S}})$

将(2-62)进一步转化为：

$$\begin{cases} x + \dfrac{(a_1f_{\mathrm{x}} - a_3x_0)X + (b_1f_{\mathrm{x}} - b_3x_0)Y + (c_1f_{\mathrm{x}} - c_3x_0)Z + (\gamma_1f_{\mathrm{x}} - \gamma_3x_0)}{a_3X + b_3Y + c_3Z + \gamma_3} = 0 \\ y + \dfrac{(a_2f_{\mathrm{y}} - a_3y_0)X + (b_2f_{\mathrm{y}} - b_3y_0)Y + (c_2f_{\mathrm{y}} - c_3y_0)Z + (\gamma_2f_{\mathrm{y}} - \gamma_3y_0)}{a_3X + b_3Y + c_3Z + \gamma_3} = 0 \end{cases} \tag{2-63}$$

将直接线性变换公式与之比较：

$$\begin{cases} x + \dfrac{l_1X + l_2Y + l_3Z + l_4}{l_9X + l_{10}y + l_{11}Z + 1} = 0 \\ y + \dfrac{l_5X + l_6Y + l_7Z + l_8}{l_9X + l_{10}Y + l_{11}Z + 1} = 0 \end{cases} \tag{2-64}$$

可得转换矩阵如下：

$$\begin{bmatrix} l_1 & l_2 & l_3 & l_4 \\ l_5 & l_6 & l_7 & l_8 \\ l_9 & l_{10} & l_{11} & 1 \end{bmatrix} = \frac{1}{\gamma_3}\begin{bmatrix} a_1f_x - a_3x_0 & b_1f_x - b_3x_0 & c_1f_x - c_3x_0 & \gamma_1f_x - \gamma_3x_0 \\ a_2f_y - a_3y_0 & b_2f_y - b_3y_0 & c_2f_y - c_3y_0 & \gamma_2f_y - \gamma_3y_0 \\ a_3 & b_3 & c_3 & \gamma_3 \end{bmatrix} \tag{2-65}$$

考虑到旋转正交矩阵中各元素的关系有：

$$a_3^{\ 2} + b_3^{\ 2} + c_3^{\ 2} = 1 \tag{2-66}$$

$$a_1a_3 + b_1b_3 + c_1c_3 = 0 \tag{2-67}$$

于是得：

$$l_9^{\ 2} + l_{10}^{\ 2} + l_{11}^{\ 2} = \frac{1}{\gamma_3^{\ 2}} \tag{2-68}$$

又因为：

$$\begin{aligned} l_1l_9 + l_2l_{10} + l_3l_{11} &= \frac{(a_1f_x - a_3x_0)a_3 + (b_1f_x - b_3x_0)b_3 + (c_1f_x - c_3x_0)c_3}{\gamma_3^{\ 2}} \\ &= \frac{f_x(a_1a_3 + b_1b_3 + c_1c_3) - x_0(a_3^{\ 2} + b_3^{\ 2} + c_3^{\ 2})}{\gamma_3^{\ 2}} \\ &= -x_0(l_9^{\ 2} + l_{10}^{\ 2} + l_{11}^{\ 2}) \end{aligned} \tag{2-69}$$

故有：

$$\begin{cases} x_0 = -\dfrac{l_1l_9 + l_2l_{10} + l_3l_{11}}{l_9^{\ 2} + l_{10}^{\ 2} + l_{11}^{\ 2}} \\ y_0 = -\dfrac{l_5l_9 + l_6l_{10} + l_7l_{11}}{l_9^{\ 2} + l_{10}^{\ 2} + l_{11}^{\ 2}} \end{cases} \tag{2-70}$$

又可由：

$$\begin{cases} l_1^{\ 2} + l_2^{\ 2} + l_3^{\ 2} = \dfrac{f_x^{\ 2} + x_0^{\ 2}}{\gamma_3^2} \\ l_5^{\ 2} + l_6^{\ 2} + l_7^{\ 2} = \dfrac{f_y^{\ 2} + y_0^{\ 2}}{\gamma_3^2} \end{cases} \tag{2-71}$$

可得：

$$\begin{cases} f_x = \sqrt{\dfrac{l_1^{\ 2} + l_2^{\ 2} + l_3^{\ 2}}{l_9^{\ 2} + l_{10}^{\ 2} + l_{11}^{\ 2}} - x_0^{\ 2}} \\ f_y = \sqrt{\dfrac{l_5^{\ 2} + l_6^{\ 2} + l_7^{\ 2}}{l_9^{\ 2} + l_{10}^{\ 2} + l_{11}^{\ 2}} - y_0^{\ 2}} \end{cases} \tag{2-72}$$

3 个外方位直线元素的初始值如下：

$$\begin{bmatrix} X_S \\ Y_S \\ Z_S \end{bmatrix} = -\begin{bmatrix} l_1 & l_2 & l_3 \\ l_5 & l_6 & l_7 \\ l_9 & l_{10} & l_{11} \end{bmatrix}^{-1} \begin{bmatrix} l_4 \\ l_8 \\ 1 \end{bmatrix} \tag{2-73}$$

由式(2-65)可得:

$$[l_9 \quad l_{10} \quad l_{11}] = \frac{1}{\gamma_3}[a_3 \quad b_3 \quad c_3] \tag{2-74}$$

由式2-74得:

$$[a_3 \quad b_3 \quad c_3] = \gamma_3 [l_9 \quad l_{10} \quad l_{11}] \tag{2-75}$$

再由式(2-65)得:

$$[l_1 \quad l_2 \quad l_3] = \frac{1}{\gamma_3}[a_1 f_x - a_3 x_0 \quad b_1 f_x - b_3 x_0 \quad c_1 f_x - c_3 x_0] \tag{2-76}$$

根据上式可得:

$$[a_1 \quad b_1 \quad c_1] = \gamma_3 \left[\frac{l_1 + l_9 x_0}{f_x} \quad \frac{l_2 + l_{10} x_0}{f_x} \quad \frac{l_3 + l_{11} x_0}{f_x}\right] \tag{2-77}$$

同理可得含各方位元素的旋转矩阵:

$$\boldsymbol{R} = \begin{bmatrix} a_1 & a_2 & a_3 \\ b_1 & b_2 & b_3 \\ c_1 & c_2 & c_3 \end{bmatrix} = \gamma_3 \begin{bmatrix} \frac{l_1 + l_9 x_0}{f_x} & \frac{l_2 + l_{10} x_0}{f_x} & \frac{l_3 + l_{11} x_0}{f_x} \\ \frac{l_5 + l_9 y_0}{f_y} & \frac{l_6 + l_{10} y_0}{f_y} & \frac{l_7 + l_{11} y_0}{f_y} \\ l_9 & l_{10} & l_{11} \end{bmatrix} \tag{2-78}$$

3 个外方位角元素可由式(2-79)给出:

$$\begin{cases} \tan\varphi = -\dfrac{a_3}{c_3} \\ \sin\omega = -b_3 \\ \tan\kappa = \dfrac{b_1}{b_2} \end{cases} \tag{2-79}$$

这里,还要对前面的分析作进一步的说明:

(1)以上各式是严密的,用这些关系式,通过已知的 11 个 l 系数,可以解算:像主点坐标(x_0, y_0),相片的 x 向主距 f_x 和 y 向主距 f_y,以及 6 个外方位元素($X_S, Y_S, Z_S, \varphi, \omega, \kappa$)。

(2)这里的 x 向主距和 y 向主距不同于摄影机主距 f。从概念上讲,只有当数码相片不会受到线性变形影响的时候,它们的值才会相等。

(3)引起数码相片变形的原因包括:量测误差,光学畸变差等。

五、事故现场摄影测量的拍摄方式和拍摄流程

与其他测量对象相比,交通事故现场摄影测量具有一定的特殊性,根据事故分析的需要,要把事故现场上的各种交通元素和有关痕迹、道路、物证、地形、交通设施和其他重要标志物等进行记录、测量,并以此为根据绘制交通事故现场图[15~17]。通过交通事故现场图能够反映出现场各种交通元素以及与事故有关的痕迹、物证的位置,相互间的关系,说明事故演变终结后的状态,从而可以供事故分析之用。因此,面向道路交通事故分析的摄影测量方

法需要对事故现场进行完整的记录，因此对拍摄方式提出了更高的要求。

1. 拍摄方式

常用的近景摄影测量方式有如下5种：正直摄影、等偏摄影、交向摄影、等倾摄影和环形摄影[18~22]。5种摄影方式的示意图如图2-9、图2-10、图2-11所示：

(1)正直摄影。如图2-9所示，摄影时两相片的主光轴 S_1O_1、S_2O_2 彼此平行，且垂直于摄影基线 B 的摄影方式。

(2)等偏摄影。如图2-10所示，摄影时仍保持两台摄影机主光轴水平，但摄影基线在水平面上的投影与 X 轴有一角度 Ψ。

(3)交向摄影。如图2-11所示，摄影时两摄影机主光轴保持水平，但两主光轴在水平面上的投影相交成一夹角 γ(交向角)。

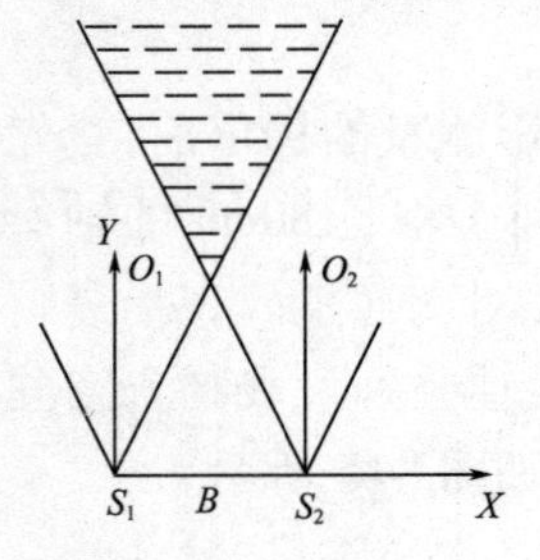

图2-9 正直摄影

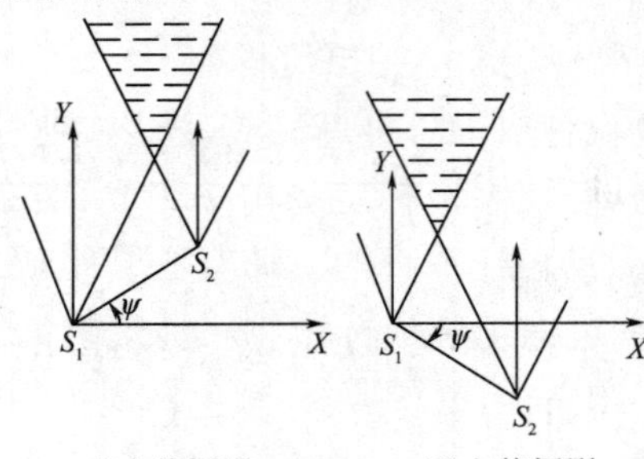

图2-10 等偏摄影

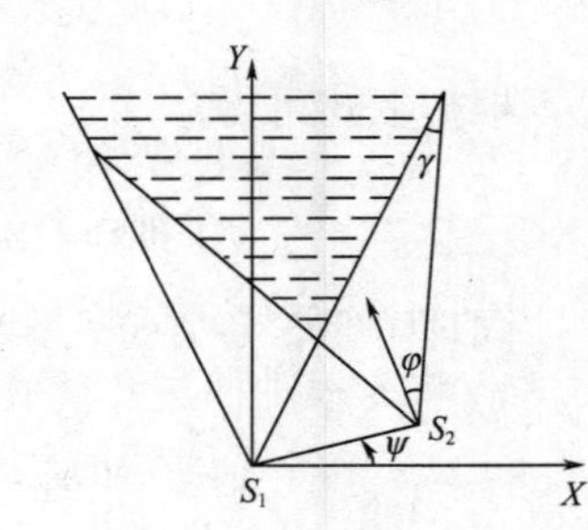

图2-11 交向摄影

(4)等倾摄影。摄影时两摄影机都倾斜同一角度 ω。规定光轴向上仰为正值，向下为负值。等倾摄影还可细分为正直等倾摄影和等偏等倾摄影。

实际中常采用正直摄影和等偏摄影方式。一般的说来，正直摄影方式生成影像的“变形”，基本起因于被测物的“起伏”，因而多适用于肉眼立体观测。另外，交向摄影测量方式生成影像的“变形”，则既起因于被测物的“起伏”，也起因于相对两相片间的大的相对角度。交向摄影方式特别是交向角 γ 较大时的交向摄影方式，一般不适用于肉眼立体观测，多用于解析近景摄影测量或数字近景摄影测量。正直摄影方式一般需要55% ~ 70%的重叠，交向摄影方式常采取100%的重叠。

(5)环形摄影拍摄方式。环形拍摄方法是一种适用于任何情况的拍摄方法，在不能确定采用上述方法是否有效时，可以采用这种方法作为替代。

建立第一个环：如图2-12所示所有被测量的物体都在相机探视镜中可见，物体在探视镜中占据了大部分的空间。拍摄一张照片，然后以物体为中心，环绕物体移动，拍摄尽量多的照片。

建立其他的环：如图2-13所示，靠近被拍摄的物体，环绕物体的重要点拍摄照片。

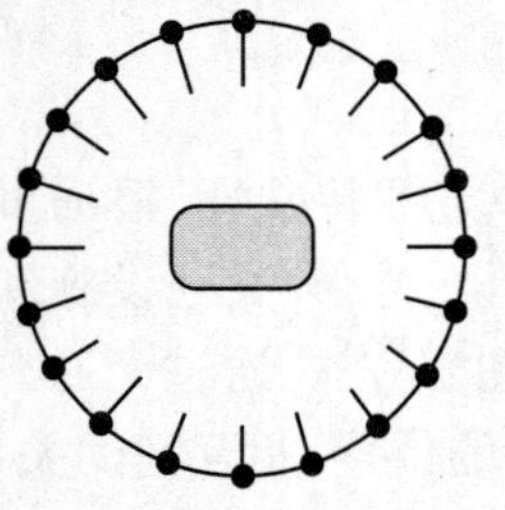
图2-12 相机环绕物的俯视图

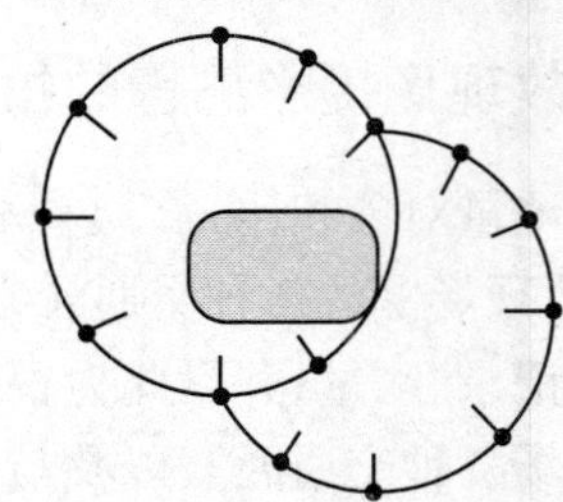
图2-13 多环拍摄的俯视图

建立高度环:升高相机,向下环绕物体进行拍摄,如图 2-14 所示;同样也可以降低相机,向上环绕物体拍摄。

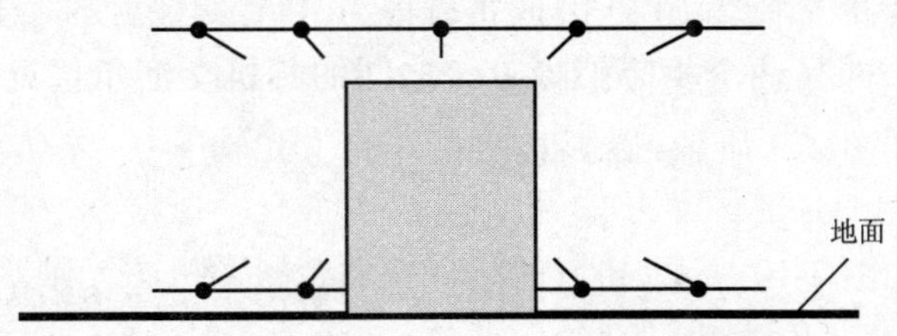

图 2-14　不同高度下相机环绕物体的俯视图

2. 拍摄流程

基于摄影测量技术的交通事故现场勘测拍摄流程如下:

(1)为了方便携带,将标定物设计成为可拆卸结构,所以,进行摄影测量的标定前,首先要组装标定物。为了便于标定物拆散携带,标定物由一个套筒底座和 3 根长 80cm 的轴组成,其中,套筒底座为 3 根长 20cm 且相互垂直的方形空心管组成。在对交通事故现场进行标定时,将 3 根轴插进套筒底座就可以组装成标定物。标定物的 3 根轴分别代表物方空间坐标的 X、Y 和 Z 轴,在轴上每隔 20cm 用黄、黑两种颜色标识了刻度,如图2-15 所示。

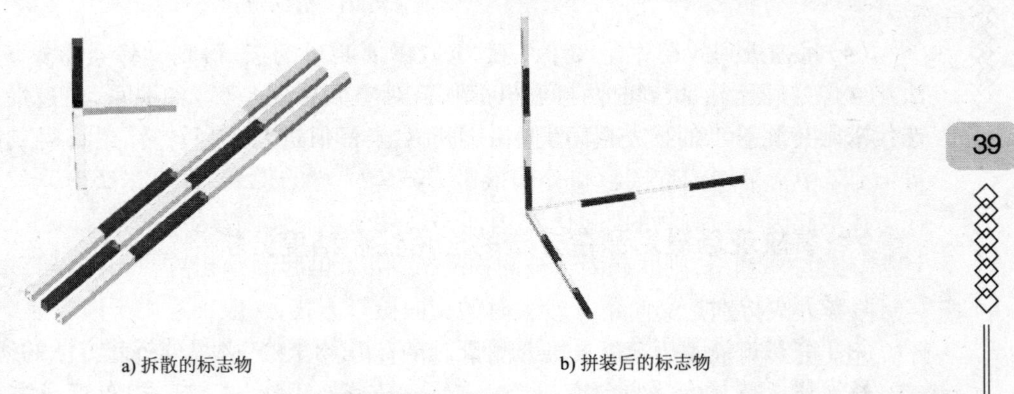

a) 拆散的标志物　　b) 拼装后的标志物

图 2-15　摄影测量标定物设计

(2)为了解决摄影测量中标定点(已知空间坐标值的参考点)的选取难以及测量标定点的坐标占用较多时间的缺点,需要按照合理的位置摆放,形成一个标定系统,实现对交通事故现场进行摄影测量的标定,如图 2-16 所示。

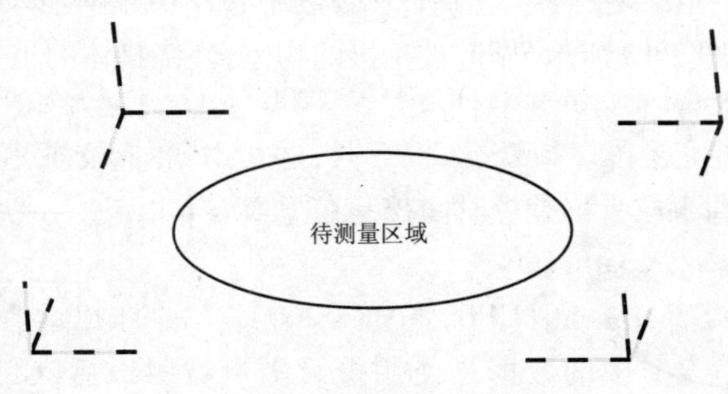

图 2-16　标定物摆放示意图

(3)采用相机按照一定的移动方向和拍摄角度对安置了标定系统的交通事故现场拍摄一组照片。以每个标定物后方作为拍摄时相机的位置,标定系统为拍摄中心,顺时针方向对事故现场进行全方位取景,并且保证每张照片中至少包含3个标定物;另外,相机应该与水平成45°垂角,并且两个相邻拍摄方位之间的相机交汇角接近90°,如图2-17所示。

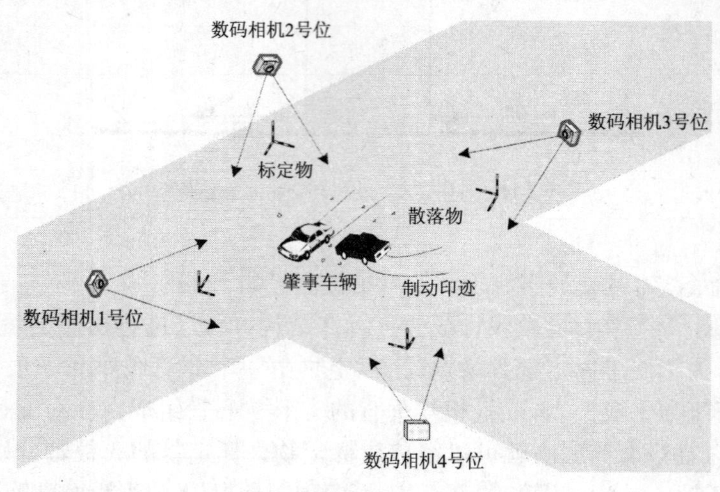

图2-17 事故现场摄影测量示意图

(4)将拍摄到的相片导入计算机,选取需要测量的点,得到其像素坐标值,根据DLT方法建立像空间坐标系与物方空间坐标系(实际空间中的坐标)的关系,通过最小二乘法进行迭代求得待测量点的物方空间坐标。通过对坐标值进行几何计算,最终得到制动痕的长度等信息。

六、事故现场摄影测量方法的适用性和精度分析

1.适用性分析

为了将摄影测量方法实际应用于交通事故现场重构,必须分析此方法的适用性。

数字摄影测量包括两个方面的工作:一是室外工作,主要是指布置或测量适宜的控制点,拍摄适宜的照片;二是室内工作,主要是利用已有的计算机程序对相片处理,提取出所需要的定量几何信息。从这两方面工作来看,摄影测量方法使用方便,处理迅速。由于数字摄影测量通常只需要数码相机、控制装置和计算机程序,因此价格低廉。

摄影测量的适用性可以通过美国Kentucky州两个地区的使用情况[23]得到证明:

1)Dallas Country Sheriff Department

Dallas Country Sheriff Department (DCSD)从2000年11月起开始采用摄影测量技术作为交通事故现场测量的补充手段。2001年2~5月,通过对34起交通事故处理时间的统计分析,DCSD成功地将交通事故平均处理时间控制在了20min以下。

2)Chattanooga Police Department

Chattanooga Police Department (CPD)同样从2000年11月开始采用摄影测量技术进行交通事故现场测量。表2-1中的数据是使用摄影测量技术以后,CPD在2000年10月至2001年6月间对所发生交通事故处理时间的统计。

摄影测量与传统测量时间的对比统计 表 2-1

事故编号	传统测量时间(min)	摄影测量时间(min)	节省时间(min)	伤亡人数
1	120	45	75	0
2	135	70	65	0
3	240	75	165	0
4	150	70	80	0
5	45	30	15	0
6	90	30	60	1
7	85	20	65	1
8	60	35	25	2
9	60	15	45	1
10	35	15	20	2
11	不适用	20	不适用	0

表 2-2 中所示为 CPD 采用传统测量方法与摄影测量方法数据精确度的比较。其中的数据为 7 次交通事故 69 次测量的结果,从表中可以看出,摄影测量方法和传统测量的方法相比,精确度相差 2. 3%,其中 44 次测量的精度差别低于 1%。

摄影测量与传统测量精度对比统计 表 2-2

事故编号	测量数据个数	平均差别
1	6	2. 5
2	11	1. 2
3	5	3. 2
4	11	0. 8
5	18	3. 1
6	9	3. 3
7	9	1. 9
总计	69	2. 3

根据以上两个例子,从测量时间和测量精度两方面综合考虑,数字摄影测量在道路交通事故现场勘测方面具有较好的适用性。

2. 精度分析

通过对交通事故的实际摄影测量处理,分析得到摄影测量的精度[24~27]和以下因素有关:

1)像点的精度

为了求得物点的三维空间坐标,首先必须确定像点的二维平面坐标,因此为了提高物点精度,必须提高像点的精度。在人工确定像点坐标时,必须非常细心。如果有可能,可以采用计算机程序,通过特征提取的方法确定像点。

2)相机的分辨率

相机的分辨率越高,就越容易精确地标定像点位置,像点精度提高又必然提高物点精度。

3)相机检校质量

由于非量测数码相机存在较大的光学畸变,因此相机检校可以较大地提高精度,前面对相机检校理论已经作了详细的论述。

4)相机位置

当两个相机之间的交汇角在90°时,测量精度是最好的。

5)相片数量

在确定像点点位时,都会存在一定的误差。如果所需像点在某一张相片上比较模糊,那么误差会比较大,这样也就导致求解的物点误差比较大。此时如果此点出现在3张相片以上,那么此点在某一张相片上的较大误差由于采用最小二乘法会使此误差得到补偿。如果此点只出现在两张相片上,这种误差就得不到补偿。因此通常需要在较多(一般在3张以上)的相片上标定某一像点点位。

综上所述,在实际进行摄影测量时,为了减少误差,提高精度,需要注意以下事项:①确定像点位置;②使用分辨率比较高的数码相机;③对相机进行检校;④保证相机之间的交汇角接近;⑤保证所有的点出现在3张相片或以上;⑥当像点模糊时,不能臆测像点位置。

第三节 应用实践

一、典型软件

目前,国外用于交通事故现场测量的软件主要有加拿大EOS Systems公司的PhotoModeler[28,29]、美国Gray Robertson & Assoc公司的ShapeCapture[30]和Photometrix公司的iWitness[31]。这些软件的主要功能都是从图像中获取空间点的三维坐标并进行高精确度的三维建模,测量精度较高,可用于交通事故的现场勘查。其中PhotoModeler的测量精度在低分辨率的情况下可达1/200,在高分辨率的情况下可达1/8000,因此被广泛地用于交通事故摄影测量当中。PhotoModeler是一个基于Windows操作系统的软件,它可以从照片当中提取测量数据及三维模型。通过使用照相机作为数据采集设备,对测量场景或物体拍摄几张照片后,用户就可以在短时间内获取大量精确的细节,通过鼠标标定感兴趣的特征点、直线、曲线或图形。PhotoModeler可以结合照片计算出所标定特征的三维尺寸,最终得到能够被CAD软件识别的3-D模型。

使用PhotoModeler时,电脑的最低配置如下:

- Windows 95,98或者NT 4.0(sp3 +)操作系统
- Pentium处理器
- 16MB内存
- 30 MB硬盘空间
- CD-ROM

➢ 支持 800×600 分辨率,32 位颜色

➢ 声卡

采用 PhotoModeler 在交通事故现场勘察领域主要应用于以下两个方面:

1)制动印迹的测量

首先,通过照片中标记的已知三维坐标控制点对相机进行标定。相机参数的标定完成以后,使用平面工具将各个控制点连接起来。当平面覆盖整个路面以后,使用平面校正工具把轮胎的拖痕按照正投影的方式投射到平面上。使用软件提供的测量工具就可以测量制动印迹的长度。

2)车辆变形的测量

首先找到一辆和事故碰撞车辆同型号的未损坏车辆,对未损坏车辆进行三维建模(为了保证测量的准确性,要对碰撞区域进行局部加密),并对相机的内外参数进行标定。标定完成后,输入碰撞车辆照片,确定碰撞角度,并对碰撞照片测量点进行标记,测量标记点的三维坐标,通过和未损坏车辆进行比较,算出碰撞变形的位移偏移量,从而求出车辆的变形。

二、汽车制动路面印迹摄影测量的典型案例

1. 事故简介与测量目的

2007 年某日上午 10:50 左右,天气晴,在上海市某公路东 1km 处,一辆小客车与横过马路的行人相撞致使行人重伤并伴有多处骨折,事故现场留有清晰的制动印迹。事故现场照片如图 2-18 所示。

图 2-18 事故现场照片

为了确定事故责任,有必要对碰撞接触时刻及制动前的车辆行驶速度进行确认,而车辆制动印迹与人体抛距是推算车速的重要依据。因此,本事故案例需要测量的主要目标为车辆制动印迹的长度、人体抛落(血迹)位置的定位等。

2. 测量时间对比与结果分析

对本案例通过人工测量方法进行事故现场测量的时间为 10:55 ~ 11:20,耗时 25min,使用摄影测量方法进行事故现场测量的时间为 10:55 ~ 11:08,耗时 13min。因此在本案中利用摄影测量方法可以节约时间 12min。由于事故现场场景较大,因此将标定物分别摆放在血迹附近与制动印迹起始位置,如图 2-19 所示。

图 2-19 标定物的放置

表2-3为传统方法与摄影测量方法中主要测量数据对比。采用图像拼接技术重新绘制事故现场图如图2-20所示，在现场图中，反映该事故的主要因素，如血迹距离路边沿的距离、血迹距离小客车的距离、制动印迹的长度、小客车的定位及道路宽度等均予以体现。

传统测量与摄影测量数据对比表 表2-3

编号	测量数据	实测数值(m)	摄影测量数值(m)
1	血迹距路边沿	1.621	1.562
2	血迹—小客车右前轮	5.509	5.500
3	小客车右前轮—路边	1.137	1.151
4	小客车右后轮—路边	1.302	1.242
5	小客车右后轮—路标	12.510	12.314
6	马路宽度	7.401	7.232
7	左前轮制动印长度	31.015	30.844
8	右前轮制动印长度	27.216	27.138

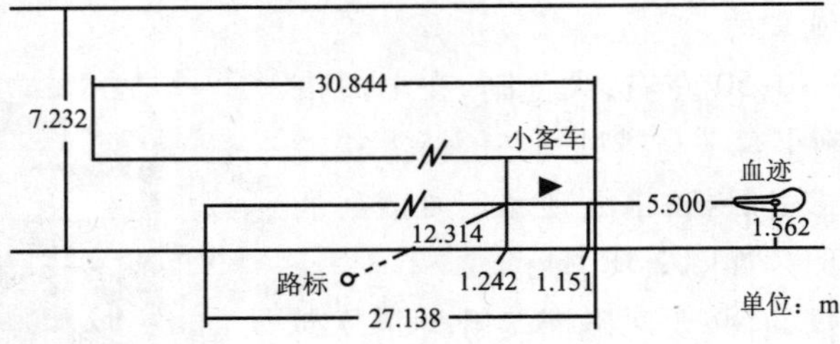

图2-20　利用摄影测量技术绘制的事故现场图

三、汽车车身与隔离栏杆变形摄影测量的典型案例

1. 事故简介与测量目的

2007年某日15:20左右，天气晴，在上海市某路某号处，一轿车因操作不当碰撞隔离栏并导致隔离桩发生移位。事故现场如图2-21所示。该案例主要测量目的是需要获得汽车车身外部轮廓变形及隔离桩的移位情况。

图2-21　碰撞事故现场

2. 测量方法与结果分析

由于该案件涉及到车身变形及隔离桩的移位，测量人员首先对事故现场进行了勘察记录，然后为了疏散交通，将车辆拖到停车场进行变形量测量，合计人工测量时间为35min。而使用摄影测量方法仅需要14min，节约时间21min。摄影测量方法的优势不仅仅在于可以节约测量时间，而且通过标志物的设置可以对变形信息进行最真实的记录。车辆发生事故后，发生大变形的区域由于结构发生了变化，则在拖动过程中或其他状态下极有可能发生二次变形，从而影响到变形信息采集的客观性。

由于本次事故车身主要变形发生在汽车前部，且主要集中在发动机罩部位，因此，放置标志物如图 2-22 所示，表 2-4 为分别通过人工测量和摄影测量方法得到的发动机罩变形量结果对比。

图 2-22 事故现场测量

发动机罩变形数据测量结果对比 表 2-4

编 号	数 据 简 述	实测数值(m)	摄影测量数值(m)
1	右侧后段长度	0.643	0.635
2	右侧前段长度	0.301	0.298
3	左侧后段长度	0.642	0.632
4	左侧前段长度	0.294	0.289

根据车身变形后主要转折点处坐标信息建立车体三维线框模型及面模型如图 2-23 所示。在面模型基础上通过添加纹理生成三维数值模型与实际变形车辆对比如图 2-24 所示。

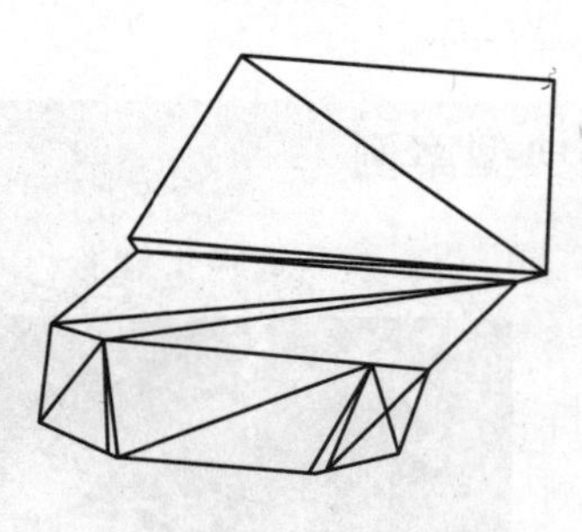

a) 三维线框模型

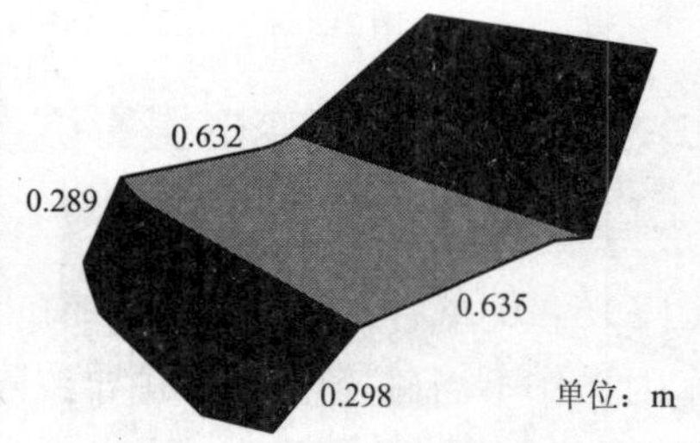

b)面模型

图 2-23 车体三维线框模型和面模型

a) 事故车照片

b) 添加纹理的三维数值模型

图 2-24 事故车与三维数值模型

利用摄影测量方法同样对隔离桩的变形和定位信息进行了测量。根据摄影测量结果，在本次事故中，两隔离桩被推动移位成115.472°(180° - 64.528°)，隔离桩的被拖动痕迹和初始、终止位置如图2-25所示。隔离桩被拖动距离为1.792m，与现场实际测量结果1.80m基本吻合，隔离桩移位情况如图2-26所示。

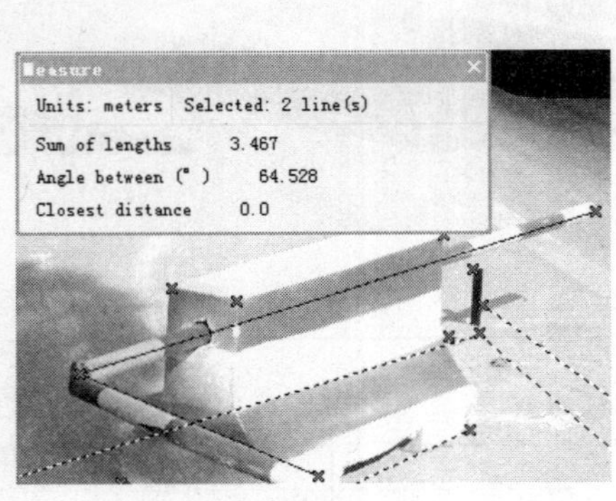

图2-25 隔离桩移位测量

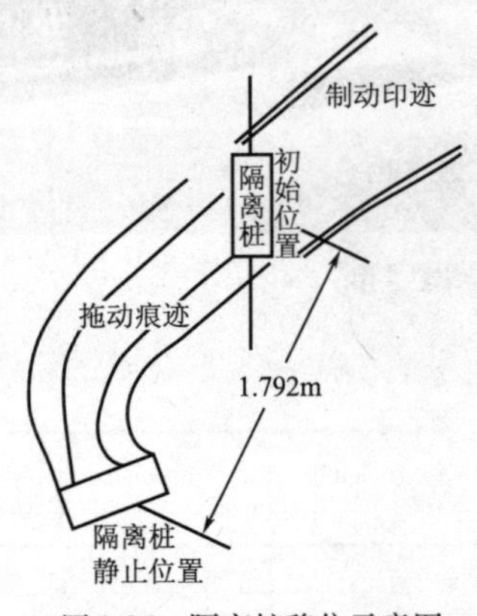

图2-26 隔离桩移位示意图

四、汽车车身与公路护栏变形摄影测量的典型案例

1. 事故简介与测量目的

2007年某日16:00左右，小雨，在上海市高速公路某段发生轿车撞击高速公路护栏的单车事故，事故现场照片如图2-27所示。该事故同时存在车辆和护栏两种变形，在高速公路交通事故中具有一定的代表性，为了计算汽车与护栏接触时刻的速度，需要对车身及护栏变形信息进行采集。

图2-27 交通事故现场

2. 测量方法与结果分析

由于该案件发生在高速公路上，为了后续车辆的行车安全，同时考虑到保持道路的畅通，测量人员首先对事故现场进行了勘察记录。然后将车辆行驶到安全地带进行变形量测量，合计车身变形量及护栏变形量人工测量时间为43min。而使用摄影测量方法仅需要12min，节约时间31min。

利用从不同角度拍摄的照片对变形车辆现场进行标定，如图2-28所示。设置的26个标定点坐标误差见表2-5，标定点平均误差在5mm左右，符合事故处理精度要求。

图 2-28　变形车辆现场标定

标定点坐标误差分析　　表 2-5

ID	X Precision	Y Precision	Z Precision	ID	X Precision	Y Precision	Z Precision
1	0.004	0.004	0.003	2	0.006	0.004	0.002
4	0.005	0.004	0.003	5	0.005	0.004	0.002
7	0.005	0.005	0.003	8	0.005	0.005	0.003
9	0.003	0.005	0.003	10	0.006	0.005	0.002
11	0.002	0.004	0.003	12	0.004	0.004	0.003
13	0.003	0.005	0.003	14	0.005	0.004	0.003
15	0.003	0.004	0.003	16	0.006	0.004	0.004
17	0.005	0.007	0.003	18	0.006	0.006	0.003
19	0.004	0.007	0.003	20	0.006	0.007	0.003
25	0.005	0.006	0.003	26	0.008	0.006	0.003
27	0.008	0.008	0.003	28	0.007	0.006	0.003
87	0.013	0.007	0.004	90	0.005	0.004	0.003
91	0.005	0.004	0.003	92	0.007	0.005	0.002

建立发动机罩变形的三维面模型，同时建立相同型号且完好车辆的发动机罩模型，从不同方位显示变形后的发动机罩模型如图 2-29 所示，通过摄影测量方法与完好车辆的发动机罩数值模型进行对比，测得发动机罩的最大变形量右侧为 0.268m，左侧为 0.150m，而人工测量数据分别为 0.272m 和 0.143m。

与测量车辆变形一样，利用不同方位事故现场照片对护栏变形进行标定求解，如图 2-30 所示。建立护栏变形线框模型和面模型如图 2-31 所示。

利用摄影测量方法得到护栏最大变形深度为 0.211m，高速公路护栏间距为 4.066m，实测结果可知护栏最大变形深度为 0.198m，护栏间距为 4.050m，对比上述数据充分说明了摄影测量方法在事故现场勘察领域的有效性。

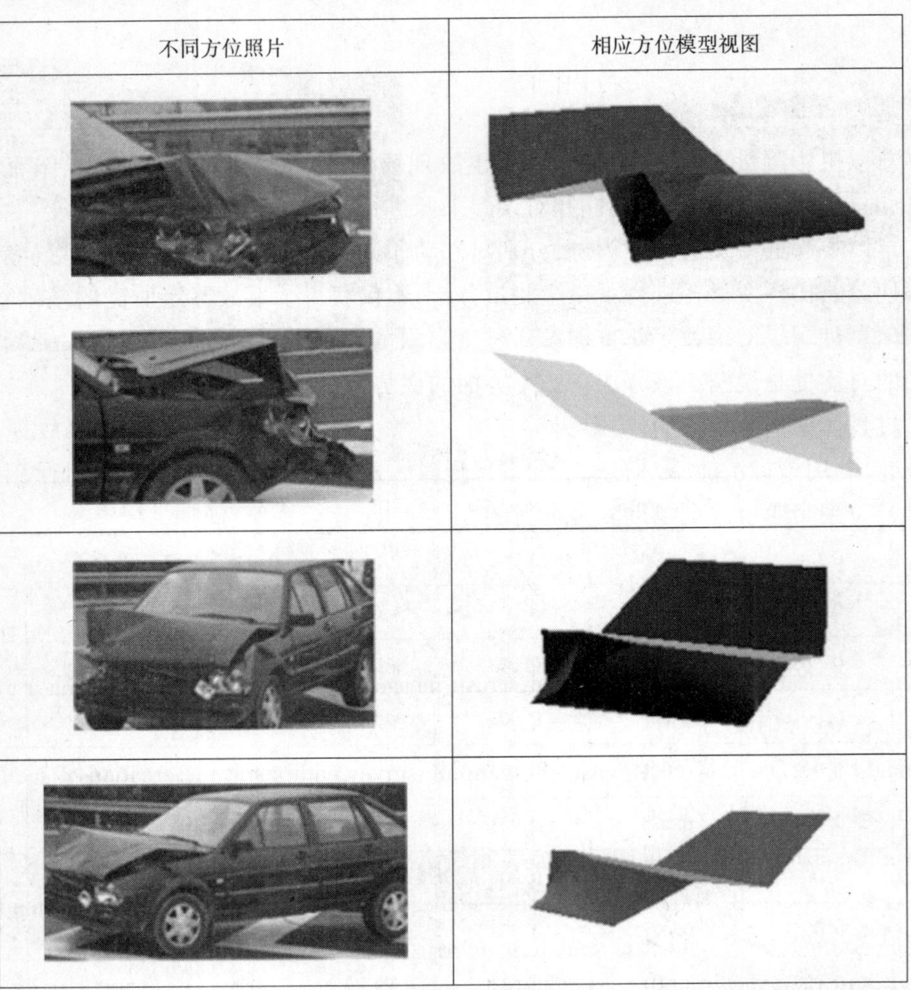

图 2-29　车辆变形模型不同方位视图

图 2-30　变形护栏现场标定

a) 线框模型　　　　b) 面模型

图 2-31　护栏变形的线框模型与面模型

第四节 本章小结

本章以摄影测量理论为基础,对交通事故现场摄影测量的拍摄方式及工作流程进行了描述,同时讨论了该方法的适用性并对误差来源进行了分析。

本章以3起典型交通事故为例,分别对制动印迹、人体抛落位置、车身变形、隔离桩的移位及高速公路护栏变形等进行了摄影测量分析,不仅获得了事故鉴定所需的基础数据,同时对相关信息进行了三维数字化重构。通过摄影测量方法所耗费时间与传统人工测量方法耗费时间的对比更是说明了该方法在效率方面的优势。

通过具体案例分析表明,摄影测量方法在效率及精度两方面都能满足事故现场勘测的需求,同时利用该方法能够对有争议的案件提供二次测量的途径。因此,通过使用摄影测量方法进行道路交通事故现场勘测是可行的。

参考文献

[1] Jean L C, Dainius J D, Alan G, et al. Crush measurement for side impacts using a total station [C]. SAE 960100, 1996.

[2] Donald F R, David W S. The use of electronic survey equipment the creation of accident scene diagrams[C]. SAE 950361, 1995.

[3] 冯文灏. 非地形摄影测量[M]. 北京: 测绘出版社, 1985.

[4] Koo T K, Aw Y B. Three dimensional visualization approach to traffic accident mapping[J]. Photogrammetric Engineering and Remote sensing, 1991, 57(7): 921-925.

[5] Mazor B. Imaging capabilities in forensics-now[J]. Advanced Imaging, 2004, 19(5): 30-32.

[6] 马颂德, 张正友. 计算机视觉—计算理论与算法基础[M]. 北京: 科学出版社, 1998.

[7] 郑南宁. 计算机视觉与模式识别[M]. 北京: 国防工业出版社, 1998.

[8] 王之卓. 摄影测量原理[M]. 北京: 测绘出版社, 1979.

[9] Arias P, Herraez J, Lorenzo H. Control of structural problems in cultural heritage monuments using close range photogrammetry and computer methods [J]. Computers and Structures, 2005, 83(21-22): 1754-1766.

[10] Liu R. Application of 4D and associated enabling technologies for urban decision support system[J]. Bangkok Dynamic and Multi-dimensional GIS, ISPRS, 2001, 34: 190-193.

[11] Shortos M R, Ganci G. Calibration stability of digital still cameras for industrial inspection [C]. International Conference on Measurement Science, Technology, Practice, Melbourne, Austrialia, 1997, 245-250.

[12] Huang Y. Visualisation first, modeling second-a new strategy for photogrammetry[C]. Proceedings of SPIE—The International Society for Optical Engineering, 2001, 4309: 73-80.

[13] 张永军, 张祖勋, 张剑清. 利用二维 DLT 及共线方程进行数字摄像机标定[J]. 武汉大

学学报(信息科学版),2002,27(6):566-571.

[14] 冯文灏.关于近景摄影机检校的几个问题[J].测绘通报,2000,(10):1-3.

[15] 陆玉凯,金先龙,黄靖,等.基于轮胎印迹的事故再现方法研究[J].汽车工程,2006,28(3):250-253.

[16] 鲁光泉,李一兵,黄山.变形车辆自标定三维重建的建模研究[J].汽车工程,2007,29(2):128-131.

[17] Meng X Q,Hu Z Y. A new easy camera calibration technique based on circular points[J]. Pattern Recognition,2003,36: 1155-1164.

[18] Armesto J,Arias P,Ordonez C. Damage quantification and monitoring in masonry monuments through digital photogrammetry[J]. Key Engineering Materials,2007,347: 291-296.

[19] Hadem I. Bundle adjustment in industrial photogrammetry[J]. Photogrammetria,1981,37(2):45-60.

[20] Zihlavnik S,Chudy F,Kardos M. Utilization of digital photogrammetry in forestry mapping[J]. Journal of Forest Science,2007,53(5):222-230.

[21] Galantucci I M,Ferrandes R,Percoco G. Digital photogrammetry for facial recognition[J]. Journal of Computing and Information Science in Engineering,2006,6(4):390-396.

[22] He Z H,Suo J,Cao J. 3-D turbulent velocity measuring by use of two-media photogrammetry[J]. American Society of Mechanical Engineering,Fluids Engineering Division,1993,172: 323-328.

[23] Kentucky Transportation Center. Evaluation of methods to limit the time taken to investigate crash sites[R]. Research Report: KTC-05-15/SPR-280-04-1F,2005.

[24] Arias P,Armesto J,Di C D,et al. Digital photogrammetry,GPR and computational analysis of structural damages in a mediaeval bridge[J]. Engineering Failure Analysis,2007,14(8):1444-1457.

[25] Kullgren A,Lie A,Tingvall C. Photogrammetry for documentation of vehicle deformations. A tool in a system for advanced accident data collection[J]. Accident Analysis and Prevention,1994,26(1):99-106.

[26] Fraser C S,Al A S. Zoom dependent camera calibration in digital close range photogrammetry[J]. Photogrammetric Engineering and Remote Sensing,2006,72(9):1017-1026.

[27] Truek D,Trimble J,North W. Test of close range photogrammetry[J]. Experimental Techniques,1989,13(3):28-30.

[28] Toglia Angelo,Stephens G D,Michalski D J,et al. Applications of photomedeler in accident reconstruction[J]. American Society of Mechanical Engineering,Computers and Information in Engineering Division,2005: 21-30.

[29] Larsen P K,Hansen L,Simonsen E B,et al. Variability of bodily measures of normally dressed people using phtotmedeler pro[C]. Proceedings of SPIE-The International Society

for Optical Engineering, 2007, v6491: p64910Z.

[30] Anchini R, Beraldin J A, Liguori C. Subpixel location of discrete target images in close range camera calibration: a novel approach[C]. Proceedings of SPIE-The International Society for Optical Engineering, 2007, v6491: p649110.

[31] Cronk S, Fraser C, Hanley H. Automated metric calibration of color digital cameras[J]. Photogrammetric Record, 2006, 21(116): 355-372.

第三章　基于冲量/动量原理的交通事故数字化重构方法

第一节　引　言

汽车轮胎制动印迹和车辆停止位置是道路交通事故现场留下的重要信息，通过轮胎印迹，不仅可以反映事故前、后汽车的运动轨迹、行驶速度、轮胎状态和制动措施。同时可以根据制动印迹的长度、形态来分析车辆碰撞时刻的瞬时速度、碰撞特性、接触部位及接触点。因此，对汽车轮胎印迹进行分析[1~4]是汽车碰撞事故处理的主要方法之一。

对于具有清晰的制动印迹或准确的车辆停止位置的事故，通常采用基于冲量/动量原理的事故重构方法进行研究。该方法根据刚体平面碰撞理论，将汽车简化为单质量三自由度的平面碰撞模型，并假设碰撞前后汽车在平坦、规则的水平路面上运动，利用碰撞过程中汽车的线动量和角动量守恒原理，通过回弹系数来考虑由于变形等原因而导致的能量损失。基于冲量/动量原理的事故重构方法以制动印迹或车辆停止位置为优化目标，以汽车速度、初始接触位置、回弹系数、摩擦系数等参数作为优化变量进行反复迭代计算。当计算得到的车辆制动印迹或停止位置与真实事故情况吻合时，则认为该状态下所对应的各项参数与真实情况最为接近。

本章将通过引入车辆运动模型、碰撞模型和轨迹优化模型，对基于冲量/动量原理的事故重构方法进行探讨。在此基础上，对三类汽车碰撞事故进行数字化重构分析，并从多种角度对计算得到的汽车速度等主要事故因素进行校验，从而验证了该方法的可行性。

第二节　基 本 理 论

一、车辆运动模型

1. 车辆运动坐标系

将车辆定义成刚体，在外力的影响下运动。为了描述车辆运动，采用了以下 3 个坐标系。

如图 3-1 所示，XYZ 为地面惯性坐标系，与车身固连的坐标系 $X'Y'Z'$ 为车辆坐标系。车辆坐标系的原点为质心位置。车辆坐标系的方向定义如下：纵轴（X'轴）在车辆纵向对称面内，由车辆重心位置指向车辆前方；竖轴（Z'轴）在车辆纵向对称面内，指向上方；横轴（Y'轴）由坐标系的正交性得到。轮胎坐标系 $X''Y''Z''$的原点位于理想轮胎接地点，其中 Z''方向垂直路面，Y''方向与轮胎轴线平行。矢量 $\bar{x}_{m}$ 定义了车辆重心在惯性系下的位置。

车身的旋转由旋转矩阵 $\boldsymbol{T}$ 定义，$\boldsymbol{T}$ 可看成由以下 3 个旋转分量组成：第一个是关于 Z 轴的旋转，第二个是关于转动后的 Y' 轴的旋转，第三个旋转分量是关于已旋转两次的 X' 轴的旋转，如图 3-2 所示。

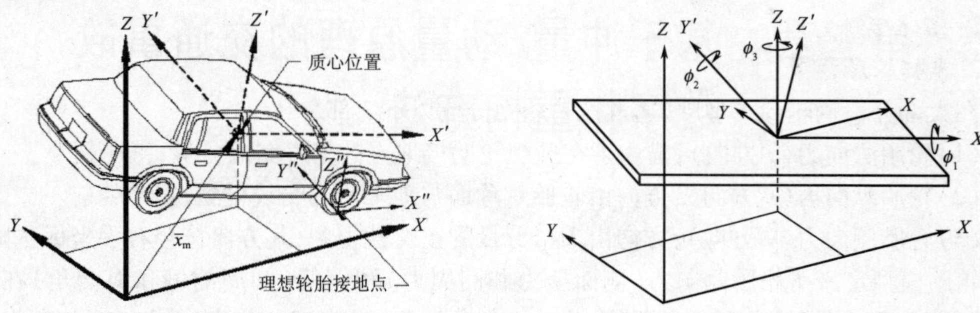

图 3-1　坐标系系统　　　　图 3-2　车身旋转分量模型

从惯性坐标系到车辆坐标系转换的旋转矩阵定义如下[5]：

关于 Z 轴的旋转（ϕ_3）：

$$\boldsymbol{M}_3 = \begin{pmatrix} \cos\phi_3 & \sin\phi_3 & 0 \\ -\sin\phi_3 & \cos\phi_3 & 0 \\ 0 & 0 & 1 \end{pmatrix} \tag{3-1}$$

关于已旋转过的 Y' 轴的旋转（ϕ_2）：

$$\boldsymbol{M}_2 = \begin{pmatrix} \cos\phi_2 & 0 & -\sin\phi_2 \\ 0 & 1 & 0 \\ \sin\phi_2 & 0 & \cos\phi_2 \end{pmatrix} \tag{3-2}$$

关于已旋转两次的 X' 轴的旋转（ϕ_1）：

$$\boldsymbol{M}_1 = \begin{pmatrix} 1 & 0 & 0 \\ 0 & \cos\phi_1 & \sin\phi_1 \\ 0 & -\sin\phi_1 & \cos\phi_1 \end{pmatrix} \tag{3-3}$$

任意旋转：

$\boldsymbol{T} = \boldsymbol{M}_1 \cdot \boldsymbol{M}_2 \cdot \boldsymbol{M}_3$ 或者

$$\boldsymbol{T} = \begin{pmatrix} \cos\phi_2\cos\phi_3 & \cos\phi_2\sin\phi_3 & -\sin\phi_2 \\ \sin\phi_1\sin\phi_2\cos\phi_3 - \cos\phi_1\sin\phi_3 & \sin\phi_1\sin\phi_2\sin\phi_3 + \cos\phi_1\cos\phi_3 & \sin\phi_1\cos\phi_2 \\ \cos\phi_1\sin\phi_2\cos\phi_3 + \sin\phi_1\sin\phi_3 & \cos\phi_1\sin\phi_2\sin\phi_3 - \sin\phi_1\cos\phi_3 & \cos\phi_1\cos\phi_2 \end{pmatrix} \tag{3-4}$$

从车辆坐标系到惯性坐标系的反变换：

$$\boldsymbol{T}^{-1} = \begin{pmatrix} \cos\phi_2\cos\phi_3 & \sin\phi_1\sin\phi_2\cos\phi_3 - \cos\phi_1\sin\phi_3 & \cos\phi_1\sin\phi_2\cos\phi_3 + \sin\phi_1\sin\phi_3 \\ \cos\phi_2\sin\phi_3 & \sin\phi_1\sin\phi_2\sin\phi_3 + \cos\phi_1\cos\phi_3 & \cos\phi_1\sin\phi_2\sin\phi_3 - \sin\phi_1\cos\phi_3 \\ -\sin\phi_2 & \sin\phi_1\cos\phi_2 & \cos\phi_1\cos\phi_2 \end{pmatrix} \tag{3-5}$$

除了汽车碰撞力以外，影响车辆运动的外力[6]主要有：

➢ 轮胎力（法向、侧向和纵向力）；

➤ 空气阻力；

➤ 重力；

➤ 拖车耦合力；

➤ 多体接触力；

2. 车辆轮胎模型

在大部分车辆轮胎模型中，通常把轮胎力分成以下 3 部分：

(1)轮胎法向力(z''方向)：描述了在理想轮胎接地点的垂直路面分量，正向朝上。

(2)轮胎纵向力(x''方向)：方向由轮胎对称面与地平面的交线得到，正向朝前。

(3)轮胎侧向力(y''方向)：方向由 3 个分量的正交性得到，其方向符合右手坐标法则。

轮胎模型定义了轮胎侧向力(侧面压力和圆周力)和侧偏(圆周侧偏和斜交角)在不同参数下的关系。图 3-3 展示了由测量得到的考虑到侧偏情况下，侧向和纵向轮胎力之间的关系[7]。

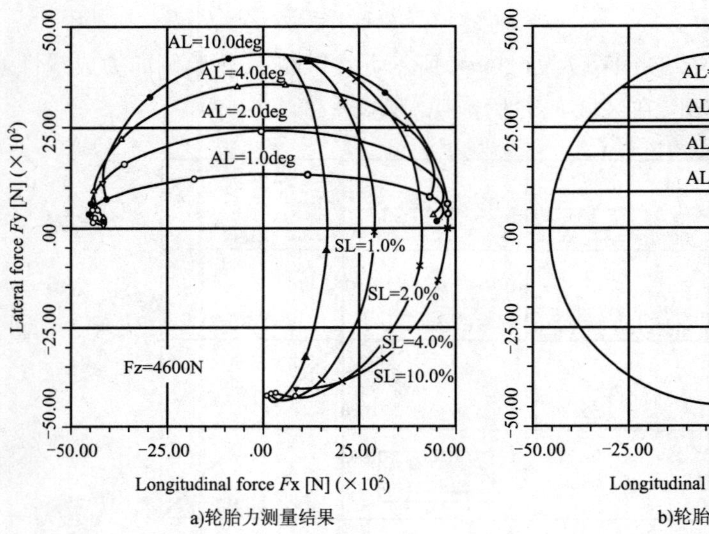

图 3-3 轮胎侧向力和轮胎纵向力的关系

当数字化重构一起车辆事故时，转向和制动作为参数输入只能通过估计得到。在简单的轮胎模型中，轮胎的转动惯量忽略不计，制动力和轮胎纵向力($F_{x''}$)相同。在给定轮胎纵向力情况下轮胎侧向力和侧偏角之间为以下线性关系：

$$F_{y''} = -\frac{S}{S_{max}}\mu F_{z''} \quad (S \leqslant S_{max}) \tag{3-6}$$

且

$$F_{y''} = -sign(S)\mu F_{z''} \quad (S > S_{max}) \tag{3-7}$$

式中：$F_{y''}$、$F_{z''}$——轮胎侧向力和轮胎法向力；

S——轮胎侧偏角；

S_{max}——最大轮胎侧偏角；

μ——轮胎与路面的摩擦系数。

由摩擦理论知道：$F_{x''}$和 $F_{y''}$的合力不能超过$\mu F_{z''}$。所以在道路平面内的最大轮胎力可以看成是一个半径为$\mu F_{z''}$的圆（“附着圆”）。由图 3-3 可以看出，这个模型和许多现代轮胎的特性都符合的相当好。从图中还可以看出轮胎滚动和滑动摩擦系数的差别是很小的，因此可以假定轮胎滚动和滑动摩擦系数相同。

如果定义的纵向轮胎力太大，使得：

$$\sqrt{F_{x''}^2 + F_{y''}^2} > \mu F_{z''} \tag{3-8}$$

则轮胎力分量的大小取决于轮胎速度的方向

$$F_{x''} = -\cos(S)\mu F_{z''} \tag{3-9}$$

$$F_{y''} = -\sin(S)\mu F_{z''} \tag{3-10}$$

如果定义的制动力比由式(3-9)计算得到的轮胎纵向力大，制动轮抱死，$F_{x''}$和 $F_{y''}$可由式(3-9)和式(3-10)直接算出。否则的话，车轮仍转动，$F_{x''}$和 $F_{y''}$可由以下关系计算：

$$F_{x''} = -F_b \tag{3-11}$$

$$F_{y''} = -sign(S)\sqrt{(\mu F_{z''})^2 - F_b^2} \tag{3-12}$$

式中：F_b——定义的制动力。

因此，对制动轮来说，有 3 个区域，如图 3-4 所示。在区域 1，轮胎侧向力成线性增加，在区域 2，轮胎滑动但尚未抱死，在区域 3，轮胎抱死滑动。

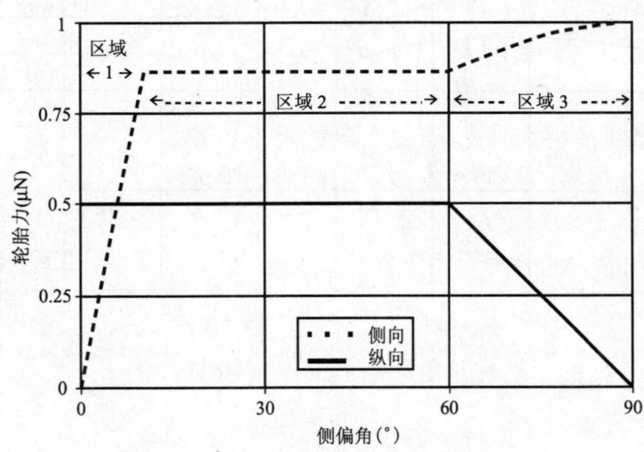

图 3-4　$F_b = 0.5\mu N$ 时轮胎力($f/\mu N$)与侧偏角的关系

如果车轮在加速，则存在下关系式：

$$F_{x''} = F_a \tag{3-13}$$

轮胎侧向力仍然根据侧偏角由式(3-6)和式(3-7)得出。这个侧向力同样受到摩擦极限的限制：

$$F_{y''} = -sign(S)\sqrt{(\mu F_{z''})^2 - F_a^2} \tag{3-14}$$

配备有 ABS 系统的车辆轮胎力可由下面关系计算：

轮胎侧向力根据实际侧偏角用式(3-6)或式(3-7)算出。

轮胎纵向力由下式得到：

$$F_{x''} = -\sqrt{(\mu F_{z''})^2 - F_{y''}^2} \tag{3-15}$$

考虑到 ABS 系统不会完全释放制动，做出以下假设：

最小制动力定义为：

$$F_{x''\min} = -0.1\mu F_{z''} \tag{3-16}$$

则轮胎侧向力为：

$$F_{y''} = -sign(S)\sqrt{(\mu F_{z''})^2 - F_{x''}^{\ 2}} \tag{3-17}$$

式(3-16)中，因子 0.1 对不同的车可以取不同的值，这里只是一个假设值。

通过式(3-6)～式(3-17)，任何情况下的轮胎力分量均可计算。

3. 车辆悬架模型

为了简化模型，假设车轮和悬架都是没有质量。因此轮胎法向力(z'方向)可由悬架行程(弹簧特性)和悬架运动速度(减振器)通过一个代数式直接得到。弹簧的力—位移特性由下面关系计算：

$$F_{iz'(\text{spring})} = F_{iz'0} - k_i d_i \tag{3-18}$$

式中：k_i ——悬架弹簧刚度，对于每个车轮可以单独定义；

d_i——悬架行程改变量(与静平衡状态相比)，正值表示拉伸，负值表示压缩；

$F_{iz'0}$——静态轮胎法向力。

阻尼力由悬架运动速度通过以下关系得到：

$$F_{iz'(\text{damping})} = -c_i \dot{d}_i \tag{3-19}$$

式中：c_i——阻尼系数，同样对于每个车轮可以单独定义，因此可以考虑减振器损坏的影响。

因为对于大多数事故再现来说，事故车辆的阻尼系数通常是不知道的，对减振器的拉伸和压缩采用同样的阻尼系数，轮胎接触力如图 3-5 所示。

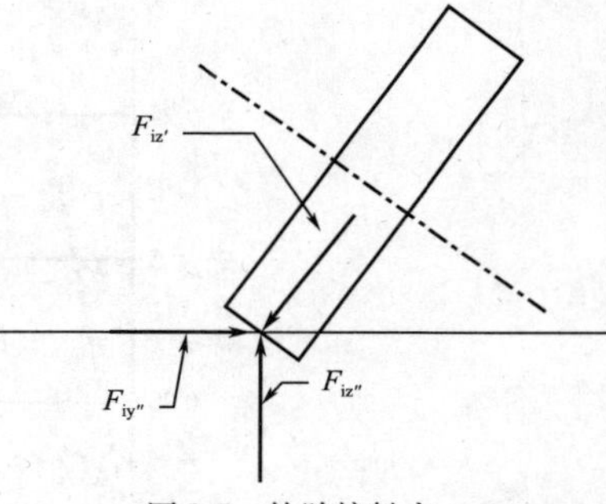

图 3-5 轮胎接触力

因此，z'方向的轮胎力的合力可由下面公式给出：

$$F_{iz'(\text{total})} = F_{iz'0} - k_i d_i - c_i \dot{d}_i \tag{3-20}$$

对于任何汽车，悬架的运动都是受限制的。这种情况通过下面的方法考虑进去：

$$d_i \geqslant d_{i\min} \tag{3-21}$$

式中：$d_{i\min}$——悬架压缩至最低点时的压缩行程(负值)。

当悬架压缩量超过$|d_{i\min}|$时，我们假设悬架弹簧刚度有一个突变，这时采用一个更大的弹簧刚度 k_{i2}，这是因为悬架已压缩至最低点，弹簧力由下面公式算出：

$$F_{iz'(\text{spring})} = F_{rz'0} - k_i d_{i\min} - k_{i2}(d_i - d_{i\text{mim}}) \tag{3-22}$$

式中：k_{i2}——悬架压缩至最低点时的第二弹簧刚度系数。

$$d_{i\text{mim}} = -10\text{cm} \qquad (\text{可根据不同的车型作改变}) \tag{3-23}$$

$$k_{i2} = 2k_i \tag{3-24}$$

另一方面，有些车轮可能会离开地面，所以下面的条件必须恒满足。

$$F_{iz'(\text{total})} \geqslant 0 \tag{3-25}$$

为了确保数值稳定性，悬架力必须限制在以下范围内：

$$F_{iz'(spring)} \leqslant 5F_{iz'0} \tag{3-26}$$

且

$$F_{iz'(total)} \leqslant 20F_{iz'0} \tag{3-27}$$

悬架力到轮胎力的转换：

首先，轮胎方向矢量 $e_{x''}$，$e_{y''}$和 $e_{z''}$在惯性系中由下式决定：

$$e_{z''} = \boldsymbol{n}_i \tag{3-28}$$

$$e_{x''} = \| T \cdot (T_{\alpha i} \cdot e_{y'}) \times e_{z''} \| \tag{3-29}$$

$$e_{y''} = e_{z''} \times e_{x''} \tag{3-30}$$

式中：n_i ——在轮胎接地点路平面的法向矢量；

$e_{y'}$、$e_{z'}$ ——车辆坐标系的方向矢量；

$T_{\alpha i}$ ——转向轮的转向角 α_i 导致的转换矩阵，由下式计算：

$$\boldsymbol{T}_{\alpha i} = \begin{pmatrix} \cos(\alpha_i) & -\sin(\alpha_i) & 0 \\ \sin(\alpha_i) & \cos(\alpha_i) & 0 \\ 0 & 0 & 1 \end{pmatrix} \tag{3-31}$$

由在悬架行程方向力的平衡：

$$F_{iz'} = F_{ix''}e_{x''} \cdot e_{z'} + F_{iy''}e_{y''} \cdot e_{z'} + F_{iz''}e_{z''} \cdot e_{z'} \tag{3-32}$$

轮胎法向力 $F_{iz''}$可计算如下：

$$F_{iz''} = \frac{F_{iz'} - F_{ix''}e_{x''} \cdot e_{z'} - F_{iy''}e_{y''} \cdot e_{z'}}{e_{z''} \cdot e_{z'}} \tag{3-33}$$

转换到惯性系：

$$F_{ix} = F_{ix''}e_{x''} \cdot e_x + F_{iy''}e_{y''} \cdot e_x + F_{iz''}e_{z''} \cdot e_x \tag{3-34}$$

$$F_{iy} = F_{ix''}e_{x''} \cdot e_y + F_{iy''}e_{y''} \cdot e_y + F_{iz''}e_{z''} \cdot e_y \tag{3-35}$$

$$F_{iz} = F_{ix''}e_{x''} \cdot e_z + F_{iy''}e_{y''} \cdot e_z + F_{iz''}e_{z''} \cdot e_z \tag{3-36}$$

4. 车辆受力模型

1）空气阻力

空气阻力计算公式如下：

$$F_W = C_d A \frac{\rho}{2} V^2 \tag{3-37}$$

式中：C_d——空气阻力系数；

A——汽车有效投影面积；

ρ——空气密度，通常取为 1.2 kg/m^3；

V——汽车与空气的相对速度。

风的方向、力度和周期可由以下参数确定：

α_w：惯性系中风向与 x 轴的角度；

V_w：风速（km/h）；

dT_{on}：一个周期内，风以指定的力度吹的时间；

dT_{off}：一个周期内，没有风的时间。

当前时刻 t，风速在惯性系中的分量（W_x，W_Y 和 W_z）可确定如表 3-1 所示：

风速分量 表3-1

$t^* < dT_{on}$	$t^* > dT_{on}$
$W_X = V_w\cos(\alpha_W)$	$W_X = 0$
$W_Y = V_w\sin(\alpha_W)$	$W_Y = 0$
$W_Z = 0$	$W_Z = 0$

其中

$$t^* = \text{remainder}\left(\frac{t}{dT_{on} + dT_{off}}\right) \tag{3-38}$$

2)重力

由于惯性系的选择使得重力加速度 g 的方向与负 z 轴方向一致,因此有:

$$F_{gz} = -mg \tag{3-39}$$

5. 车辆运动方程

在决定了可能影响车辆运动的所有外力后,车身运动方程可总结如下:

由牛顿力学方程:

$$m\ \ddot{\vec{X}}_m = \sum \vec{F} \tag{3-40}$$

可得到车辆加速度:

$$\ddot{\vec{X}}_m = \sum \vec{F}/m \tag{3-41}$$

写成分量形式:

$$\ddot{x}_m = \sum F_X/m \tag{3-42}$$

$$\ddot{y}_m = \sum F_Y/m \tag{3-43}$$

$$\ddot{z}_m = \sum F_Z/m \tag{3-44}$$

由角动量守恒可得到:

$$\dot{\vec{L}}_m = \sum \vec{M} \tag{3-45}$$

或者

$$\theta_c \cdot \dot{\vec{\omega}} + \vec{\omega} \times (\theta_c \cdot \vec{\omega}) = \sum \vec{M} \tag{3-46}$$

式中:L_m——车辆的角动量;

$\vec{M}$——车辆所受的外力矩;

θ_c——定义了车辆沿重心的质量张量(mass tensor)。

质量张量可在车辆坐标系下计算:

$$\boldsymbol{\theta}_c = \begin{pmatrix} I_{X'} & -I_{X'Y'} & -I_{X'Z'} \\ -I_{X'Y'} & I_{Y'} & -I_{Y'Z'} \\ -I_{X'Z'} & -I_{Y'Z'} & I_{Z'} \end{pmatrix} \tag{3-47}$$

由于车辆坐标系的选择使得 $x'-z'$平面为车辆的对称面,y'轴就是主轴,因此有:$I_{X'Y'}=0$ 并且 $I_{Y'Z'}=0$。车辆的 $I_{X'Z'}$一般不会等于零,但考虑到大多数车的重心与车辆中心位置相差不大,而且质量在纵向的分布也是相对均匀的,$I_{X'Z'}$可以忽略。因此质量张量就变为:

$$\boldsymbol{\theta}_c = \begin{pmatrix} I_{X'} & 0 & 0 \\ 0 & I_{Y'} & 0 \\ 0 & 0 & I_{Z'} \end{pmatrix} \tag{3-48}$$

所以微分方程组为非耦合,并且每个方程可以独立求解。

$$I_{X'}\dot{\omega}_{X'} = \sum M_{X'} - I_{Z'}\omega_{Y'}\omega_{Z'} + I_{Y'}\omega_{Y'}\omega_{Z'} \tag{3-49}$$

$$I_{Y'}\dot{\omega}_{Y'} = \sum M_{Y'} + I_{Z'}\omega_{X'}\omega_{Z'} - I_{X'}\omega_{X'}\omega_{Z'} \tag{3-50}$$

$$I_{Z'}\dot{\omega}_{Z'} = \sum M_{Z'} - I_{Y'}\omega_{X'}\omega_{Y'} + I_{X'}\omega_{X'}\omega_{Y'} \tag{3-51}$$

这些方程的积分求解采用显式欧拉算法,这种方法非常有效,因为所有的微分方程都有相似的刚度系数。

二、车辆碰撞模型

首先假设碰撞力的交换发生在一个无限小的时间步长内并且只作用于一点,这一点叫做"碰撞中心"。根据碰撞类型的不同分两种情况考虑:一种是碰撞过程中车辆间没有相对滑动的完全碰撞;另一种是有车辆间相对滑动的碰撞。这种模型也称作经典碰撞模型,由Kudlich & Slibar 首先提出。根据牛顿碰撞理论,碰撞可分为两个阶段:压缩阶段和回弹阶段。在压缩阶段结束时完全碰撞(没有车辆间滑动)的两车在"碰撞中心"点有相同的速度。由于车辆结构有一定的弹性,碰撞的两车接下来又会分离[8~10]。

1. 回弹系数

"回弹系数"定义为回弹冲量和压缩冲量之比。它通常在0.1~0.3范围内。车辆的变形越大,回弹系数越小。只有在碰撞速度非常低的情况下,才有可能有高于0.3的回弹系数。

$$\varepsilon = \frac{S_R}{S_C} \tag{3-52}$$

式中:S_R、S_C——分别为车辆回弹阶段和压缩阶段的冲量。总冲量由下式计算:

$$S = S_C + S_R = S_C(1+\varepsilon) \tag{3-53}$$

2. 动量平衡方程

在完全碰撞中,碰撞两车在压缩阶段末在碰撞中心点的速度必须相同。如图3-6所示,在碰撞中心处定义一个局部坐标系。

碰撞两车在碰撞中心的相对速度分量可由下式计算:

$$v_{1t} = v_{s1t} + \omega_{1z} n_1 \tag{3-54}$$

$$v_{1n} = v_{s1n} + \omega_{1z} t_1 \tag{3-55}$$

式中:v_{1t}——定义了车1在碰撞中心处沿 t 方向(切向)的速度分量;

v_{1n}——定义了车1在碰撞中心处沿 n 方向(法向)的速度分量;

n_i、t_i——车 i 质心在局部坐标系中的坐标值。

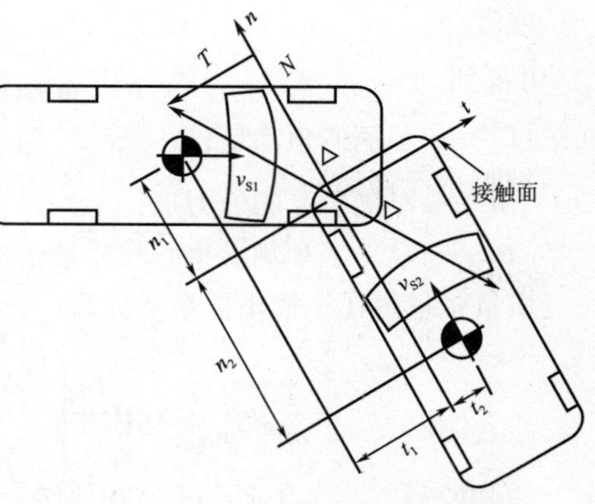

图3-6 碰撞模型

$$v_t = v_{1t} - v_{2t} \tag{3-56}$$

$$v_n = v_{1n} - v_{2n} \tag{3-57}$$

式中：v_t、v_n——两车在碰撞中心处的相对速度分量。

两车的动量平衡方程如下：

$$m_1(v_{s1t}' - v_{s1t}) = T \tag{3-58}$$

$$m_1(v_{s1n}' - v_{s1n}) = -N \tag{3-59}$$

$$m_2(v_{s2t}' - v_{s2t}) = -T \tag{3-60}$$

$$m_2(v_{s2n}' - v_{s2n}) = N \tag{3-61}$$

式中：v_{sit}、v_{sin}——车 i 质心在 t 方向和 n 方向的碰撞前速度；

v_{sit}'、v_{sin}'——车 i 质心在 t 方向和 n 方向的碰撞后速度；

N、T ——n 方向和 t 方向的总冲量。

角动量平衡方程如下：

$$I_{1z}(\omega_{1z}' - \omega_{1z}) = Tn_1 - Nt_1 \tag{3-62}$$

$$I_{2z}(\omega_{2z}' - \omega_{2z}) = -Tn_2 + Nt_2 \tag{3-63}$$

结合以上方程，两车在碰撞中心处相对速度的改变可由下式计算得到：

$$v'_t = v_t + c_1 T - c_3 N \tag{3-64}$$

$$v'_n = v_n - c_3 T + c_2 N \tag{3-65}$$

式中：

$$c_1 = \frac{1}{m_1} + \frac{1}{m_2} + \frac{n_1^2}{I_{1z}} + \frac{n_2^2}{I_{2z}} \tag{3-66}$$

$$c_2 = \frac{1}{m_1} + \frac{1}{m_2} + \frac{t_1^2}{I_{1z}} + \frac{t_2^2}{I_{2z}} \tag{3-67}$$

$$c_3 = \frac{t_1 n_1}{I_{1z}} + \frac{t_2 n_2}{I_{2z}} \tag{3-68}$$

式(3-64)的推导如下：

碰撞前，由

$$v_{1t} = v_{s1t} + \omega_{1z} n_1 \tag{3-69}$$

$$v_{2t} = v_{s2t} + \omega_{2z} n_2 \tag{3-70}$$

可得到

$$v_t = v_{1t} - v_{2t} = (v_{s1t} - v_{s2t}) + (\omega_{1z} n_1 - \omega_{2z} n_2) \tag{3-71}$$

同理，对于碰撞后有

$$v_t' = v_{1t}' - v_{2t}' = (v_{s1t}' - v_{s2t}') + (\omega_{1z}' n_1 - \omega_{2z}' n_2) \tag{3-72}$$

所以

$$\begin{aligned} v_t' - v_t &= (v_{s1t}' - v_{s1t}) - (v_{s2t}' - v_{s2t}) + n_1(\omega_{1z}' - \omega_{1z}) - n_2(\omega_{2z}' - \omega_{2z}) \\ &= \frac{T}{m_1} - \frac{-T}{m_2} + n_1 \frac{Tn_1 - Nt_1}{I_{1z}} - n_2 \frac{-Tn_2 + Nt_2}{I_{2z}} \\ &= T\left(\frac{1}{m_1} + \frac{1}{m_2} + \frac{n_1^2}{I_{1z}} + \frac{n_2^2}{I_{2z}}\right) - N\left(\frac{n_1 t_1}{I_{1z}} + \frac{n_2 t_2}{I_{2z}}\right) \\ &= c_1 T - c_3 N \end{aligned} \tag{3-73}$$

式(3-65)的推导方法与式(3-64)相同。

要求解这些方程计算碰撞后速度和角速度，还需要做两个假设。

对于完全碰撞，有如下假设：

(1)压缩阶段末相碰两车在碰撞中心处没有相对运动，即相对速度为零。

$$T_c = \frac{v_n c_3 + v_t c_2}{{c_3}^2 - c_1 c_2} \tag{3-74}$$

$$N_c = \frac{v_n c_1 + v_t c_3}{{c_3}^2 - c_1 c_2} \tag{3-75}$$

(2)压缩冲量和回弹冲量的比值由回弹系数定义，所以总冲量分量可以计算如下：

$$T = T_c(1 + \varepsilon) \tag{3-76}$$

$$N = N_c(1 + \varepsilon) \tag{3-77}$$

对于有相对滑动的碰撞，在有些碰撞情况下，相碰两车在碰撞中心处永远不会达到共同速度。在这种情况下，必须定义一个接触平面，两车沿此平面相对滑动。碰撞中心必须在接触平面内。假设如下：

(1)压缩阶段末相碰两车在碰撞中心处沿接触平面法向方向没有相对运动。因此，N_c可由式(3-75)计算得到。

(2)冲量的方向由摩擦系数限制

$$T_c = \mu N_c \tag{3-78}$$

(3)压缩冲量和回弹冲量的比值还是由“回弹系数”定义，如式(3-52)所示，T和N仍由式(3-76)和(3-77)计算得到。

三、轨迹优化模型

在已知碰撞前车辆位置、速度的情况下，由以上车辆模型即可计算碰撞后车辆的运动轨迹。由假设的碰撞前车辆位置及速度可以得到一个计算的碰撞后轨迹。通过事故现场勘察可以得到车辆实际的停止位置，很多情况下会有制动印迹，这些都反映了真实的碰撞状态。

可以把碰撞前的车辆接触位置及初始速度作为设计变量，用优化的方法使计算的碰撞后轨迹与实际的碰撞后轨迹在允许误差范围内尽可能地相吻合，据此推算碰撞前的车辆运动状态。优化方法流程如图3-7所示[11~13]。

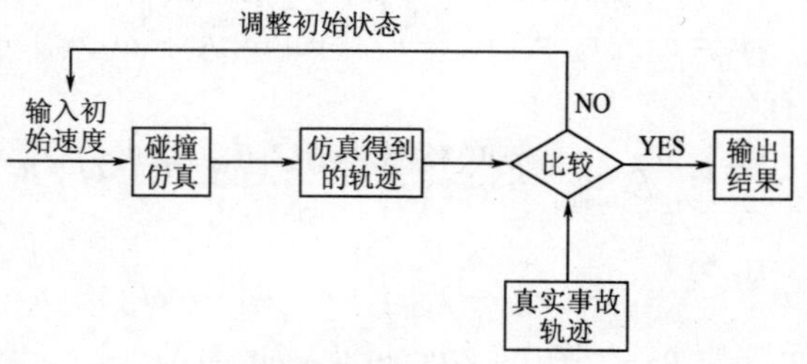

图3-7 轨迹优化方法

1. 轮胎轨迹

在交通事故中经常会留下轮胎轨迹，该轨迹将为事故重构提供重要的信息。轮胎轨迹根据其形成的方式不同，可以分成不同的类型，最常见的是制动印迹。它是抱死(或不完全抱死)的轮胎在路面形成的拖痕，除了制动印迹以外，常见的轮胎轨迹还有由于车辆加速形成的印痕、车辆横向滑移形成的拖痕、轮胎爆裂以后形成的拖痕等。这些轮胎轨迹在碰撞过程中都有可能出现。

2. 轨迹优化

首先，优化必须要确定目标函数。这就要对碰撞后的车辆运动轨迹进行描述。

从事故现场能得到的数据来看，有些参数可能不确定。通常情况下，从路面轮胎印迹或碰撞痕迹可以大致确定碰撞发生的位置；如果事故调查时碰撞车辆还没有被移动位置，则车辆的最终停止位置和方向也可以得到；另外，如果事故现场有制动拖痕，则也可以确定车辆在碰撞后运动的一些中间位置。因此，从事故现场留下的信息，可以得到碰撞发生起始的位置、车辆停止位置及碰撞后运动的一些中间位置。由这些参数，可以确定优化的目标函数。

通常，对于每辆事故车，可以确定以下参数：

P_{Stop}—— 车辆停止位置（坐标值）

$\vec{d}_{\text{Stop}}$—— 停止时的方向矢量

P_{impact}—— 碰撞发生的起始位置

$P_{\text{Inter}}, \vec{d}_{\text{Inter}}$—— 中间位置和方向矢量

有些情况下现场没有轮胎制动拖痕，只能得到车辆停止时的位置及方向参数。确定了这些参数，则可以得到以下目标函数：

$$Q = \sqrt{\frac{\sum_i (w_i \cdot x_i)^2}{\sum_i w_i^2}} \times 100\% \tag{3-79}$$

式中：x_i——以上参数的模拟计算值与其真实值之差的规范化结果；

w_i——相应参数的权重，用以更好地控制优化过程。

对于车 i，参数 x_i 的具体定义如下：

停止位置误差因子：

$$E_{\text{positional}_i} = \frac{\| P_{\text{StopSim}_i} - P_{\text{Stop}_i} \|}{\| P_{\text{Stop}_i} - P_{\text{impact}_i} \|} \tag{3-80}$$

中间位置误差因子：

$$E_{\text{positionalInter}_i} = \frac{\| P_{\text{InterSim}_i} - P_{\text{Inter}_i} \|}{\| P_{\text{Inter}_i} - P_{\text{impact}_i} \|} \tag{3-81}$$

停止位置方向误差因子：

$$E_{\text{Heading}_i} = \frac{\arccos(\vec{d}_{\text{Stop}_i} \cdot \vec{d}_{\text{StopSim}_i})}{\pi} \tag{3-82}$$

中间位置方向误差因子：

$$E_{\text{HeadingInter}_i} = \frac{\arccos(\vec{d}_{\text{Inter}_i} \cdot \vec{d}_{\text{InterSim}_i})}{\pi} \tag{3-83}$$

其次，必须选择合适的优化算法求得目标函数的最小值。很多算法可以处理多维优化问题，如高斯-赛德尔（Gauss-Seidel）坐标轮换算法、梯度法、牛顿法、蒙特-卡罗（Monte Carlo）算法和遗传算法等。由于有些方法需要求目标函数对设计变量的导数，而目标函数与输入参数之间的关系是由非线性微分方程组描述的，求导十分困难，因此并不是每种方法都可

行。综合考虑到计算的鲁棒性、数值稳定性和计算效率等因素，选用遗传算法作为最终优化的算法。

遗传算法是解决多维优化问题的通用方法，它既可以只对输入参数的子集进行优化，同时也可以优化全部的输入参数。可以将碰撞前参数分成不同的子集，再反复进行优化。例如，首先对所有碰撞前参数进行一次总体优化，有些参数可能已经达到相当的精度，这时只需对其中某个子集，例如碰撞中心点位置，再进行进一步的优化。由初始值（第一代），遗传算法对其进行变异操作，从而产生许多新的碰撞前参数组合，即第二代。在下一步中，对第二代的所有成员计算碰撞后轨迹，并求出目标函数值。第二代成员中质量较高的（目标函数值较小的）则作为下一步计算的初始值。不同的碰撞前参数在变异时其步长也不同。这样的繁殖和变异过程一直进行到目标函数值不再减小为止。此时再将变异的步长减小，由已得到的最优值为初始值，再进行新的一轮优化搜索过程。

遗传算法收敛的速度取决于初始值的精度。由于进行了变异操作，只要步长选择恰当，遗传算法不会停留在局部最小值处。

第三节　应用实践

一、典型软件

Pc-Crash 是应用冲量/动量原理进行事故重构的典型软件。该软件是奥地利的 Hermann Steffan 博士以 Kudlich-Slibar 模型为基础开发的软件系统，其应用的碰撞模型属于动量模型。Cliff 等人曾用 JARI 和 RICSAC 的试验数据对此软件系统进行了验证。Pc-Crash 除了可以对机动车—机动车、机动车—固定物等碰撞事故进行数字化重构外，还可以对机动车—行人、机动车—柱体和翻车等事故类型进行数值模拟计算，该软件可以同时模拟 32 辆车多次碰撞并进行完全的三维动画显示。Pc-Crash 使用界面如图 3-8 所示[14, 15]。

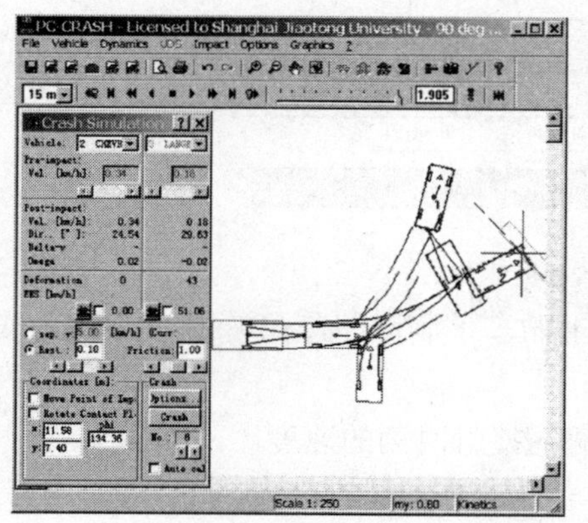

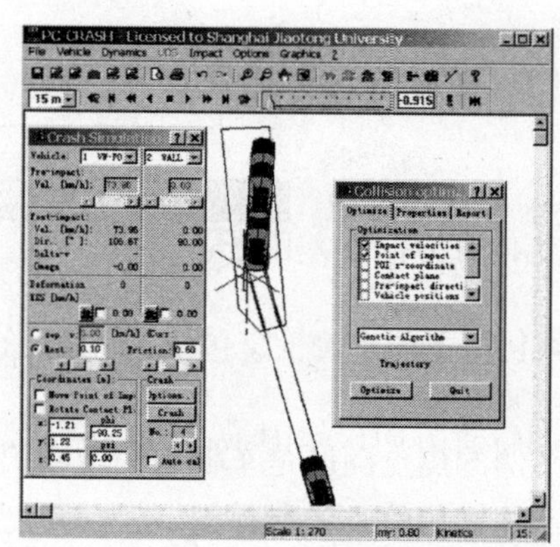

图 3-8　Pc-Crash 软件界面

Pc-Crash 通过优化计算的方式对事故过程进行数字化重构。首先由用户输入碰撞过程的摩擦系数、回弹系数等参数的估计值，然后以车辆停止位置或制动印迹为优化变量，可以将车辆通过的中间位置作为约束条件，通过反复迭代计算，不断修改输入的速度、角度的初始值，以及摩擦系数、回弹系数、碰撞中心位置、接触面角度等参数，直至优化目标与真实事故场景基本吻合，从而可以认为该状态下的车辆运动初始状态参数与真实事故情况是接近的[16~20]。

近年来PC-Crash还在不断发展完善，Hermann Steffan等人将该软件和多体系统动力学软件MADYMO集成，利用前者的汽车、环境模型和后者的人体模型，实现了对交通事故中行人运动状态的仿真[21,22]。

二、机动车与固定物碰撞事故数字化重构的典型案例

1.事故重构的依据与目的

2006年某日下午，天气晴，某地高速公路上一辆轿车在高速行驶时突然失控，左转撞向高速公路的中央隔离带，经过碰撞后反弹，又与对侧护栏接触。事故致使车内多人伤亡。事故现场照片如图3-9所示，图3-10为事故现场示意图。

a)

b)

图3-9 事故现场照片

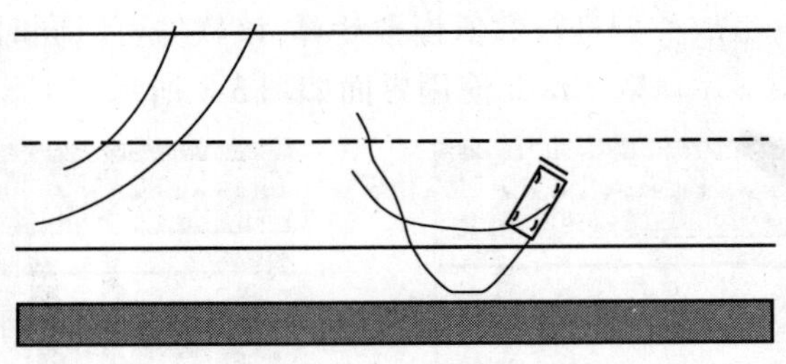

图3-10 事故现场示意图

该案例留下的准确信息包括：①轿车在路面上的多条制动印迹；②轿车的停止位置；③轿车与护栏的撞击位置。

该案例的焦点问题是车辆与固定物第一次碰撞接触时刻的速度。

2.事故重构的方法与模型

由于上述事故留有准确的车辆停止位置及清晰的车辆制动印迹等信息，因此可以选择基于冲量/动量原理的事故重构方法进行虚拟再现分析[23,24]。其中，以车辆停止位置及制动印迹为优化目标，以车辆与护栏的两次碰撞接触位置作为中间约束条件，以车辆初次碰撞护栏的速度等参数作为优化变量进行计算分析。

经过调查，得到事故车辆基本参数如表3-2所示。根据车辆参数，建立事故车辆数值模

型如图 3-11 所示。

车 辆 基 本 信 息 表 3-2

外廓长（mm）	外廓宽（mm）	外廓高（mm）	轴数	轴距（mm）	前轮距（mm）	后轮距（mm）	总质量（kg）
4855	1820	1463	2	2738	1555	1555	1495

图 3-11 事故车辆数值模型

3. 事故重构的结果及分析

通过优化计算得到轿车与护栏发生第一次碰撞时刻的车辆速度为 130km/h。车辆停止位置及制动印迹优化误差率为 3.0%，低于一般的允许误差 10%。事故数字化重构结果如图 3-12 所示。事故重构结果验证了车辆在运动过程中与护栏发生过两次接触碰撞，而第二次碰撞正是导致如图 3-9b）所示车辆后部发生严重变形且保险杠脱落的原因。

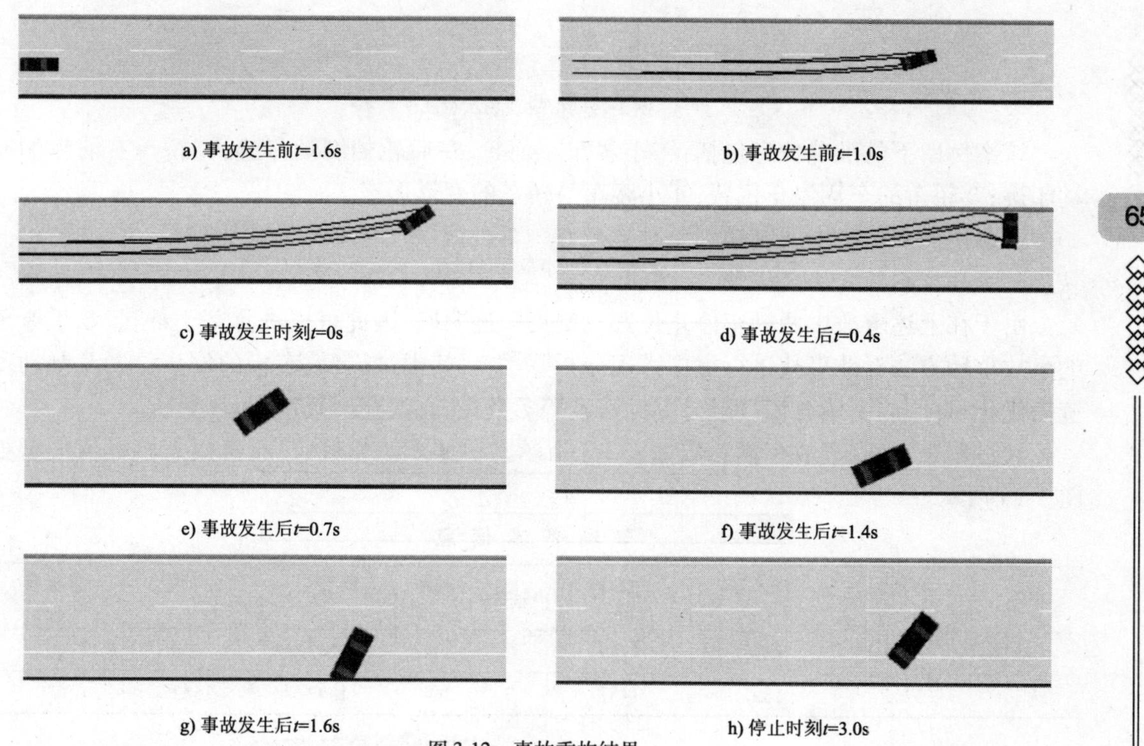

a) 事故发生前 t=1.6s　b) 事故发生前 t=1.0s　c) 事故发生时刻 t=0s　d) 事故发生后 t=0.4s　e) 事故发生后 t=0.7s　f) 事故发生后 t=1.4s　g) 事故发生后 t=1.6s　h) 停止时刻 t=3.0s

图 3-12 事故重构结果

三、机动车与机动车碰撞事故数字化重构的典型案例

1. 事故重构的依据与目的

2006 年某日晚，天气状况为晴，上海市区某居民小区出口附近，道路为沥青路面。一辆小客车欲左转驶入斜对面的居民小区。在该车穿越逆向车道的过程中，与一辆轿车发生碰

撞导致小客车侧翻。事故后采集到的车辆主要变形部位照片如图 3-13 所示,计算机绘制事故现场示意图如图 3-14 所示。

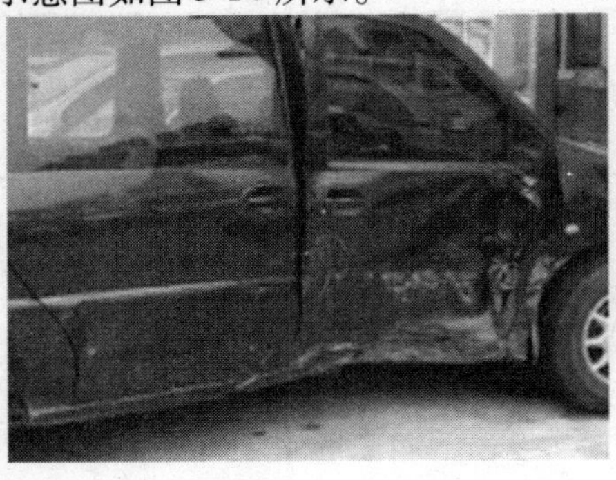

a） 小客车主要变形部位

b） 轿车主要变形部位

图 3-13 事故车辆照片

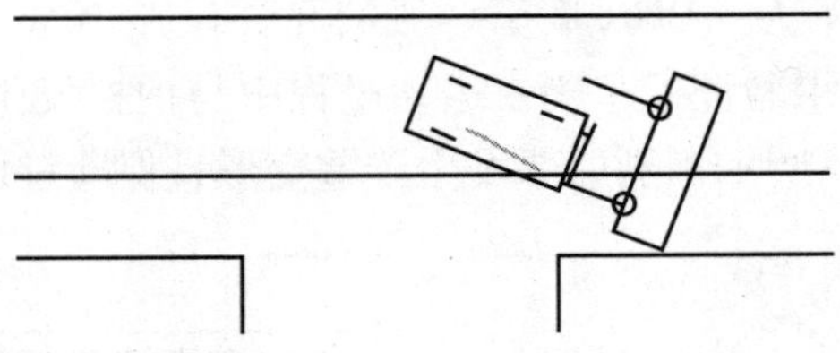

图 3-14 事故现场示意图

该案例留下的准确信息包括:①小客车左前轮、左后轮的制动印迹;②轿车右前轮的制动印迹;③轿车的车辆停止位置;④小客车与轿车的变形形态。

该案例需要解决的问题是判断小客车与轿车碰撞接触时刻两车的车速。

2. 事故重构的方法与模型

由于在上述事故中两辆车停止位置及制动印迹明确,因此可以选择基于冲量/动量原理的事故重构方法对此事故进行虚拟再现分析[25, 26]。其中,以事故车辆的停止位置及制动印迹为优化目标,以车辆碰撞接触时刻的速度等参数作为优化变量进行计算分析。

经过调查,得到事故车辆参数如表 3-3 所示。根据车辆参数,建立事故车辆数值模型如图 3-15 所示。

车 辆 基 本 信 息　　表 3-3

车辆	外廓长（mm）	外廓宽（mm）	外廓高（mm）	轴数	轴距（mm）	前轮距（mm）	后轮距（mm）	总质量（kg）
小客车	5114	1847	1729	2	3047	1562	1608	1803
轿车	5252	1897	1457	2	2890	1592	1582	1650

a) 轿车数值模型

b) 小客车数值模型

图 3-15 事故车辆数值模型

3. 事故重构的结果及分析

通过优化计算得到碰撞接触时刻小客车速度为 4.0km/h，轿车速度为 44.0km/h，两车停止位置及制动印迹优化误差率为 2.3%，低于一般的允许误差 10%。事故重构结果如图 3-16 所示，通过 3 个点分别表示真实事故状态下轿车停止后右前轮所在位置、小客车左前轮和左后轮所在位置。

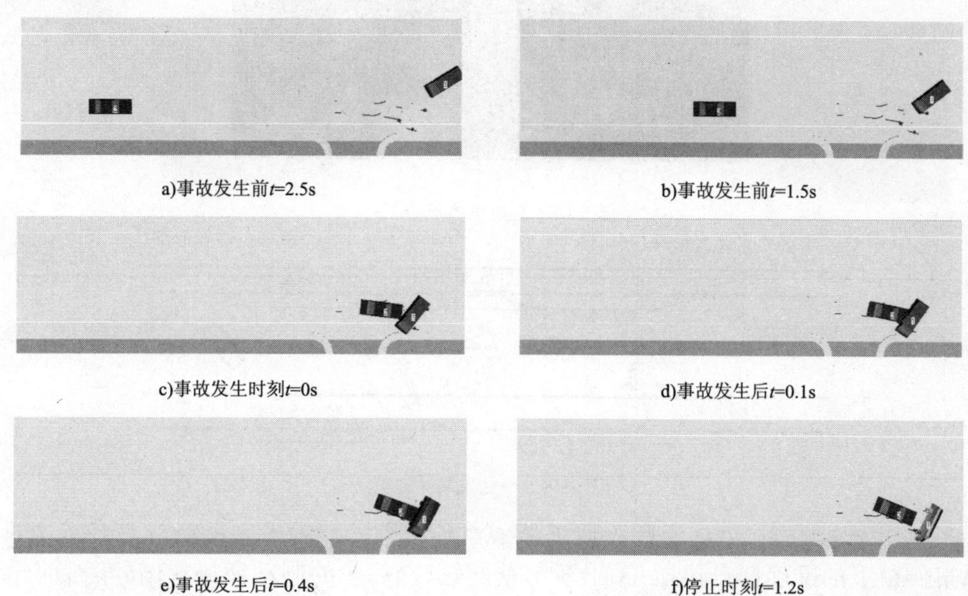
a)事故发生前t=2.5s　b)事故发生前t=1.5s　c)事故发生时刻t=0s　d)事故发生后t=0.1s　e)事故发生后t=0.4s　f)停止时刻t=1.2s

图 3-16　事故重构结果

由于在事故过程中小客车的安全气囊起爆，起爆后的照片如图 3-17 所示，因此通过汽车制造商的技术人员采集到气囊起爆前 1s 车速为 6km/h，说明该车已处于低速转弯状态，从而验证了事故重构结果的合理性。

基于冲量/动量的碰撞事故重构方法把车辆作为刚体考虑，因此从变形的角度无法得到量化的评价。但是事故过程的虚拟再现结果可以对车辆变形形态进行合理的解释。图 3-16 的 c) ~ e) 表明，轿车的右前部首先与小客车的右前部发生接触。然后，轿车发生旋转导致整个车身前部与小客车右前部发生完全接触。通过虚拟再现结果可以对图 3-13 的车辆变形形态进行合理的说明。

图 3-17　通过安全气囊进行速度校验

四、多辆机动车碰撞事故数字化重构的典型案例

1. 事故重构的依据与目的

2006 年某日下午，天气状况为晴，在高速公路某处，甲、乙、丙 3 辆车相继发生碰撞事故，造成甲车侧翻、乙车内两人死亡，3 辆车均有碰撞变形。事故现场照片如图 3-18 所示，计算机绘制事故现场示意图如图 3-19 所示。

该案例留下的准确信息包括：①甲、乙、丙 3 辆车准确的停止位置；②甲车的制动印迹；

③甲、乙、丙3辆车的碰撞变形形态；④车辆与护栏发生碰撞，护栏的变形位置如图3-19所示a、b处。

图3-18　交通事故现场照片

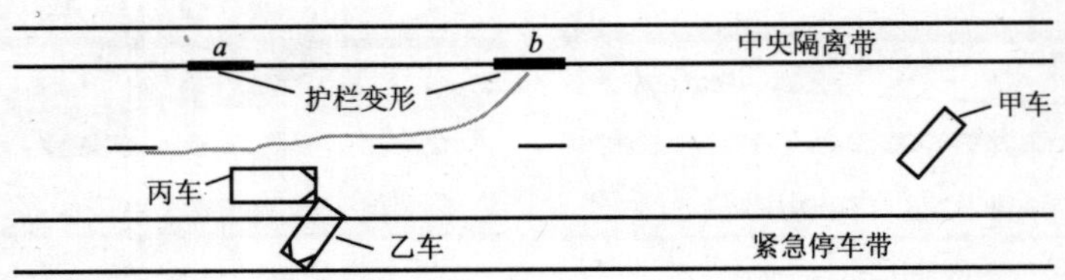

图3-19　事故现场示意图

经过事故现场勘察，发现车辆变形损伤情况为甲车左前部有碰撞痕迹并伴有多处油漆剥落磨损，车身右侧有倒地摩擦痕迹。乙车后保险杠脱落，右后角有多处接触碰撞痕迹。丙车右前角有碰撞痕迹[27, 28]。

根据车体损伤及护栏变形形态等信息可以简述碰撞过程为：①甲车追尾碰撞乙车；②乙车在护栏a处碰撞后右转；③甲车侧翻后在护栏b处碰撞，并向右前方滑移；④乙车与护栏碰撞后右转减速，在停止前被丙车追尾碰撞，乙车旋转一定角度后停止。

该案例需要解决的问题是甲车追尾碰撞乙车时，甲、乙两车各自的速度。

2. 事故重构的方法与模型

由于在上述事故中甲、乙、丙3辆车停止位置及甲车制动印迹明确，因此可以选择基于冲量/动量原理的事故数字化重构方法对此事故进行虚拟再现分析。其中，以事故车辆的停止位置及制动印迹为优化目标，以甲、乙、丙3辆车两两碰撞接触时刻的速度等参数作为优化变量进行计算分析。

经过调查，得到事故车辆参数如表3-4所示。根据车辆参数，建立事故车辆数值模型如图3-20所示。

车辆基本信息　　表3-4

车　辆	长/宽/高 (mm)	轴距 (mm)	轮距 (mm)	整备质量 (kg)
甲	4770/1777/1945	2720	1460/1460	2500
乙	4430/1700/1415	2600	1495/1495	1510
丙	3530/1395/1895	1850	1310/1310	1450

a) 甲车数值模型

b)乙车数值模型

c)丙车数值模型

图 3-20　事故车辆数值模型

3. 事故重构的结果及分析

1)事故重构与痕迹分析

通过优化计算得到甲、乙两车碰撞接触时刻的速度分别为 128km/h 和 28km/h，甲车与护栏 b 处接触时刻速度为 60km/h。在此计算中，车辆停止位置及轨迹优化误差率低于 4%，低于一般的允许误差 10%。事故发生过程数字化重构结果如图 3-21 所示。

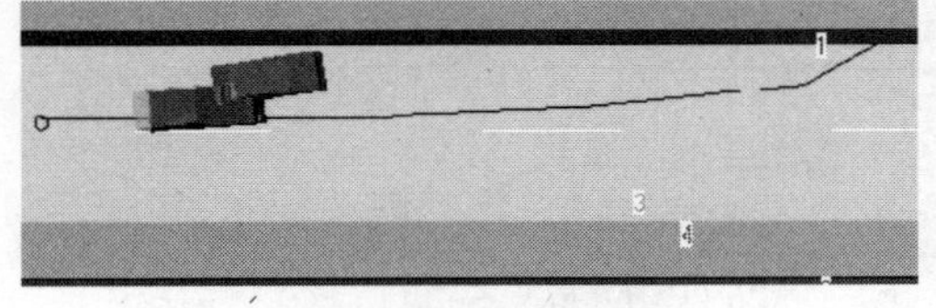

a) 甲、乙两车碰撞初始位置

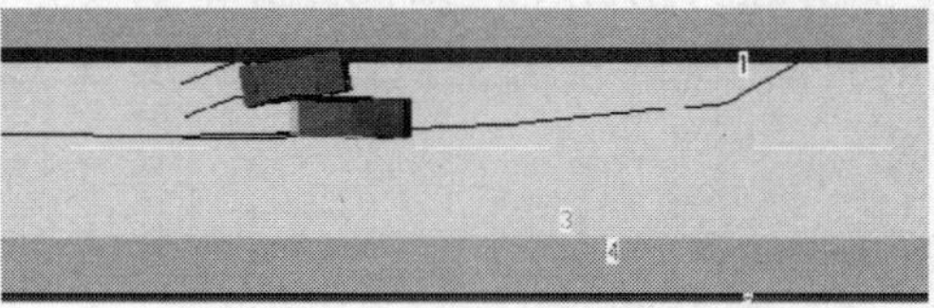

b) 乙车与护栏发生碰撞

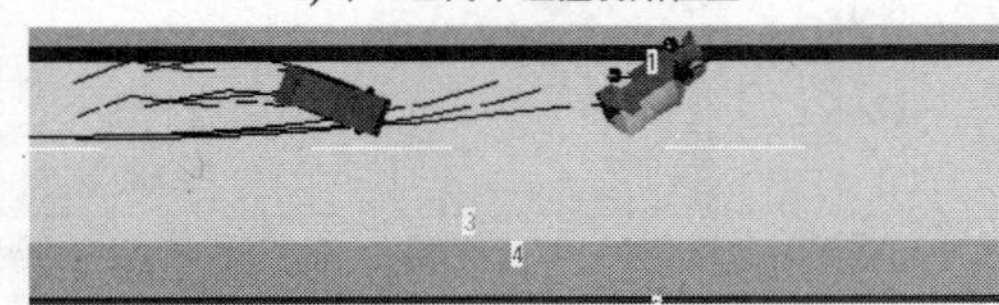

c) 甲车侧翻后与护栏发生碰撞

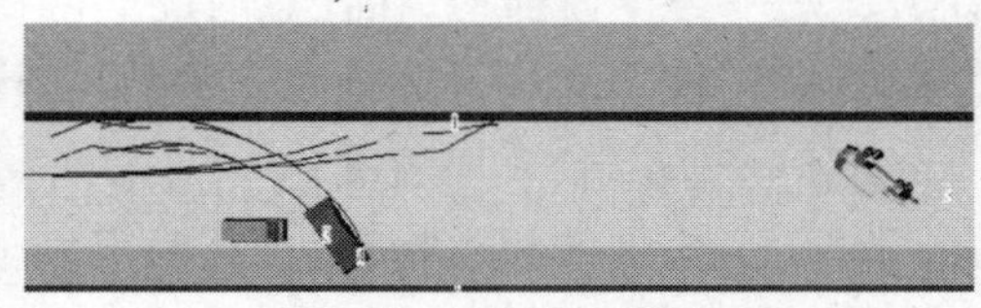

d) 乙车减速右转

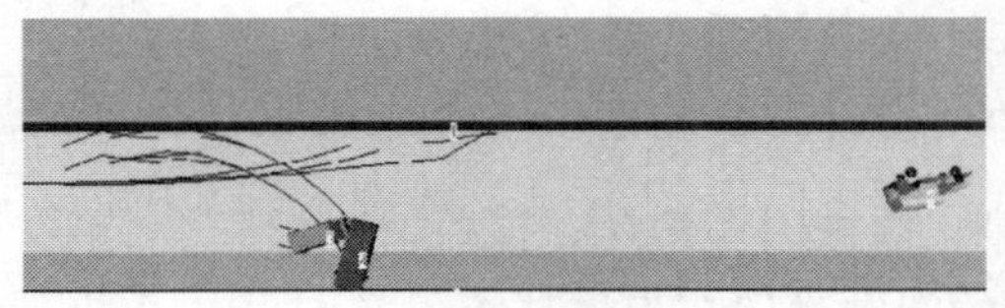

e) 三车停止位置

图 3-21　事故重构结果

事故重构结果可以定性的对车辆变形形态进行合理解释。图 3-21a)说明甲车左前部与乙车右后部发生碰撞，该碰撞同时导致乙车左前部与高速公路护栏在如图 3-19 所示 a 处发生接触。事故重构结果与实际勘测的甲车左前部接触变形、乙车右后部接触变形及乙车后保险杠脱落等变形形态吻合。

图 3-21c)中所示甲车发生右侧翻后与高速公路护栏在如图 3-19 所示 b 处发生了第二次碰撞，同时甲车向右前方旋转、滑移直至最终停止。此次碰撞过程可以对甲车车身右侧的倒地摩擦痕迹进行解释。

图 3-21e)中所示丙车右前部与乙车右后部发生接触碰撞，导致乙车发生旋转。此次碰撞过程可以对乙车右后部接触碰撞痕迹及丙车右前角碰撞痕迹进行合理解释。

2)人体损伤的辅助验证

在本案例中乙车副驾驶位置乘员发生了严重的颅脑损伤导致死亡。通过多刚体方法(具体理论基础请参见第五章)可以对人体损伤进行分析，从而对甲、乙两车速度的合理性进行验证。

建立甲、乙两车及乙车乘员多刚体模型如图 3-22 所示，其中，车辆模型是简化的集中质量模型，并附以足够数量的弹性椭球面以描述实际的车辆几何外形。汽车前部结构的力—变形特性参考国外同类车型的实验数据获得。

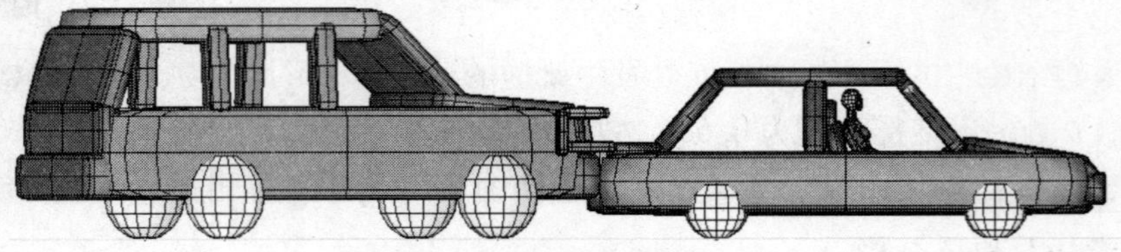

图 3-22　车辆及乘客多刚体模型

将根据冲量/动量事故重构方法得到的甲、乙两车初始接触时刻的速度作为已知量，通过多刚体动力学方法可以得到人体头部加速度曲线如图 3-23 所示。

根据 CMVDR294 强制性标准中所规定的乘员头部伤害评价方法，计算人体头部 HIC 值为：

$$\text{HIC} = \max\left[\left(\frac{1}{t_2 - t_1}\int_{t_1}^{t_2} a_{\text{Head}}\,\mathrm{d}t\right)^{2.5}(t_2 - t_1)\right]$$

式中：t_1、t_2——发生碰撞后，在任意时间间隔内使 HIC 值达到最大的两个时刻；

a_{Head}——头部合成加速度；

2.5——头部的权重指标，由实验得到。

国际上通常把 HIC = 1000 作为安全界限。

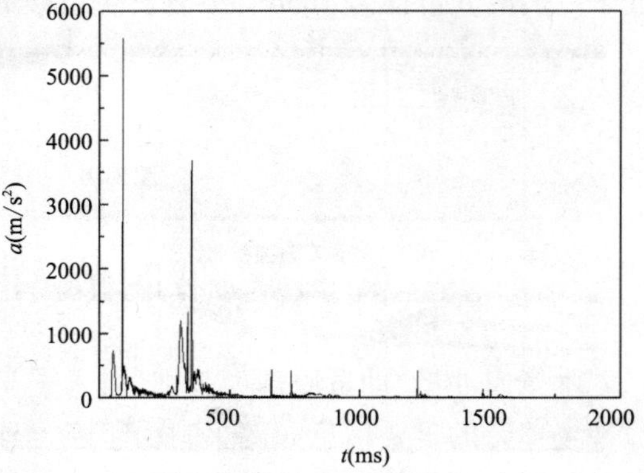

图 3-23　乘客头部加速度曲线

在本案例中通过计算得到乙车副驾驶位置乘客头部 HIC = 7767，超过国家标准中的安全极限。计算结果与事故中检验到的人体重型颅脑损伤结果吻合，从而说明甲、乙两车速度在合理范围内。

3）高速公路护栏变形的辅助验证

在本案例中甲车与高速公路护栏在图 3-19 所示 b 处相撞，事故重构结果显示碰撞接触时刻甲车车速为 60km/h。由事故现场勘测结果可知此次碰撞导致护栏发生 0.7m 深度的变形，事故现场照片如图 3-24 所示。因此通过此变形量可以对事故重构结果中的甲车车速进行校验。

根据交通行业标准 JTG D81—2006《公路交通安全设施设计技术规范》、JTG F71—2006《公路交通安全设施施工技术规范》及事故现场测量数据建立护栏有限元模型如图 3-25 所示。该

图 3-24　护栏变形现场照片

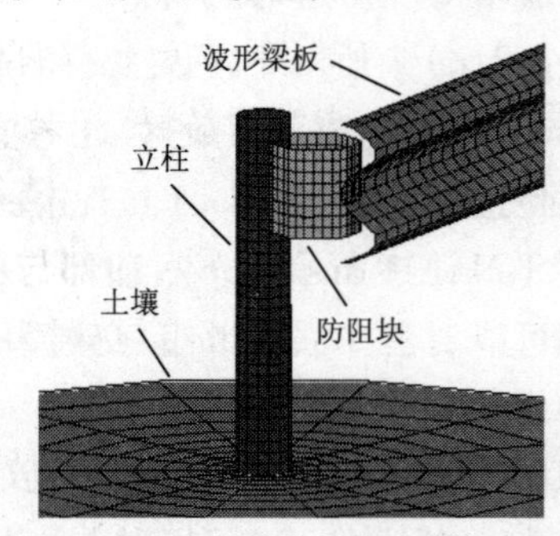

图 3-25　部分护栏有限元模型

有限元模型共包括4段护栏，每段护栏包括波形梁板、防阻块、立柱。另外，还通过面面接触考虑立柱周围土壤与立柱之间的相互作用。除土壤由8节点实体单元建立以外，其他结构均采用壳单元，材料模型均为考虑各向同性硬化的弹塑性材料[29, 30]，建模方法与理论计算基础请参见第七、八章。

将事故重构结果中的甲车与护栏 b 处发生碰撞的速度60km/h作为已知条件，通过有限元计算得到护栏 b 处最大变形深度为0.68m，数值模拟结果与事故现场测量结果(0.7m)基本吻合，误差小于3%，由此验证了甲车速度的可靠性。图3-26为甲车撞击护栏的数值模拟过程。

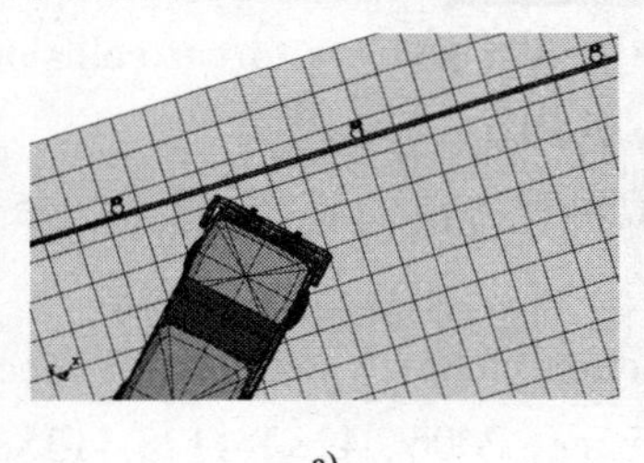
a)

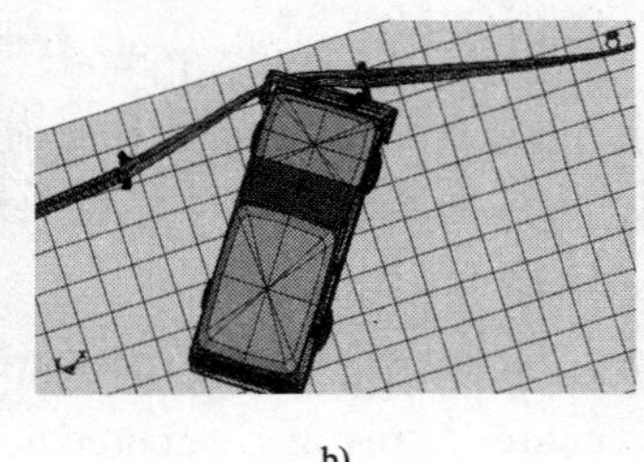
b)

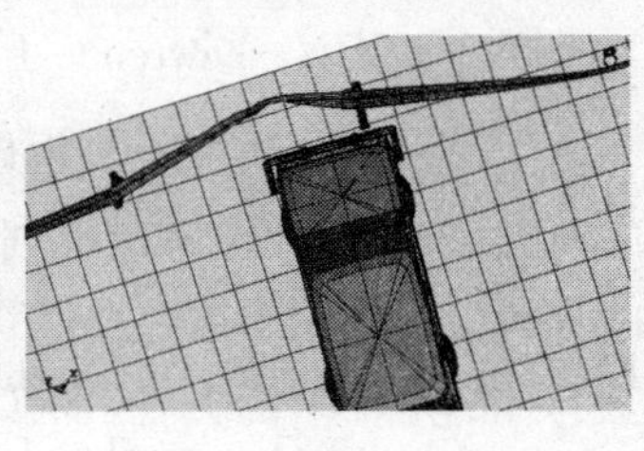
c)

图3-26　护栏变形数值模拟结果

第四节　本 章 小 结

本章以冲量/动量原理为基础，引入了车辆运动模型、碰撞模型和轨迹优化模型。以事故现场遗留的重要信息如汽车制动印迹、车辆停止位置等作为优化目标，以汽车速度及初始接触位置等作为优化变量进行反复迭代计算，当计算得到的制动印迹或车辆停止位置与真实事故情况吻合时，则该状态下所对应的各项参数与真实情况最为接近。

本章对3起典型碰撞事故进行了事故过程重构，并对每起事故中的焦点问题—车辆碰撞接触时刻的运动速度进行求解分析。数值计算中所得到的制动印迹、车辆停止位置等与真实碰撞事故情况吻合，同时模拟结果可以对车辆变形形态等信息进行合理解释。

通过对机动车—固定物、机动车—机动车及多辆机动车之间所发生的三类典型碰撞事故案例分析表明：对于具有清晰的制动印迹或准确的车辆停止位置的事故，可以通过基于冲量/动量原理的事故重构方法进行虚拟再现分析。

参 考 文 献

[1] 黄靖，金先龙，亓文果，等. 轨迹优化方法在道路交通事故再现中的应用[J]. 农业机械学报，2005，36(10)：38-41.

[2] Haight W R, Eubanks J J. Trajectory analysis for collisions involving bicycles and automobiles [C]. SAE Transactions, 1990, 99(6): 528-546.

[3] 胡远志，李一兵，张伟. 交通事故再现中汽车轨迹的建模验模[J]. 计算机仿真，2003，20(10)：96-98.

[4] 魏朗，陈荫三. 车对车碰撞事故再现计算机模拟系统的研究[J]. 中国公路学报，1996，9(4)：105-110.

[5] Steffan H. Pc-Crash Technical Manual version 6.2[M], 2001.
[6] 余志生主编. 汽车理论[M]. 北京: 机械工业出版社, 2000.
[7] Steffan H, Moser A. The collision and trajectory models of Pc-Crash[C]. SAE 960886, 1996.
[8] Cliff W E, Moser A. Reconstruction of twenty staged collisions with Pc-Crash's optimier[C]. SAE 2001-01-0507, 2001.
[9] Moser A, Steffan H. Automatic optimization of pre-impact parameters using post-impact trajectories and rest positions[C]. SAE 980373, 1998.
[10] Bailey M N, Lawrence J M, Fowler S J, et al. Data from five staged car to car collisions and comparison with simulations[C]. SAE 2001-01-0849, 2001.
[11] 黄靖, 金先龙, 张晓云, 等. 车对车碰撞事故计算机模拟再现方法的研究[J]. 上海交通大学学报, 2005, 39(9): 1149-1151.
[12] Zhang Xiaoyun, Jin Xianlong, Shen Jie. Virtual reconstruction of two types of traffic accident by the tire marks[J]. Lecture Notes in Computer Science, 2006, 4282: 1128-1135.
[13] 张晓云, 金先龙, 亓文果, 等. 基于刹车印迹的典型碰撞事故再现研究[J]. 应用基础与工程科学学报, 2006, 14(3): 418-426.
[14] Chen T, Chirwa E C, Mao M. Rollover far side roof strength test and simulation[J]. International Journal of Crashworthiness, 2007, 12(1): 29-39.
[15] Sokolovskij E, Mikaliunas S. Modeling of collisions of the automobiles[J]. Transport, 2006, 21(4): 239-244
[16] Sokolovskij E. Computer modeling of the process of overturning of the automobile[J]. Transport, 2007, 22(1): 19-23.
[17] Motomiya Y, Inoue K, Fukuyama K. Using a computer simulation to reconstruct tire blowout traffic accidents[J]. Review of Automotive Engineering, 2006, 27(1): 141-144.
[18] Steffan H. Pc-crash, a simulation program for car accidents[J]. Road and Vehicle Safety, 1993: 661.
[19] Steffan H, Moser A. Trailer simulation model of Pc-Crash[C]. SAE Special Publications, 1998, 1319: 297-306.
[20] Heinrichs B E, Allin B D, Bowler J J, et al. Vehicle speed affects both pre-skid braking kinematics and average tire/ roadway friction[J]. Accident Analysis and Prevention, 2004, 36(5): 829-840.
[21] Steffan H, Geigl B C, Moser A. A new approach to occupant simulation through the coupling of Pc-Crash and Madymo[C]. SAE 1999-01-0444, 1999.
[22] Steffan H, Moser A, Geigl B C. Validation of the coupled Pc-Crash-Madymo occupant simulation model[C]. SAE 2000-01-0471, 2000.
[23] Winkler I. Interpretation of collision scratch marks[J]. International Journal of Vehicle Design, 1980, 1(2): 173-176.
[24] Brown S. Vehicular forensic engineering: not just measuring skid marks—wheel separation[J]. Journal of Failure Analysis and Prevention, 2005, 5(5): 7-9.

[25] Van D C, Davidse R J, Van M, et al. The effects of an edge line on speed and lateral position:a meta analysis[J]. Accident Analysis and Prevention, 2004, 36(4):671-682.
[26] Retting R A, Weinstein H B, Solomon M G. Analysis of motor vehicle crashes at stop signs in four U.S. cities[J]. Journal of Safety Research, 2003, 34(5):485-489.
[27] 张晓云, 金先龙, 申杰,等. 多信息融合的交通事故数值再现方法[J]. 上海交通大学学报, 2007, 41(9):1397-1401.
[28] 申杰, 金先龙, 陈建国. 汽车碰撞护栏事故再现方法[J]. 振动与冲击, 2007,26(5):38-40.
[29] Zhao J. J., Wei D. M., Tang L. Q. Experimental investigation and optimized analyses of highway guardrails under impact loads[J]. Journal of South China University of Technology (Natural Science Edition), 2005,33(11):98-103.
[30] Tabiei A., Wu J. Validated crash simulation of the most common guardrail system in the USA[C]. The 6th International LS-DYNA Conference,2000.

第四章 基于能量/变形原理的交通事故数字化重构方法

第一节 引 言

在机动车与机动车碰撞的交通事故中,汽车制动印迹、停止位置、散落物、车辆变形等通常是事故现场留下的重要信息,通过对制动印迹、停止位置以及散落物的研究分析可以得到车辆在碰撞时刻的速度等重要事故因素,而车辆变形在事故重构中通常被作为参考量,不能够被充分地利用。实际上,汽车碰撞事故中车辆变形量的大小取决于碰撞能量大小,而碰撞能量的大小则取决于两车碰撞时的相对速度大小。因此,通过分析车辆的变形来推算车辆的碰撞速度和估计碰撞接触点位置是车辆碰撞事故数字化重构的一种重要途径[1~3]。

对于具有明显的车辆变形以及制动印迹的车辆碰撞事故,通常采用基于能量/变形原理的事故重构方法进行研究[4,5]。该方法根据平面碰撞理论,将车辆简化为周围被均质、各向同性的弹塑性材料层包围的刚性质量块,假设接触力与汽车的动态变形存在线性关系,并假设碰撞前后汽车在平坦、规则的水平路面上运动,忽略碰撞过程中的噪声、热等能量损失,然后利用能量守恒原理进行计算。基于能量/变形原理的事故重构方法以车辆变形量为优化目标,以汽车速度、初始接触方位、运动轨迹、摩擦系数等参数作为优化变量进行反复迭代计算,当计算得到的车辆变形量与真实事故情况吻合时,则认为该状态下所对应的各项参数与真实情况最为接近。

本章将通过引入车辆的碰撞模型,以车辆外部轮廓的二维变形作为基础信息,对基于能量/变形理论的事故重构方法的应用进行探讨。在此基础上,结合三维数字摄影测量方法,对3起典型的汽车碰撞事故,包括机动车与机动车之间的正面碰撞事故、机动车与机动车之间的侧面碰撞事故以及机动车与机动车之间的追尾碰撞事故进行数字化重构分析,从而验证该方法的可行性和实用性。

第二节 基 本 理 论

一、事故重构原理与数学模型

实际的碰撞过程是一个复杂的动态过程,而事故信息是碰撞后的静态信息,事故重构就是要通过此静态信息来模拟动态变化过程[6~8]。因此事故重构研究首先必须要通过碰撞试验来研究此动态过程,这个过程如图4-1所示,可以看出整个碰撞过程包括压缩和回弹两个部分。在压缩阶段，汽车变形逐渐增加到最大值 CT（Total Crush），然后再进入回弹阶段，汽车变形又逐渐减小至 CR（Residual Crush），而且可以看出碰撞过程中汽车吸收的能量是压缩到 CT 所需的能量和回弹到 CR 释放的能量的差值，此能量如图 4-1 所示，能量/变形数学模型就是近似这样一个动态过程。

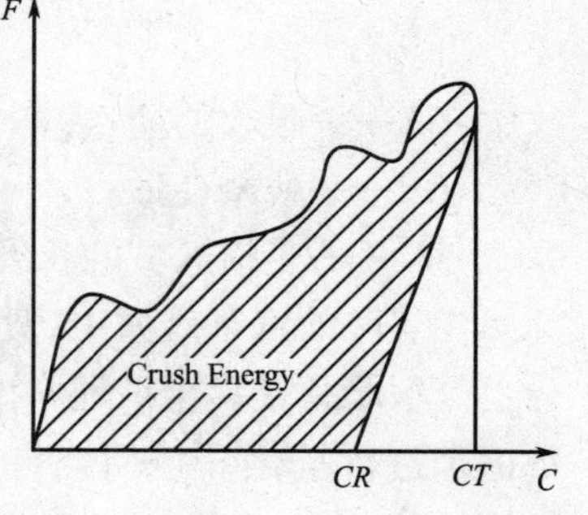

图 4-1　碰撞过程能量示意图

国外在 20 世纪 60 年代就开始了汽车碰撞事故重构的研究工作，碰撞模型对事故重构的可信度起着至关重要的作用。汽车碰撞模型[9]一般分为二维模型和三维模型，二维模型有 SMAC、CRASH、IMPAC 和 PC-CRASH 等，三维模型有 PAMCRASH、CAL3D、MADYMO3D、SINRAR 和 LS-DYNA3D 等。汽车三维碰撞模型由于计算的力学过程较为复杂，同时由于车辆的参数设置较多，因此对交通事故的快速重构具有一定的局限性，其相关软件往往较多应用于汽车新车型的开发。目前，在事故重构领域以二维模型为主流，这类模型的理论前提是假设整个碰撞过程发生在一个二维平面内，比较有代表性的有 Campbell 的 CRASH 模型、Emori 提出的 SMAC 模型以及 Varat 的双线性模型等。

根据碰撞过程中挤压力与汽车前端变形的不同关系，通常可将模型分为两类：线性模型和非线性模型，其中 CRASH 模型、SMAC 模型属于线性模型，双线性模型、力饱和模型、幂指数模型属于非线性模型，本节将对以上碰撞模型分别予以介绍。

1. CRASH 模型

在碰撞过程中，假设不计碰撞前后汽车的旋转动能，忽略变形能以外的噪声、热等能量损失，且假设碰撞过程结束时接触面有相同的速度，Campbell[10] 提出汽车前端完全碰撞固定刚性墙的速度（frontal fixed rigid barrier speed，V）和碰撞后的残余变形（Residual Crush，CR）成线性关系，可以用下式表示：

$$V = B_0 + B_1 \cdot CR \tag{4-1}$$

式中：B_0——零变形下的速度；

B_1——V—CR 曲线的斜率。

以上式为基础，Campbell 进一步推导出：

$$F/W = A + B \cdot CR \tag{4-2}$$

式中：F/W——单位碰撞宽度上所受的碰撞力，此关系如图 4-2 所示。从此图可以看出系数 A、B 的含义；

A——没有残余变形时单位宽度的碰撞力；

B——线性关系的斜率。

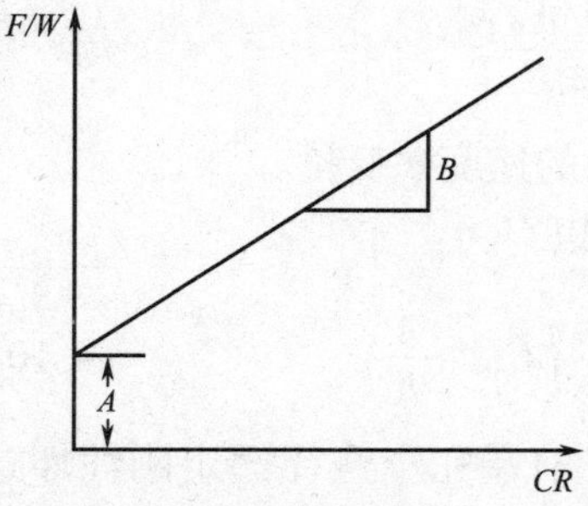

图 4-2　F/W—CR 的线性关系

此式和试验结果相比在统计平均上具有很大的合理性，成为事故重构中的一个重要公式，著名的 CRASH 软件就是以此公式为基础。

假设汽车的变形特性不随汽车的宽度变化，变形沿汽车纵轴方向，如果对上式在碰撞深度和碰撞宽度上作两次积分，就可以得到碰撞能量，如式 4-3 所示。

$$CE = \int_0^{W_0}\int_0^{CR}(A + BC)\mathrm{d}C\mathrm{d}W \tag{4-3}$$

式中：CE——吸收的能量；

CR——残余变形；

W_0——受损区域的长度。

在实际的汽车碰撞中，变形轮廓是很复杂的，如图4-3所示，因此积分也是很难直接算出。通常的解决办法是将复杂的变形轮廓用具体的数值来进行量化，而变形轮廓测量的主要手段一般是通过激光测量、摄影测量等。

图4-3 汽车碰撞变形示意图

这样式(4-3)可以进一步转化为：

$$CE = \int_0^{W_0}\left(A \cdot CR + \frac{1}{2}B \cdot CR^2 + G\right)\mathrm{d}W \tag{4-4}$$

式中：

$$G = \frac{A^2}{2B} \tag{4-5}$$

式(4-4)还可以写作：

$$CE = A\int_0^{W_0} CR\mathrm{d}W + B\int_0^{W_0}\frac{CR^2}{2}\mathrm{d}W + GW_0 \tag{4-6}$$

式中：$\int_0^{W_0} CR\mathrm{d}W$—— 等于俯视图下碰撞区域的面积；

$\int_0^{W_0}\frac{CR^2}{2}\mathrm{d}W$—— 关于原来未变形车的基线的一次矩。

对于汽车前端完全碰撞固定刚性墙来说，由于在碰撞宽度上的残余变形近似为常数，因此式(4-6)可以进一步转化为：

$$CE = \left(A \cdot CR + \frac{B}{2} \cdot CR^2 + G\right)W_0 \tag{4-7}$$

如果忽略变形能以外的噪声、热等能量损失，汽车损失的动能和所吸收的能量相等，则有：

$$\frac{1}{2}M(\Delta V)^2 = CE \tag{4-8}$$

$$(\Delta V)^2 = \left(\frac{2AW_0}{M}\right)CR + \left(\frac{BW_0}{M}\right)CR^2 + \frac{A^2W_0}{MB} \tag{4-9}$$

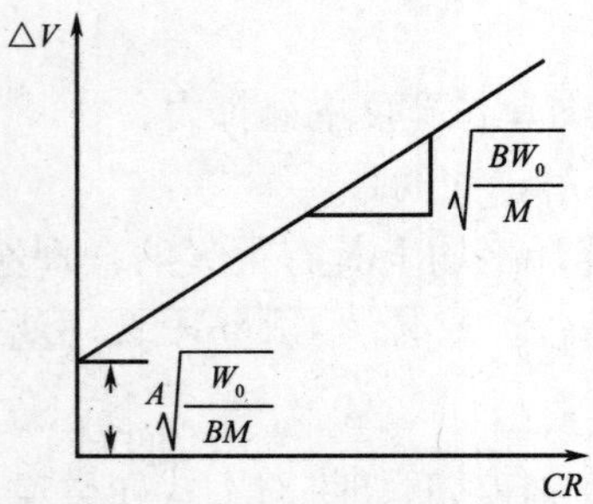

式中：ΔV——车辆变形回弹前的速度改变量。

如图4-4所示，上式也可以写为：

$$\Delta V = \sqrt{\frac{BW_0}{M}}\left(CR + \frac{A}{B}\right) \tag{4-10}$$

图4-4 完全正碰撞中ΔV与CR的关系

由此可以看出，对于汽车前端完全碰撞固定刚性墙这一最简单的情况，如果已经知道A、B的值，就可以比较方便地利用汽车变形来求得碰撞能量CE，进而求出速度的改变量ΔV。

汽车变形一般是垂直于变形宽度测量的，由于碰撞能量是力和位移的点积，因此当力的方向和汽车轮廓有一个交角 α（如图 4-5 和图 4-6 所示）时，必须对式（4-5）加以修正，通常是乘以 $(1+\tan^2\alpha)$ 因子，把力的方向称之为 PDOF（Principle Direction of Force）。

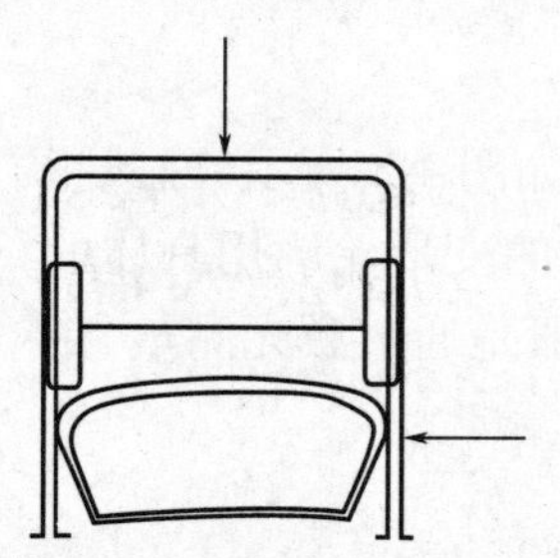

图 4-5　变形垂直于轮廓测量

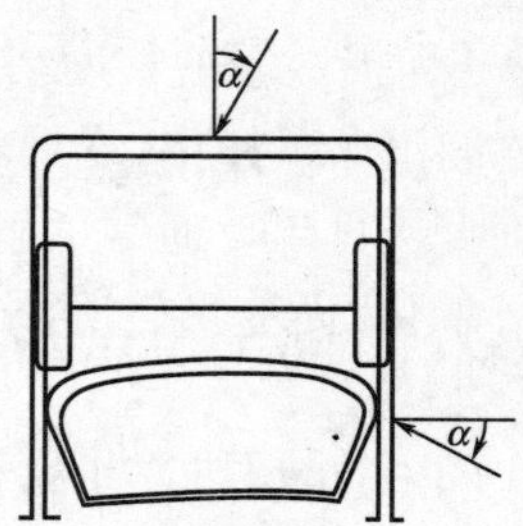

图 4-6　力和变形方向有交角

在 CRASH 模型中，用一种两参数模型来代表实际的动态过程，可以看出针对回弹过程作了假设：回弹能量比较小，可以忽略不计。但在实际中，回弹的影响并不是很小，因此通常需要进行修正。

2. SMAC 模型

Emori[11] 指出在一定范围内，汽车正碰时的减速度和汽车变形成正比。他认为汽车的前端就像是一个线性弹簧，而且这种弹簧只会耗能不会储能。以此假设为基础，进一步提出汽车变形（C）和碰撞速度（V）成正比，这种关系可以用下式表示：

$$V = K \cdot C \tag{4-11}$$

式中：K——比例系数。

Emori 进一步指出 K 近似等于 1.1mph/in，换算成公制，相当于 0.06968kmph/mm。

由此公式可以看出，CRASH 模型中的 ΔV 与 CR 的线性关系在这里仍然成立，进一步研究得：

$$FS = KV \cdot CT \tag{4-12}$$

式中：FS——单位碰撞宽度上的碰撞力；

KV——刚度系数（单位：N/cm^2）；

CT——汽车全部变形（单位：cm^2）。

这种力—变形关系如图 4-7 所示。

在这种关系里，考虑了回弹的影响，更加接近于一种动态关系，也就是从最大变形压缩到回弹。这就是 SMAC 软件最初的核心模型。

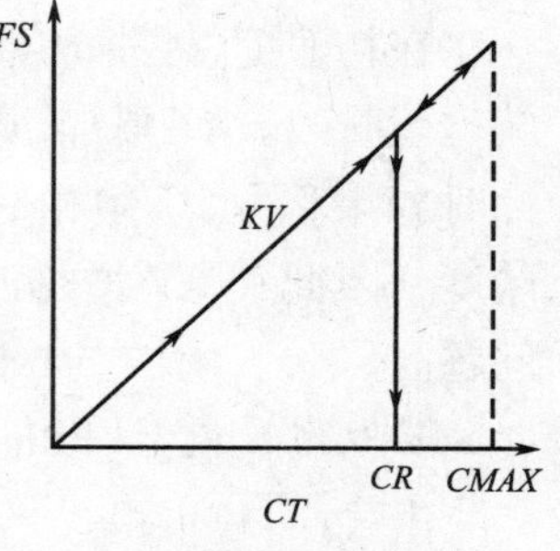

图 4-7　FS—CT 关系图

回弹是一种比较复杂的过程，通常包含两个方面，一是部分变形尺寸的恢复，另一方面是部分碰撞能量的恢复。当碰撞速度很高，碰撞非常严重，此时回弹相对就小，而在低速碰撞时，回弹的影响就很大。可以认为，随着碰撞变形的增加，回弹的比例反而变小。在 SMAC 模型中对回弹的考虑正是基于此，回弹部分作为全部变形的函数得出。

SMAC 模型中定义了恢复系数，是指车辆碰撞后分开速度与碰前接近速度之比，即：

$$C = \frac{V_{\text{separation}}}{V_{\text{approach}}} \qquad 0 \leqslant C \leqslant 1 \tag{4-13}$$

它与残余变形和全部变形之间存在下列关系：

$$CR/CT = 1 - C \tag{4-14}$$

式中：

$$C = \begin{cases} C_0 - C_1 \cdot CT + C_2 \cdot CT^2 & 0 \leqslant CT < C_1/(2 \cdot C_2) \\ 0 & CT \geqslant C_1/(2 \cdot C_2) \end{cases} \tag{4-15}$$

式中参数 C_0、C_1 和 C_2（SMAC 中给出的参考值）如下所示：

$$\begin{cases} C_0 = 4.606 \times 10^{-2} \\ C_1 = 1.7547 \times 10^{-3}/\text{in} \\ C_2 = 1.6711 \times 10^{-5}/\text{in}^2 \end{cases} \tag{4-16}$$

表 4-1 具体表示了 CR、CT、CR/CT 和 C 在一定范围内的值。

SMAC 中回弹变形和全部变形的关系 表 4-1

CR(inch)	CR/CT	CT(inch)	C
1.00	0.956	1.05	0.0442
5.00	0.963	5.19	0.0374
10.0	0.970	10.3	0.0298
15.0	0.977	15.4	0.0231
20.0	0.983	20.4	0.0173
25.0	0.988	25.3	0.0124
30.0	0.992	30.2	0.00827
35.0	0.995	35.2	0.00501

在求解速度时，SMAC 的处理方法是：在碰撞过程的任一时刻，将接触面分成很多的小块，如图 4-8 所示，根据此刻的变形情况计算此刻微元上的接触量，将接触矢量合成，计算此刻汽车的加速度，根据数值积分计算整个碰撞过程的加速度变化，再积分得到速度曲线。

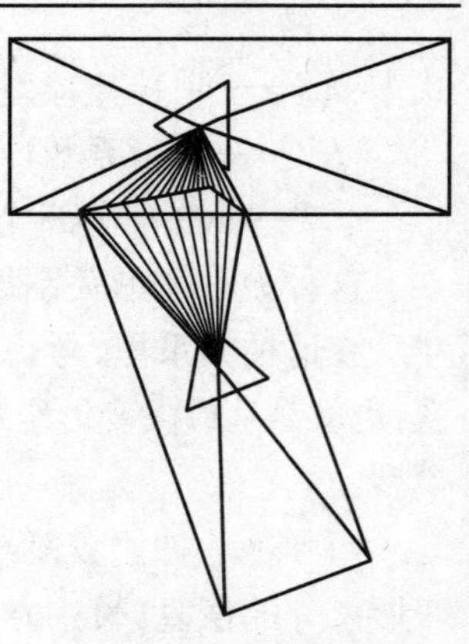

图 4-8 SMAC 模型示意图

在初速度、碰撞角度和其他参数恒定的条件下，改变 KV 会影响碰撞时间。KV 增加，意味着能量吸收加快，因此碰撞时间减少。此时如果积分，采用相同的时间步长，那么按时间积分就会降低精度。因此在 KV 增加时减小时间步长是 SMAC 模型要注意的问题。

3. 双线性模型（Bilinear Model）

由式（4-7）可得：

$$\sqrt{2CE/W_0} = \sqrt{B} \cdot CR + A/\sqrt{B} \tag{4-17}$$

由此式可以看出，如果经过碰撞试验得到 $\sqrt{2CE/W_0}$ 和 CR 的值，就可以通过画出

$\sqrt{2CE/W_0}$—CR 曲线来进一步推理汽车碰撞过程和行为。美国国家道路交通安全局记录了很多碰撞实例,其中也包括 $\sqrt{2CE/W_0}$ 和 CR 数值。

表 4-2 为摘录自美国国家道路交通安全局的一组数据。

1981 ~ 1985 Ford Escort 碰撞试验数据 表 4-2

Test ID	Vehicle	Type	M(lb)	Vcl (mph)	CR (inch)	$Vsep$ (mph)	E (ft-lbf)	$\sqrt{2CE/W_0}$ $lbf^{0.5}$
BH2VK 15FB-2	1981 ~ 1985 Escort,3Dr	FB	2428	15.3	4.773	1.4	18841	86.311
BH2VK 15FB-3	1981 ~ 1985 Escort,3Dr	FB	2429	19.9	8.443	1.7	31921	112.344
BH2VK 15FB-5	1981 ~ 1985 Escort,3Dr	FB	2429	40.3	27.192	2	131551	228.065
BH2VK 15FB-6	1981 ~ 1985 Escort,3Dr	FB	2427	49.5	42.507	1.6	198588	280.213

从表 4-2 作出 $\sqrt{2CE/W_0}$—CR 曲线,如图 4-9 所示。

从此图可以看出,$\sqrt{\frac{2CE}{W_0}}$—CR 曲线接近于线性,也就是比较符合前面提到的 CRASH 和 SMAC 模型。

但此曲线仍然有一定的非线性,定性的来说,此曲线的斜率随着 CR 的增加而降低,这是符合汽车安全性设计需要的,同时这意味着汽车碰撞变形量增大的速度比碰撞中汽车速度的改变要快,这样汽车就可以在高速情况下通过变形吸收更多的冲击能量。

Varat[12] 曾采用双线性模型以更好地模拟 $\sqrt{2CE/W_0}$—CR 曲线。

双线性模型如下式所示:

$$F/W = \begin{cases} A_1 + B_1 C & 0 \leqslant C \leqslant C^* \\ A_2 + B_2 C & C > C^* \end{cases} \tag{4-18}$$

其关系如图 4-10 所示。

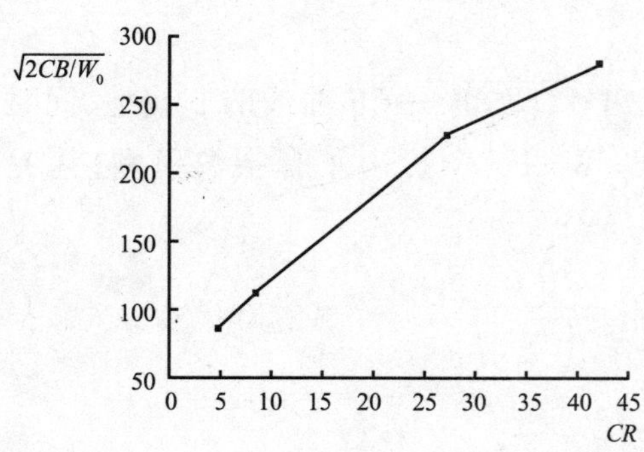

图 4-9 1981 ~ 1985 *Escort* $\sqrt{\frac{2CE}{W_0}}$—CR 曲线

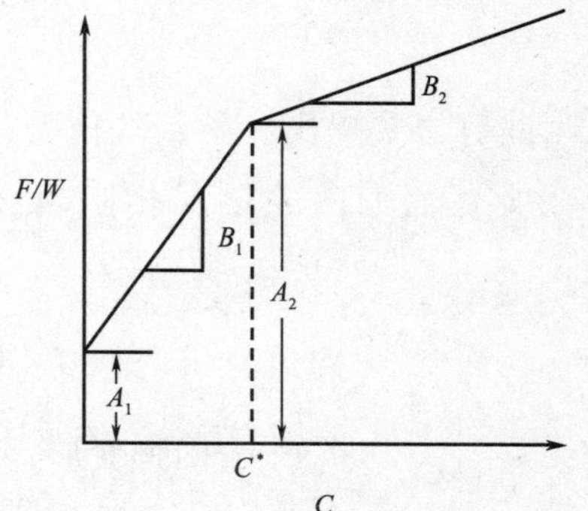

图 4-10 双线性模型示意图

由此可以得到碰撞能量的计算式:

$$CE = \int_0^{W0}\int_0^{C^*}(A_1 + B_1 C)\mathrm{d}C\mathrm{d}W + \int_0^{W0}\int_{C^*}^{CR}(A_1 + B_1 C)\mathrm{d}C\mathrm{d}W \tag{4-19}$$

双线性模型需要确定 A_1、B_1、A_2、B_2 和 C^* 5 个参数,因此处理起来相对比较复杂。另外双线性模型的难点还在于如何比较适宜地选择转折点 C^*。

4. 力饱和模型(Force Saturation Model)

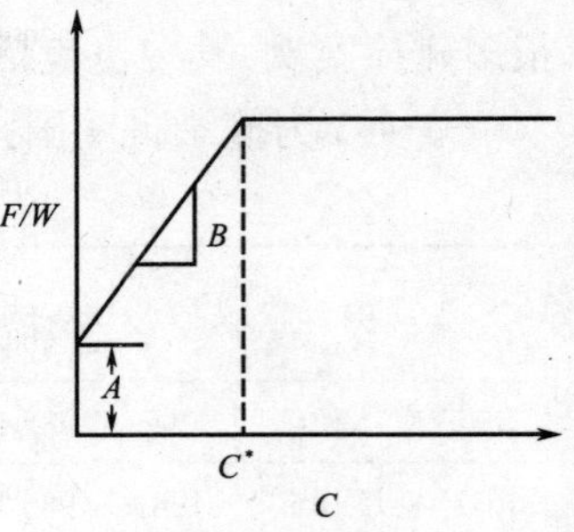

图 4-11　力饱和模型示意图

再来分析图 4-9 中的 $\sqrt{2CE/W_0}$—CR 曲线,可以看出当 CR 增加时,此曲线的斜率有下降的趋势。因此可以假想当发生非常大的变形(或者说当变形大到一定程度时),碰撞力会趋于饱和。因此 Strother[13] 提出了力饱和模型,其数学关系见下式:

$$F/w=\begin{cases}A+BC & 0\leqslant C\leqslant C^* \\ A+BC^* & C>C^*\end{cases} \tag{4-20}$$

具体关系如图 4-11 所示。

力饱和模型的碰撞能量关系式为:

$$CE=\int_0^{W0}\int_0^{C^*}(A+BC)\,\mathrm{d}C\mathrm{d}W+\int_0^{W0}\int_{C^*}^{CR}(A+BC^*)\,\mathrm{d}C\mathrm{d}W \tag{4-21}$$

对于汽车前端完全碰撞固定刚性墙(FB)碰撞类型,上式可以写为:

$$CE=\left[(A+BC^*)\cdot CR+\left(\frac{A^2}{2B}-\frac{BC^{*2}}{2}\right)\right]\cdot W_0 \tag{4-22}$$

上式进一步可以改写为:

$$\sqrt{2CE/W_0}=\left[(A+BC^*)\cdot CR+\left(\frac{A^2}{2B}-\frac{BC^{*2}}{2}\right)\right]^{1/2} \tag{4-23}$$

可以看出力饱和模型是双向线性模型的特殊形式,但因为参数减少为 3 个,因此处理有所简化,当然力饱和模型的难点也在于 C^* 的选取。

5. 幂指数模型(Power Law Model)

从上面的分析可以看出,双线性模型和力饱和模型可以更好的近似碰撞试验数据,但它们都存在一个明显的难点,那就是 C^* 的确定原则,而且它们的力—变形曲线的斜率在 C^* 处不连续。通常来说,为了确定 C^*,必须在 C^* 附近做更多的碰撞试验,以准确地确定转折点,而这种代价显然太昂贵。另外由于这两种模型都是分段函数,这使本身的处理也变得更加困难。

因此有必要提出一种新的模型,它能体现出 $\sqrt{2CE/W_0}$—CR 曲线的非线性,同时又能保证在所有范围内表达式相同,且斜率连续。Wooley[14] 提出了幂指数模型,其关系如下式:

$$F/W=A\cdot CT_0\left(\frac{CR+C_0}{CT_0}\right)^{\mathrm{n}} \tag{4-24}$$

式中: C_0——回弹变形,in;

A——刚度系数,lb/in^2;

B——单位碰撞宽度碰撞力,lb/in;

$CT_0=B/A$——参考全部变形,in。CR_0(参考残余变形)$=CT_0-C_0$,in;

n——幂指数,通常在 0 ~ 1 之间,$n=0$ 相当于力饱和模型,$n=1$ 相当于线性模型;

CR——残余变形,in。

此幂指数模型如下图 4-12 所示。图中分别按 n 等于 0、0.25、0.5、0.75 和 1 画出了 5 条曲线。在这些曲线中,各参数的取值(包括英制和公制)如表 4-3 所示。

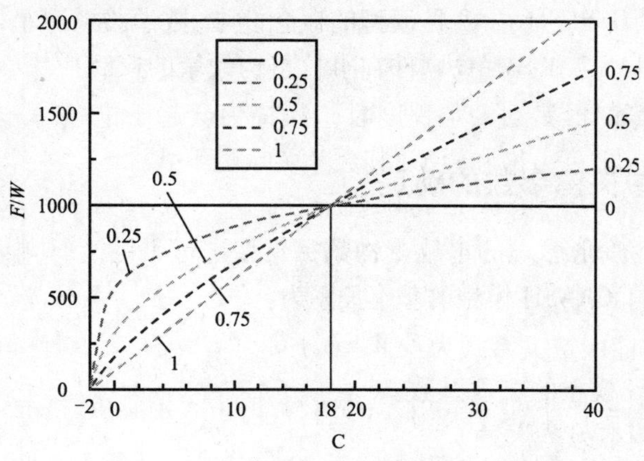

图 4-12　幂指数模型示意图

幂指数模型的参数取值　　表 4-3

C_0	A	B	CT_0	CR_0
2in	50lb/in²	1000lb/in	20in	18in
5.08cm	34.5N/cm²	1751N/cm	50.8cm	45.72cm

从图 4-12 可以看出,幂指数模型可以分成两个区域:低于 B 的区域和高于 B 的区域(这里 $B=1000$)。在 C 从-C_0 到 CR_0 的变化过程中,曲线呈明显的凸起状,而且刚开始时斜率很大,以后逐渐变小;在这个区域,n 越小则单位宽度碰撞力越大。在 C 大于 CR_0 之后的变化过程中,曲线逐渐呈线性,斜率变化不大;在这个区域,n 越小则单位宽度碰撞力越小。

由式(4-24)可以得到碰撞能量的计算式:

$$CE = \int_0^{W_0}\int_0^{CR} A \cdot CT_0\left(\frac{CR + C_0}{CT_0}\right)^n \mathrm{d}C\mathrm{d}W \tag{4-25}$$

进一步换算,可以求得:

$$CE = \int_0^{W_0} \frac{A \cdot CT_0^2}{n+1}\left(\frac{CR + C_0}{CT_0}\right)^{n+1} \mathrm{d}W \tag{4-26}$$

在事故重构中采用幂指数模型进行分析,由于非线性的特性,因此更接近实际碰撞行为,但要注意的是,采用这种模型需要确定 6 个参数,因此很复杂。

6. 几种模型的比较

前面共提出了两类 5 种变形—能量模型,其中 CRASH 和 SMAC 模型都属于线性模型,双线性模型、力饱和模型和幂指数模型都属于非线性模型。由于 CRASH 模型假设挤压力与汽车前部变形呈线性关系,没有考虑到回弹的影响。因此计算精度受到了局限;而在这一点上 SMAC 则考虑了回弹,使精度得到了进一步提高;在线性模型基础上,3 个非线性模型则可以更好的近似碰撞试验数据。

从试验结果的接近角度来讲,后 3 种模型更加精确,尤其是幂指数模型解释碰撞行为达到了最佳。但又必须注意到后 3 种模型都变得更加复杂。对于双线性模型和力饱和模型,都需要确定转折点 C^*,这所需的代价太大。对于幂指数模型,由于参数太多,使方程解算变得非常复杂，因此也难以实现。

目前，由于 CRASH 和 SMAC 两种模型的概念清晰，数学关系简单，所以仍然是使用最多的模型，而且由于 CRASH 和 SMAC 软件在事故重构领域的广泛应用，CRASH 和 SMAC 模型已经成为该领域的主流模型。

二、数学模型中关键参数的确定

前面对基于能量/变形原理的事故重构数字模型进行了讨论，其中 CRASH 模型和 SMAC 模型是使用最广泛的。CRASH 模型的基本关系为：

$$F/W = A + B \cdot CR \tag{4-27}$$

式中：A、B——CRASH 模型的刚度系数。

SMAC 模型的基本关系为：

$$FS = KV \cdot CT \tag{4-28}$$

式中：KV——SMAC 模型的刚度系数。

很明显 A、B 和 KV 这 3 个刚度系数对于正确地使用 CRASH 软件和 SMAC 软件起着至关重要的作用，因此有必要对这 3 个系数的计算方法做详细的分析[15~18]。

1. CRASH 刚度系数

前面已经推导出在汽车前端完全碰撞固定刚性墙（FB）情况下，汽车的变形能为：

$$CE = \left(A \cdot CR + \frac{B}{2} \cdot CR^2 + G\right) W_0 \tag{4-29}$$

又因为：

$$V = B_0 + B_1 \cdot CR \tag{4-30}$$

$$E = \frac{1}{2} MV^2 \tag{4-31}$$

可得：

$$E = \frac{1}{2} M(2B_0 \cdot B_1 \cdot CR + B_1^2 \cdot CR^2 + B_0^2) \tag{4-32}$$

因为汽车碰撞是瞬间完成的，因此可以近似认为动能全部转化为变形能，由能量守恒，联立式（4-31）和式（4-32），可得：

$$\begin{cases} A = \dfrac{B_0 B_1 M}{W_0} \\ B = \dfrac{B_1^2}{W_0} \end{cases} \tag{4-33}$$

这就是计算 CRASH 刚度系数的基本关系式。

由式（4-29）还可得：

$$\sqrt{2CE/W_0} = \sqrt{B} \cdot CR + A/\sqrt{B} \tag{4-34}$$

由式（4-34）可以作出 $\sqrt{2CE/W_0}$—CR 的关系曲线，由曲线拟合可以提取出 A、B 的值，因此式（4-34）是计算刚度系数的另一关系式[19, 20]。

确定 A、B 的具体方法和途径为：

1)单车型多次试验方法

对于某一特定车型按特定碰撞方式(正碰、追尾和侧碰),要获得相应的 A、B 系数,最准确的方法就是针对特定情形做一系列碰撞试验。对于每次实验,控制碰撞速度 V,并且测量汽车变形 CR,然后采用线性回归得到 $V—CR$ 关系曲线,利用式(4-30)求出 B_0 和 B_1 的值;最后利用式(4-33)算出 A 和 B 的值。另一种方法是直接通过式(4-34)得到 $\sqrt{2CE/W_0}—CR$ 的关系曲线,从曲线中提取 A 和 B 的值。

2)单车型单次试验方法

很明显,实施汽车碰撞试验的费用是可观的,因此针对某一车型必须想方设法减少试验次数。在这种前提下,就有必要提出一种通过单次碰撞试验获取 A、B 值的方法。

这种方法的基础是参数 B_0 的值变化不大,因此假设其为常量。观察式(4-30)可知,B_0 的含义是“零变形速度”,也就是在没有产生残余变形条件下的最高碰撞速度。经过统计分析发现,对于绝大多数的车型,在正碰情况下,B_0 的值约等于 5m/s。如果把 B_0 设为常量,采用线性回归得到 $V—CR$ 直线,此直线的斜率就是 B_1 的值。最后可以利用式(4-33)算出 A 和 B 的值。

3)查询现有数据库

到目前为止,许多车型的 A、B 数据已经直接公开出版。EDC 公司曾经出版过大约 600 种不同车型的 A、B 数据,这些数据大多采用方法 2)获得。

美国国家道路交通安全局已经整理出了包含 1000 多次汽车碰撞试验的数据库。现在这些碰撞试验数据可以购买得到,当有了这些数据之后,就可以针对不同的碰撞条件和不同的车型按照 $C1$ 法和 $C2$ 法计算出需要的 A、B 值。

对每一种车型都做碰撞试验是不可能的,尤其是在一些还没有要求强制碰撞试验的国家。于是一个替代的方法就是:按一定标准,将汽车分类,在各自的类别中定义具有代表性的刚度系数。在应用时,按照实际车型和分类标准比较,确定属于哪个类别,然后选择此类别的刚度系数。这种方法尤其适合那些没有碰撞试验数据的车型,其中分类标准可以是轴距、车重等[21~24]。

2. SMAC 刚度系数

对比 CRASH 和 SMAC 模型,主要有 3 个区别:

第一,CRASH 处理残余变形,SMAC 处理全部变形(或称动态变形);

第二,CRASH 使用 2 个刚度系数,SMAC 使用 1 个刚度系数;

第三,CRASH 针对正碰、追尾和侧碰分别需要 3 类刚度系数,SMAC 针对整个汽车使用 1 个相同的刚度系数。

在 SMAC 模型中,整个汽车假想是被均质的、各项同性的弹塑性材料包围,因此整个汽车只有一个 KV 刚度系数。

在采用 SMAC 软件进行事故重构时,用户显然希望能通过已有的实验数值来确定 KV 的值,以用于在事故中相似的车型。下面具体介绍确定 KV 的方法和途径。

1)采用 CRASH 刚度系数 B

选择 KV 最简单的方法就是使用已经出版的或者已经算出的 CRASH 刚度系数 B。也就是先用前面已经介绍的确定 CRASH 刚度系数的方法确定 B,然后让 KV 等于 B。这个方法忽略了回弹变形的影响，也就是假设全部变形等于残余变形。

2）单车单次试验法

如果可以获得一次汽车碰撞的试验数据，可以采用代数方法近似算出 KV 值。首先利用式 $V=B_0+B_1\times CR$，假设 $B_0=0$，这样就可以通过一次试验数据算出 B_1；然后再利用式 $B=B_1^2/W_0$，算出 B；最后让 $KV=B$。

3）SMAC 软件模拟方法

如果可以获得一次汽车碰撞的实验数据，这次碰撞过程可以使用 SMAC 软件来模拟。通过多个 KV 值的试算，就可以发现最能和试验数据相吻合的 KV 值，那么这个值就是所需要的 KV 值。

在模拟汽车碰撞过程时，有两种方案。一种是让汽车碰撞固定障碍物，此时要注意给障碍物设定非常大的质量和刚性（接近于理想中的刚性墙）。另一种方案是采用镜像对称的概念，也就是让此车去碰撞它对应的镜像体。

4）能量等效方法

这种方法的基础是：在 CRASH 和 SMAC 中的碰撞力—变形曲线下的变形能相等（如图 4-13 所示，其中阴影部分为变形能）。当然这个方法的前提是使用者必须能接受 CRASH 的数学模型。

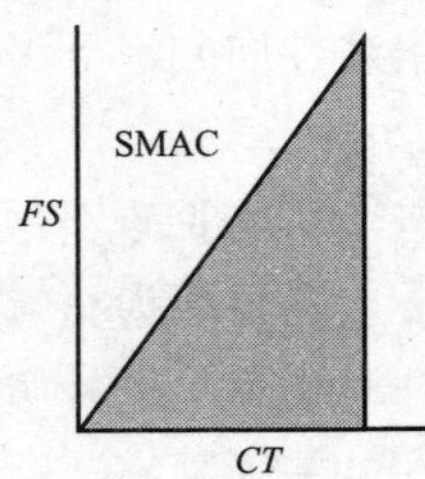

图 4-13　CRASH 和 SMAC 中的变形能

采用 CRASH 模型根据汽车变形求得的单位宽度上的变形能为：

$$EC/W_0=A\cdot CR+\frac{B}{2}\cdot CR^2+A^2/2B \tag{4-35}$$

采用 SMAC 模型根据汽车变形求得的单位宽度上的变形能为：

$$ES/W_0=\frac{1}{2}\cdot KV\cdot CT^2 \tag{4-36}$$

由 $ES=EC$ 可得：

$$KV=\frac{1}{2}B\left(\frac{CR}{CT}\right)^2+2\left(\frac{A}{CT}\right)\left(\frac{CR}{CT}\right)+\frac{1}{2}\left(\frac{A}{CT}\right)^2/B \tag{4-37}$$

由以上分析可以看出，计算 KV 的步骤为：

（1）获得 CRASH 刚度系数 A、B 的值。

（2）测量残余变形 CR。

（3）计算残余变形和全部变形的比值 CR/CT。

（4）计算全部变形 CT。

（5）利用式（4-37）计算 KV。

根据式（4-37）还可以看出各种求解 KV 的方法之间的区别，那就是此式显示了忽略回弹变形（也就是 $\frac{CR}{CT}=1$）所引起的误差，以及忽略 A 值（也就是取消后两项的值）所引起的误差[25~28]。

三、车身变形的测量准则

20 世纪 70 年代初,美国国家道路交通安全局资助开发了用于事故再现的大型软件 CRASH 和 SMAC,这两种软件的核心都依赖于车身变形。通常汽车变形的测量是通过测量变形汽车和未变形汽车的对应点,然后相减而得。

伴随着车身变形类事故再现软件的开发和使用,美国汽车工程协会(SAE)提出了汽车变形的测量准则 CDC(Collision Deformation Code)。CDC 采用 7 个数字(1 ~ 7)来描述车身变形,如图 4-14 所示。

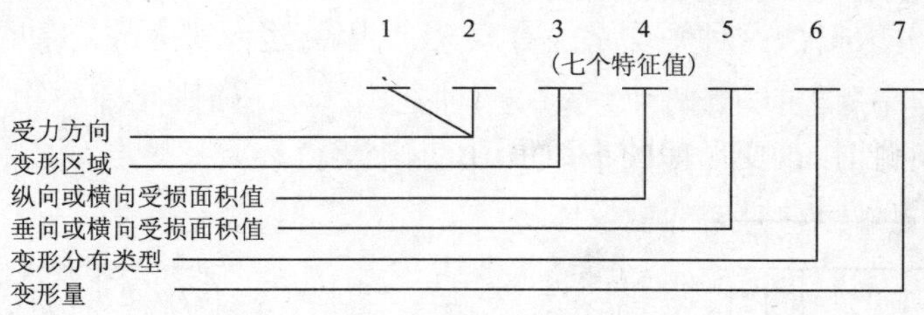

图 4-14 汽车变形的 CDC 测量准则

CDC 准则比较规范地描述了汽车变形,目前有些软件仍然在使用这种变形准则作为输入。CDC 准则的局限性在于它只描述了一个均匀统一的变形,也就是数字 7 所代表的汽车变形量(EXTENT)。因此对于一个比较复杂的汽车变形轮廓,CDC 准则显得无能为力。

美国国家道路交通安全局在资助开发 CRASH 软件时,相应地提出了 CRASH 准则,如图 4-15 所示。根据需要均匀地测量 2、4 或 6 处,分别记为 $C1 \sim C6$,这就相当于使用 1、3 或 5 处变形区域来近似变形轮廓,变形宽度设为 L,偏置值设为 D。由于这里采用多处来近似变形轮廓,相对于 CDC 准则而言,更能接近于实际。

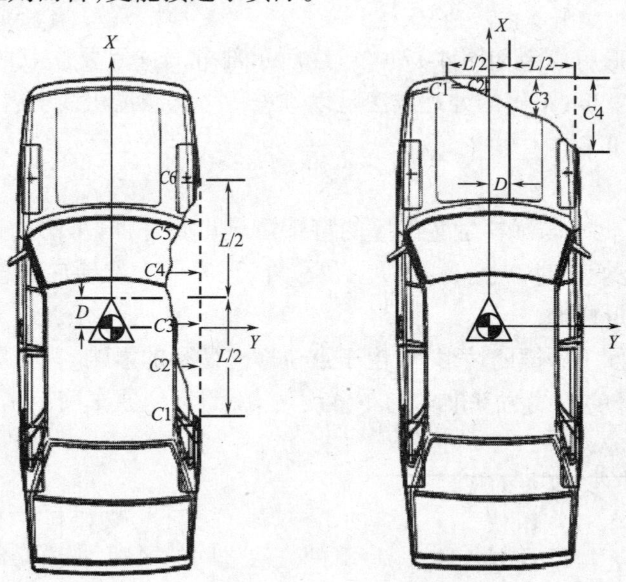

图 4-15 CRASH 中的变形测量

通常情况下,就可以按照 CRASH 准则来测量汽车变形。这里要着重讨论几种特殊的情况下的变形测量准则[29 ~ 31]。

1. 汽车与刚性墙正碰

汽车碰撞中最典型的情形便是汽车以某一速度和刚性墙发生正碰，其变形情况如图4-16所示。

通过均匀地在变形车和未变形车上量测相应的点，就可以得到变形量。这里假设了汽车是矩形的，汽车前部呈直线，这显然是不真实的。真实情况下汽车变形很少是均匀的。因此在汽车多高的地方测量变形就显得很重要。通常会选取汽车车架附近的高度来进行测量。对于前碰和追尾，可以选择保险杠的高度；对于侧碰，可以选取车门底框的高度。

可以发现，这个过程中是把汽车前端不同部件的影响作了"平均"。在实际中，一定存在强硬的部件和脆弱的部件，这种平均是很有意义的，因为这使实际的复杂问题得到简化。

2. 斜碰撞

当汽车发生斜碰时，其变形如图4-17所示。

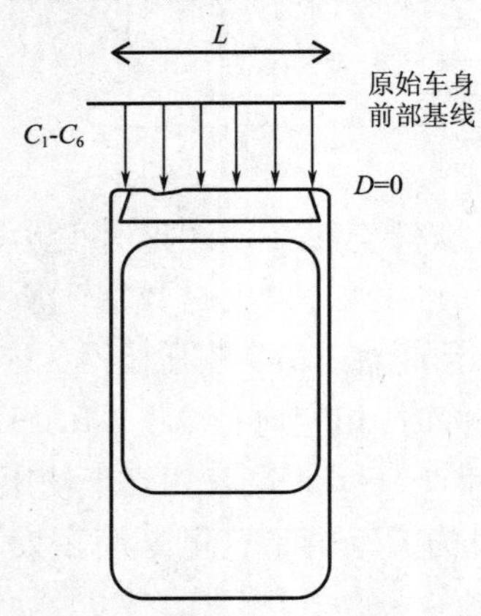

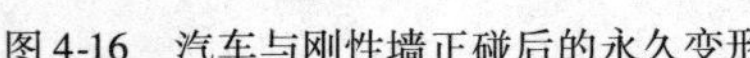

图4-16　汽车与刚性墙正碰后的永久变形

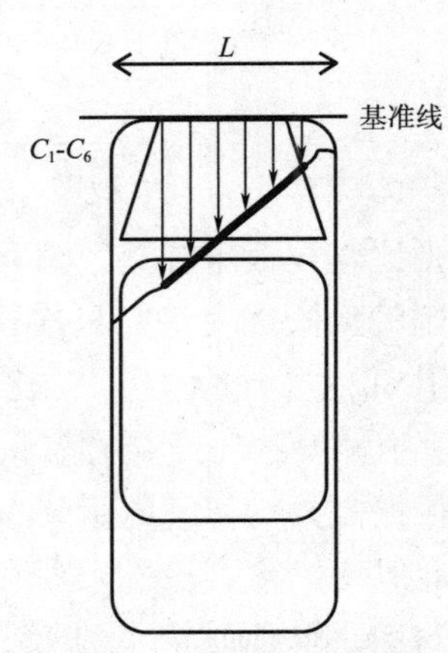

图4-17　汽车斜碰下的永久变形

汽车的前部变形后成为如图4-17中粗线所示部分。这里要注意的是不能用汽车前端长度 L 来表示碰撞宽度，正确的处理方法是以 L 进行平均测量粗线上各处的变形，而碰撞宽度等于汽车的宽度 W。

3. 与细杆碰撞

图4-18显示了汽车与细杆发生碰撞的特殊情形。此时，汽车的两边被拖拽，形成"翼"状，这是由于汽车在变形时，点位除了纵向位移外，还有较大的横向位移。图中粗线是原车的前端发生变形后形成的。

在这种与细杆发生碰撞的情形下，由于点位横向位移的影响，首先应对点的横向位移进行复位，然后以展开的粗线为基准均匀布置测量点，测量到原车前端基线的距离，如图4-19所示。

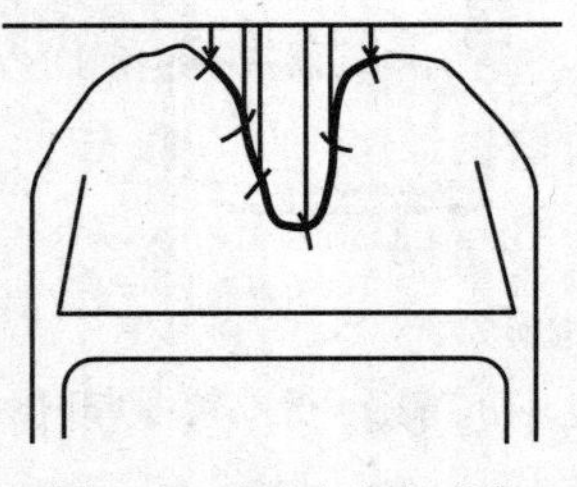

图4-18　汽车与细杆碰撞

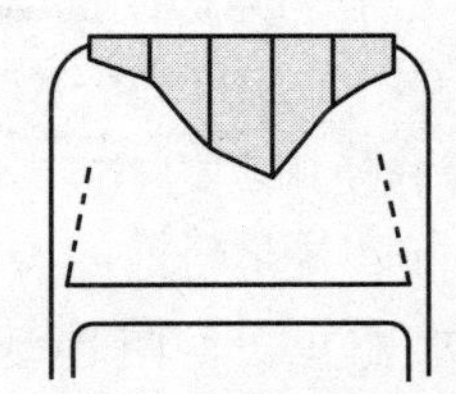

图4-19　汽车与细杆碰撞的变形测量

4. 汽车与刚性墙的非完全碰撞

当汽车与刚性墙发生非完全碰撞时，如图 4-20 所示，汽车变形包括两部分：直接变形(Direct Damage)和引导变形(Induced Damage)。这里要注意的是，在测量变形时必须同时包括直接变形和引导变形，除非当引导变形很小时可以忽略。

5. 卷曲

侧碰可以分为两类：一类是没有显著卷曲的，另一类是有显著卷曲的。卷曲是汽车碰撞后两端发生了折弯变形，如图 4-21 所示。可以看出，卷曲增加了变形量，即图中箭头部分，在实际测量变形时必须去除卷曲引起的变形。

在变形车和原车外建立一个参考盒，如图 4-22 所示。在两边的均匀间隔处依次测量，然后相减就可以得到真实的变形。这里隐含了一个假设，即沿着碰撞轮廓测量且汽车的两边长度相同。

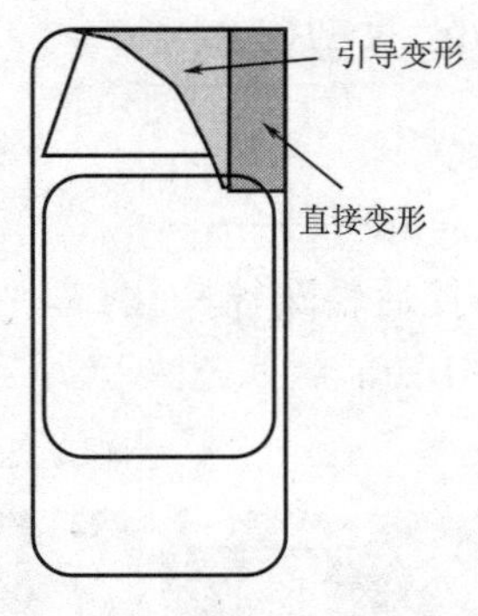

图 4-20　汽车与刚性墙的非完全碰撞

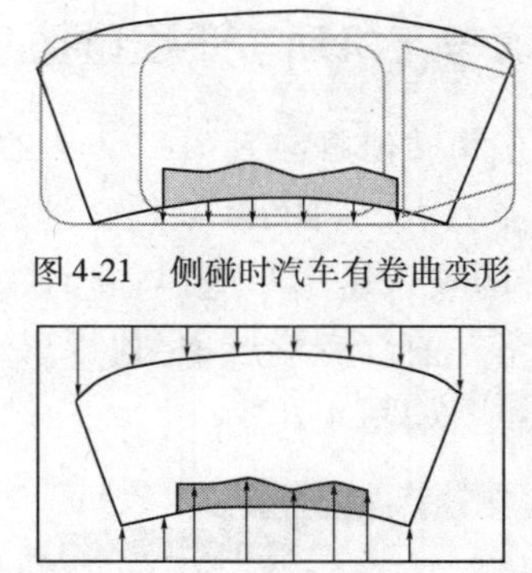
图 4-21　侧碰时汽车有卷曲变形

图 4-22　具有显著卷曲的汽车变形测量

第三节　应用实践

一、典型软件

SMAC(Simulation Model of Automobile Collisions)计算机程序最初是由 Cornell Aeronautical 实验室(现称 Calspan)的研究人员在进行汽车碰撞事故重构可行性研究时创立的，Cornell 的研究人员对这个能够提高汽车事故证据解释一致性和准确性的汽车碰撞数值模型有着相当浓厚的兴趣。20 世纪 70 年代初，美国国家道路交通安全局开始资助研究开发这个计算机应用程序，并于 1974 年开发成功，这就是 NHTSA SMAC 或者 Original SMAC。

后来在其他一些社会组织的资助下，Day 和 Hargens 两位学者在 NHTSA SMAC 的基础上于 1986 年研发了 PC 版的 SMAC 程序，这就是常提到的 EDSMAC，EDSMAC 除了可以在 PC 机上运行以外，对 NHTSA SMAC 没有做太大的修改。直到 1994 年，一直作为 NHTSA SMAC 的研发者和使用者的 Raymond R. McHenry 和 Brian G. McHenry 对原来的 SMAC 软件进行了改进和加强，就是目前的 M-SMAC。

M-SMAC 软件[32]是一个“开放式”的程序，在使用时，用户需以卡片的形式来指定车辆的尺寸、惯性、变形和轮胎特性，以及初始速度、角度和运动控制输入等，也可以随时对这些值进行修改。该程序通过计算得到整个碰撞过程中的详细信息，如速度、加速度、位置、角度、变形量以及各个轮胎的受力情况等数值[32]。

用户通过 M-SMAC 模拟的运动轨迹和碰撞变形与实际证据进行比较，从而确定它们之间的关联程度。通过不断地调整输入的初始速度、碰撞角度等变量，按照模拟结果和实际结果的差异修改初始值，直至模拟结果与实物证据相互匹配为止。

在模拟过程中，该软件假设：①汽车为刚性质量块，周围被均质、各向同性的弹塑性材料层包围；②接触力与汽车的动态变形存在线性关系；③碰撞过程中汽车作平面运动。

近年来，M-SMAC 软件得到了不断的发展，Mchenry 等人于 2003 年开发出了用于 M-SMAC 自动优化的辅助程序 SMACITER，用户只要在 M-SMAC 中输入碰撞过程的轨迹、车辆变形信息以及车辆的停止位置，该程序就可以进行优化计算，最终得到一个与真实情况最接近的结果。它大大地减少了手工优化时间，而且使得模拟精度得到很大的提高。

二、机动车与机动车正面碰撞事故数字化重构的典型案例

1. 事故重构的依据与目的

2007 年某日，天气阴，在某地普通公路一辆轿车由南向北行驶，另一载货车由北向南行驶，载货车转向驶入轿车车道，与迎面驶来的轿车相撞，碰撞后轿车掉头，两车一同滑行至路边停止。轿车左前部变形严重，载货车左前部变形明显，事故车辆如图 4-23 所示，根据事故现场绘制现场图如图 4-24 所示。

a) 轿车

b) 载货车

图 4-23 事故车辆照片

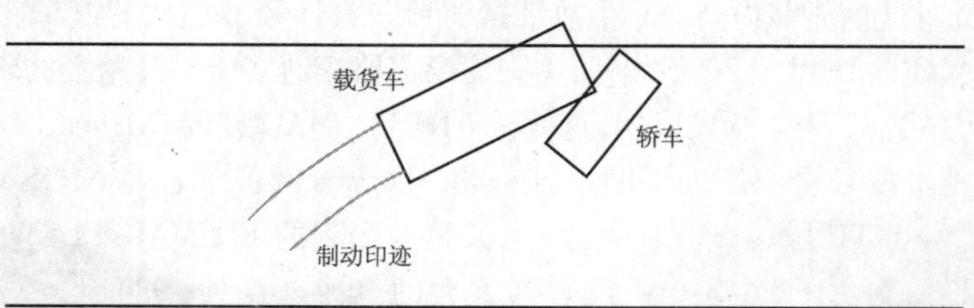

图 4-24 事故现场示意图

该碰撞事故留下的信息包括：①轿车前部和载货车前部的变形部位及形态；②轿车、载货车碰撞后的停止位置；③载货车制动印迹、轿车被拖动痕迹。

该案例进行事故重构需要解决的问题是计算轿车与载货车碰撞接触时刻的车速及碰撞形态。

2. 事故重构的方法与模型

该事故轿车和载货车碰撞变形明显，适合采用能量/变形方法对碰撞过程进行数字化重构分析。经过对事故车辆的现场勘察，得到车辆基本几何尺寸、质量等参数，如表4-4所示。

车辆基本信息　　表4-4

车　辆	外廓长(mm)	外廓宽(mm)	外廓高(mm)	轴数	轴距(mm)	前轮距(mm)	后轮距(mm)	总质量(kg)
轿车	4546	1710	1427	2	2548	1414	1422	1490
载货车	6960	2290	2650	2	3800	1670	1660	6500

根据事故现场中道路、制动印、散落物、两车停止位置以及轿车与载货车的碰撞变形等信息，可初步推断事故发生初始时刻情景，载货车改变行驶方向驶入轿车车道，事故发生时刻两车平面二维数值模型如图4-25所示。

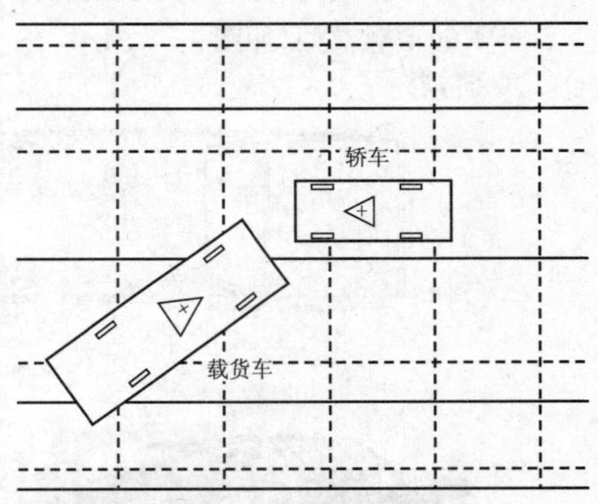

图4-25　事故初始情景及两车平面二维数值模型

为了求出车辆的变形，采用三维数字摄影测量方法对两车变形情况分别进行测量，使用摄影测量方法对车身变形进行测量通常分为两个步骤：

(1)建立测量基准，因为多数车辆在发生变形后，其原有轮廓已经被破坏，无法作为变形测量的基准，所以通常要建立一个标准模型作为测量的基准。

(2)测量变形，根据车辆变形情况，建立变形车辆模型，然后参照基准对所关注的变形量进行测量。

下面以本起事故中轿车的变形测量为例对该方法进行说明。

第一步　建立测量基准

选取与事故车辆同型号的、外形完好的车辆进行环形拍摄，这里采用松下-LX2型1000万像素普通数码相机对与事故同一型号的轿车进行了不同角度拍摄，然后选取拍摄角度较好的其中两张照片进行摄影测量，如图4-26所示。

图4-26　标准车辆摄影测量图片

然后根据不同照片上的共有信息,如车窗等,进行标定匹配,使用 Photomodeler 求解器进行求解,确定照片空间与真实空间的关系,如图 4-27 所示。

图 4-27　车辆对应点匹配

最后在图像空间与真实空间的换算关系确定以后,用点和线来对车辆外形进行描述,建立出车辆的轮廓模型,如图 4-28 所示,在线模型基础上生成平面,然后添加纹理后的效果如图 4-29 所示。

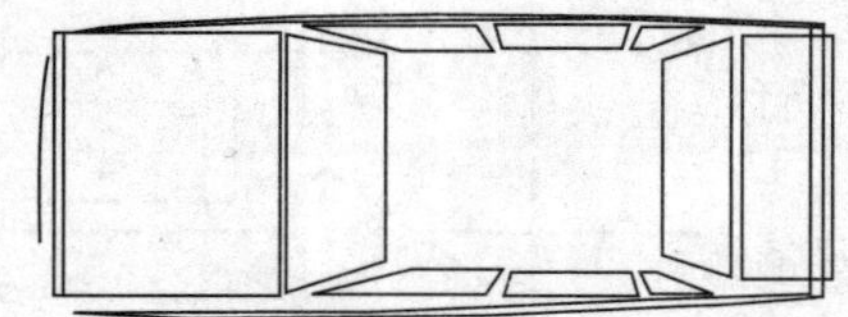
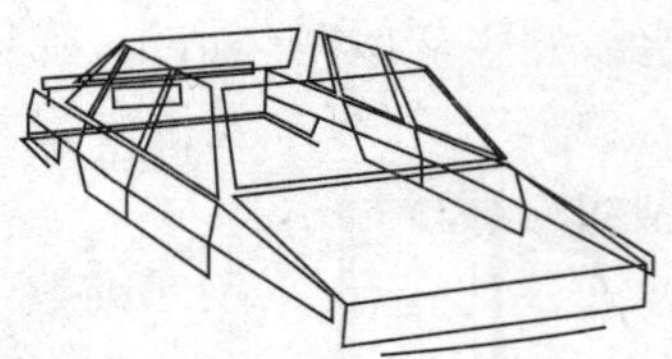

图 4-28　车辆的轮廓模型

图 4-29　添加纹理后的模型效果

第二步　测量变形

首先选取 2 ~ 3 张清晰、拍摄角度相隔适当的变形车辆照片进行摄影测量处理,这里选取了下面两张照片,如图 4-30 所示。

图 4-30　车辆照片选取

以前面建立的标准模型作为基准,选取事故车辆中没有变形的且与标准模型点相对应的点来进行匹配，匹配效果如图 4-31 所示，其中图中线框代表标准模型的轮廓。

然后在图像中对相应部分进行选取描绘，如图 4-32 所示，曲线为车辆前保险杠变形轮廓，它把整个车辆的变形形态直观地反映出来。

图 4-31　标准模型匹配

图 4-32　变形特征描绘

把模型与变形轮廓线作正投影，然后选取变形车辆保险杠上 6 个均匀分布的点作为测量对象，以标准模型的前保险杠直线为基准，用摄影测量工具测量点到直线的距离，测量示意图见图 4-33，点 *C*1 ~ *C*6 从车身左至右选取，测量结果见表 4-5。

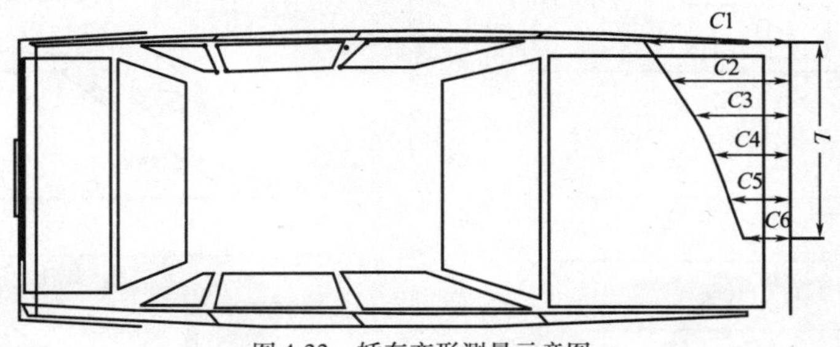

图 4-33　轿车变形测量示意图

轿车变形测量结果　　表 4-5

编号	变形深度（m）	编号	变形深度（m）
*C*1	0.843	*C*4	0.485
*C*2	0.706	*C*5	0.398
*C*3	0.571	*C*6	0.326

同理，使用摄影测量方法测量载货车的前部碰撞变形，点 *C*1 ~ *C*6 从车身左至右选取，其变形测量示意图如图 4-34 所示，测量结果见表 4-6。

图 4-34　载货车变形测量示意图

载货车变形测量结果　　表 4-6

编号	变形深度（m）
*C*1	0.081
*C*2	0.149
*C*3	0.210
*C*4	0.298
*C*5	0.282
*C*6	0.019

将上面测量得到的轿车和载货车碰撞变形数据输入软件 SMAC 中，在所建立的车辆仿真

数值模型中对其碰撞变形轮廓进行描述，如图4-35所示。

3. 事故重构的结果及分析

经优化计算得出，载货车与轿车碰撞时刻速度分别为34km/h和39km/h，事故过程重构结果如图4-36所示，事故发生初始 $t=0\mathrm{s}$ 时刻，载货车变向驶入轿车行驶车道；$t=0.10\mathrm{s}$ 时刻，载货车前部与轿车左前部完全碰撞接触，随后两车分离，轿车发生侧向滑动；$t=1.90\mathrm{s}$ 时刻，载货车与轿车左侧发生第二次碰撞接触，轿车被载货车向前推行；$t=3.25\mathrm{s}$ 时刻，两车碰撞后停止。可以看出，该起碰撞事故中两车共发生两次撞击，第一次撞击致使轿车车头严重受损，载货车前保险杠变形，第二次撞击导致轿车车左侧车门受损，载货车保险杠脱落。

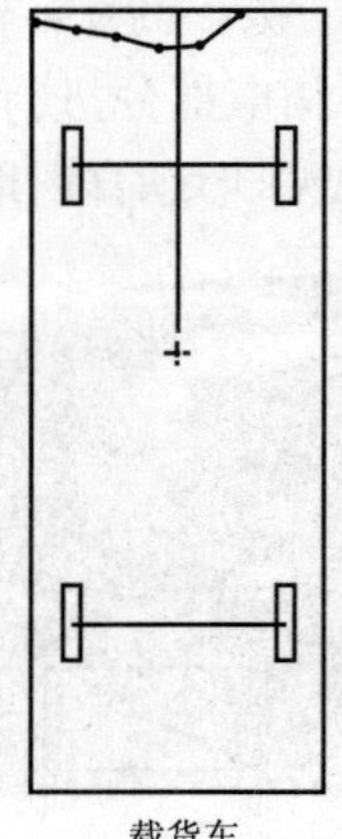

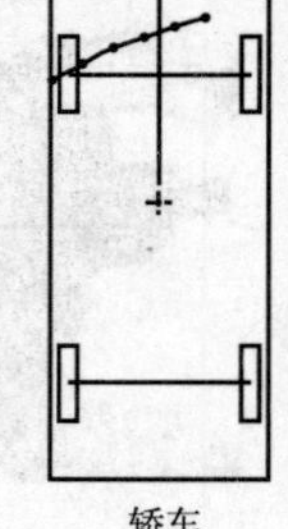

图4-35 两车碰撞变形轮廓描述

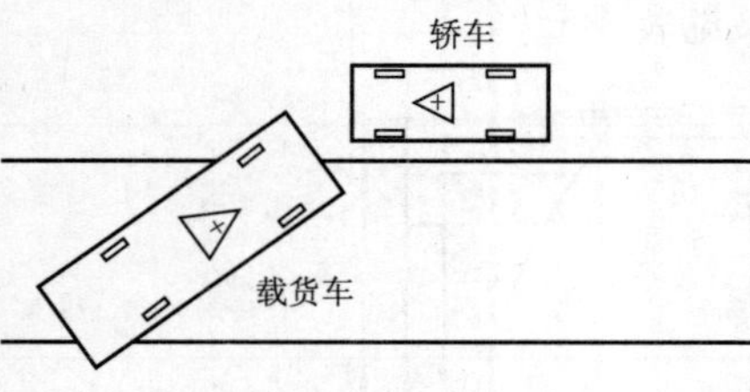

a) 事故发生初始时刻t=0s

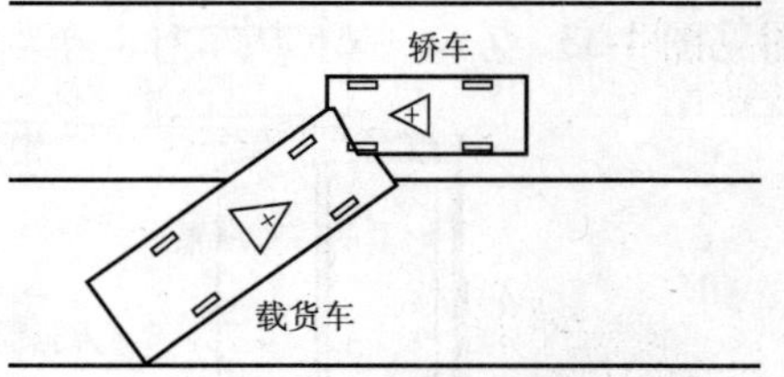

b) 两车完全碰撞接触时刻t= 0.10s

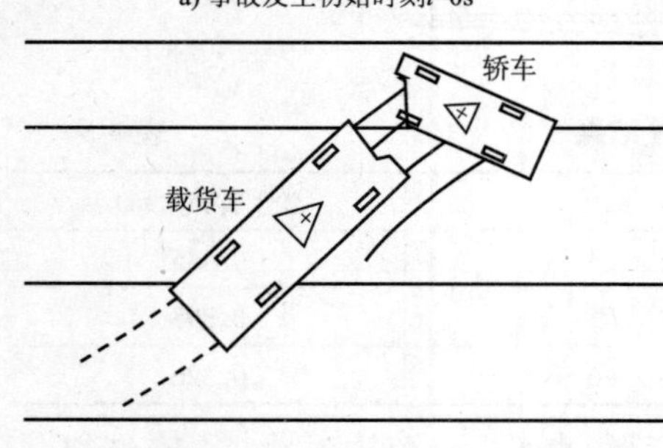

c) 两车完全碰撞接触时刻t= 0.85s

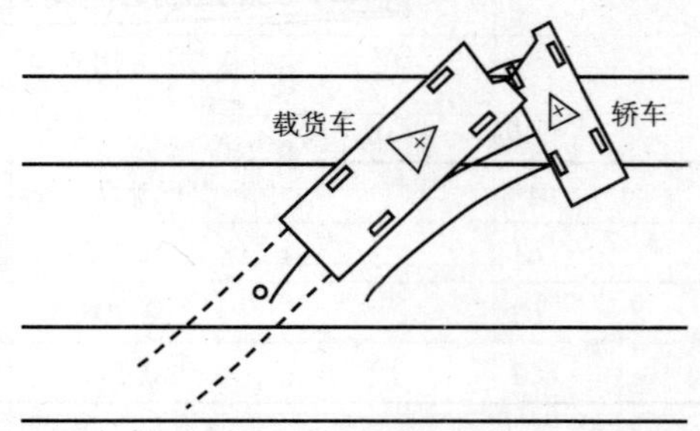

d) 两车完全碰撞接触时刻t=1.90s

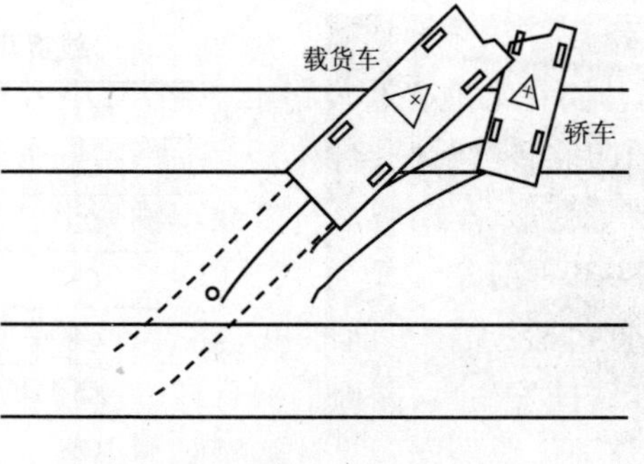

e) 两车完全碰撞接触时刻t= 3.25s

图4-36 事故过程数字化重构结果

由图4-37可见，用摄影测量方法测得的6个点所描述的载货车、轿车变形轮廓与碰撞模拟得到的车辆变形线基本重合，其对应6个点 $C1 \sim C6$ 的模拟误差值见表4-7、表4-8所示，说明变形仿真结果与实际变形具有较好的吻合度。从以上事故重构结果分析可知，载货车与轿车碰撞接触部位、变形程度及碰撞停止位置等均符合事故实际情况。

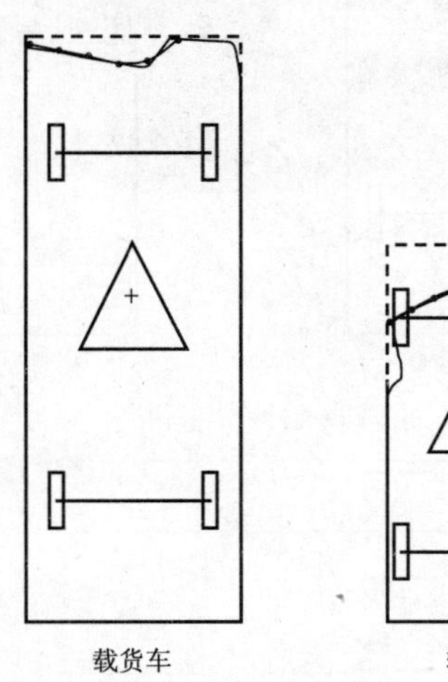

图4-37　两车碰撞变形量的仿真结果

轿车变形的对比分析　　表4-7

编号	摄影测量结果（m）	事故重构结果（m）	相对误差（%）
*C*1	0.843	0.838	0.59
*C*2	0.706	0.706	0
*C*3	0.571	0.565	1.05
*C*4	0.485	0.481	0.82
*C*5	0.398	0.407	2.26
*C*6	0.326	0.334	2.45

载货车变形的对比分析　　表4-8

编　号	摄影测量结果（m）	事故重构结果（m）	相对误差（%）
*C*1	0.081	0.087	7.41
*C*2	0.149	0.154	3.36
*C*3	0.210	0.218	3.81
*C*4	0.298	0.304	2.01
*C*5	0.282	0.285	1.06
*C*6	0.019	0.016	15.79

三、机动车与机动车侧面碰撞事故数字化重构的典型案例

1. 事故重构的依据与目的

2007年4月某日，天气晴，在某地普通公路十字路口，小客车由南向北行驶穿过十字路口，轿车沿路口另一端由西向北转弯行驶，行驶至十字路口偏东北处两车相撞。轿车车头变形严重，小客车车身左侧严重变形，车门脱落。事故车辆变形情况如图4-38所示，根据事故现场绘制现场示意图如图4-39所示。

该碰撞事故留下的信息包括：①轿车前部和小客车车身左侧的变形及形态；②轿车、小客车碰撞后的停止位置；③碰撞发生后，路面上保险杠、玻璃等散落物。

该案例进行事故重构需要解决的问题是计算轿车与小客车碰撞接触时刻的车速及碰撞形态。

a) 轿车

b) 小客车

图 4-38　事故车辆照片

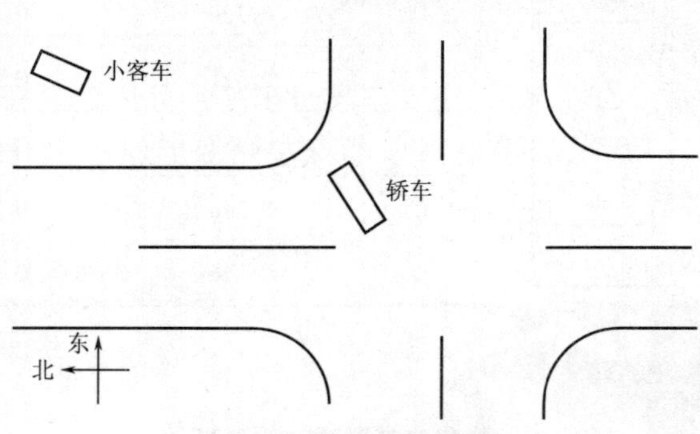

图 4-39　事故现场示意图

2. 事故重构的方法与模型

该事故两车的碰撞接触变形明显，适合采用能量/变形方法对碰撞过程进行虚拟再现分析。经过对事故车辆的现场勘察，得到车辆基本几何尺寸、质量等参数，如表 4-9 所示。

车辆基本信息　　表 4-9

车　辆	外廓长（mm）	外廓宽（mm）	外廓高（mm）	轴　数	轴距（mm）	前轮距（mm）	后轮距（mm）	总质量（kg）
轿车	4546	1710	1427	2	2548	1414	1422	1490
小客车	3562	1480	1918	2	1960	1215	1200	1460

根据事故现场中道路、散落物、两车停止位置以及轿车与小客车的碰撞变形等信息，可初步推断事故发生初始时刻情景，小客车由南向北行驶穿过十字路口，轿车沿路口另一端由西向北转弯行驶，事故初始情景及所建立的两车平面二维数值模型如图 4-40 所示。

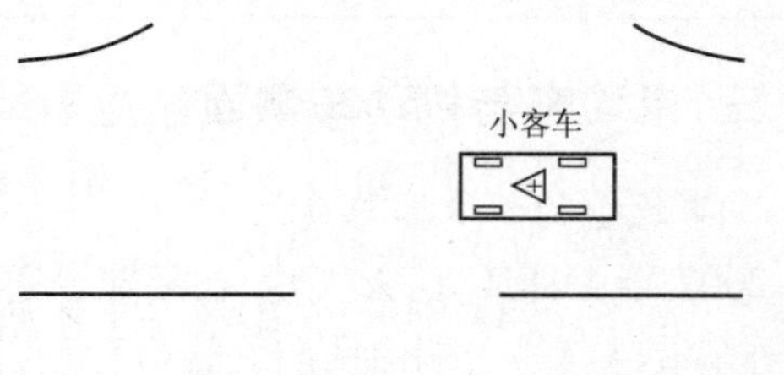

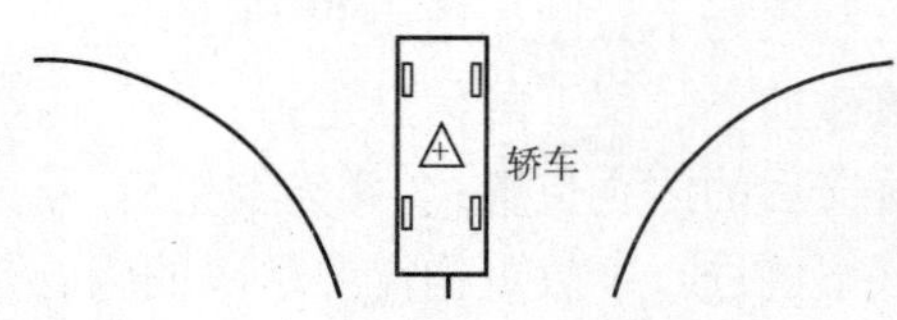

图 4-40　事故初始时刻情景及两车平面二维数值模型

为了求出碰撞中车辆的变形，参照本章所述机动车与机动车正面碰撞重构实例中对车身变形的测量方法，采用三维数字摄影测量技术对变形车辆分别进行测量。对本起事故中轿车的变形测量示意图如图4-41所示，点 C1 ~ C6 从车身左至右选取，测量结果见表4-10。

图4-41　轿车变形测量示意图

轿车变形测量结果　　表4-10

编号	变形深度（m）
C1	0.080
C2	0.111
C3	0.165
C4	0.215
C5	0.266
C6	0.629

同理，对小客车变形进行测量，以小客车车身未变形处线条延长线为基准，从车身中部至前部选取6个点 C1 ~ C6 来描述小客车车身左侧变形轮廓，如图4-42所示，测量结果见表4-11。

图4-42　小客车变形测量示意图

小客车变形测量结果　　表4-11

编号	变形深度（m）
C1	0.021
C2	0.262
C3	0.219
C4	0.182
C5	0.110
C6	0.023

将测量得到的轿车和小客车碰撞变形数据输入仿真软件SMAC中，在所建立的车辆仿真数值模型中对变形轮廓进行描述，如图4-43所示。

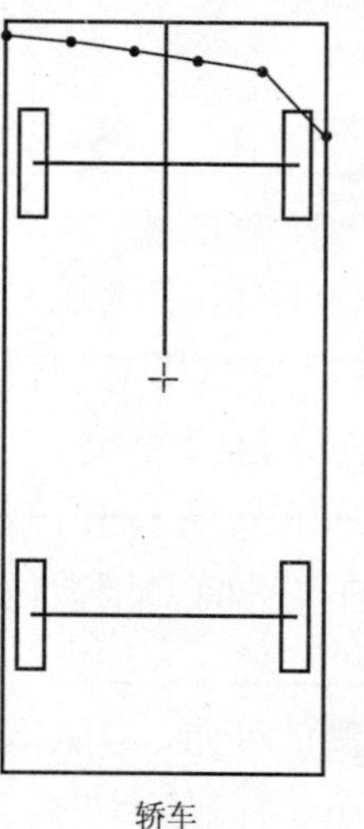

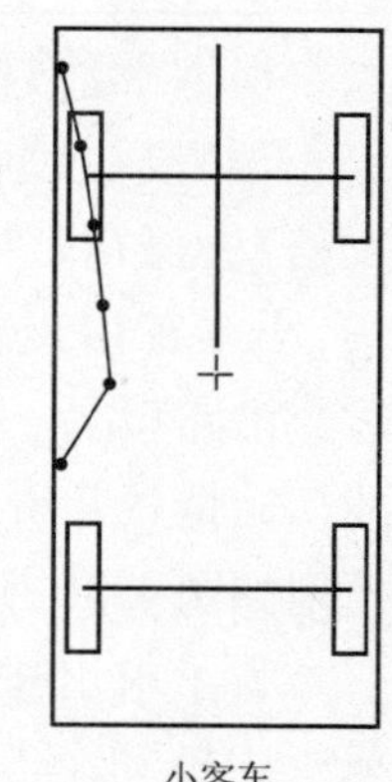

图4-43　两车碰撞变形轮廓描述

3. 事故重构的结果及分析

经优化计算得出，轿车、小客车相互碰撞时刻速度分别为34km/h、40km/h，事故过程重构结果如图4-44所示，在事故发生初始 $t=0$s 时刻，小客车由南向北行驶穿过十字路口，轿车沿十字路口另一端由西向北左转弯行驶；$t=0.75$s 时刻，轿车前部与小客车车身左侧发生完全碰撞接触；$t=1.0$s、1.95s 时刻，两车碰撞接触后分离，轿车左转向碰撞后发生掉头运动，小客车因左侧受到碰撞后驶向路边；$t=4.3$s 时刻，两车碰撞后停止。

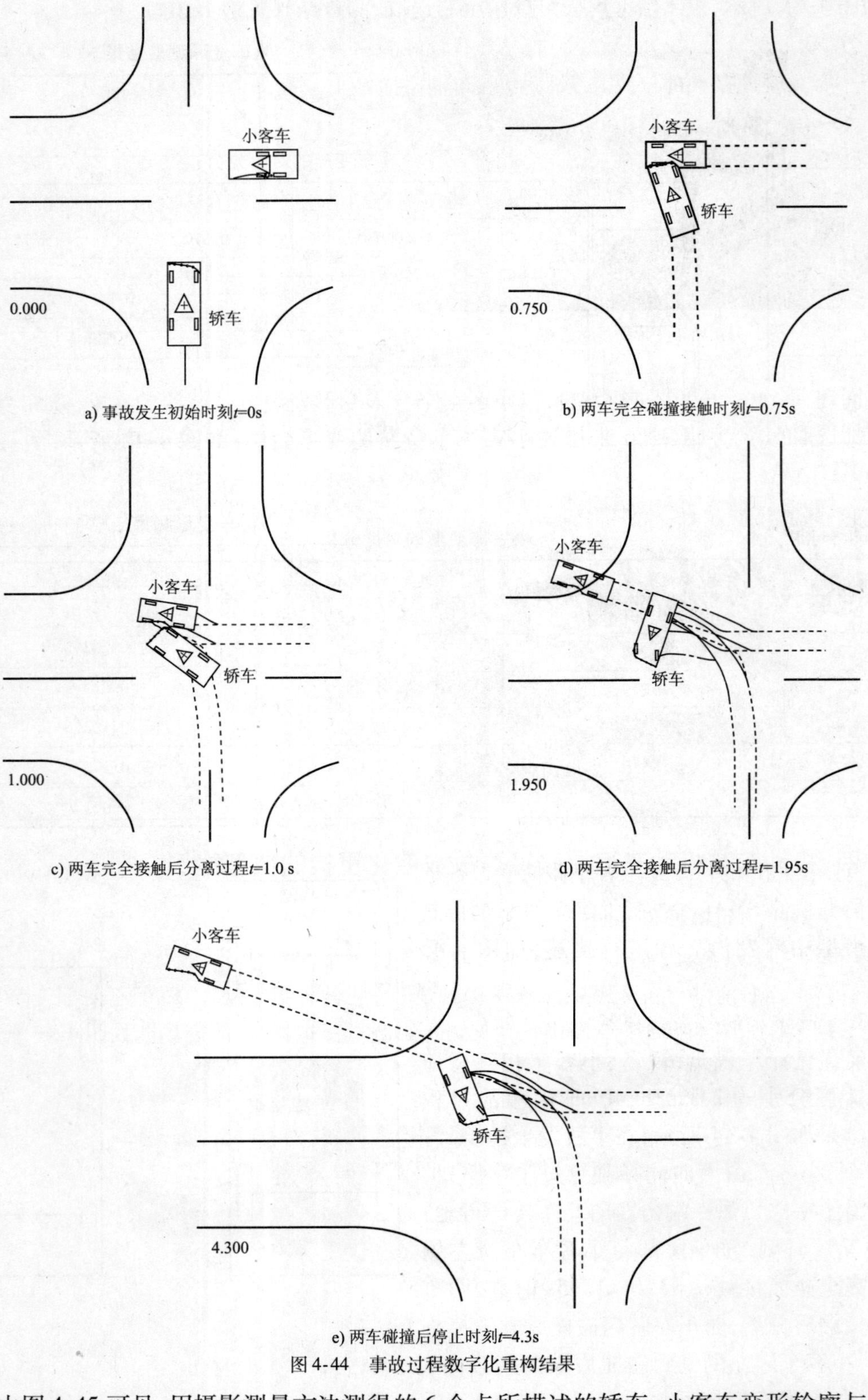

a) 事故发生初始时刻t=0s

b) 两车完全碰撞接触时刻t=0.75s

c) 两车完全接触后分离过程t=1.0 s

d) 两车完全接触后分离过程t=1.95s

e) 两车碰撞后停止时刻t=4.3s

图 4-44　事故过程数字化重构结果

由图 4-45 可见，用摄影测量方法测得的 6 个点所描述的轿车、小客车变形轮廓与碰撞模拟得到的车辆变形线基本重合,其对应 6 个点 $C1 \sim C6$ 的模拟误差值如表 4-12、表 4-13 所示,说明变形仿真结果与实际变形情况具有较好的吻合度。从以上事故重构结果分析知,轿车与小客车碰撞接触部位及其变形程度、车辆碰撞停止位置符合事故实际情况。

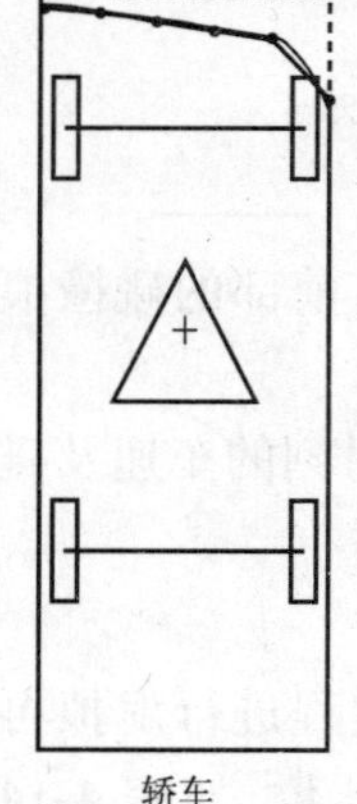

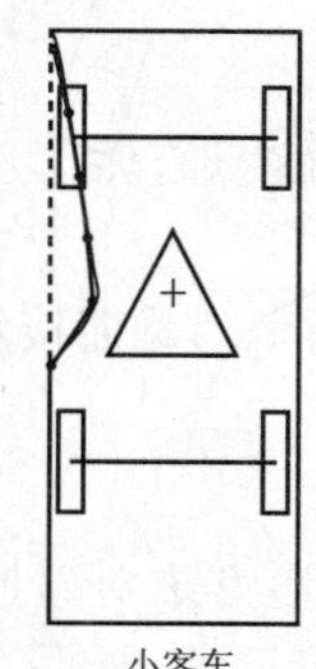

图 4-45 两车碰撞变形量的仿真结果

轿车变形的对比分析 表 4-12

编号	摄影测量结果(m)	事故重构结果(m)	相对误差(%)
C1	0.080	0.077	3.75
C2	0.111	0.107	3.60
C3	0.165	0.162	1.82
C4	0.215	0.213	0.93
C5	0.266	0.266	0
C6	0.629	0.623	0.95

小客车变形的对比分析 表 4-13

编 号	摄影测量结果(m)	事故重构结果(m)	相对误差(%)
C1	0.021	0.019	0.95
C2	0.262	0.265	1.15
C3	0.219	0.224	2.28
C4	0.182	0.178	2.20
C5	0.110	0.112	1.82
C6	0.023	0.026	13.04

四、机动车与机动车追尾碰撞事故数字化重构的典型案例

1. 事故重构的依据与目的

2006 年 11 月某日,天气阴,在某地普通公路上,一辆轿车甲与一辆轿车乙发生追尾碰撞事故。轿车乙右前部与轿车甲尾部碰撞接触,轿车甲尾部变形较大,轿车乙前部变形轻微,事故车辆照片如图 4-46 所示,图中三角架为摄影测量标志物,事故现场图如图 4-47 所示。

a)轿车甲

b) 轿车乙

图 4-46 事故车辆照片

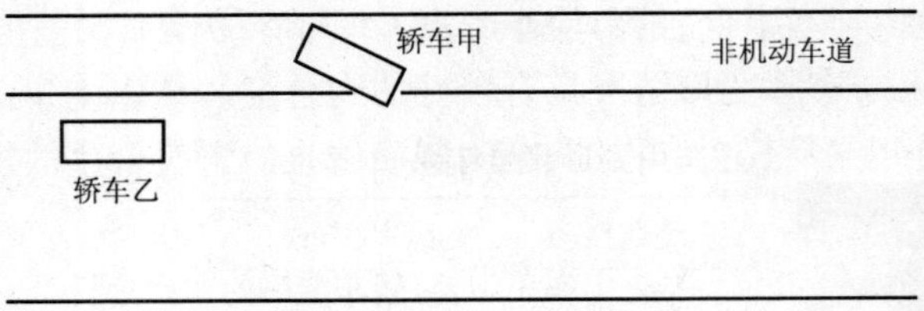

图 4-47 事故现场示意图

该碰撞事故留下的信息包括:①轿车甲尾部明显的碰撞变形、轿车乙右前部的碰撞痕迹;②轿车甲、轿车乙碰撞后的停止位置。

该案例进行事故重构需要解决的问题是计算轿车甲与轿车乙碰撞接触时刻的车速及碰撞形态。

2. 事故重构的方法与模型

由于该起事故车辆的碰撞变形明显,适合采用能量/变形方法对碰撞过程进行虚拟再现分析。经过对事故车辆的现场勘察,得到车辆基本几何尺寸、质量等参数,如表 4-14 所示。

车辆基本信息 表 4-14

车 辆	外廓长(mm)	外廓宽(mm)	外廓高(mm)	轴 数	轴距(mm)	前轮距(mm)	后轮距(mm)	总质量(kg)
轿车甲	4680	1700	1423	2	2656	1414	1422	1220
轿车乙	4390	1690	1495	2	2450	1455	1455	1450

根据事故车辆信息建立两车的平面二维数值模型,同时根据事故现场勘察得到两车停止位置以及碰撞变形等情况,初步推断事故发生初始时刻情景,轿车甲在轿车乙前方行驶并右转向,事故初始情景及所建立的两车平面二维数值模型如图 4-48 所示。

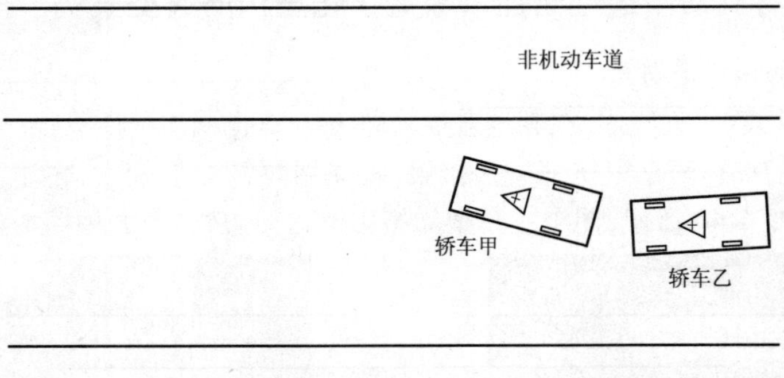

图 4-48 事故初始时刻情景及两车平面二维数值模型

为了求出碰撞中车辆的变形,参照本章所述机动车与机动车正面碰撞重构实例中对车身变形的测量方法,采用三维数字摄影测量技术对变形车辆分别进行测量。对本起事故中轿车甲的变形测量示意图如图 4-49 所示,点 $C1 \sim C6$ 从车身左至右选取,测量结果见表 4-15。对轿车乙,由于碰撞变形量微小,在此起事故再现中仅考虑其碰撞变形部位吻合。

将上面测量得到的轿车甲碰撞变形数据输入仿真软件 SMAC 中,在所建立的车辆仿真数值模型中对变形轮廓进行描述，如图4-50所示。

图4-49　轿车甲变形测量示意图

轿车甲变形测量结果　表4-15

编号	变形深度(m)
C1	0.021
C2	0.089
C3	0.155
C4	0.121
C5	0.070
C6	0.020

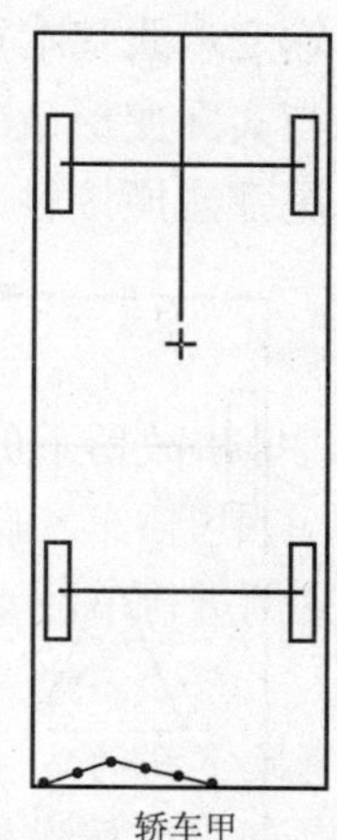

图4-50　轿车甲尾部碰撞轮廓描述

3. 事故重构的结果及分析

经优化计算得出，轿车甲、轿车乙相互碰撞时刻速度分别为22km/h和32km/h，事故过程重构结果如图4-51所示，当$t=0$ s时刻时，轿车甲在轿车乙前方行驶，并右转向；$t=0.5$s时刻，轿车乙右前部与轿车甲尾部发生碰撞接触；$t=1.20$s、2.30s时刻，两车碰撞后分离，轿车甲驶向路边；$t=4.3$s时刻，两车碰撞后停止。

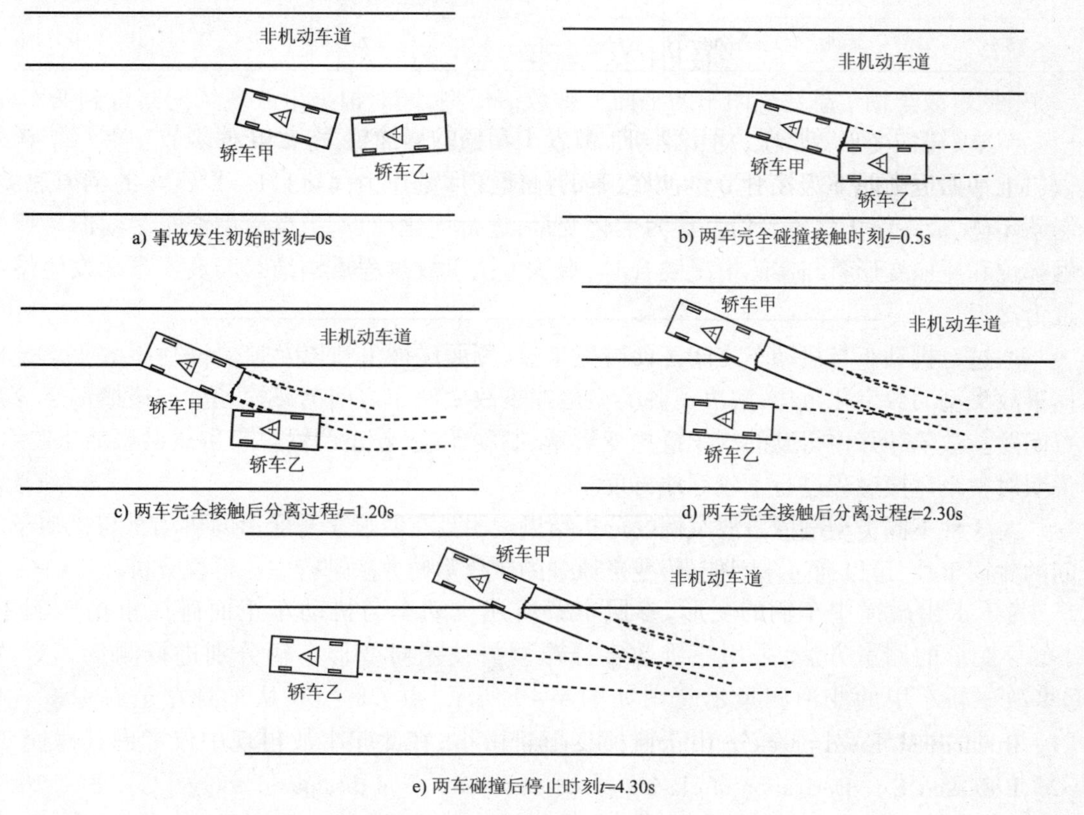

图4-51　事故过程数字化重构结果

由图 4-52 可见，用摄影测量方法测得的 6 个点所描述的轿车甲变形轮廓与碰撞模拟得到的车辆变形线基本重合，其对应 6 个点 $C1 \sim C6$ 的模拟误差值见表 4-16 所示，说明变形仿真结果与实际变形情况具有较好的吻合度。从以上事故重构结果分析知，轿车乙右前部与轿车甲尾部碰撞接触部位及其变形情况、碰撞后的停止位置符合事故实际情况。

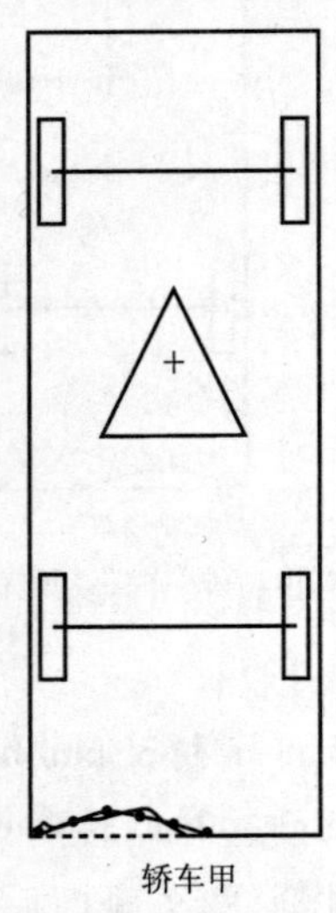

图 4-52　轿车甲碰撞变形量的仿真结果

轿车甲变形的对比分析　　表 4-16

编号	摄影测量结果（m）	事故重构结果（m）	相对误差（%）
$C1$	0.021	0.023	9.52
$C2$	0.089	0.088	1.12
$C3$	0.155	0.161	3.87
$C4$	0.121	0.116	4.13
$C5$	0.070	0.075	7.14
$C6$	0.020	0.021	5.0

第四节　本 章 小 结

本章以能量/变形原理为理论基础，引入了车辆的碰撞模型，把碰撞事故中的汽车视为做二维平面运动的弹塑性变形体，以汽车的碰撞变形量作为优化目标，以汽车的碰撞速度、制动印迹、最终停止位置等信息作为优化变量，进行优化计算，当事故中汽车之间的碰撞接触部位和碰撞变形量与实际情况吻合时，则认为该事故过程重构结果与真实事故发生情况最为接近。

通过对机动车与机动车之间正面碰撞事故、侧面碰撞事故以及追尾碰撞事故等 3 种碰撞事故类型的数字化重构，解决了各类型碰撞事故中汽车之间的碰撞速度和碰撞形态等焦点问题。数值计算中得到的汽车碰撞变形量、制动印迹、停止位置等与事故勘察结果吻合，说明对整个碰撞过程进行了较好地再现。

对 3 种不同类型碰撞事故案例的分析结果表明具有明显车身变形的机动车与机动车之间的碰撞事故，可以通过基于能量/变形原理的事故重构方法进行虚拟再现分析。

参 考 文 献

[1] Brach R M. Energy loss in vehicle collisions [C]. SAE 871993, 1987.

[2] Robinson E L. Derivation of closing speed as a function of dissipated energy[C]. SAE 2000-01-1318, 2000.

[3] Strother C E, Kent R W, et al. Estimating vehicle deformation energy for vehicle stuck in the sides[C]. SAE 980215, 1998.
[4] Fonda A G. Energy and major diversion in accident reconstruction[C]. SAE 960888, 1996.
[5] Strother C E, Woolley R L, et al. Crush energy in accident reconstruction[C]. SAE 860371, 1986.
[6] Saha N K, Bhojan R. Influence of chassis and driveline components in vehicle frontal crash [J]. American Society of Mechanical Engineering, Applied Mechanics Division, 2001:97-101.
[7] Abbas H, Paul D K, Godbole P N, et al. Reaction -time response of aircraft crash[J]. Computers and Structures, 1995, 55(3):809-817.
[8] Ren Z, Vesenial M. Computational and experimental crash analysis of the road safety barrier [J]. Engineering Failure Analysis, 2005, 12(6):963-973.
[9] Raymond M B. A review of impact models for vehicle collision[C]. SAE 870048, 1987.
[10] Campbell K. Energy basis for collision severity[C]. SAE 740565, 1974.
[11] Emori R I. Analytical approach to automobile collisions[C]. SAE 68-0016, 1968.
[12] Kekhoff J F, Varat M S, et al. An investigation into vehicle frontal impact stiffness, BEV and repeated testing for reconstruction[C]. SAE 930899, 1003.
[13] Strother C E, Woolley R L, James M B. A comparison between NHTSA crash test data and CRASH3 frontal stiffness coefficients[C]. SAE 900101, 1990.
[14] Wooley R L. Non-linear damage analysis in accident reconstruction[C]. SAE 2001-01-0504, 2001.
[15] Nystrom G A, Kost G, Werne S M. Stiffness parameters for vehicle collision analysis[C]. SAE Transaction, 1991, 100: 169-176.
[16] James A N. Crush stiffness coefficients, restitution constants, and a revision of CRASH3 &SMAC[C]. SAE 980029, 1998.
[17] James A N, James E F. A method for determining crush stiffness coefficients from offset frontal and side crash tests[C]. SAE 980024, 1998.
[18] 张晓云，金先龙，陆玉凯，等. 面向事故分析的车身关键参数数值模拟计算[J]. 上海交通大学学报，2006，40 (6):958-962.
[19] James A N. A comparison of crush stiffness characteristics from partial-overlap and full-overlap frontal crash tests[C]. SAE 1999-01-0105, 1999.
[20] Tumbas N S, Kinney J R, et al. Photogrammetry and accident reconstruction: experimental results[C]. SAE 940925, 1994.
[21] Mccoy M L, Lankarani H M. Determination of the crush stiffness coefficients of a typical after marked frontal protective guard used in light and vans with comparisons between guard stiffness and frontal vehicle crush coefficients[J]. Proceedings of the Institution of Mechanical Engineering, Part D: Journal of Automobile Engineering, 2006, 220(8):1073-1084.
[22] Croff A C, Philippens M M. The RID2 biofidelic rear impact dummy: a pilot study using hu-

man subjects in low speed rear impact full scale crash tests[J]. Accident Analysis and Prevention, 2007, 39(2): 340-346.

[23] Drazetic P, Level P, Cornette D, et al. One dimensional modeling of contact impact problem in guided transport vehicle crash[J]. International Journal of Impact Engineering, 1995, 16(3): 467-478.

[24] Bertocci G, Souza A, Szobota S. The effects of wheelchair seating stiffness and energy absorption on occupant frontal impact kinematics and submarining risk using computer simulation[J]. Journal of Rehabilitation Research and Development, 2003, 40(2): 125-130.

[25] Tencer A, Kaufman R, Mack C, et al. Factors affecting pelvic and thoracic forces in near side impact crashes: a study of US-NACP, NASS and CIREN data[J]. Accident Analysis and Prevention, 2005, 37(2): 287-293.

[26] Sanchez M, Aparicio F. Application of a model of collision between cars to the analysis of compatibility and its sensitivity to the variation of certain design parameters[J]. International Journal of Vehicle Design, 2004, 24(2): 142-157.

[27] Wu W J, Thomson R. A study of the interaction between a guardrail post and soil during quasi-static and dynamic loading[J]. International Journal of Impact Engineering, 2007, 34(5): 883-898.

[28] Atahan A O, cansiz O F. Impact analysis of a vertical flared back bridge rail to guardrail transition structure using simulation[J]. Finite Elements in Analysis and Design, 2006, 41(4): 371-396.

[29] Burnett R, Carter J, Roberts V, et al. The influence of search characteristics on cervical injury risk in severe rear impacts[J]. Accident Analysis and Prevention, 2004, 36(4): 591-601.

[30] Deb A, Naravane A. An improved representation of vehicle incompatibility in frontal NCAP tests using a modified rigid barrier[J]. International Journal of Crashworthiness, 2006, 11(1): 13-25.

[31] Stanczyk T L, Lomako D. Analysis of the influence of energy dissipative under ride guard's parameters on car-to-truck collision[J]. Vehicle System Dynamics, 2004, 42(5): 319-345.

[32] SMAC User Manual[M], McHenry Software, Inc. 2007.

第五章 基于多刚体模型的交通事故数字化重构方法

第一节 引 言

基于冲量/动量原理或能量/变形原理的交通事故数字化重构方法,无论是变形还是在受力等方面都是从二维角度进行分析计算的。通过上述两种方法可以根据汽车制动印迹或车身变形轮廓对汽车运动速度等参数进行求解,但是无法对事故中人体所受伤害进行分析和说明。

目前,基于数值模拟技术的人体生物力学研究在交通事故分析中受到越来越多的重视,通过应用数值模拟技术可以对碰撞事故中的人体损伤部位、受伤程度、致伤原因等进行合理的力学解释,而人体损伤分析可以直接反映出人—车、人—地面的接触位置和作用力大小,可以间接反映出事故发生时刻的车辆速度、行驶方向等。同时,通过人体损伤分析还可以对疑难事故中驾驶员或乘员身份进行有效识别。

多刚体动力学方法是对人体损伤进行分析的有力工具,该方法是将刚体力学、分析力学和计算机技术相结合的力学分支[1~3]。多刚体动力学方法在进行交通事故分析方面具有如下优势:

(1)通用性强[4,5]。该方法可对多种结构及多种连接关系进行计算,因此可以对不同的车型、各个位置及体形的人员、碰撞环境及被碰撞物体等建立数学模型进行分析计算。

(2)可计算大位移运动[6]。多刚体动力学方法是建立在有限位移基础上的,因此可做系统大位移运动分析。这给研究非线性问题带来很大方便,能使计算结果更符合实际情况。

(3)计算速度快[7~9]。多刚体动力学方法采用矩阵迭代的算法,因此计算速度快,便于做多方案的优选分析。

本章通过引入多刚体动力学理论,对多刚体模型的建模方法和运动方程的计算方法进行简要介绍,将此方法在机动车—自行车碰撞事故、机动车—摩托车碰撞事故和机动车—机动车碰撞事故等三类典型碰撞事故中进行应用示范,并通过数值模拟结果与事故真实形态相比对,从而验证该方法在事故重构领域进行应用的有效性。

第二节 基 本 理 论

一、多刚体的基本概念

工程中的机械系统大多由许多构件组成,例如自行车、曲柄滑块机构、汽车中的转向机构、飞机的起落架、工业机器人等,研究这些复杂系统时,往往把构成系统的各构件简化为刚体，而刚体之间通过“铰链”连接，从而得到“多刚体系统”。

多刚体动力学方法采用一些刚体、无质量的弹簧、阻尼和各种铰链来描述系统的动态响应。与传统的动力学分析相比，它可以对大位移系统做运动学分析，能够更好地处理非线性问题。建模方便且计算速度比有限元分析快，其缺点是不能得到机械系统各个部位的详细变形情况，不能对碰撞结构的耐撞性进行分析。

多刚体动力学的基础是达朗伯原理和虚位移原理。达朗伯原理引入惯性力的概念，从而能用解决静力平衡问题的方法来处理动力学问题。虚位移原理引入虚位移和虚功的概念，给出了处理刚体系统平衡问题最普遍的方法[10~12]。将这两个原理结合起来，可以推导出刚体系统动力学普遍方程和拉格朗日方程。它们在解决多刚体系统的动力学问题中有着非常广泛的应用。

多刚体系统从结构上可以分为两类：树形结构和非树形结构（闭合链系统）。两类结构的区别在于“通路”的概念。在多刚体系统中，从某一刚体 i 出发，经过一系列刚体或铰链可以到达另一个刚体 j，途中所涉及的每个刚体或铰链的集合为由 i 到 j 的一个通路。如果系统中任意两刚体之间都只有一个通路存在，则称此系统为树形结构，如图 5-1 所示。如果系统中至少有两个刚体之间存在两个或更多的通路，则称此系统为非树形结构，如图 5-2 所示。

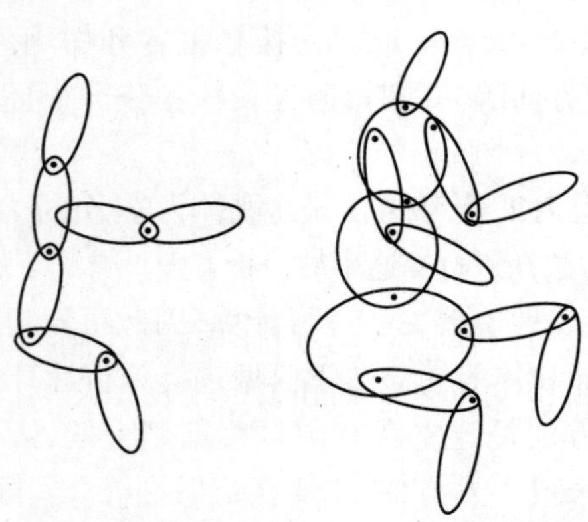

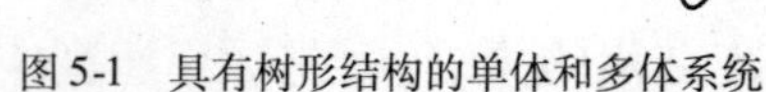

图 5-1　具有树形结构的单体和多体系统

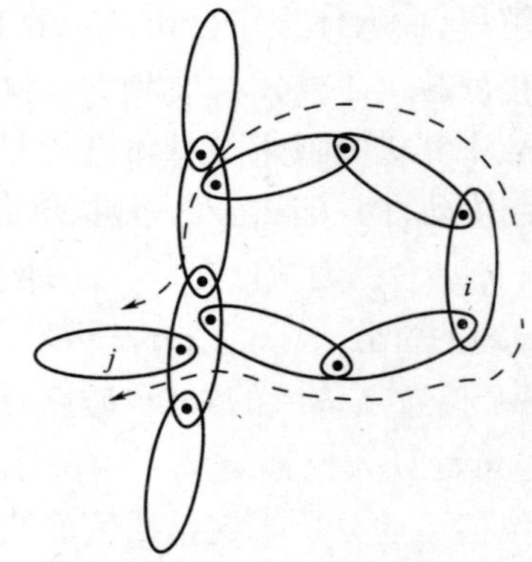

图 5-2　具有非树形结构的单体和多体系统

在实际问题中闭合链系统比树形结构系统更常用到，然而，一般研究通常首先从树形结构开始，第一个原因在于这种系统的连接结构和系统运动学的数学描述相对简单；第二个原因在于当删除适当的铰链后，任何闭合链系统都可转化为树形结构系统。因此，为了得到闭合链系统的运动方程，只须在树形结构系统的运动方程中删除铰链的内力并把运动约束考虑进去就够了。

多刚体系统通过使用铰链的形式来约束它所连接的两个体之间的相对运动。铰链允许的运动数量被称为铰链自由度，取决于所选用铰链的类型。最普遍的铰链如球铰、平移铰、旋转铰、圆柱铰和通用铰等。

综上所述，一个多刚体系统通过如下部分组成：

- 体：通过质量、惯量矩阵和重心位置定义；
- 铰链：通过铰链连接体，确定位置及旋转方式；
- 初始条件。

二、多刚体的建模方法

1. 约束铰链的建模方法

在多刚体系统的运动学分析中，只研究约束方程及其对时间的一次和二次导数所得到的速度约束方程和加速度约束方程，以决定系统的位置、速度和加速度。因此，为了研究多刚体系统的动力学，首先要研究多刚体系统的约束。

任何一个多刚体系统都是用一些铰链将一些刚体连接在一起构成的，不同的铰链对它所连接的两个邻接刚体产生不同的约束，但是所有这些约束方程都是由几个基本代数关系式作为基础构成的，这对于通过计算程序自动生成系统的约束方程具有重要意义。

不同类型的铰链可以约束一对体之间的相对运动，例如一个平移铰链只允许相对的平移。如图 5-3 所示，i 表示父体，j 表示子体。运动铰链的约束导致一对相互连接的体之间产生约束加载力。各体之间所受的约束力大小相等方向相反，约束力方向示意图如图 5-3 所示，通过约束载荷可以用来评估铰链的强度。

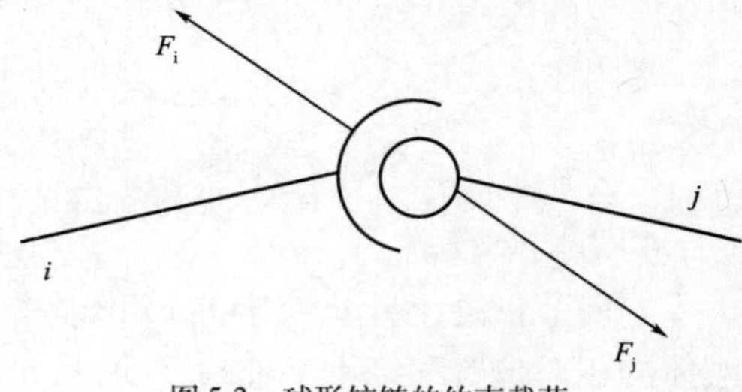

图 5-3　球形铰链的约束载荷

一个铰链只能连接两个体，如图 5-4 中所示一个铰链连接 3 个体是不允许的，但是它可以用两个铰链建成，如一个铰链连接体 1 和体 2，而另外一个铰链连接体 1 和 3。两个铰链在体 1 上可以有相同的位置。

以下为几种常用的铰链类型[13]：

1）旋转铰链

旋转铰链（Revolution joint）如图 5-5 所示，约束体绕坐标系 ξ 轴旋转。坐标系原点保持一致。旋转铰链的自由度个数为 1，铰链的位置自由度 ϕ 为 ξ 轴和铰链坐标系之间的角度，速度自由度是它的一阶导数。

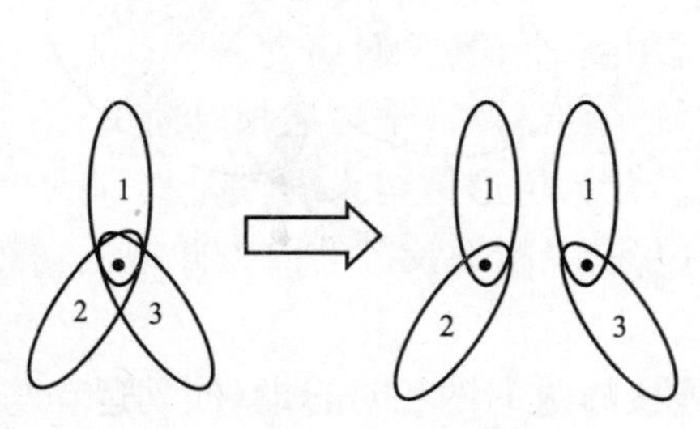

图 5-4　同一点连接的 3 个体

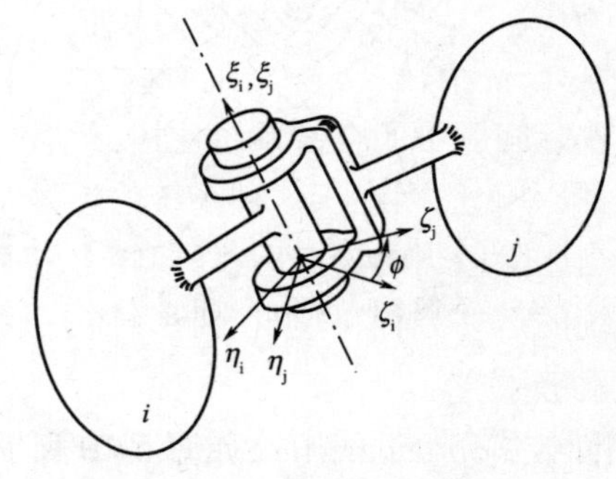

图 5-5　旋转铰链

2）平移铰链

平移铰链（translational joint）如图 5-6 所示，约束相互连接的刚体沿着 ξ 轴方向运动，ξ 轴和 $\eta(\zeta)$ 轴方向是垂直的。平移铰链的自由度个数为 1，铰链位置自由度 s 是子体的坐标原点在父体坐标系中的 ξ 坐标，速度自由度是其一阶导数。

3）带欧拉参数的球形铰链

球形铰链(Spherical joint with Euler parameters)如图 5-7 所示,约束相互连接的体绕坐标系原点转动。球形铰链的位置自由度个数为 4,铰链坐标系的相关旋转分别用欧拉参数 q_0,q_1,q_2,q_3 表示,速度自由度个数为 3,是子体相对于父体坐标系的角速度的分量。

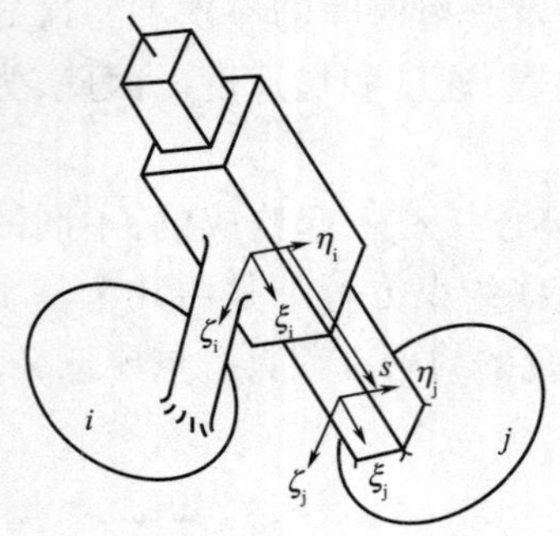

图 5-6 平移铰链

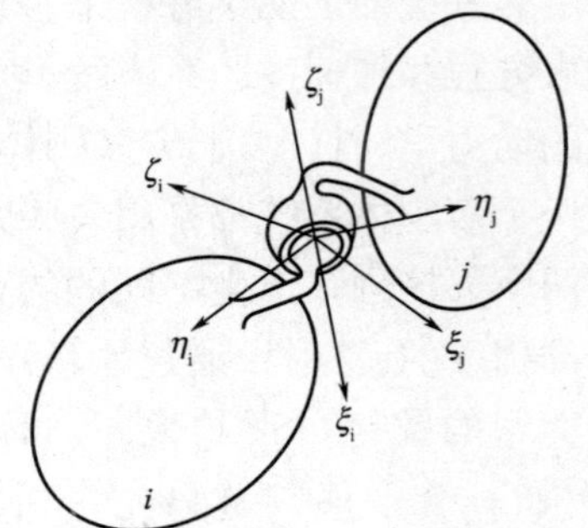

图 5-7 带欧拉参数的球形铰链

4)万向节铰链

万向节铰链(universal joint)如图 5-8 所示,通过 4 个标量方程限制了万向节连接的两个刚体的相对位置和绕十字轴的转动,只允许两个相对转动自由度。

一个通用节点的自由度个数为 2,连接的位置角度是 η 轴之间的角度 ϕ_1 和 ξ 轴之间的角度 ϕ_2,角速度自由度是其一阶导数。

5)圆柱铰链

圆柱铰链(Cylindrical joint)如图 5-9 所示,圆柱铰链所连接的刚体有两个自由度,即绕中心轴线的相对转动和相对移动。

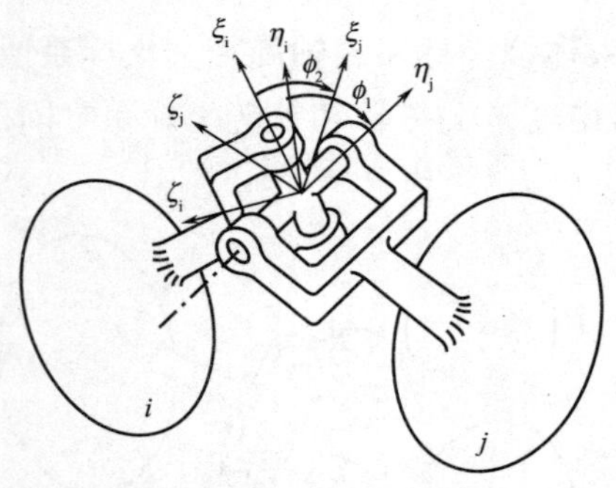

图 5-8 万向节铰链

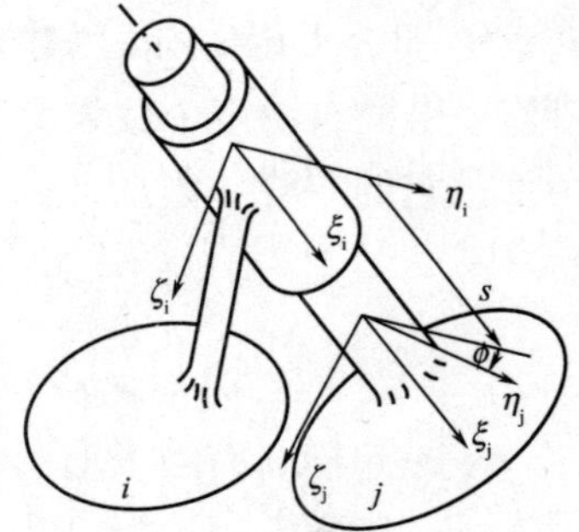

图 5-9 圆柱铰链

6)平面铰链

平面铰链(Planar joint)如图 5-10 所示,约束连接体之间的相对运动,使其运动与 $\eta\zeta$ 平面保持一致。平面铰链的自由度个数为 3,位置自由度为 η 轴之间的角度 ϕ 和子体坐标系原点在父体坐标系中的坐标 S_η,S_ζ,速度自由度为位置自由度对时间的一阶导数。

以上为几种单一形式的铰链,有时把两个相邻的铰链合在一起可以抽象成一个复合铰链的模型,这样处理方式可以减少坐标及约束方程的数目。如图 5-11 所示为平移 - 旋转铰链(Translation - revolute joint),该铰链通过一个由转动副和移动副构成的复合铰链连接两个刚体。平移铰链固定在父体上,旋转铰链固定在子体上,平移方向和旋转轴垂直。平移沿着

ξ_i 轴方向，旋转绕 η_j 轴。它的自由度个数为 2，位置自由度为 ζ 轴之间的角度 ϕ 和子体铰链坐标系原点在父体铰链坐标系中的 ξ 方向坐标 S。角度自由度是它们对时间的一阶导数。

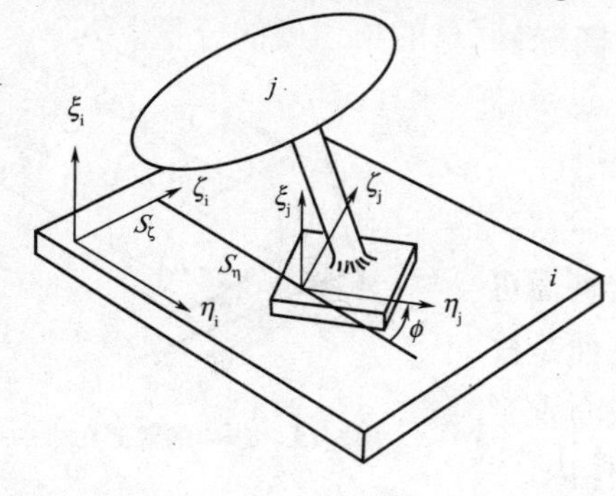

图 5-10　平面铰链

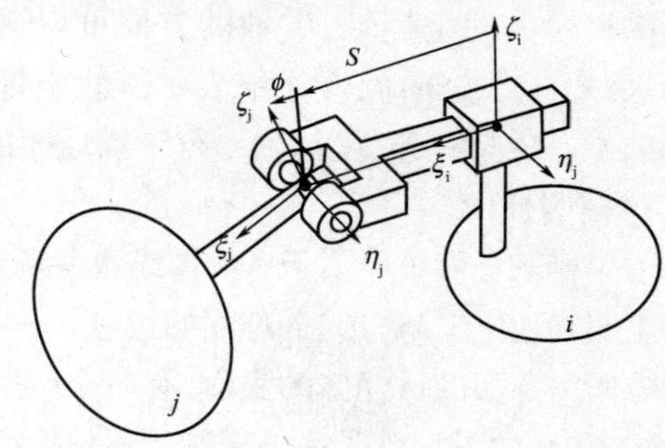

图 5-11　平移 - 旋转铰链

2. 面的建模方法

平面、(超)椭圆面、(超)椭圆柱面和有限元面可以被附于任意系统的任意体上。它们可以组合起来表示一个特殊体的表面。不同表面之间的接触作用和结构都可以详细表达。

1)平面

一个矩形平面可以由 3 个点的坐标定义，第一和第二点为边缘顶点，如矩形的 A 和 B 点；第三个点在矩形的另一条边上，如图 5-12 所示。对立另一条边上的顶点 C 和 D，可以由程序计算出来。

面的外法线方向决定着面的"材料方向"，外法线方向可以使用右手螺旋法则确定，如图 5-13 所示，由点 1 到点 2、点 3 的旋转可以确定外法线的方向。按照向量可得：面的外法线方向可以由 $d_{12} \times d_{23}$ 决定，d_{12} 为点 1 到点 2 的矢量，d_{23} 为点 2 到点 3 的矢量。

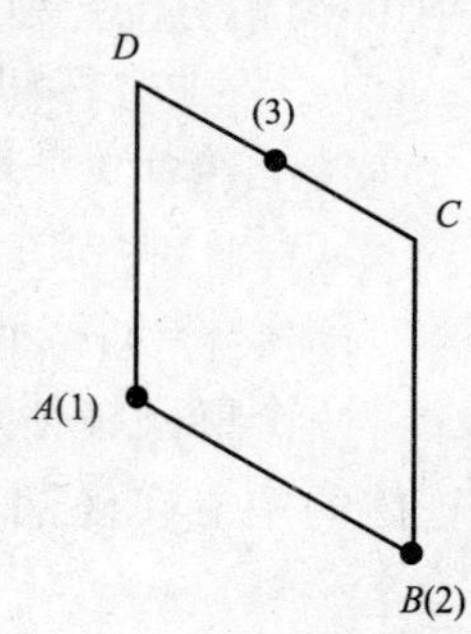

图 5-12　通过点确定面

2)椭球面

椭球面和超椭球面可以附于体或者参考空间。一个(超)椭球面可以这样得出：

$$\left(\frac{|x|}{a}\right)^n + \left(\frac{|y|}{b}\right)^n + \left(\frac{|z|}{c}\right)^n = 1 \tag{5-1}$$

式中：a、b、c——超椭圆面的半轴；

n——度数。

如果 $n=2$，这就表示一个椭球面。如果 n 变大，(超)椭球面将越来越趋于矩形，如图5-14 所示。

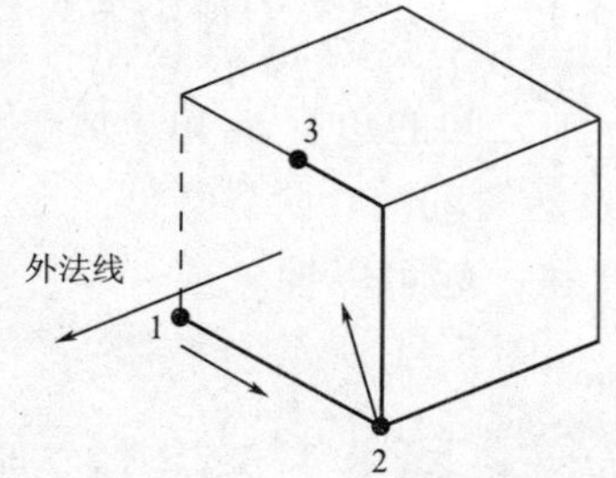

图 5-13　面外法线的确定

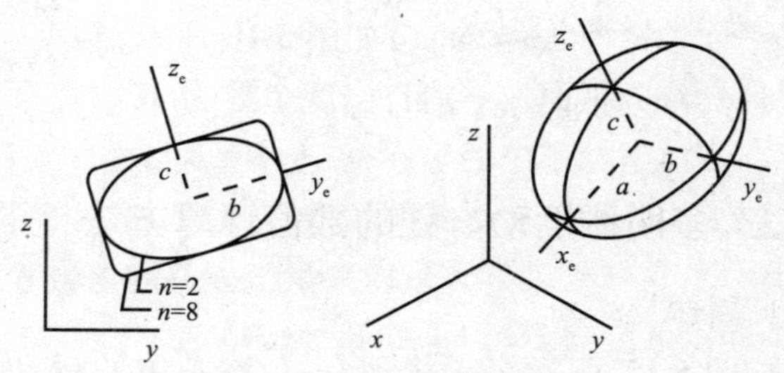

图 5-14　具有 n 维数的椭圆体

(超)椭球面可以由半轴 a、b、c 和度数 n 来定义。椭球面的坐标取决于物体本身的坐标系、黏附的体和旋转角度。椭球面的半轴不需要平行于它隶属的目标体的坐标轴,半轴的方向可以通过定义椭球面坐标系(x_e,y_e,z_e)的旋转详细表示。此坐标系的原点和椭球面的中心保持一致,坐标轴平行于椭球面的轴。

3)椭圆柱面

一个椭圆柱面可以附于一个体或者参考空间。这种面可以用来明确地定义与(超)椭球面的接触。一个椭圆柱面是柱面轴方向为菱形的目标体的表面,有一个(超)椭圆截面垂直柱面轴方向,如图 5-15 所示。末端面不包括在椭圆柱体内。

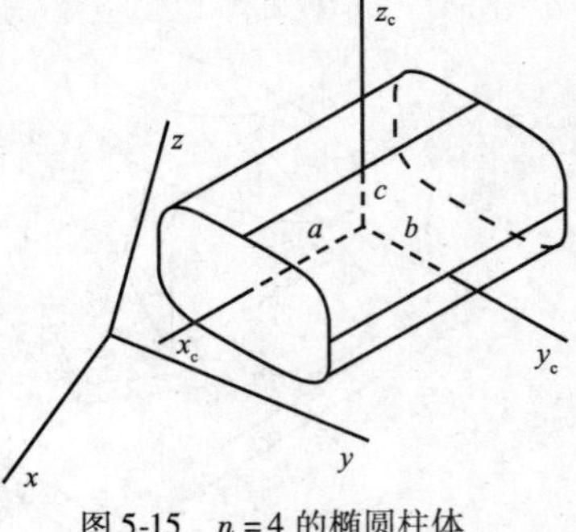

图 5-15　$n=4$ 的椭圆柱体

一个椭圆柱体可以根据它的柱坐标系(x_c,y_c,z_c)来定义。柱体的中心为柱坐标的原点。柱体轴的方向和 x_c 轴一致,截面半轴平行于 y_c 和 z_c 轴。椭圆柱体的方程式如下:

$$-a\leqslant x\leqslant a,\left(\frac{|y|}{b}\right)^{n}+\left(\frac{|z|}{c}\right)^{n}=1 \tag{5-2}$$

式中:　a——柱体长度一半;

b、c——(超)椭圆截面在 y_c 和 z_c 轴方向的半轴长度;

n——度数。

x、y 和 z 是一个柱体面上任意一点在柱坐标系中的坐标。

如果 $n=2$,截面是椭圆。随着 n 的增大,截面越来越趋于矩形。

一个椭圆柱体可以通过一个柱体长度的一半 a、半轴 b 和 c,(超)椭圆截面的度数 n,柱体的中心在椭圆柱面所属的物体本身坐标系中的坐标,以及柱体坐标系的旋转等来确定。

4)有限元面

通过使用平面、(超)椭球面和(超)椭圆柱为建立表面模型提供了可能。对于一个需要更详细或者具有更多细节的表面,通常使用有限元面。对一个有限元表面来说,它被近似划分为三角形或者四边形单元的组合,如图 5-16 所示。有限元面可以黏附于参考空间或者多刚体上。有限元面可以通过节点的坐标和每个单元的节点的连续性来确定。节点的坐标由有限元模型坐标系确定,该坐标系相对于有限元面所属的体的坐标系的位置和旋转可以详细地表达出来,从而为节点坐标的确定提供了可能。

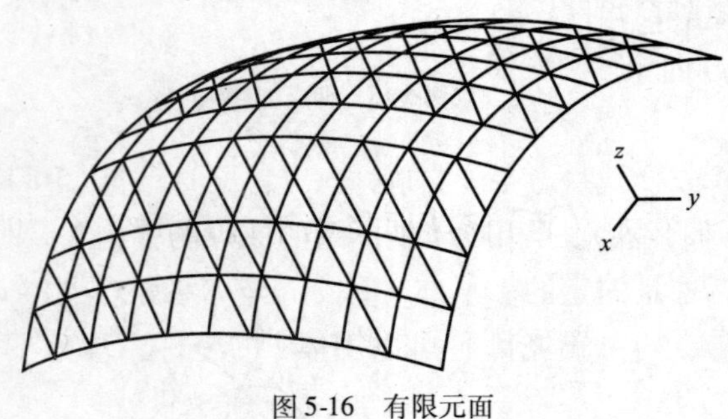

图 5-16　有限元面

三、多刚体运动方程的数值计算方法

1. 刚体的运动

如图 5-17 所示是一个刚体 I,该刚体的运动取决于在坐标系(X,Y,Z)中刚体原点

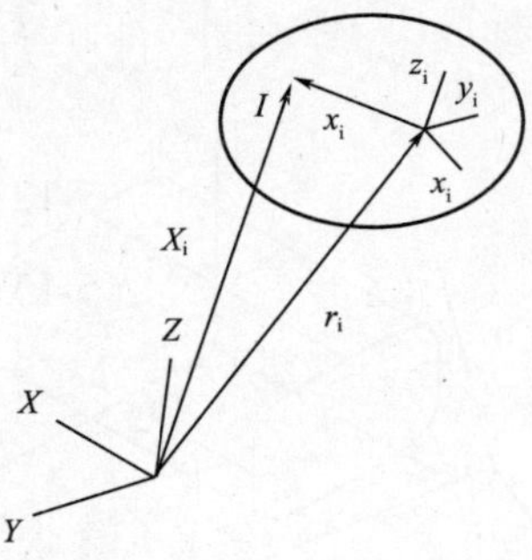

(x_i, y_i, z_i)本身的位置及旋转。刚体在相对空间坐标的位置由矢量 r_i 表示，其相对于坐标系的旋转可以通过方向余弦矩阵 $\boldsymbol{A}_i$ 表示。

刚体上任意一点 p 到刚体原点的矢量是 $\boldsymbol{x}_i$，则它在空间坐标系中的位置矢量

$$\boldsymbol{X}_i = \boldsymbol{x}_i + r_i \tag{5-3}$$

其矩阵形式：

$$\underline{\boldsymbol{X}}_i = \underline{A}_i \, \underline{\boldsymbol{x}}_i + \underline{r}_i \tag{5-4}$$

或者

图 5-17 单个刚体的运动

$$\begin{pmatrix} X_1 \\ X_2 \\ X_3 \end{pmatrix}_i = \begin{pmatrix} A_{11} A_{12} A_{13} \\ A_{21} A_{22} A_{23} \\ A_{31} A_{32} A_{33} \end{pmatrix}_i \begin{pmatrix} x_1 \\ x_2 \\ x_3 \end{pmatrix}_i + \begin{pmatrix} r_1 \\ r_2 \\ r_3 \end{pmatrix}_i \tag{5-5}$$

由此可以得一阶导数

$$\dot{\boldsymbol{X}}_i = \dot{\boldsymbol{r}}_i + \boldsymbol{\omega}_i \times \dot{x} \tag{5-6}$$

式中：ω_i——刚体的角速度矢量。

同样可以得到二阶倒数

$$\ddot{X}_i = \ddot{r}_i + \dot{\omega}_i \times x_i + \omega_i \times (\omega_i \times x_i) \tag{5-7}$$

考虑一对刚体，刚体 i 和刚体 j 之间以任何形式的铰链相连，如图 5-18 所示，刚体 j 的运动是相对于刚体 i 来描述的$(i < j)$，并通过定义铰链的运动范围来实现。铰链坐标的数目 n_{ij} 等于铰自由度。

在图 5-18 中，两个刚体由一个"铰"连接。在每个体上通过铰链坐标系(ξ，η，ζ)来描述两个体之间的相对运动。假设体 i 的铰链坐标系相对于体 i 本身的坐标系的旋转可由一个与时间相独立的方向余弦矩阵$\underline{\boldsymbol{C}}_{ij}$表示。同理，可得$\underline{\boldsymbol{C}}_{ji}$。体 j 的铰链坐标相对于体 i 的铰链坐标的旋转可以用方向矢量矩阵$\underline{\boldsymbol{D}}_{ij}$表示。体 i 和体 j 本身坐标系的旋转分别是方向余弦矩阵$\underline{\boldsymbol{A}}_i$ 和$\underline{\boldsymbol{A}}_j$，其中$\underline{\boldsymbol{A}}_j$ 可以用如下矩阵表示。

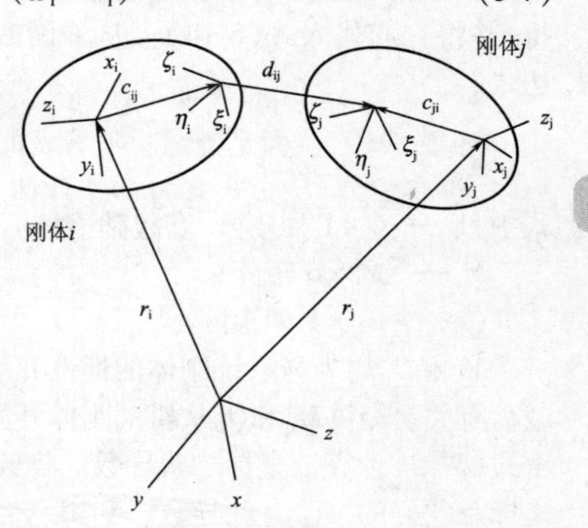

图 5-18 两个邻接刚体

$$\underline{\boldsymbol{A}}_j = \underline{\boldsymbol{A}}_i \, \underline{\boldsymbol{C}}_{ij} \underline{\boldsymbol{D}}_{ij} \underline{\boldsymbol{C}}_{ji}^{T} \tag{5-8}$$

假设 $\boldsymbol{c}_{ij}$ 和 $\boldsymbol{c}_{ji}$ 分别代表体 i 和 j 上铰链坐标原点相对于相应体坐标系的原点的方向矢量。对一个刚体来说这些矢量的分量对相应的坐标系是固定的。从体 i 上铰链坐标系原点到体 j 上铰链坐标系原点的矢量为 $\boldsymbol{d}_{ij}$。体 j 坐标系原点的位置矢量 r_j 可以用体 i 的坐标系原点的位置矢量 $\boldsymbol{r}_i$ 表示。

$$\boldsymbol{r}_j = \boldsymbol{r}_i + \boldsymbol{c}_{ij} + \boldsymbol{d}_{ij} - \boldsymbol{c}_{ji} \tag{5-9}$$

位置矢量对时间的一阶导数分别代表角速度和线速度

$$\omega_j = \omega_i + \omega_{ij} \tag{5-10}$$

$$\dot{r}_j = \dot{r}_i + \omega_i \times c_{ij} + \dot{d}_{ij} - \omega_j \times c_{ji} \tag{5-11}$$

式中：ω_{ij}——体 j 相对于体 i 的角速度。

2. 多刚体的运动方程

刚体 i 相对其质心的运动方程为

$$m_{\mathrm{i}}\ddot{\vec{r}}_i=\vec{F}_{\mathrm{i}} \tag{5-12}$$

$$J_{\mathrm{i}}\cdot\dot{\vec{\omega}}_{\mathrm{i}}+\vec{\omega}_{\mathrm{i}}\times J_{\mathrm{i}}\cdot\vec{\omega}_{\mathrm{i}}=\vec{T}_{\mathrm{i}} \tag{5-13}$$

式中：m_{i}——质量；

J_{i}——相对于质心的惯性张量；

$\vec{\omega}_{\mathrm{i}}$——角速度向量；

$\vec{F}_{\mathrm{i}}$——力的主矢；

$\vec{T}_{\mathrm{i}}$——相对于质心的主矩。

对于多刚体系统中的一个刚体来说，$\vec{F}_i$ 和 $\vec{T}_i$ 包括由于铰链产生的约束力和扭矩，这些值在知道系统加速度后，才能确定。可以利用虚功原理消除未知的铰力和扭矩，首先用位置变分 $\delta\vec{r}_{\mathrm{i}}$ 和方位变分 $\delta\vec{\pi}_{\mathrm{i}}$ 乘以式(5-12)和式(5-13)，而后将它们相加并对系统所有刚体求总和。

$$\sum\{\delta\vec{r}_{\mathrm{i}}\cdot(m_{\mathrm{i}}\ddot{\vec{r}}_{\mathrm{i}}-\vec{F}_{\mathrm{i}})+\delta\vec{\pi}_{\mathrm{i}}(J_{\mathrm{i}}\cdot\dot{\bar{\omega}}_{\mathrm{i}}+\bar{\omega}_{\mathrm{i}}\times J_{\mathrm{i}}\cdot\bar{\omega}_{\mathrm{i}}-\vec{T}_{\mathrm{i}})\} \tag{5-14}$$

在连接体的变分 $\delta\vec{r}_{\mathrm{i}}$ 和 $\delta\vec{\pi}_{\mathrm{i}}$ 不妨碍由铰引起的约束作用的情况下，根据虚功原理，则未知的铰力和扭矩可消去。这些变分可用改变铰链坐标的办法由式(5-8)和式(5-9)获得，并将它们代入式(5-14)。从外围的刚体开始，可以获得铰链位置自由度的二阶导数表达式：

$$\ddot{\underline{q}}_{\mathrm{ij}}=\underline{M}_{\mathrm{ij}}\dot{\vec{Y}}_{\mathrm{i}}+Q_{\mathrm{ij}} \tag{5-15}$$

式中：$\dot{\vec{Y}}_{\mathrm{i}}$——$6\times1$ 列矩阵，它包括刚体 i 基的线性和角加速度分量；

$\underline{M}_{\mathrm{ij}}$——$\mathrm{n}_{\mathrm{ij}}\times6$ 矩阵；

Q_{ij}——$\mathrm{n}_{\mathrm{ij}}\times1$ 列矩阵。

$\underline{M}_{\mathrm{ij}}$和$Q_{\mathrm{ij}}$均为与系统刚体的惯性和瞬时几何尺寸有关，而$Q_{\mathrm{ij}}$还与系统的瞬时速度及所加载荷有关。矩阵$\underline{M}_{\mathrm{ij}}$和$Q_{\mathrm{ij}}$从树端刚体开始连续计算，然后从惯性空间和刚体 i 之间的铰开始，由式(5-15)计算铰坐标二阶导数。将铰坐标二阶导数对时间的积分可得到新的时间点的铰坐标及它们的一阶时间导数。利用它们并使用式(5-8)和式(5-9)可计算刚体基的运动。对于时间积分，可使用两种显式数值积分方法，即不变时间步长的 4 阶龙格－库塔(Runge－Kutta)法和可变时间步长的 5 阶龙格-库塔-默松(Runge-Kutta-Merson)法，后者用局部截断误差控制其时间步长。

3. 多刚体运动方程的数值计算方法

运动方程可以形成一个耦合系统非线性二次微分公式，这些公式可以写成：

$$\ddot{\underline{q}}=\underline{h}(\boldsymbol{\underline{q}},\dot{\underline{q}},t) \tag{5-16}$$

式中：初始值 q_0 和 $\dot{q}_0$ 已知；

$\underline{h}$——定义运动方程；

$\boldsymbol{\underline{q}}$——一个带有广义坐标和铰链位置自由度的列矩阵；

$\dot{\underline{q}}$ 和 $\ddot{\underline{q}}$——铰链的速度自由度和它们对时间的一阶导数。

列矩阵$\boldsymbol{q}$ 包括 m 个单元和模型的自由度。

运动方程在数学上可以求解，有 3 种方法可行：

(1)具有固定的或者可变时间步长的改良欧拉方法。

(2)具有固定的或者可变时间步长的龙格-库塔法。

(3)具有可变时间步长的龙格-库塔默森法。

这些都是一阶显式算法，这就意味着根据时间点 t_n 的解法可以明确写出时间点 t_{n+1} 的解法。对大多数问题来说，随着时间步长的缩短，解法的错误率减少。如果固定时间或者可变的时间步长方法中有一个被应用，则会被当作是利用不同时间步长解决问题，从而估计算法的准确性。

如果利用龙格-库塔法，m 次微分方程式系统将减少为 $2m$ 次微分方程。引出列矩阵$\underline{x}$ 的定义：

$$\underline{x} = \begin{pmatrix} \ddot{\underline{q}} \\ \underline{q} \end{pmatrix} \tag{5-17}$$

用式(5-17)带入，式(5-16)变为：

$$\dot{\underline{x}} = \begin{pmatrix} \ddot{\underline{q}} \\ \dot{\underline{q}} \end{pmatrix} = \begin{pmatrix} \underline{h}(\underline{q}, \dot{\underline{q}}, t) \\ \dot{\underline{q}} \end{pmatrix} = \underline{f}(\underline{x}, t) \tag{5-18}$$

又初始条件

$$\underline{x}(t_0) = \begin{pmatrix} \dot{\underline{q}}_0 \\ \underline{q}_0 \end{pmatrix} \tag{5-19}$$

式(5-18)是复合的，在求解下个时间点的 $\underline{q}$ 和 $\dot{\underline{q}}$ 时可以作为求解结果。

以下为 3 种主要求解方法介绍。

1)欧拉方法

修正的欧拉方法是一个具有固定时间步长 t_s 的解法。运动方程时间积分的起始点由方程(5-16)给出的二次微分方程提供。这些加速度方程可以用显性欧拉方法复合起来。显性欧拉方法能给出速度变量在时间点 $t_{n+1} = t_n + t_s$ 的解答：

$$\dot{\underline{q}}_{n+1} = \dot{\underline{q}}_n + t_s \ddot{\underline{q}}_n \tag{5-20}$$

速度变量可以用隐性的欧拉方法复合，隐性方法可以给出在时间点 t_{n+1} 的位置变量的解答：

$$\underline{q}_{n+1} = \underline{q}_n + t_s \dot{\underline{q}}_n \tag{5-21}$$

2)龙格-库塔法

四阶龙格-库塔法是带固定的时间步长且简单直接的方法。式(5-18)的 4 阶龙格-库塔方法在时间点 $t_{n+1} = t_n + t_s$ 的求解为：

$$\underline{x}_{n+1} = \underline{x}_n + \frac{1}{6} t_s (\underline{k}_1 + 2\underline{k}_2 + 2\underline{k}_3 + \underline{k}_4) \tag{5-22}$$

式中：t_s——固定时间步长。

并且

$$\underline{k}_1 = \underline{f}(t_n, \underline{x}_n)$$

$$\underline{k}_2 = \underline{f}\left(t_n + \frac{1}{2} t_s, \underline{x}_n + \frac{1}{2} t_s \underline{k}_1\right)$$

$$\underline{k}_3 = \underline{f}\left(t_n + \frac{1}{2}t_s, \underline{x}_n + \frac{1}{2}t_s \underline{k}_2\right)$$

$$\underline{k}_4 = \underline{f}\left(t_n + \frac{1}{2}t_s, \underline{x}_n + \frac{1}{2}t_s \underline{k}_3\right) \tag{5-23}$$

3)龙格-库塔默森法：

式(5-18)的5阶龙格-库塔默森法在时间点 $t_{n+1} = t_n + t_s$ 的求解可以写出：

$$\underline{x}_{n+1} = \underline{x}_n + \frac{1}{6}t_s(\underline{k}_1 + 4\underline{k}_4 + \underline{k}_5) \tag{5-24}$$

式中：t_s——当前积分时间步长。

并且

$$\underline{k}_1 = \underline{f}(t_n, \underline{x}_n)$$

$$\underline{k}_2 = \underline{f}\left(t_n + \frac{1}{3}t_s, \underline{x}_n + \frac{1}{3}t_s \underline{k}_1\right)$$

$$\underline{k}_3 = \underline{f}\left(t_n + \frac{1}{3}t_s, \underline{x}_n + \frac{1}{6}t_s \underline{k}_1 + \frac{1}{6}t_s \underline{k}_2\right)$$

$$\underline{k}_4 = \underline{f}\left(t_n + \frac{1}{2}t_s, \underline{x}_n + \frac{1}{8}t_s \underline{k}_1 + \frac{3}{8}t_s \underline{k}_3\right) \tag{5-25}$$

局部截断误差估计可以得出：

$$TE_{n+1} = \frac{1}{30}t_s \max|-2\underline{k}_1 + 9\underline{k}_3 - 8\underline{k}_4 + \underline{k}_5|_i \tag{5-26}$$

如果截断误差超过条件

$$TE_{n+1} = \mathrm{INT\_TOL}\max(1, |\underline{x}_n + 1|_i) \tag{5-27}$$

积分步骤重复，时间步长 t_s 减半。

如果截断误差满足条件

$$TE_{n+1} < 0.1\mathrm{INT\_TOL}\max(1, |\underline{x}_n + 1|_i) \tag{5-28}$$

误差限 INT _TOL 是一个输入参数，推荐值为0.001，但是对于刚度大的系统来说，低一点是必要的。一般，时间步长不能小于0.001×初始时间步长。同样，对时间步长的上限也进行了设定。龙格-库塔默森法不能应用到有限元模型，因为它们不允许同样时间间隔的重复时间积分，而这种情况在时间步长减少时经常出现[14, 15]。

第三节　应 用 实 践

一、典型软件

MADYMO(Mathematical Dynamic Model)软件的研究始于1973年，是由荷兰国家科学应用研究院(TNO)与Delft技术大学合作开发的。1975年完成了2D和3D两个版本的软件编制，TNO不断对其改进，目前最新版本为MADYMO6.3。该软件是世界范围内应用较广泛的碰撞伤害模拟(CVS-Crash Victim Simulation)软件之一[16]。

利用MADYMO软件可以用来预测碰撞中受害者伤害程度及汽车结构的运动学和动力学特征。通过MADYMO所建立的模型是一组彼此之间用不同类型的铰链连接起来的多个刚体,一般形成一个开环的树形结构,通过定义铰链的自由度、约束力、约束刚度和刚体的惯性得到多体系统的刚体动力学模型。模型中的刚体形状可以是平面、柱面、椭球或超椭球。它们形成了多刚体模型在碰撞环境中的接触表面。根据动量守恒原理,多刚体系统中的每个刚体在进行直线或旋转运动时的运动控制方程可以由牛顿-欧拉方法得到。

MADYMO 软件依据多体运动力学理论产生多刚体系统的运动方程。运动方程用拉格朗日方程导出,使用龙格-库塔法求解。除了描述运动和相互接触作用外,多刚体系统的运动还受到来自弹簧、阻尼、约束系统的作用力影响。

通过 MADYMO 软件除了可以用来计算加速度、位移和接触力这些标准输出量外,软件还提供了一些人体伤害指数的计算。例如头部伤害指数(HIC)、严重程度指数(GSI)、胸部合成加速度值(3ms 指数 3MS)、胸部伤害指数(TTI)、黏性指数(VC)和大腿骨轴向载荷等。

尽管 MADYMO 的设计初衷是研究车辆碰撞行为,但是现在它已经应用于分析其他交通工具的碰撞如列车、飞机、摩托车和自行车等[17~21]。同时该软件也被用于评估不同约束系统的适用性,如安全带及安全气囊等。

二、机动车与自行车碰撞事故数字化重构的典型案例

1. 事故重构的依据与目的

2005 年某日,天气状况为晴,上海市某地一辆小型客车由东向西行驶,一自行车在小客车的右前侧一定距离与小客车同向行驶,自行车在未注意后有来车的情况下突然左打弯横穿马路,小客车避让不及导致与自行车相撞,相撞后小客车驶向路边撞断电杆,然后再侧滑一定距离后停止,骑车人被撞后前抛一段距离,自行车被撞向路边。在本次事故中,小客车及自行车均发生一定程度的变形,自行车骑车人受伤。

事故现场遗留信息包括:①小客车制动印迹;②小客车停止位置;③自行车抛落位置;④骑车人血迹位置;⑤小客车及自行车的变形形态等。计算机绘制的交通事故现场示意图如图 5-19 所示[22]。

事故现场勘察小客车变形情况为:小客车前面板左侧与电杆相撞后严重内凹变形;小客车前面板右前照灯上侧处油漆被刮落,有撞痕并附有黑色物质(与自行车龙头左侧手把撞击痕迹相吻合),右前照灯下侧保险杆有撞痕并附有铁锈(与自行车左侧前叉及前挡泥板左侧支撑撞击痕迹相吻合),事故小客车照片如图 5-20 所示。

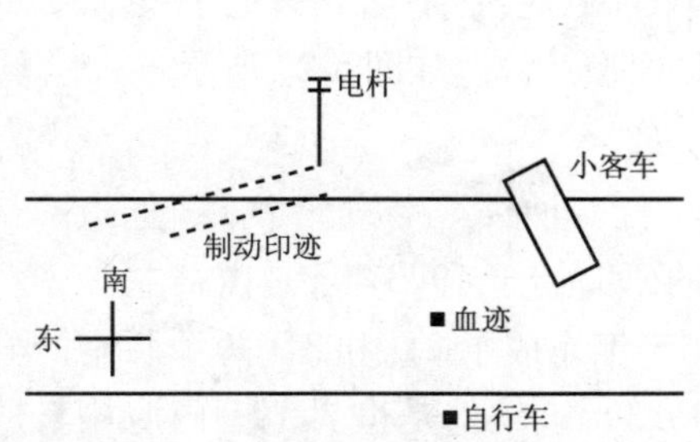

图 5-19　事故现场示意图

图 5-20　事故小客车

事故中自行车变形情况鉴定为:前钢圈和龙头扭曲变形,龙头左侧手把因撞击向右弯曲,手把处黑色塑料物质有刮痕,左侧前叉及前挡泥板有撞痕且铁锈被刮,右侧有倒地挫痕,

事故自行车照片如图 5-21 所示。

通过对事故小客车与自行车的碰撞变形情况分析可知:小客车前面板右前照灯上侧处与自行车龙头左侧手把处为事故第一碰撞点;小客车右前照灯下侧保险杆与自行车前钢圈、左侧前叉及前挡泥板有碰撞接触。正确确定第一碰撞点对准确重构事故过程具有重要意义。

图 5-21 事故自行车

本次事故需要分析的焦点问题是事故发生时刻小客车的速度,相关机构将根据此速度判断当时小客车是否超速行驶。

2. 事故重构的方法与模型

由于该事故中涉及到机动车、自行车、骑车人及电杆等多种不同类型的物体,同时小客车与电杆发生碰撞后改变了原有的运动方向,因此小客车的停止位置对于车速分析没有太大的帮助。与小客车相比,事故中自行车及骑车人的运动过程相对简单,因此,本起案例将选用多刚体动力学方法进行事故重构分析,对小客车与自行车所发生的碰撞过程进行虚拟再现,以真实事故中自行车及人体落点位置作为判断事故重构结果是否准确的标准,以人体损伤程度及小客车撞击电杆的结果作为检验重构结果合理性的工具。

根据实际事故情况中小客车、自行车的几何结构和外形尺寸建立准确的仿真模型,对重构事故发生过程、研究它们碰撞后的动力学行为特性具有十分关键的作用[23]。

事故中小客车与自行车相比,具有质量大、动态惯量大等特点,在与自行车碰撞后动态惯量改变较小,而且碰撞时小客车已经完全制动,无须单独描述车轮转动,因此小客车运动自由度可适当简化,以一个平移铰链和一个球铰链来描述车体的平移运动及转动即可。

根据事故小客车勘察采集所得数据信息,通过应用摄影测量方法建立小客车三维多刚体仿真模型。模型包括前保险杠和保险杆、前风窗玻璃及前照灯、车身和车轮等主要部件。小客车仿真模型及铰链如图 5-22 所示。

考虑到人骑自行车的运动效应,车轮的自由滚动和龙头的摆动更符合实际事故情况,采用一个平移铰链和一个球铰链来描述自行车的平移运动及转动,4 个转动铰链来描述部件之间的相对转动,包括前、后轮转动铰链、踏板轴处转动铰链和龙头处转动铰链。对事故自行车运用摄影测量技术建立三维多刚体仿真模型,包括三角架、前后轮及钢丝、龙头把手及前叉、踏板轴及左右踏板、后货架及座垫等主要部件。自行车仿真模型及铰链如图 5-23 所示。

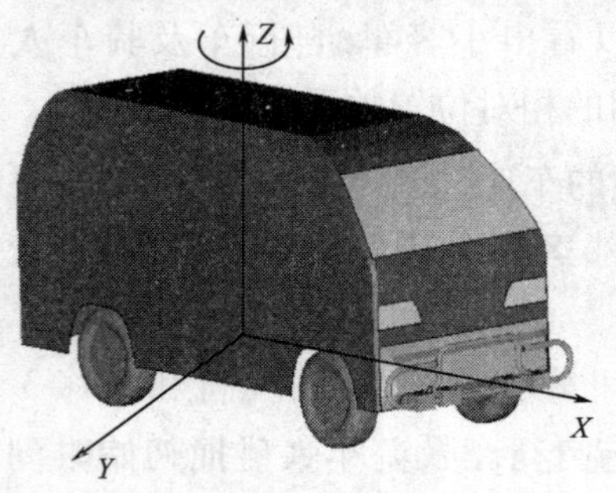

图 5-22 小客车数值模型

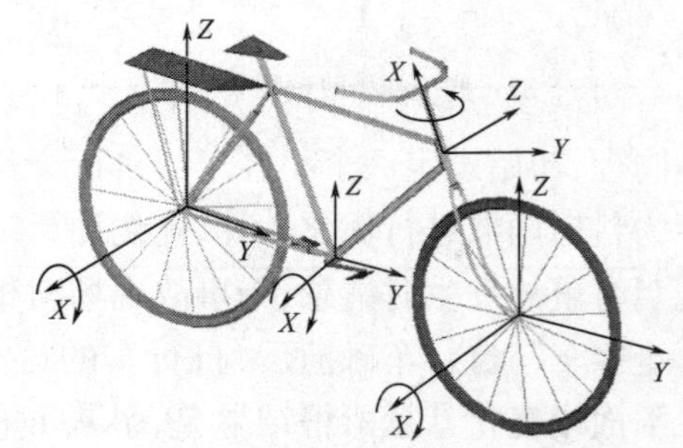

图 5-23 自行车数值模型

采用多自由度、符合人体生物力学行为特性的假人数值模型，能够准确计算模拟出人体在汽车各种碰撞条件下的动态响应、伤害程度（如头部伤害等），以此与实际事故情况相比较，可客观地分析事故重构结果的合理性。根据事故自行车骑车人体形，选择 Hybrid III 第 50 百分位多刚体假人对其进行模拟，同时根据实际骑车人体形特征对假人尺寸进行调整，具体实现方法请参考第六章。假人模型由 32 个刚体（Body）组成，包括分属不同刚体的 52 个椭球（Ellipsoid），其各项人体生物力学参数均参考标准假人数据库。假人骑自行车的数值模型如图 5-24 所示。

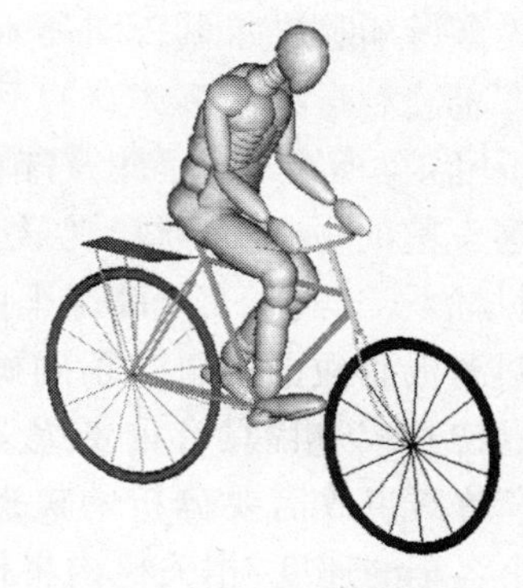

图 5-24 人骑自行车三维仿真模型

3. 事故重构的结果及分析

采用多刚体动力学方法和上述所建立的小客车、自行车及骑车人仿真模型，对小客车与自行车及骑车人发生碰撞，然后小客车沿制动印迹向路边电杆方向驶去这一过程进行数字化重构分析。

事故小客车、自行车的质量参数根据实际情况进行设置，它们的接触特性参考相关研究文献设置。同时根据相关资料[24]，设置小客车、自行车与水泥路面间的摩擦系数为 0.6，假人身体与小客车、自行车的摩擦系数定义为 0.5。仿真过程利用小客车与自行车及假人模型碰撞产生一定量的相互穿透作用来模拟它们的碰撞变形，计算得出的碰撞接触力通过铰链和刚体接触面转换到各自的质心位置后使仿真过程产生动态变量，从而使得它们发生不同的动力学行为。

碰撞事故重构是一个逆向推导问题，可根据事故现场的遗留信息做初步反向推断得到碰撞初始时刻的一个假定情形，然后通过此假定情形的正向仿真碰撞结果与实际事故情况相比较而不断地修正初始假定情形以达到最优，则此初始假定情形的仿真结果最符合实际事故情况，此过程也可以看作一个不断反馈优化的问题。此起事故碰撞初始时刻可根据小客车制动印迹、碰撞痕迹及第一碰撞点位置、自行车与骑车人落点位置等综合信息布置场景，放在最容易造成实际事故发生结果的位置上，自行车做出从右向左横穿公路的姿态，与小客车的右侧相碰撞。然后在此假定情形基础上通过反复优化计算，可以得出一个最优解，即仿真计算结果最能符合事故实际情况的碰撞初始时刻场景，如图 5-25 所示。从图 5-25 中可以看出小客车、自行车及骑车人所处位置及它们之间的相对位置关系。

图 5-25 碰撞初始时刻场景

同理，初始设定一个小客车与自行车及骑车人碰撞的车速，以自行车和骑车人最终落点位置为目标函数进行优化计算，优化计算结果表明：当小客车车速为 59.5km/h 时能较好地重现当时事故发生时情景，与事故现场图相符合。

小客车与自行车碰撞后，自行车的运动过程一般可分为接触、自由飞行和滑移 3 个阶段。下面以优化计算所得结果 59.5km/h 作为小客车与自行车及骑车人碰撞初始时刻车速对碰撞过程进行数字化重构，按照自行车的运动过程分 3 个阶段进行分析。

事故重构结果俯视图和侧视图分别如图5-26、图5-27所示。从图中可以直观地看出小客车与自行车及骑车人碰撞后的运动过程和它们在路面上的相对位置关系。在 t =30ms时,小客车开始与自行车及骑车人发生接触,此过程为事故的第一阶段,第一碰撞点发生在小客车前面板右前照灯上侧处与自行车龙头左侧手把处,与实际事故情况相吻合;t =110ms时,小客车与自行车及骑车人由碰撞接触到分离、自行车与骑车人被撞离地面后自由飞行。此过程为事故的第二阶段;t =860ms时,自行车和骑车人从空中第一次落地与地面发生接触,该过程为事故的第三阶段,此时的运动状态为与地面间的反弹和相对滑移。可以看出,自行车和骑车人被撞后的运动情况是合理的。

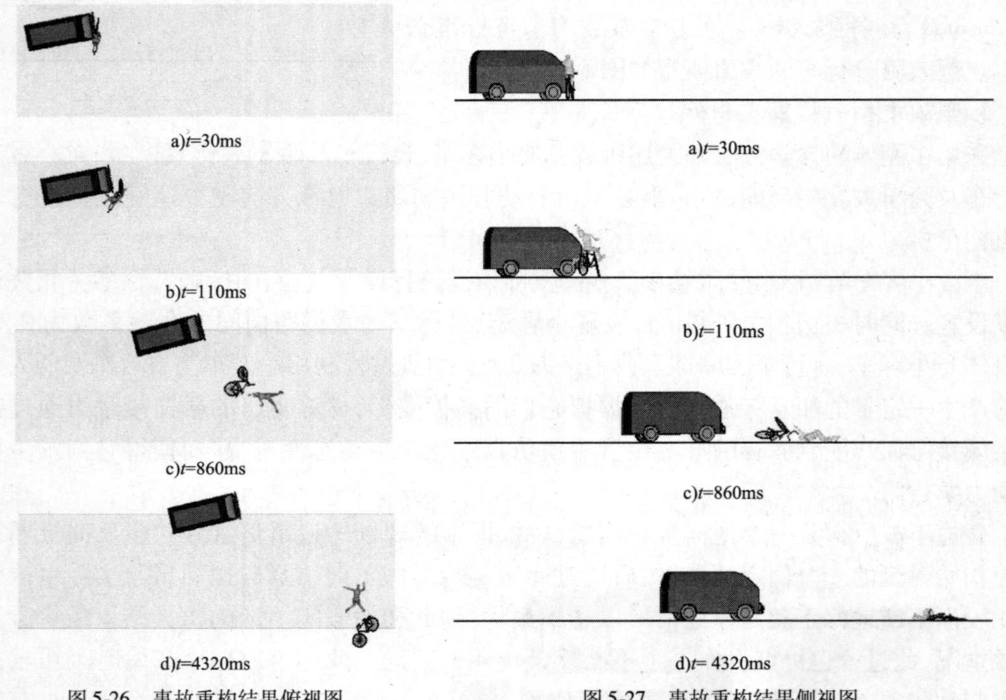

图5-26 事故重构结果俯视图　　图5-27 事故重构结果侧视图

整个仿真计算以自行车和骑车人被撞后落地静止、小客车驶向路边电杆位置为终止时刻,耗时4.32s,终止时刻情景如图5-26d)、图5-27d)所示。可以看出,自行车和骑车人的落点位置与事故现场勘察结果吻合,达到了事故重构的目的。

假人头部加速度曲线与HIC值是评价人体受伤害是否致命最为重要的指标之一,计算得出的假人头部加速度曲线如图5-28所示。从图中可以看出假人头部受到两次较大的冲击,第一次冲击是被小客车撞击瞬间,约在60ms时刻;第二次是从空中下落与地面撞击瞬间,约在860ms时刻。计算得到的假人头部HIC值为763.67,显示头部冲击不致命,与法医在事故后鉴定自行车骑车人实际伤情相符合。同时这与本案例中小客车与自行车

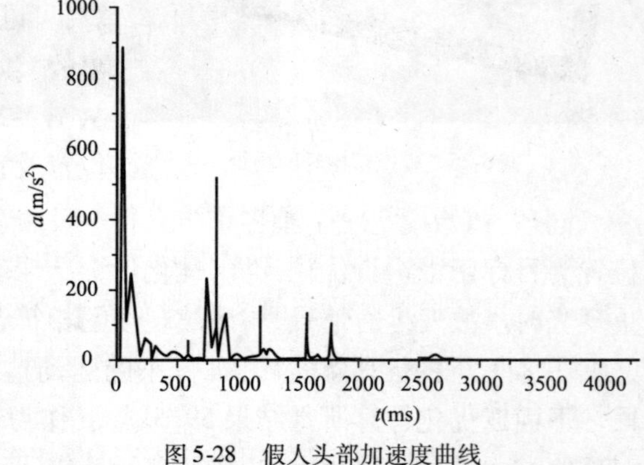

图5-28 假人头部加速度曲线

的碰撞形式属于侧碰类型,从而使得骑车人在碰撞过程中受到的冲击较小,减轻了一定的伤害程度有关。

此外,根据冲量/动量方法计算分析事故中小客车撞断路边电杆所需能量,结合相关电杆强度撞击试验,得出小客车与路边电杆撞击时车速应在55km/h以上。经过比较分析可知小客车与自行车碰撞时刻车速大于小客车撞击路边电杆的所需车速,因此验证了事故重构结果的合理性。

三、机动车与摩托车碰撞事故数字化重构的典型案例

1. 事故重构的依据与目的

2005年某日夜间,天气状况晴,上海市某地一小轿车由南向北行驶,遇路口红灯后停车等待,某二轮摩托车从轿车后突然撞击其尾部左后侧,碰撞后摩托车上两位乘员甲、乙分别被向前抛出,其中乘员甲受伤,乘员乙死亡,事故现场示意图如图5-29所示,乘员甲倒地位于摩托车前轮北侧1.05m,乘员乙倒地位于乘员甲的北侧,距离为6.10m,小轿车位于摩托车北侧,距离为10.75m。

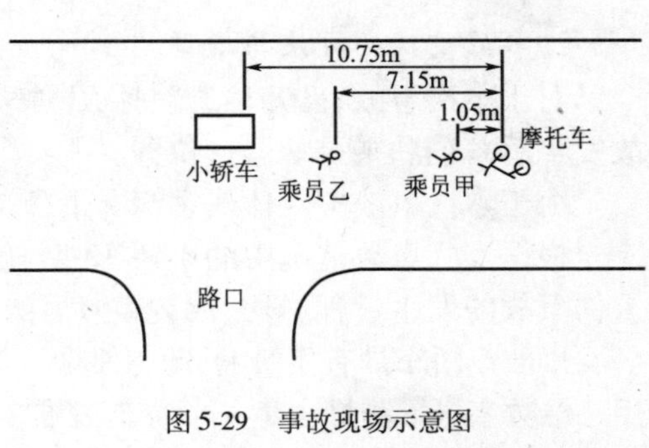

图5-29 事故现场示意图

对乘员甲进行验伤后发现其颈椎半脱位,顶部头皮挫裂创,面部左侧、额部擦伤,挫裂创,下颌伤口长20cm,右大腿根部前内侧擦伤。对乘员乙经过法医鉴定发现,右眼睑青紫、肿胀,鼻腔积血,面部右侧见散在条状皮肤擦伤、挫裂创,上唇黏膜挫碎,右上1~3齿根折,下颌正中见条状挫伤,右侧额顶部见头皮擦挫伤,颈部皮肤未见损伤[25]。

a)

b)

图5-30 事故车照片

事故现场鉴定小轿车情况为:后保险杠脱落,距其左端36cm处的上平面见8cm×8cm血迹,其后侧左端破裂,灯具损毁,并见黑色擦痕。车身左后部略见变形,左后组合灯具损毁,后风窗玻璃向车内碎落,其左边沿距离地高110cm为中心见放射状碎裂,其左窗框距地高110cm见向内变形,周边粘有毛发、血迹和人体组织物。距车顶后端66cm处见12cm×12cm凹陷性变形[26]。事故车照片如图5-30所示。

经勘察,事故中摩托车损坏情况为:摩托车前导流罩多处豁裂,右部见刮擦痕迹,粘有绿色油漆。前轮胎胎冠及右前叉前侧见擦痕,粘有绿色油漆。左、右前叉扭曲,不同程度向后弯曲,前灯具损毁,前风窗玻璃向下倾倒,燃油箱后部高出驾驶座部分严重凹陷性变形[26]。事故摩托车如图5-31所示。

本次事故的焦点问题是甲和乙谁是摩托车真正的驾驶者,相关机构将根据分析结果使

其承担本次事故的全部责任。

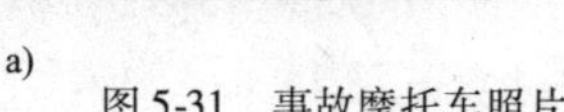

a) b)

图 5-31 事故摩托车照片

2. 事故重构的方法与模型

对于本次事故，已知信息包括：①乘员甲、乙的损伤情况；②车辆的受力变形情况；③事故发生后车辆和乘员的落点位置。

由于本次事故中人体伤害情况清晰，因此可以选用多刚体动力学方法进行分析求解。

根据实际事故情况中的小轿车、摩托车几何结构和外形尺寸建立准确的仿真模型。对重构事故的发生过程、研究乘员碰撞后的动力学行为具有重要的作用。

事故小轿车具有质量大、动态惯量大等特点，根据事故小轿车勘察采集所得数据信息，运用三维数字摄影测量法建立小轿车三维多刚体仿真模型。模型包括前后保险杠、前后风窗玻璃、车身和车轮等主要部件，小轿车仿真模型如图 5-32 所示。小轿车数值模型中包括 4 个轮胎垂直方向、整车质心的 3 个方向共 7 个自由度。

同样，对事故摩托车运用三维数字摄影测量法建立三维多刚体仿真模型，该模型包括前防护罩、车体、前后轮、座椅等主要部件。摩托车三维数值模型如图 5-33 所示。考虑到摩托车的运动效应、车体转向和使车轮的自由滚动更符合实际事故情况，摩托车数值模型包括两个轮胎垂直方向、整车质心的 3 个方向和 1 个转向自由度共 6 个自由度。

图 5-32 小轿车三维仿真模型

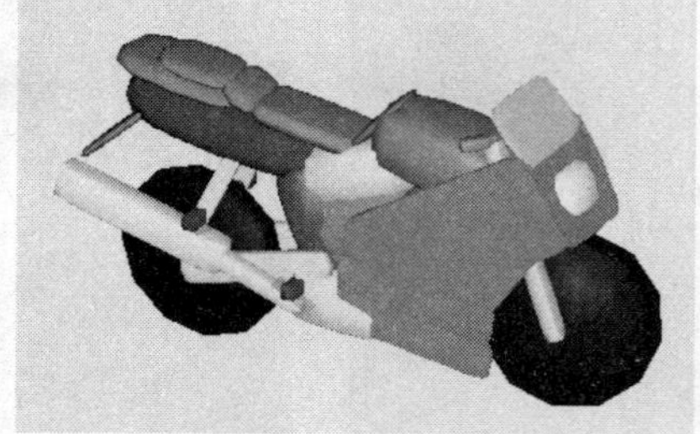

图 5-33 摩托车三维仿真模型

采用多自由度、符合人体生物力学行为特性的假人模型，能够准确计算模拟出人体在汽车各种碰撞条件下的动态响应、伤害程度（如头胸部伤害等），以此与实际事故情况相比较，可客观地分析仿真再现过程的正确性。根据事故摩托车前、后乘员体形，选用第 50 百分位多刚体假人对其进行模拟，同时根据事故当事人体形特征进行相应的缩放调整，具体方法请参见第六章。事故中摩托车、前后乘员耦合数值模型如图 5-34 所示。

3. 事故重构的结果及分析

结合车辆碰撞痕迹，可初步推断两车碰撞初始时刻的情景，摩托车从小轿车左后侧与其尾部碰撞后倒地，如图 5-35 所示。

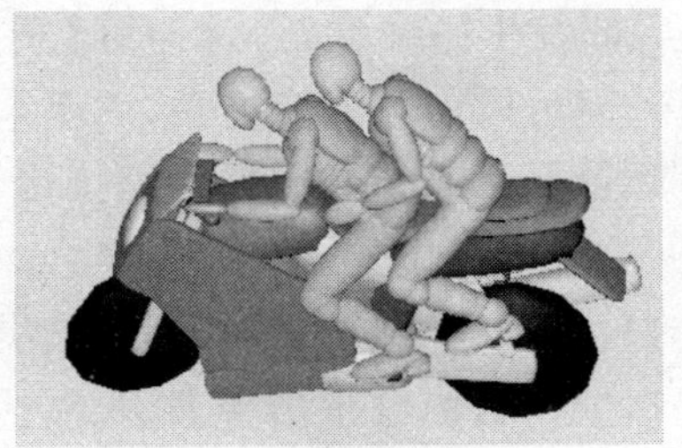

图 5-34　摩托车及乘员耦合数值模型

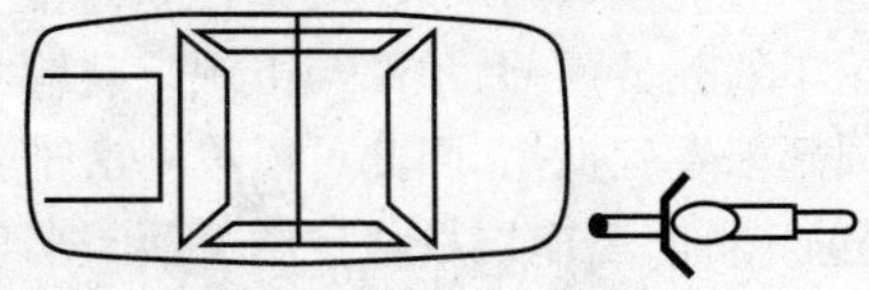

图 5-35　两车碰撞初始时刻情景

根据车辆实际情况对小轿车及摩托车的质量参数进行设置，同时根据摩托车—小轿车、人体—小轿车、人体—地面、摩托车—地面、人体—人体等不同接触类型进行相关参数的选择。根据摩托车乘员甲、乙的抛距和落点位置，以事故中摩托车碰撞前速度为目标函数进行事故数字化重构分析。优化结果表明：当摩托车碰撞前速度为 52km/h 时，计算结果与真实事故最为接近，同时数值模拟结果与真实事故相比在以下三方面能够达到吻合。

（1）人体落点位置及摩托车倒地位置与真实事故大致吻合。

（2）人体损伤部位与真实事故吻合。

（3）车辆接触变形位置与真实事故吻合。

事故重构结果如图 5-36、图 5-37 所示。图 5-36 为事故终止时刻乘员甲、乙及车辆的静止位置，通过测量发现，乘员甲、乙分别距离摩托车前轮 1.2m、6.17m，且摩托车倒地方向与真实事故一致。

图 5-36　事故终止时刻乘员甲、乙抛落位置

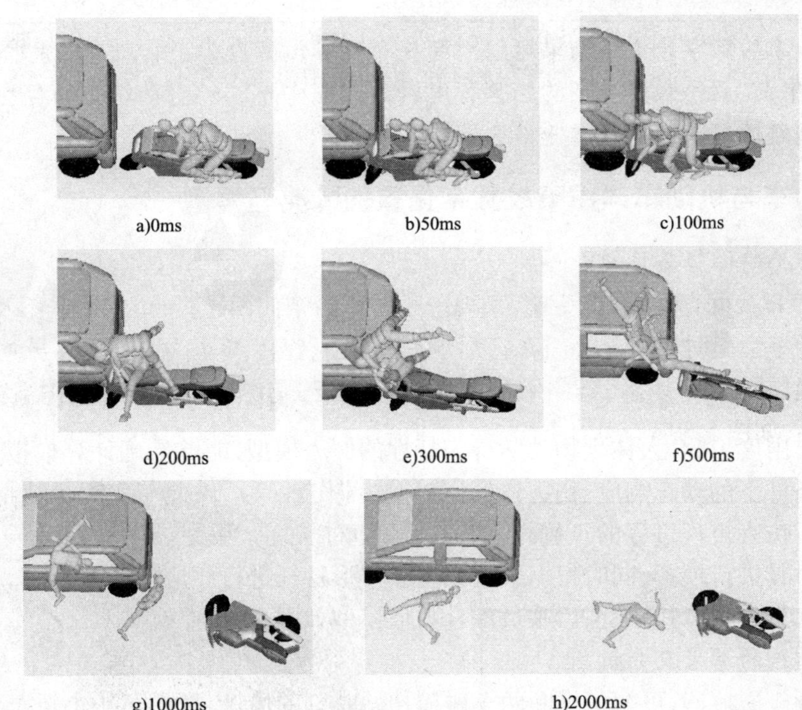

图 5-37　事故过程数字化重构结果

图 5-37 中，$t=50\mathrm{ms}$ 时，摩托车右前部和小轿车左后部发生碰撞接触，这与事故中车辆的变形位置趋于一致；$t=100\mathrm{ms}$ 时，摩托车驾驶员头部碰撞后风窗玻璃左下角，后座乘员向前抛起。数值模拟结果表明，摩托车驾驶员头部与轿车后部及后风窗玻璃发生直接接触，因此摩托车驾驶员颈部、顶部与下颌应有较大尺寸的挫伤，这与乘员甲的验伤报告吻合。而乘员乙颈部未发现损伤，因此可以第一次排除驾驶员的身份；$t=1000\mathrm{ms}$ 时，摩托车驾驶员因小轿车阻挡落地，后座乘员从空中下落与车顶盖发生碰撞接触。数值模拟结果表明，摩托车驾驶员抛落后落点位置应该距离摩托车更近一些，因此通过人体落点位置进一步说明了乘员甲应该是摩托车驾驶员。另一方面，后排乘员应与小轿车顶部发生接触，该接触碰撞过程可以对真实事故中车顶的变形情况进行合理解释。

事故中摩托车乘员受到的碰撞伤害程度主要集中于头部和胸部，分别用头部伤害指标 HIC36、胸部连续 3ms 准则和黏性指标 VC 来描述。摩托车驾驶员和后座乘员受到的伤害仿真结果如表 5-1 所示，乘员甲作为摩托车驾驶员头部与后风窗玻璃碰撞，HIC36 值较小；乘员乙由于向前抛起，头部与地面发生剧烈碰撞导致 HIC36 大于安全界限 1000，导致乘员乙头部受到严重撞击伤害后死亡。另外，乘员甲、乙的胸部伤害指标显示，此二人均未受到严重的胸部冲击伤害，与实际情况符合。

摩托车乘员甲、乙伤害仿真结果　　表 5-1

部位 乘员	头　部	胸　部
乘员甲	HIC36 = 403	连续 3ms 准则 = 40g 黏性指标 VC = 0.08m/s
乘员乙	HIC36 = 1692	连续 3ms 准则 = 32g 黏性指标 VC = 0.06m/s

根据本次事故数字化重构结果可以对摩托车驾驶员的身份进行甄别，另外通过模拟计算发现，事故中前、后座乘员受到的伤害程度因其碰撞中不同的运动状态而存在差异，头部与地面的剧烈碰撞可能会导致摩托车乘员的致命伤害。

四、机动车与机动车碰撞事故数字化重构的典型案例

1. 事故重构的依据与目的

2004 年某日夜间，天气状况为晴，某地一小轿车由东向西逆行，由于躲避不及，与相向行驶的半挂大货车会车时相撞。小轿车撞后顺时针迅速旋转，车内甲、乙两乘员均被抛出，两人的抛落位置如图 5-38 所示，其中乘员甲死亡，乘员乙受伤。在本次事故中造成了小轿车严重变形损坏，如图 5-39 所示[27, 28]。

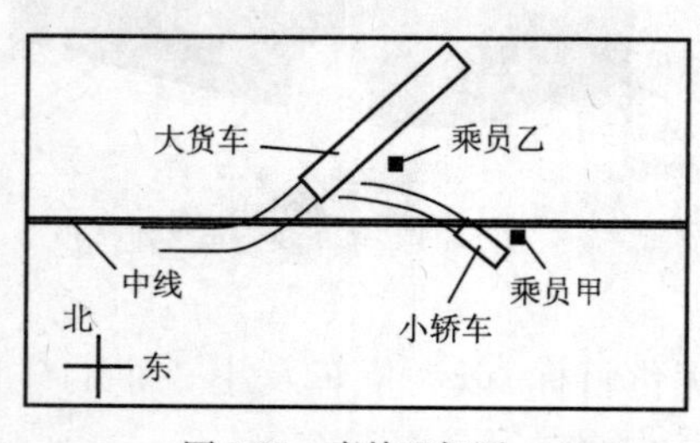

图 5-38　事故现场图

图 5-39　事故中的小轿车

经勘察,事故中小轿车损坏情况为:发动机罩严重变形、脱落,局部断裂,表面黏附蓝色油漆,前风窗玻璃碎落,前保险杠缺失。左前轮严重内倾,左前翼子板脱落,中部凹陷性变形,伴刮擦、撞击痕迹。左前门扭曲且外侧距其前缘34cm和60cm处见两条同心弧状印痕,车身左侧后部局部凹陷性变形,粘有蓝色油漆,车身右侧除右前轮胎瘪气、轮毂外侧边沿局部反卷外,未见其他异常[26]。

法医鉴定表明乘员甲的损伤情况为:双侧眼睑青紫肿胀,左面部上方及左下颌分别见12cm、10cm软组织裂创,面颅骨开放性骨折,左股骨干粉碎性骨折,左下肢软组织肿胀[29]。

事故发生后300天对乘员乙进行验伤,检验报告表明:右膝内侧见3cm×1cm淤痕,右小腿上段内侧见4cm×0.5cm淤痕,右小腿中上段前内侧见3cm×3cm色素缺失,右小腿下段至右踝关节内侧见6cm×3cm色素缺失。据病史记载,右外踝在事故中骨折[29]。

本案的焦点问题是甲、乙二人谁是小轿车的驾驶员,相关机构将综合考虑事故分析结果使其承担本次事故的全部责任。

2. 事故重构的方法与模型

本次事故的已知信息包括:①事故车辆的准确停止位置;②大货车的制动印迹;③事故车辆的变形信息;④人体的落点位置;⑤人体的损伤情况。

综合考虑上述信息,确定研究方案为:①利用车辆停止位置及大货车的制动印迹,使用冲量/动量方法进行事故车的速度计算;②将小轿车的速度作为已知条件,建立车辆的多刚体模型,进行人体抛出虚拟试验,并对数值计算中的人体损伤进行分析。

首先,应用冲量/动量方法建立用于两车相撞的仿真模型。将小轿车简化为二维的集中质量模型,大货车则采用半挂车模型,几何、质量参数参照实际情况设置。由于小轿车纵向变形明显且两前轮严重右倾,将两车的初始接触位置设置在小轿车前部偏左侧位置,碰撞平面和碰撞中心如图5-40所示。

然后,以小轿车及该车上的两位乘员为对象,使用多刚体动力学方法建立仿真模型,用于模拟事故中人车之间的相互作用。如图5-41所示,建立包括仪表盘、转向机构、座椅在内的小轿车多刚体模型。假人模型采用TNO HybridⅢ多刚体假人,并经尺寸缩放以满足乘员的实际体形特征。指定车体的x、y平移自由度和绕z轴的横摆转动自由度的运动,忽略其余自由度。

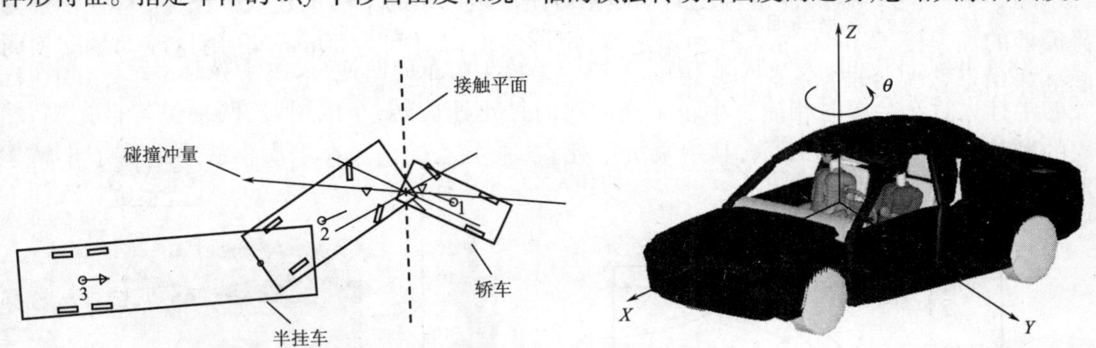

图5-40 两车初始碰撞位置

图5-41 轿车及乘员多刚体模型

3. 事故重构的结果及分析

以事故车辆停止位置及大货车的制动印迹为优化目标,以大货车及小轿车的碰撞接触速度等参数作为设计变量,利用冲量/动量方法(请参考第三章)进行车辆运动的事故重构分析，优化计算的仿真结果如图 5-42 所示。图 5-42 中，a)、b)、c)、d)图分别为碰撞接触时刻及碰撞后 0.5s、1.5s、2.5s 时两车的位置。由事故重构结果可知，轿车与货车碰撞接触瞬间的车速分别为 37km/h 和 40km/h，由于两车的初始动量值差距较大，轿车经历了长时间、大幅度的滑移和顺时针横摆，碰撞发生大约 2.5s 后，轿车方才静止。

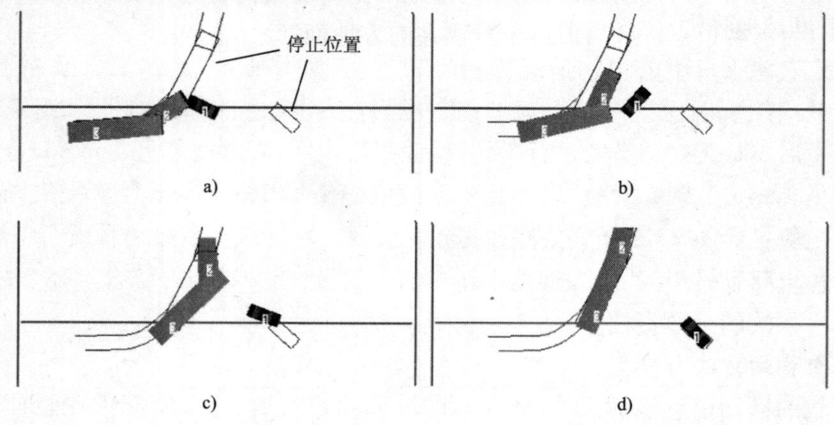

图 5-42　基于冲量/动量方法的事故过程重构

真实事故中所采集的车辆变形结果也印证了数值计算的可靠性。事故重构结果表明，小轿车左前部首先与大货车右前部发生接触碰撞，由于大货车巨大的动量致使小轿车改变原有运行方向，并使其车身左侧与大货车发生完全接触。这与车辆检验报告中的小轿车左侧变形结果是吻合的。

从小轿车碰撞后的计算结果中提取小轿车质心位置的 x、y 方向平移加速度，以及横摆角 θ 的时间历程计算出描述球铰链运动所需的欧拉四元数的时间历程，如图 5-43 所示。

依据相关文献，初步假设本例中的动量交换时间 t 为 50ms。计算碰撞动量交换量在惯性坐标系 x、y 方向上的分量 I_x、I_y，碰撞持续时间段内的轿车加速度等于：

$$a_x = I_x/(m \cdot t) \tag{5-29}$$

$$a_y = I_y/(m \cdot t) \tag{5-30}$$

图 5-44 为考虑碰撞冲击作用的车体相对惯性坐标系的平移加速度。图中，0.6s 以前为碰撞前的加速度，0.6s 后加入脉冲矩形波，矩形波窗口时间为 50ms。利用这段动量交换时间的作用来等效两车碰撞冲击效果[30]。

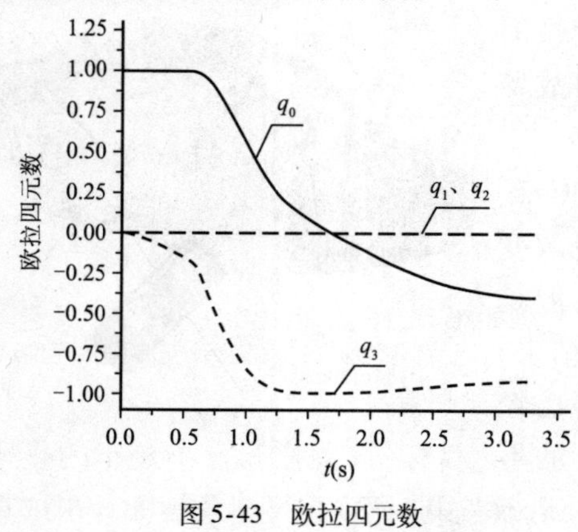

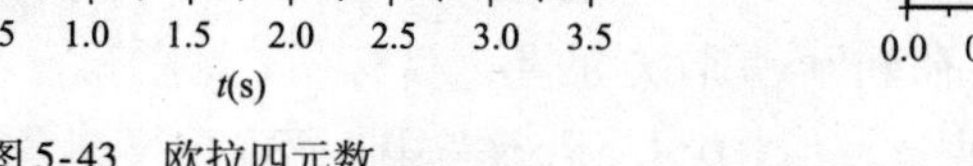

图 5-43　欧拉四元数

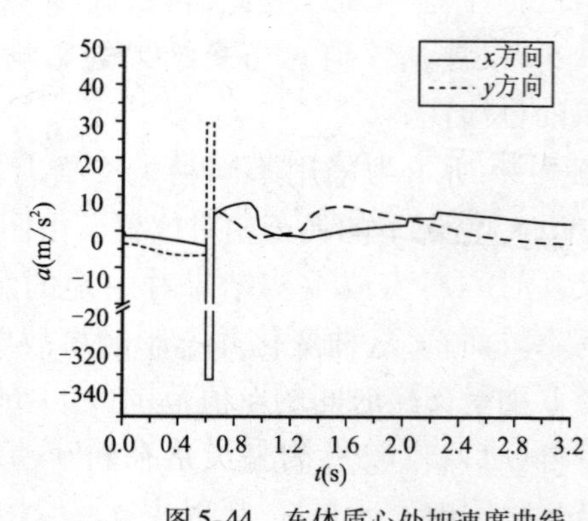

图 5-44　车体质心处加速度曲线

利用多刚体动力学方法计算出的乘员运动如图5-45所示。图5-45中，a）、b）、c）、d）图分别为两车碰撞接触时刻及碰撞后0.5s、1.5s、2.4s时轿车及车上乘员的位置。小轿车受撞击后承受左前方的冲击，并迅速顺时针方向旋转滑移。驾驶员位置处乘员因*A*柱阻挡及离心力作用，撞向左侧车门方向，最终经车门落地。副驾驶员位置处乘员因正向承受冲击被抛出风窗玻璃，与发动机罩接触后滑落至车辆左前方地面。

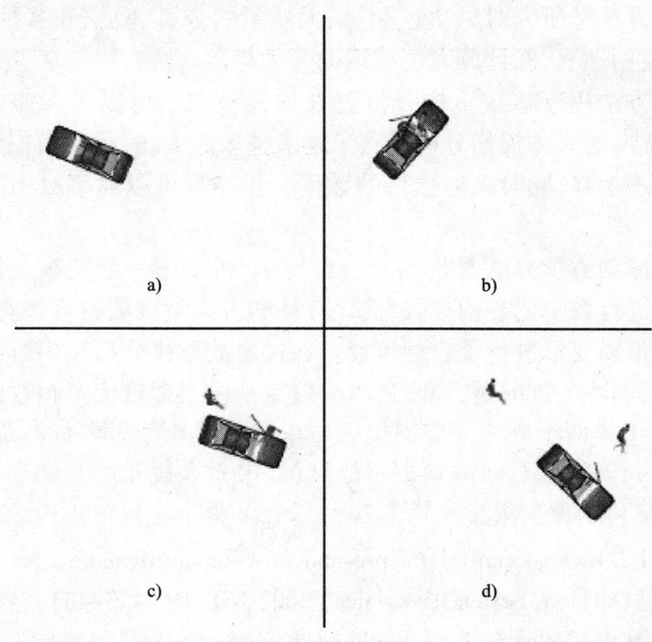

图5-45　乘员运动仿真结果

根据事故重构结果可以判断最终落地位置在小轿车左后方的乘员（乘员乙，伤者）应该是事发当时的驾驶员，而另一人（乘员甲）在事发当时应该是坐在副驾驶的位置上。事故重构结果可以对法医检验所得的人体损伤进行合理解释，乘员乙（伤者、驾驶员）右下肢内侧有大量损伤，多为车辆内部离合器、制动器及加速踏板等部件碰擦形成，具有乘坐在驾驶员座位特有的损伤病理学改变特征。

在数值模拟试验中，用矩形脉冲加速度信号近似等效碰撞冲击的作用，且动量交换时间的取值依据工程判断。因此，再次改变动量交换时间的大小，以评估该值对仿真结果的影响和事故鉴定结果的鲁棒性。

图5-46所示为采用不同动量交换时间（30ms、50ms、60ms）情况下的人车相对位置。由图可见改变动量交换时间对事故重构结果有一定的影响，但是就本起事故而言，这种变化并不影响事故鉴定结果。由于考察动量交换时间的取值范围（30～60ms）已经比较合理，所以驾驶员侧乘员落在轿车左后方的事实是可以认定的。

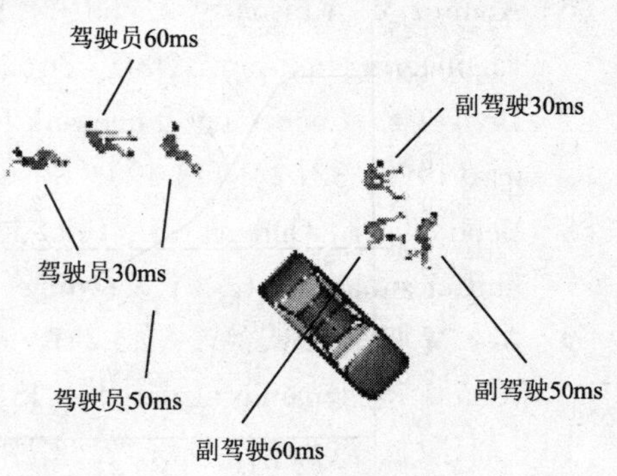

图5-46　不同动量交换时间对结果的影响

第四节 本章小结

本章以多刚体动力学方法为基础,对建模过程,尤其是对面的设置和约束铰链的选择进行了详细的介绍。同时,对运动方程的计算方法进行了说明。

多刚体动力学方法把研究对象通过刚体、无质量的弹簧、阻尼和各种铰链来进行描述,具有计算速度快、通用性强、能计算大位移运动等优势。

多刚体动力学方法用于事故重构分析更大的优势在于可以对人体损伤进行描述。目前,基于数值模拟技术的人体损伤分析受到了越来越多的关注,数值模拟结果可以对事故中的人体损伤给出合理解释,同时人体损伤的数值分析结果可以对事故中的其他未知变量提供启发或验证。

本章基于多刚体动力学方法对机动车—自行车、机动车—摩托车及机动车—机动车等三类典型碰撞事故进行数字化重构,通过优化计算的方式对事故过程进行了描述,同时对事故中的人体损伤和车辆变形进行了合理解释。通过事故重构分析结果解决了诸如车辆速度判断、驾驶员身份甄别等关键问题,为交通事故鉴定提供了理论依据和数值参考。

参考文献

[1] Han I, Park S U. Inverse analysis of pre-and post-impact dynamics for vehicle accident reconstruction[J]. Vehicle System Dynamics, 2001, 36(6): 413-433.

[2] Lozano J A, Vera C, Felez J. Computational dynamical model for traffic accident reconstruction[J]. International Journal of Vehicle Design, 1998, 19(2): 213-227.

[3] Vandel R H. The approach and landing accident reduction tool kit[J]. Process in Safety Science and Technology Part A, 2002(3): 3-8.

[4] Taoka G T, Reizes H, Reizes A, et al. Use of a microcomputer in traffic accident reconstruction[J]. ITE Journal, 1989, 59(11): 27-31.

[5] Abdulhai B, Look H. Impact of dynamic and safety-conscious route guidance on accident risk [J]. Journal of Transportation Engineering, 2003, 129(4): 369-376.

[6] Ambroz M, Krasna S, Prebil I. 3D road traffic situation simulation system[J]. Advances in Engineering Software, 2005, 36(2): 77-86.

[7] Donges E. Conceptual framework for active safety in road traffic[J]. Vehicle System Dynamics, 1999, 32(2): 113-128.

[8] Bendjellal F, Oudenard L, Uriot J, et al. Computation of Hybird III head dynamics in various impact situations[C]. Proceeding—Society of Automotive Engineering, 1990, 236: 207-232.

[9] Abe M, Morisawa M, Sato T B, et al. Three-dimensional behavior simulation of vehicle to vehicle by dynamic model[J]. JSAE Review, 1999, 20(1): 101-108.

[10] 刘延柱, 洪嘉振, 杨海兴. 多刚体系统动力学[M]. 北京:高等教育出版社, 1989.

[11] 薛禹胜著. 运动稳定性量化理论[M]. 江苏:江苏科学技术出版社, 1999.

[12] Wittenburg J. 谢传锋译. 多刚体系统动力学[M]. 北京:北京航空学院出版社, 1986.

[13] 袁士杰，吕哲勤编著．多刚体系统动力学[M]．北京:北京理工大学出版社，1992.

[14] Ozbay K, Noyan N. Estimation of incident clearance times using Bayesian networks approach[J]. Accident Analysis and Prevention, 2006, 38(3):542-555.

[15] Fuller R. Towards a general theory of driver behavior[J]. Accident Analysis and Prevention, 2005, 37(3):461-472.

[16] TNO. MADYMO Model Manual Version 6.2[M]. Holland, June 2004.

[17] Maki T, Asai T, Kajzer J, et al. Behavior of bicyclists in accidents with cars[J]. JSAE Review, 2000, 21(3):357-363.

[18] Huang H W, Yang J K, Liu Z H, et al. Modeling of occupant dynamic response to car-barriers crash on highway[J]. Chinese Journal of Mechanical Engineering (English Edition), 2004, 17(2):276-279.

[19] Marshall R, Altamore P, Wu W P, et al. Comparison of mathematical neck models for rear impact occupant simulation[J]. American Society of Mechanical Engineering, Applied Mechanics Division, 1999, 273:233-244.

[20] Mark R, Martin P E, Allen K. A comprehensive evaluation of NHTSA rollover test data for use in computational model validation[C]. Transportation 2004: Transportation and Environment: 17-22.

[21] Tang L, Luo M, Zhou Q. Optimization of a child restraint system by using a particle swarm algorithm[J]. Lecture Notes in Computer Science, 2006, 4115:137-144.

[22] 郭磊，金先龙，申杰,等．汽车—自行车碰撞事故三维仿真再现研究[J]．振动与冲击，2006, 25(6):66-70.

[23] 郭磊，金先龙，张晓云,等．自行车碰撞事故的动力学响应仿真[J]．系统仿真学报，2007, 19(14):3331-3334.

[24] Ishikawa H, Kajzer J, Schroeder G. Computer simulation of impact response of the human body in car-pedestrian accident[C]. Proceeding of the Thirty-seventh STAPP Car Crash Conference, 1993:235-248.

[25] 邹冬华，陈忆九，陈建国,等．交通事故中摩托车司乘人员致伤方式分析[J]．法医学杂志，2007,23(2):134-139.

[26] 陈建国，李丽莉．道路交通事故鉴定中对驾驶人的鉴定[J]．中国司法鉴定，2006,(5):60-63.

[27] 申杰，金先龙，郭磊,等．基于乘员运动的事故再现[J]．上海交通大学学报，2006, 40(6):963-967.

[28] 申杰，金先龙，郭磊,等．基于MADYMO的乘员运动仿真再现研究[C]．2005 MADYMO China User's Meeting, Shanghai, China: 18-21.

[29] 邹冬华，刘宁国，申杰,等．汽车碰撞中乘员损伤成因分析与计算机仿真研究[J]．法医学杂志，2006,22(4):261-263.

[30] Cooper W E, Salzberg P. Safety restraint usage in fatal motor vehicle crashes[J]. Accident Analysis and Prevention, 1993, 25(1):67-75.

第六章　基于行人假人模型的交通事故数字化重构方法

第一节　引　　言

由于行人在交通事故中所处的弱势地位,车—人碰撞事故中的行人安全问题一直是交通安全研究领域中的热点问题。在中国,由于过多的人车混行和车型构成不同,使得行人安全问题愈加突出。近3年来,中国大陆地区交通事故平均死亡人数超过10万人/年,其中行人约占交通事故致死总人数的25%。车—人碰撞事故分析中的焦点问题通常是对车速进行判断,同时对人体损伤的原因进行合理的解释分析。

目前,对车—人碰撞事故开展的主要研究方法为通过多刚体动力学理论对标准体态的行人假人模型进行碰撞仿真计算[1~4],以分析行人在事故中的损伤行为。常用的行人事故数值分析方法会遇到两方面的问题:

(1)基于欧美标准体形的假人数值模型与真实事故中受害人的体形不符,这将导致人、车接触部位与真实事故状态之间的差异[5~7],因而影响到分析结果的准确性;

(2)以车速计算为目标的车—人碰撞事故重构分析主要是通过试凑的方法,即给定不同的车辆初始速度及碰撞角度进行多次碰撞计算,直到碰撞后的部分信息与真实情况吻合。试凑法不仅计算时间长,而且整个计算过程需要过多的人工干预,同时对计算结果的判断存在更多的主观性和不确定性。因此,使用试凑法进行行人交通事故重构分析将影响到分析结果的可靠性。

为了解决上述问题,本章将在行人假人数字化模型建模方法及车—人碰撞事故重构优化计算方法两方面展开讨论,并通过三类典型碰撞事故案例的分析对研究方法的可行性进行验证。

第二节　基 本 理 论

一、行人数字化假人的建模方法

在车—人碰撞事故模拟中,相对于车辆而言,人体的质量及生理力学参数具有更高的敏感度,即参数较小的变化,对仿真计算结果都将产生较大的影响,所以对人体生物力学参数需要进行严格的选取,才能提高事故重构的准确性。

1.行人假人数字化模型的分类

一般说来,有两种方法用于对假人和人体生物样本建模:①采用多刚体系统(MBS)建模，例如荷兰国家科学应用研究院（TNO）开发的 MADYMO 软件等；②采用有限元方法，例如通过 LS-DYNA、PAM-CRASH、RADIOSIS 等相关软件建模。

有限元假人模型是利用有限元网格离散人体组织。理论上来说，有限元网格划分得越细，模型考虑得越复杂，假人的计算精度就越高，但是计算的成本也随之增加。1997 年启动的欧盟第四框架计划项目“HUMOS 人体有限元模型”通过研究和总结人体几何学、运动学、生物力学等方面的知识以及相应的仿真方法，建立了大规模的有限元模型包括人体骨骼、肌肉、韧带、皮肤、内脏和脑组织等，而且经过了严格的实验验证，具有很高的逼真度。

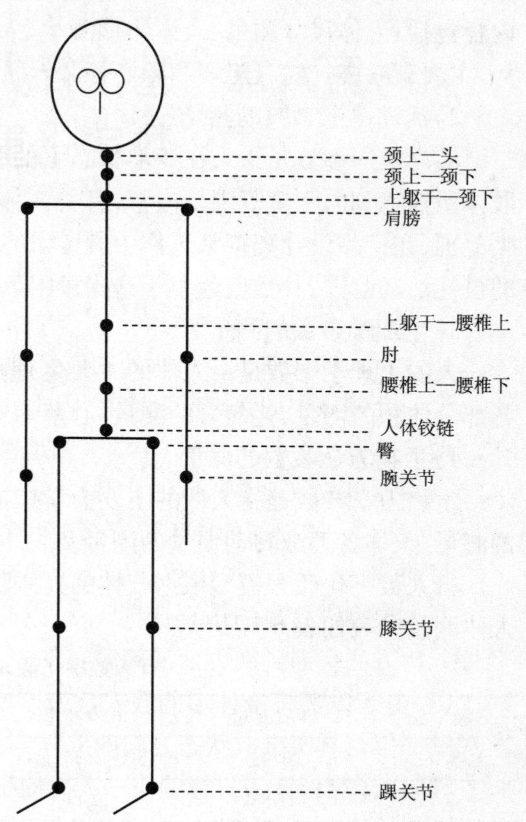

图 6-1　行人假人多刚体模型中的铰链分布

多刚体假人模型的主要特征是采用集中质量代替人体的主要环节，通过动力学铰链实现各部分的连接。集中质量上附着描述人体几何外形的椭球面可以模拟人体与周围环境之间的相互作用。多刚体假人模型具有计算效率高、鲁棒性强及建模简单等优势[8,9]。在一般的车—人碰撞事故分析中，通过多刚体假人模型就可以对碰撞中的基本参数进行分析，同时计算效率高也是选择该类型模型的主要原因。

行人假人多刚体模型的铰链连接如图 6-1 所示，假人模型在系统坐标系的位置由人体铰链（Human joint）来控制。人体行走姿态则由假人其他关节的旋转、位移来确定。在建立假人模型时，确定了人体铰链在空间中的位置后，通过调节各铰链的旋转来确定正确的行走姿态。

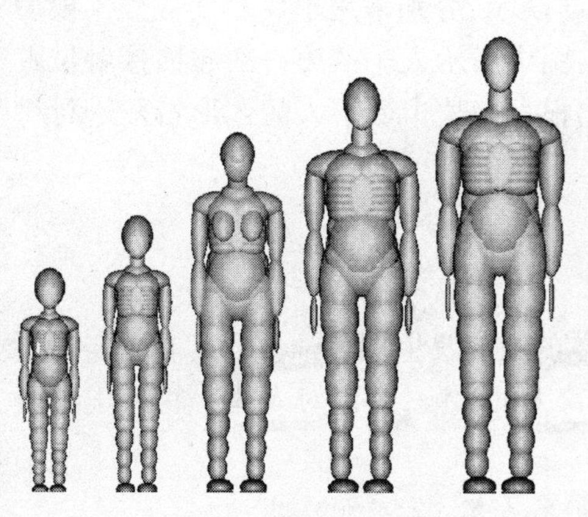

图 6-2　不同尺寸规格的行人假人多刚体模型

目前，事故分析领域常用的行人假人（Pedestrian Human Model）多刚体数值模型主要包含以下 5 种尺寸规格：3 岁儿童、6 岁儿童、小尺寸女性、中等尺寸男性和大尺寸男性，如图 6-2 所示。假人尺寸符合西欧人体体形统计特征，具体的几何尺寸参照 RAMSIS 数据库。为了分析行人假人数值模型的有效性，国际研究机构分别进行了整车碰撞实验和冲锤撞击试验的验证。

2. 行人假人数字化模型的参数

人体测量数据是假人数字化模型设计的重要基础资料。根据设计目的和使用对象的不同，需要选用相应的人体测量数据。

1)静止形态参数的测量

静止形态参数是指人在静止状态下,对人体形态进行各种测量所得到的参数,其中主要内容包括:人体尺寸测量、人体体形测量、人体体积测量等。静止人体测量可采取不同的姿势,主要有立姿、坐姿、跪姿和卧姿等。

2)活动范围参数的测量

活动范围参数是指人在运动状态下的肢体动作范围,主要包括肢体的活动角度范围和肢体所能达到的距离范围。通常,有关人体测量数据的资料中所列出的都是上肢活动的最大范围,在产品设计和正常工作中所考虑的肢体活动范围应该是人体最有利的位置,即肢体的最佳活动范围,其数值远小于这些极限数值。

3)生理学参数的测量

人的生理学参数是指人体的主要生理指标。其主要内容包括人体表面积的测量、人体各部分体积的测量、耗氧量的测量、心率的测量、人体疲劳的测量、人体触觉反应的测量等。

4)生物力学参数的测量

生物力学参数是指人体的主要力学指标。其主要内容包括人体各部分质量和质心位置的测量、人体各部分转动惯量的测量及人体各部分出力的测量等。

行人数字化假人模型依据人体的具体测量参数建立,图6-2所示的5类行人假人的部分人体测量参数如表6-1所示。

行人数字化假人模型的人体测量参数 表6-1

参　数	3岁儿童	6岁儿童	小尺寸女性	中等尺寸男性	大尺寸男性
站高(m)	0.95	1.17	1.53	1.74	1.91
坐高(m)	0.55	0.64	0.81	0.92	1.00
肩膀宽(m)	0.25	0.28	0.40	0.47	0.52
膝高(m)	0.28	0.35	0.47	0.54	0.59
重量(kg)	14.5	23.0	49.77	75.7	101.1

3. 行人假人数字化模型的定制

通过研究发现,采用基于欧美标准体形的行人假人数字化模型进行碰撞事故案例分析存在着人车接触部位与真实事故不符的缺陷,如图6-3所示,分别采用小尺寸女性假人模型和中等尺寸男性假人模型对同一事故进行计算模拟,图中所示人车的第一次碰撞接触位置与第二次接触位置均有较大的不同。因此,本章提出根据事故中受害人的体形特征进行行人假人数字化模型的定制。

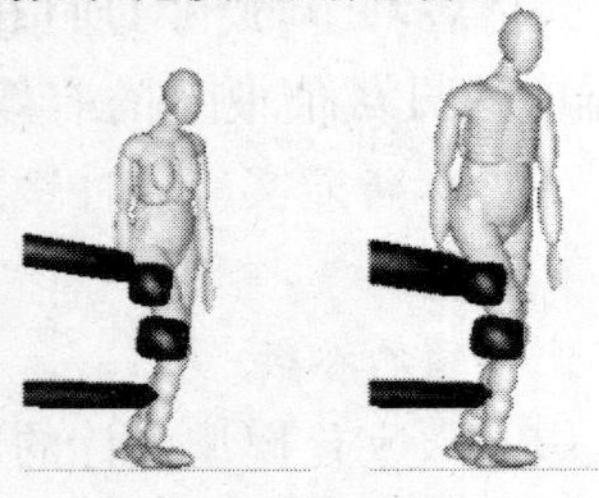

a)车、人第一次接触部位对比

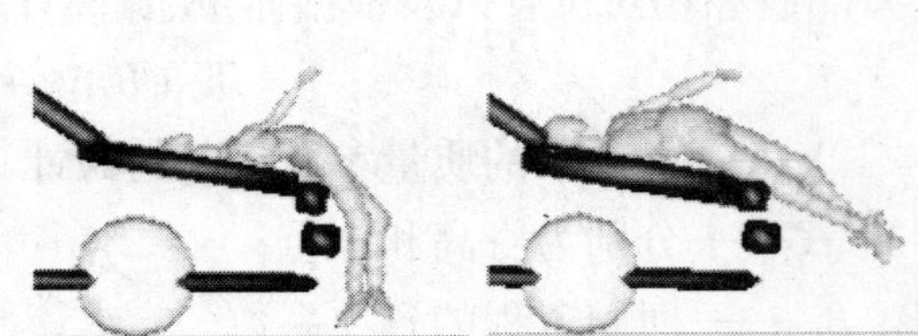

b)车、人第二次接触部位对比

图6-3　不同尺寸行人假人数字化模型对接触部位的影响

1)工作流程

首先,对中国人体形特征统计参数进行分析,并根据此参数(如身高、体重或体型等)确定假人数值模型中的各部分体形参数,并计算出相应的缩放系数。然后,根据每起具体事故中受害人的体形特征对缩放系统进行调整及模型修正。假人定制技术工作流程如图 6-4 所示。

以中等尺寸男性行人假人数字化模型为例,如图 6-5 所示,该模型由 52 个刚体、64 个椭球面和 2 个平面组成。各个刚体代表人体骨骼结构,刚体之间通过铰链连接。铰链的设置参数参考了有关的人体生物力学研究成果,尤其是为了体现下肢骨折和弯曲的效果,在下肢关节之间添加了若干辅助铰链。以此模型为基础,对包括几何尺寸、质量分布、关节特性、接触刚度在内的绝大部分参数实施缩放调整。

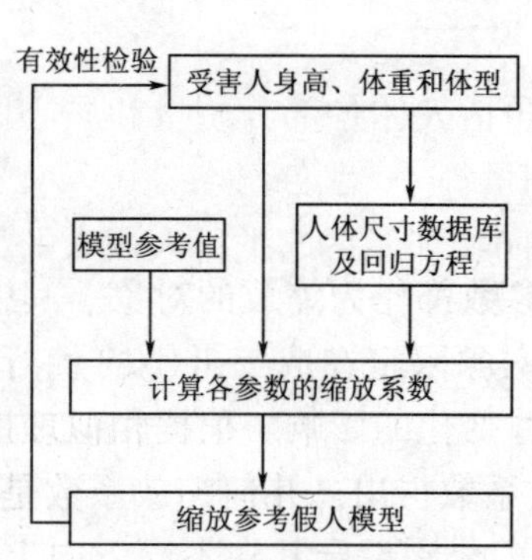

图 6-4　假人定制技术流程图

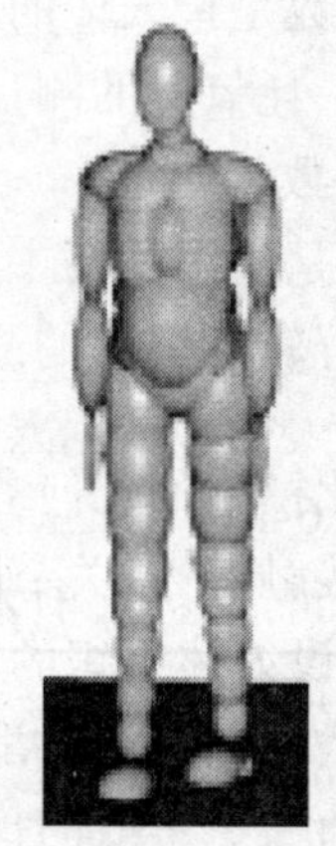

图 6-5　中等尺寸的行人假人数值模型

2)人体测量数据

为了使假人数值模型尽可能地近似事故中受害人的体形特征,首先必须生成缩放所需的人体几何、质量信息。同时,针对中国地区的交通事故而言,人体的体形特征既应该符合中国成年人的普遍特征,也应该反映受害人个人独有的特征。因此,缩放假人所需的数据可以在满足已测得的整体测量参数的基础上,先参照中国成年人体形特征的相关统计数据,然后再根据具体要求进行局部修改。

中国成年人体形特征数据主要参考国家标准 GB/T 10000—88《中国成年人人体尺寸》[10] 和 GB/T 17245—2004《成年人人体惯性参数》[11]。GB/T 10000—88 提供了我国成年人人体尺寸的基础数据,GB/T 17245—2004 则给出了成年人人体各环节的相对质量分布、人体各环节的质心相对位置以及根据体重、身高计算上述数据的回归方程,例如:

$$Y = B_0 + B_1X_1 + B_2X_2 \tag{6-1}$$

式中:　Y——各环节的质量参数或几何尺寸;

X_1、X_2——分别为身高和体重;

B_0、B_1、B_2——回归方程的各项系数。

对于假人体形的个性化要求,则在人机交互式的假人自动生成程序中有所体现,如图 6-6 所示。该程序除了能根据要求的身高和体重生成符合中国成年人体形特征的数据以外，还可以在程序界面中对局部的几何参数和质量参数进行调整。另外，对于因性别引起的体形差异，程序也会有所考虑。

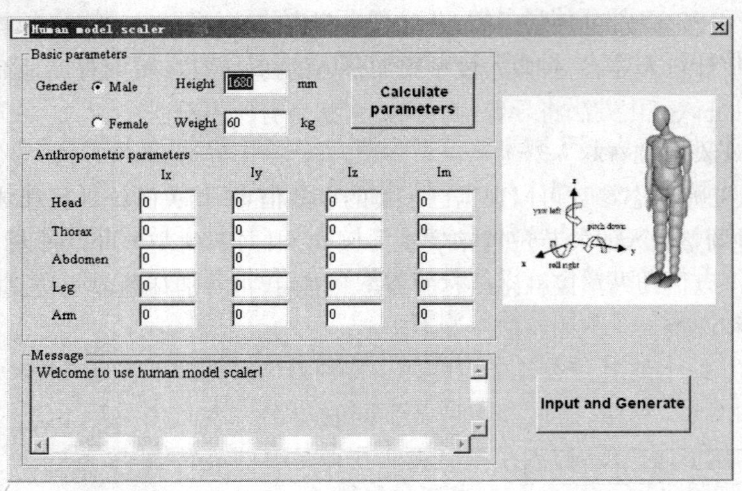

图6-6　假人缩放程序的界面

3）缩放方法

将假人数字化模型的几何参数、质量参数和生物力学参数都作为缩放的对象。其中，生物力学参数包括接触特性、关节刚度等。该方法将缩放的对象限定在成年男（女）性行人假人数字化模型，假设人体组织的材料属性不受人体几何尺寸变化的影响。根据相似理论，假人模型中任何参数的缩放系数都可以根据相应的几何缩放系数得出。几何缩放系数是长度参数的缩放目标值与参考值的比值。对于不同的身体部分，分别设定其在不同方向上的几何缩放系数。

以明显的骨骼标志为分界点，将人体分为头颈、上躯干、下躯干、大腿、小腿、上臂、前臂、手、足共15个人体环节。每个环节的质量缩放系数：

$$\lambda_m = \lambda_x \lambda_y \lambda_z \tag{6-2}$$

式中：　λ_m——质量缩放系数；

λ_x、λ_y、λ_z——人体某环节在x、y、z方向上的几何缩放系数。对于z方向上的刚度特性，可分别对变形和力进行缩放。其中，变形的缩放系数$\lambda_d = \lambda_z$，力的缩放系数$\lambda_F = \lambda_x \lambda_y$。

对于各向同性的刚度特性，则引入合成的几何缩放系数$\lambda_r = \sqrt[3]{\lambda_x \lambda_y \lambda_z}$。相应地，变形的缩放系数$\lambda_d = \lambda_r$，力的缩放系数$\lambda_F = \lambda_r^2$。同理，在上述情况中，也可以推导出其他物理量的缩放系数。例如时间的缩放系数$\lambda_T = \lambda_r$，加速度的缩放系数$\lambda_A = 1/\lambda_r$，力矩的缩放系数$\lambda_M = \lambda_r^2$。

二、行人行走状态的仿真方法

行人初始状态是车—人碰撞事故重构分析的关键因素，直接影响到行人碰撞后的运动以及人体损伤。行人初始状态主要包括行人碰撞前瞬间的姿态、与事故车辆的相对位置和运动速度等。

美国国家道路交通安全局(NSTHA)和日本汽车研究所(JARI)明确规定了各自在进行车—人碰撞仿真中所采用的行人假人姿态。Linder 等则将行走速度作为初始条件重构车—人碰撞事故,并分析事故造成的人体损伤情况。通常,由于实验条件限制,事故数字化重构总是依据经验估计行人姿态,对假人模型施加整体的初始速度,较大程度地简化了行人初始状态的设定,但是该简化方法将导致与真实行人状态有所不符。

1. 行人初始状态的确定

一般,行人初始状态参数可以根据已采集的事故信息、相关的统计规律或工程经验来初步估计,并通过调整假人的关节位置来实现。例如,根据车辆变形可以推断人车相对位置,利用人体损伤可以估计人车接触碰撞时的姿态。然后,再将估计值输入仿真模型,结合仿真结果进行校核和调整。

对于碰撞仿真,行走速度是不能忽略的。特别是当行人与平头汽车碰撞,如图 6-7 所示,下肢与上肢几乎同时与车头表面接触,如果没有初始横向速度,假人模型将无法获得足够的旋转力矩。因此,通常的做法是保持假人各部分相对静止,而对假人整体施加一个平移初速度,以近似达到模拟行人行走的目的。

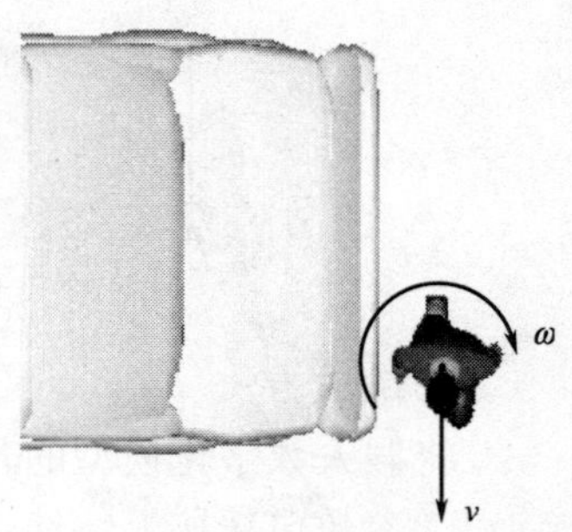

图 6-7　人车相互作用

但是,这种将初速度“整体化”的做法忽视了人体各部分运动状态与行走速度之间的内在联系,使得仿真无法考虑人体各部分相对速度对重构结果的影响,尤其是对人体局部运动或损伤的影响。此外,根据经验判断设置的假人关节转角也往往不能完全符合人体运动学关系。

2. 行走过程的仿真

针对施加整体平移初速度的缺陷,本章研究提出了基于行走假人的事故重构方法。根据真实的行人行走动态响应来设定仿真初始状态,进行行走假人事故重构必须满足以下 3 个假设:

(1)行人以正常步态步行。

(2)行走的步速等特征参数符合一般统计结果。

(3)忽略行人应急措施,碰撞后行人对肢体失去控制。

基于行走假人的车—人碰撞事故重构可分为两个阶段:首先,确定行人运动特征,预模拟行人行走的动态过程,得到人体各部位在关键时刻的运动状态;然后,将预模拟结果作为初始条件,输入人、车碰撞仿真模型,进行详细的事故重构。

行走动态过程模拟采用多刚体动力学仿真方法[12~14],如图 6-8 所示,只考虑行人假人模型下肢的髋关节、膝关节和踝关节处相对运动,并借助欧拉四元数 q_0、q_1、q_2、q_3 描述关节角度变化。根据欧拉定理,刚体的某一姿态可以通过绕空间某一轴(单位矢量 u)一次转动有限角度 θ 实现。球铰链的方向余弦阵为:

$$\boldsymbol{A}=\begin{bmatrix}2(q_0^2+q_1^2)-1 & 2(q_1q_2-q_0q_3) & 2(q_1q_3+q_0q_2)\\ 2(q_1q_2+q_0q_3) & 2(q_0^2+q_2^2)-1 & 2(q_2q_3-q_0q_1)\\ 2(q_1q_3-q_0q_2) & 2(q_2q_3+q_0q_1) & 2(q_0^2+q_3^2)-1\end{bmatrix}$$

$$\begin{pmatrix} q_0 \\ q_1 \\ q_2 \\ q_3 \end{pmatrix} = \begin{pmatrix} \cos(\theta/2) \\ u_1\sin(\theta/2) \\ u_2\sin(\theta/2) \\ u_3\sin(\theta/2) \end{pmatrix}$$

在已知步速和步态特征情况下，可以确定行人的行走过程。正常步态下的步态特征可以由单个步态周期内的下肢各关节角位移变化曲线来表示，通过参考文献中的实测数据（见图6-9），步态周期可以近似地等于步长除以步速。根据中国人的步速平均值，车—人碰撞事故重构所用步速可取为2m/s[15]。

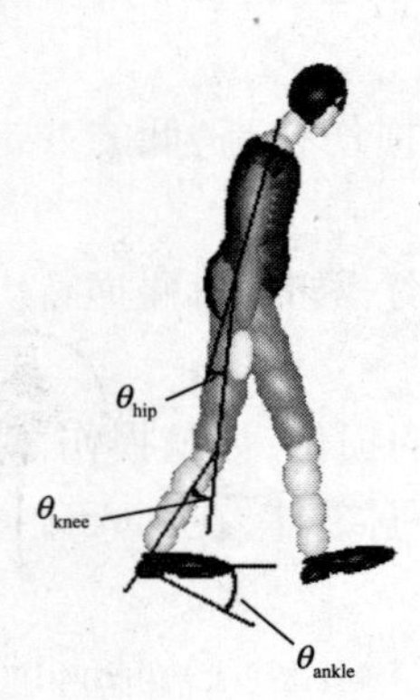

图6-8　下肢关节角度定义

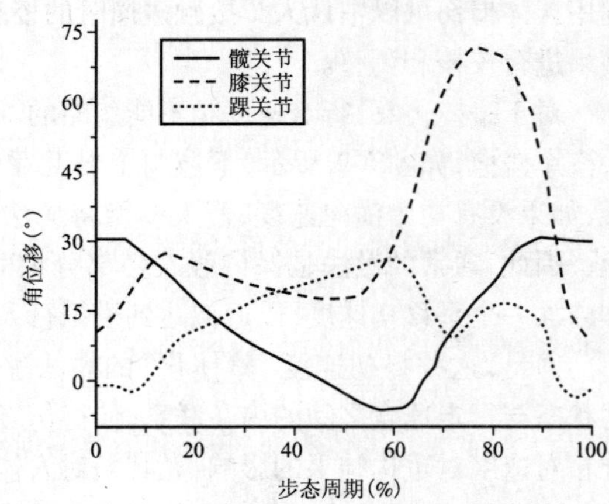

图6-9　正常步态下的各关节角位移

根据步态特征和步速，得到重构所需的各关节角位移时间历程。仿真时，由于重力的作用，行人的双脚与路面产生摩擦力，使假人开始行走，如图6-10所示。利用行走过程仿真结果，结合人体损伤情况，可以确定人车初始接触时间以及该时刻的假人各部分速度，作为车—人碰撞事故重构的初始条件。

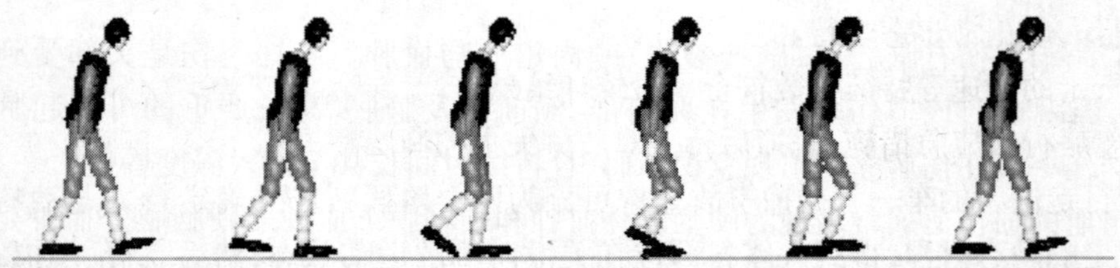

图6-10　行走过程仿真

三、行人伤害机理与评价指标

在车—人碰撞事故中，人体暴露在机械冲击载荷的环境中，在惯性力和接触力的作用下，人体的各部分组织将产生一定的生物力学响应。若生物力学响应使人体组织超过可恢复的限度或导致解剖学组织破坏，或导致正常生理功能变化或丧失，这时就发生了人体损伤。

由汽车碰撞事故造成的伤亡人员有两类，即车内人员和车外行人。当车与车之间相撞时,通过现代技术如安全带和安全气囊等可以很好地保护驾驶员或乘员的安全。而车与行人相撞的情况过于复杂,因此对行人的保护还远远达不到要求。相对于车内人员固定的位置,行人与车辆相撞时不同的部位会造成完全不同的后果。人受伤害的风险大小取决于行人本身的体质和诸如年龄、身高、体重等方面的因素,但这几方面的相互关联程度还需进一步地研究。

碰撞损伤分为穿透性损伤和无穿透性损伤两种。穿透性损伤是力或冲击能量集中作用在人体的一个很小的区域内,使其局部的载荷应力超出了破坏值所导致的损伤;无穿透性损伤则复杂得多,通常由一些钝的物体通过较大的接触面与人体发生作用或者是惯性力作用的结果。在碰撞的环境下,接触力、惯性、人体组织的弹性和黏弹性特征等方面的因素均会影响到损伤的类型和程度[16~18]。在碰撞条件下发生无穿透损伤有 3 种主要形式:

(1)人体组织的弹性极限被超出而造成的损伤,如骨折等。这种损伤在高、低的冲击下均可能发生。

(2)由于剧烈的冲击载荷,导致黏性材料超出耐受极限以后的损伤。如汽车碰撞行人事故中常发生的胸腔内出血等。

(3)在加速度载荷的作用下,惯性力使人体某些组织分离而发生的损伤,如脑损伤。

在碰撞事故环境下,行人所承受的常常是上述几种载荷的组合。据统计,在车人碰撞事故中发生的主要是人体头部、胸部和下肢的损伤[19, 20]。

1. 头部伤害机理与评价指标

头部损伤的表现形式有颅骨骨折和颅脑损伤。行人头部因车轮重压或车体猛烈撞击后常引起颅脑开放性骨折,表现为颅骨片状粉碎、头颅变形、头皮开裂、脑组织外流等现象。颅骨闭合性骨折常常是由于行人受到直接碰撞或跌扑造成,这种骨折多数表现为裂纹或线状骨折,常伴有皮下溢血或血肿。颅底骨折多由间接暴力所致,即除着力部位产生冲击伤外,还在着力部位的对侧形成对冲伤,即颅前窝、颅中窝、颅后窝处的骨折,可从靠近处的眼、耳、口、鼻的溢出物中看出[21]。

常见的颅脑损伤有脑震荡、脑挫裂伤、颅内出血与血肿。脑挫裂伤是头部受到强力冲撞,造成脑组织挫裂,该损伤多发生在颞前部、额前部及脑底等处,严重的可引起脑疝而死亡。脑挫裂伤一般在伤后立即出现意识障碍,且持续时间长甚至陷入深度昏迷。

颅内出血的损伤形式常表现为硬脑膜外血肿和硬脑膜下血肿。硬脑膜外血肿是头部受到强力冲击或造成颅骨骨折时,硬脑膜与颅骨间相连的血管受损破裂,溢血积于颅骨与硬脑膜之间形成血肿。硬脑膜外出血会反复出现昏迷、清醒、再昏迷,并伴有呕吐、意识障碍程度逐渐加深的症状。硬脑膜下血肿是溢出的血液在硬脑膜与蛛网膜之间形成的血肿,出血部位一般在着力部位或对冲部位,血肿的形成较硬脑膜外血肿要慢的多,血肿一旦形成,往往抢救不及。

对人体头部损伤进行数值分析,主要参考依据是头部加速度曲线。分析常用的头部对加速度耐冲击性的数据是通过实验方式得到的。将尸体头部落在刚性平面上,让颅骨产生线形骨折为界限从而得到了相关曲线数据。线形骨折与脑震荡的发生几乎同等概率,但与脑挫伤的关系不明确。通过总结实验数据形成了著名的 WSTC 耐冲击性曲线,该曲线最早由美国韦思州立大学的 Lissner 于 1960 年提出,其后由 Gurdjian 和 Patrick 等追加数据予以完善。如图 6-11 所示,这里的加速度是平均加速度(加速度波形的积分值除以作用时间),与实际撞车时产生的复杂加速度波形未必完全对应,可是由于该曲线使用方便,因此成为此后对人体头部伤害进行讨论所引用的主流数据。

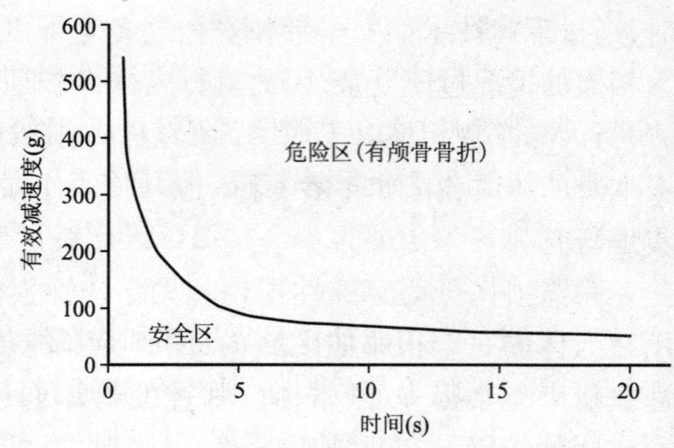

图 6-11 WSTC 耐冲击性曲线

1966 年 Gadd 根据 WSTC 提出了 Gadd 伤害指数(GS, Gadd Severity Index),即头部伤害指标公式:

$$GSI = \int_0^{\tau} a^n \mathrm{d}t \tag{6-3}$$

式中:a——头部加速度;

n——加权指数;

τ——加速度作用时间;

t——时间。

1971 年由 Versace 提出了 HIC(Head Injury Criterion)头部伤害标准,被美国国家道路交通安全局采用为法规 FMVSS 208 的伤害标准,现在还在同一法规中使用。我国的强制性标准 CMVDR 294 也采用了这一指标。HIC 可以说是 GSI 改进式。由于 WSTC 原来根据的是平均加速度的概念,GSI 尚不完备,所以采用下式:

$$HIC = Max\left[\left(\frac{1}{t_2 - t_1}\int_{t_1}^{t_2} a_{\mathrm{Head}}\mathrm{d}t\right)^{2.5}(\mathrm{t}_2 - \mathrm{t}_1)\right] \tag{6-4}$$

式中: t_1 ——加速度作用中的任意时间;

t_2 ——相对于 t_1,使 HIC 值达到最大的时间;

a_{Head} ——头部中心的合成加速度。

在国内外各项法规及标准中,一般设置 HIC 值为 1000 作为安全界限。

目前,HIC 已成为最广泛使用的评价头部伤害的准则。由于使用上的原因,HIC 值的最大时间间隔($t_2 - t_1$)定为 36ms,这个时间间隔大大地影响着 HIC 的计算。最近,这个时间间隔被建议进一步减少至 16ms,这主要是用来限制作用于头部的硬冲击[22]。伤害准则和相关的容限水平应与伤害严重程度联系在一起,使用 HIC 评价指标的局限在于:

(1)虽然头部的生物力学响应也包括可以引起头部伤害的角运动,但 HIC 仅考虑了线性加速度。

(2)HIC 只在硬接触发生时有效,因此冲击的时间区间受限制。

虽然有这些限制,HIC 评价方法还是汽车领域中研究头部伤害时最常使用的准则,而且 HIC 评价方法被认为可以很好地区分接触和非接触冲击响应。除了 HIC 等参数以外,另外还有一些其他的伤害指标如 JIT(Vienna Institute Index,维也纳研究所标准),EDI(Effective Displacement Index,有效位移指数)等等。

2. 胸部伤害机理与评价指标

在车—人碰撞事故中，行人胸部受到发动机盖强烈冲击的情况，其发生频率和致命度都是很高的。胸部伤害主要包括胸壁、胸骨、食道、呼吸器官、心脏以及心脏周围的血管等部位。

胸壁外伤发生的频率较高，但其危害不是很大。胸骨和肋骨的骨折及随之而来的呼吸器官障碍则需要引起重视。食道位置在器官与脊椎之间的下方，受伤害的发生频率较低，但万一破裂，就会发生危险。

呼吸器官的功能动作是靠胸部和横膈膜的运动来进行的被动动作，如果肺内的支气管、肺泡、胸壁、纵膈等部位裂伤，则空气将通过这些裂伤处进入胸腔，压迫胸部，使肺泡像气球一样萎缩，从而导致肺功能障碍，甚至肺功能完全丧失。如果因胸膜或心脏及其周围血管损伤出血而压迫肺泡，则会引起血胸症。血胸发生的频率很高，占胸部伤害 75% ~80%，若是心脏及其周围血管损伤出血将是致命的。横膈膜是胸腔与腹腔的隔断，也是肺进行吸气动作的重要肌肉组织，横膈膜一旦破裂，腹腔内脏将进入胸腔内，血液同时压迫肺部，使呼吸困难，往往成为致命伤害。

心脏是由强韧的心肌组成的用于血液循环的泵，特别是把血液送往全身的左心室，室中充满了高压的血液，这部分的损伤将是致命的，如果心脏本身裂伤，则包裹心脏的心膜将充满血液，返回右心室的低压大静脉变窄，也会导致失去循环机能，心脏的伤害几乎都会立即死亡，但发生的频率很低，心脏周围血管爆裂伤，尤其是胸部大动脉裂伤，很容易造成致命伤害。

目前，在交通事故数字化分析方法中，通常按照国际惯例把 3ms 内的合成加速度值 60g 作为安全界限值，同时在碰撞的过程中，要求胸部性能指标 THPC(胸部相对于脊柱的压缩量)≤75mm。我国的强制性标准 CMVDR294 也是采用这样的损伤标准。

3. 下肢伤害机理与评价指标

下肢在汽车碰撞事故中是继头部之后第二大频繁受伤的部位，在车—人碰撞事故中，人体下肢是全身最早接触汽车的，因而使得下肢受伤害的比例更加提高。

下肢伤害主要包括骨折、韧带扭伤、肌肉撕裂、肌腱损伤等模式。

下肢骨折损伤主要包括：股骨骨折、胫骨和腓骨骨折、膑骨骨折等。其中股骨是人体中最长的骨骼，起支撑全身的作用。常见的股骨骨折有横断性骨折、粉碎性骨折和撕裂性骨折等。胫骨是小腿的主干骨骼，起支撑全身的作用，而腓骨较细，具有维持踝关节的作用。直接、间接外力均可造成胫骨和腓骨骨折。膑骨和半月板均为膝关节中的活动器官，膑骨有保护膝关节、控制关节活动以及增加股骨肌肉力量的功能。半月板有稳定膝关节，缓冲及减轻摩擦的作用。直接和间接的外力作用均可使膑骨呈粉碎性或横断性骨折。一般情况下，下肢骨折不会有生命危险，但是若伤及股动脉等较大动脉血管，也会因失血过多而危及生命。

下肢骨结构的破坏往往是由于所受应力超过了密质骨中骨胶原纤维和无机物的结合物所能承受的最大极限，骨胶原纤维被破坏所致。下肢韧带、肌腱、肌肉的损伤主要是由于这些软组织的应变超过了其正常的弹性极限所致。下肢各关节包括了骨、软骨和其他一些结缔组织，但它们都是由更为基本的材料如胶原纤维、弹性纤维、无机经基磷灰石等组织，从力学角度看，它们都属于黏弹性材料，具有蠕变、松弛、滞后等特性。其应力—应变关系一般不符合虎克定律，其损伤机理取决于关节内各组成元素的损伤情况。

下肢伤害往往是由以下几种情况所致：

(1)下肢与保险杠发生碰撞,在撞击部位产生了过大的接触力,导致该部位出现骨折或其他损伤。

(2)下肢关节在碰撞发生时产生了过大的转动,超过了其运动极限,从而导致关节受损,如碰撞时常常出现的因过度背曲、过度内翻和过度外翻而导致的膝关节损伤。

(3)在保险杠与膝盖发生碰撞时,因接触力过大,导致膝盖韧带撕裂或损伤,或者膝盖本身发生骨折,而产生的上、下腿部间的剪切位移。

对于下肢各部分而言,由于在事故中接触的部位不同,导致其受伤形式也各不相同,膝部的损伤机理是膝关节的骨骼结构破裂及韧带和肌腱的撕裂;小腿的损伤机理是过大的剪切力、轴向力和弯折力矩引起的胫骨、腓骨骨折;大腿的损伤机理是内侧—外侧方向的弯折引起骨折。经过统计分析得到小腿骨的弯曲力矩界限如图 6-12 所示。

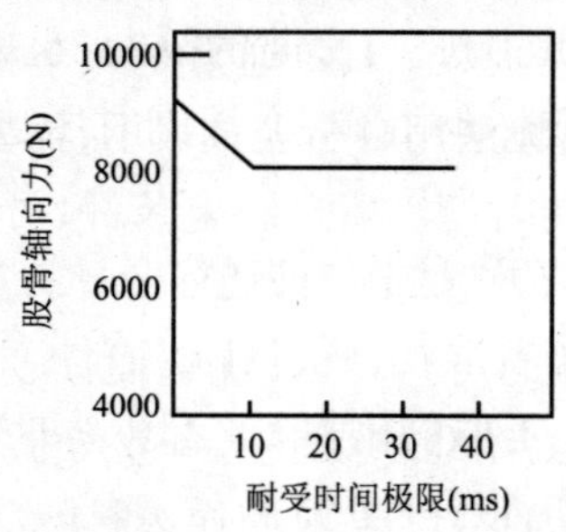

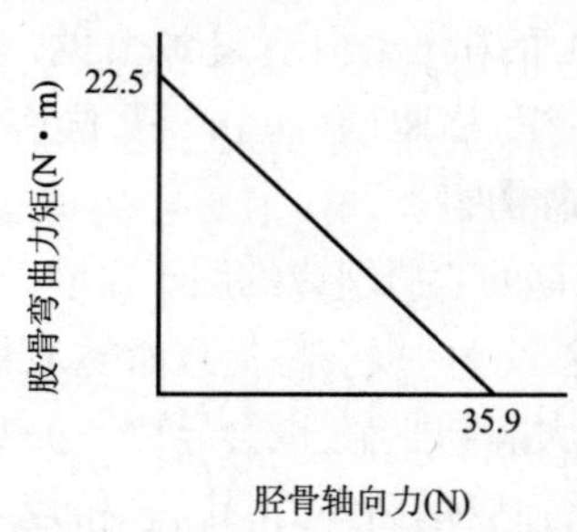

图 6-12 小腿骨的弯曲力矩及轴向载荷界限

四、车—人碰撞事故数字化重构的优化方法

1. 优化方法的目的与意义

车—人碰撞事故重构的本质就是已知部分响应结果,求解初始条件和全部响应过程的逆动力学问题。基于数值仿真技术的事故重构方法由于无法对解析方程求逆,因此只能采取优化的方法,循环迭代进行多次正向求解,寻找满足条件的最优解。

目前,车—人碰撞事故重构主要采用人工试凑的方法。据报道,平均每起碰撞事故重构分析约需要 20 次以上试运算,期间需要人为修改参数及判断解的最优性。显然,这种方法过多地依赖人工干预,进而影响到事故分析的工作效率和客观性。

本章以多刚体动力学理论为基础,提出采用序列线性规划(Sequential Linear Programming)的优化方法来数字化重构真实事故。该优化方法主要思想是通过将目标函数和约束函数局部线性化,利用线性规划的方法来求解非线性问题的最优解。序列线性规划方法采用的是一种直接搜索方法,它直接利用迭代过程中的已有信息进行试探与求优,无需通过解析方法求解目标函数的偏导。因此,比较适合基于仿真的优化问题,并且还能在一定程度上解决实际工程问题存在的目标函数和约束函数的噪声问题。

除了优化算法,建立合适的优化模型也是一个非常关键的问题。优化模型的确定包括确定设计空间,选择目标函数和约束条件等。因此,如何利用序列线性规划法,结合车—人碰撞事故特征和已有的仿真模型来建立合理的优化模型将是本章的重要研究内容。

2. 车—人碰撞事故数字化重构的优化模型

车—人碰撞事故过程是长时间的非线性动力学问题,涉及到车辆变形和人体损伤等事

故遗留信息。车—人碰撞事故重构可以表述为多变量、多约束、多目标的优化问题,其数学模型如下:

$$\begin{aligned} & \min F(X), \\ & \text{s.t. } g_j(X) < c_j \quad j = 1, \cdots, m, \\ & X = (x_1, x_2, \cdots, x_n)^T, x_i^l \leqslant x_i \leqslant x_i^u, x_i \in R, i = 1, \cdots, n \end{aligned} \tag{6-5}$$

式中: X——由 n 个设计变量组成的向量;

x_i^l、x_i^u——分别是设计变量 x_i 的取值下限和上限。

对于事故重构问题,可以选择感兴趣的、相互独立的未知量作为设计变量。常见的设计变量有汽车速度、碰撞方向、行人的初始位置、制动时间等。另外,一些只知道取值范围而不知其精确值的计算参数,如摩擦系数、刚度参数等,也可作为设计变量。

对于基于数值仿真技术的事故重构方法,约束函数 $g_i(X)$ 通常是人车相对位置关系、人体损伤程度等信息,它们都是关于 X 的隐性函数,无法用解析公式表示,需要通过仿真获得。事故重构的约束条件主要是不等式约束。另外,同时施加多个约束条件,可以进一步缩小可行域范围,增加优化效率。

整个优化的过程就是在满足不等式约束条件的可行域内,优选设计变量使目标函数 F(X)达到最小值。目标函数包括计算参数和仿真结果,需要根据事故分析的侧重点来进行设计。通常以仿真结果的评价标准作为目标函数的数学表现形式,即计算值与真实值之间的相对误差。对于车—人碰撞事故,可以考虑将能够与真实值比较的计算结果构成评价指标作为目标函数。

$$E_{\text{Positional}} = \frac{\| P_{\text{Sim}} - P_{\text{Stop}} \|}{\| P_{\text{Stop}} - P_{\text{Impact}} \|} \tag{6-6}$$

$$E_{\text{Direction}} = \frac{| \arccos(\bar{d}_{\text{Head}} \cdot \bar{d}_{\text{Pelvis}}) - A_{\text{Stop}} |}{A_{\text{Stop}}} \tag{6-7}$$

$$E_{\text{Injury}} = \frac{| I_{\text{Sim}} - I_{\text{Accepted}} |}{I_{\text{Accepted}}} \tag{6-8}$$

式(6-6)~式(6-8)分别为衡量行人或汽车的停止位置、行人倒地方向、人体损伤的评价指标。

式中: P——行人或汽车的位置;

A——行人倒地角度;

I——人体损伤指标值;

I_{Accepted}——人体损伤指标的阈值;

$\bar{d}_{\text{Head}}$、$\bar{d}_{\text{Pelvis}}$——分别代表行人被碰撞后头部和臀部位置向量;

下标 Sim——计算结果;

Stop——事故现场勘察到的测量值;

Impact——发生车—人碰撞事故的初始位置。

汽车的停止位置、行人的抛落位置、人车接触位置、行人倒地方向等参数可以在事故发生后准确测量,因此要比人体损伤更容易成为目标函数。

对于多目标函数优化问题,可以采用统一目标法,利用加权系数将各个分目标函数

$f_k(X)$组合起来,如式(6-9)所示。

$$F(X) = \sqrt{\frac{\sum_{k=1}^{q} (w_k f_k(X))^2}{\sum_{k=1}^{q} w_k}} \tag{6-9}$$

式中:w_k——加权系数,主要由专家确定,对较为重要的指标(分目标函数)给予较高的权重。

3. 车—人碰撞事故数字化重构的计算过程

采用序列线性规划算法进行优化计算,该优化方法主要思想是通过在子区域内将目标函数和约束函数局部线性化,利用线性规划的方法得到局部最优解,然后根据一定规律循环往复地求解新的子区域,得到优化问题的全局最优解。

事故重构线性规划法的计算步骤如下:

(1)$P=0$,预设初始搜索起始点 X_0^P,设置初始子区域大小 s_i^P,生成初始子区域。

(2)优化问题局部线性化,寻找局部最优解 X_*^P。

一旦局部线性近似成立,在子区域内局部最优化问题等价于如下的线性规划问题:

$$\begin{gathered} \min \tilde{F}(X) \\ \text{s. t. } \tilde{g}_j(X) < c_j \quad j=1,\cdots,m \\ X=(x_1,x_2,\cdots,x_n)^T, x_i^{lp} \leqslant x_i \leqslant x_i^{up}, x_i \in R, i=1,\cdots,n \end{gathered} \tag{6-10}$$

在由子区域边界和线性约束条件所划定的可行域范围内,用线性规划算法来寻找局部最优解。根据线性规划理论,该优化问题的最优解只可能出现在可行域的角点。如果再限制搜索方向,仅沿着目标函数值减少的方向搜索最优解,则不必比较可行域中每个角点的目标函数即可确定最优解。

(3)检验近似误差。

通过近似误差检验,必须满足如下两个条件:

第一,近似目标函数与实际目标函数之间的相对误差 e_{obj}^P 小于误差限值;

第二,各个近似约束函数与实际约束函数之间的最大相对误差 e_{cons}^P 必须小于误差限值。

e_{obj}^P、e_{cons}^P 的具体计算公式如下:

$$e_{obj}^P = \left| \frac{\tilde{F}^P(X_*^P) - F(X_*^P)}{F(X_*^P)} \right| \tag{6-11}$$

$$e_{cons}^P = \max_{j=1}^{m} \left| \frac{\tilde{g}_j^P(X_*^P) - g_j(X_*^P)}{g_j(X_*^P)} \right| \tag{6-12}$$

如果以上两个条件不能被满足,则拒绝接受该局部最优解,缩小子区域范围,返回第(2)步,重新进行线性近似,计算局部最优。如条件满足,进入第(4)步,判断是否为全局最优解。

(4)判断局部最优解是否为全局最优。

找到子区域内的局部最优解之后,计算相邻的两个局部最优解对应的目标函数值之间的相对误差小于限值,相对误差的计算公式如下:

$$\left| \frac{F(X_*^P) - F(X_*^{P-1})}{F(X_*^{P-1})} \right| < 0.1(\text{default}) \tag{6-13}$$

如不能满足条件且 P 小于最大循环次数 $P=\text{maxcycles}$,确定下一步子区域大小,以本次局部最优解为下次子区域的起始点,$P=P+1$,返回第(2)步。

否则,判定该解为全局最优解,进入下一步。

(5)优化过程结束。如找到全局最优解,输出计算结果。

图 6-13 是按上述步骤进行迭代计算的程序框图。

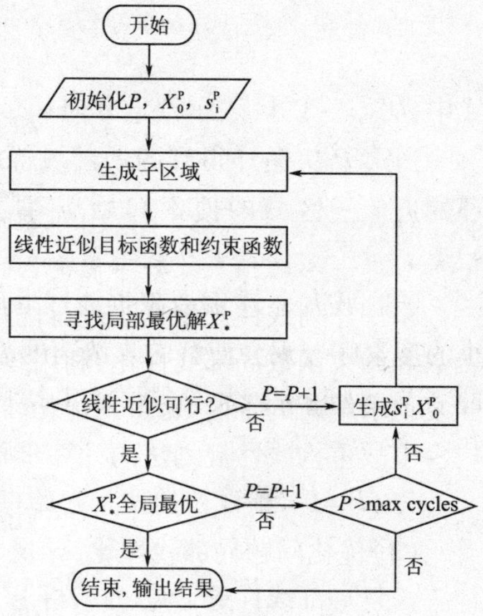

图 6-13　车—人碰撞事故数字化重构优化流程

4. 车—人碰撞事故数字化重构的关键技术

1)目标函数和约束函数的线性近似

对于式(6-5)所示的优化问题,在第 P 次循环的子区域内,在起始点 X_0^P 的邻域内将非线性的 $F(X)$ 和 $G(X)$ 作泰勒展开,略去其二次项及以上部分,只保留一次项,便可近似得到线性的目标函数和约束函数:

$$\tilde{F}^{\mathrm{P}}(X)=F(X_0^{\mathrm{P}})+\nabla F(X_0^{\mathrm{P}})^{\mathrm{T}}\Delta X^{\mathrm{P}},$$
$$\tilde{g}_{\mathrm{j}}^{\mathrm{P}}(X)=g_{\mathrm{j}}(X_0^{\mathrm{P}})+\nabla g_{\mathrm{j}}(X_0^{\mathrm{P}})^{\mathrm{T}}\Delta X^{\mathrm{P}},$$
$$j=1,2\cdots,m。\tag{6-14}$$

式中:　上标 P——该次子区域线性化近似是整个优化循环中的第 P 次;

$\nabla F(X)$——函数 $F(X)$ 的梯度,它是 $F(X)$ 对各个设计变量的偏导数所组成的列向量,即:

$$\nabla F(X)=\left[\frac{\partial F(X)}{\partial x_1}\quad\frac{\partial F(X)}{\partial x_2}\quad\cdots\quad\frac{\partial F(X)}{\partial x_{\mathrm{n}}}\right]^{\mathrm{T}}\tag{6-15}$$

其中,ΔX 是 X 的各个设计变量与子区域起始点 X_0 的差值所组成的列向量,即:

$$\Delta X=[x_1-x_{01}\quad x_2-x_{02}\quad\cdots\quad x_{\mathrm{n}}-x_{0\mathrm{n}}]^{\mathrm{T}}\tag{6-16}$$

由于无法获得目标函数或约束函数的解析关系式,对于基于数值仿真的事故重构优化,如图 6-14 所示,在 n 维设计空间内,以 $n+1$ 个设计点构成局部线性近似的子区域,其中子区域的一个顶点为起始点 X_0^{P},其余的顶点 $X_1^{\mathrm{P}},X_2^{\mathrm{P}},\cdots,X_{\mathrm{n}}^{\mathrm{P}}$。目标函数和约束函数可以线性近似为:

$$\tilde{F}^{\mathrm{P}}(X)=F(X_0^{\mathrm{P}})+\sum_{\mathrm{i}=1}^{\mathrm{n}}(x_{\mathrm{ii}}-x_{0\mathrm{i}}^{\mathrm{P}})\frac{F(X_{\mathrm{i}}^{\mathrm{P}})-F(X_0^{\mathrm{P}})}{x_{\mathrm{ii}}^{\mathrm{P}}-x_{0\mathrm{i}}^{\mathrm{P}}}\tag{6-17}$$

$$\tilde{g}_{\mathrm{j}}^{\mathrm{P}}(X)=g_{\mathrm{j}}(X_0^{\mathrm{P}})+\sum_{\mathrm{i}=1}^{\mathrm{n}}(x_{\mathrm{ii}}-x_{0\mathrm{i}}^{\mathrm{P}})\frac{g_j(X_{\mathrm{i}}^{\mathrm{P}})-g_j(X_0^{\mathrm{P}})}{x_{\mathrm{ii}}^{\mathrm{P}}-x_{0\mathrm{i}}^{\mathrm{P}}}\tag{6-18}$$

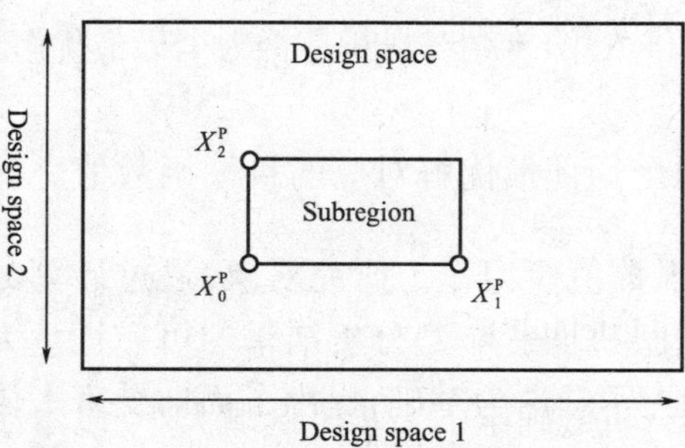

图 6-14　线性近似的子区域

2)子区域的生成方法

在每次局部线性近似之前,需要重新设计搜索子区域,具体的设计内容包括:搜索起始点 X_0^{P}、区域大小 $s_{\mathrm{i}}^{\mathrm{P}}$ 和搜索方向 $D_{\mathrm{i}}^{\mathrm{P}}$。如图 6-14 所示,以起始点 X_0^P 为子区域的顶点,相邻的顶点 $X_1^{\mathrm{P}},X_2^{\mathrm{P}},\cdots,X_{\mathrm{n}}^{\mathrm{P}}$ 可以通过式(6-19)求得。

$$x_{\mathrm{i}}^{\mathrm{P}}=x_0^{\mathrm{P}}+D_{\mathrm{i}}^{\mathrm{P}}s_{\mathrm{i}}^{\mathrm{P}}\tag{6-19}$$

$$D_i^{P+1} = \frac{x_{*i}^P - (x_i^{lp} + x_i^{up})/2}{\left| x_{*i}^P - (x_i^{lp} + x_i^{up})/2 \right|} \tag{6-20}$$

式中：$D_i^P \in \{-1,1\}$表示搜索方向；

当第 P 次循环得到的局部最优解 X_*^P 能满足近似误差条件，则将其作为第 $P+1$ 次循环的近似子区域的搜索起始点 X_0^{P+1}。否则，仍以原有的起始点 X_0^P 为下一轮循环的起始点。

子区域大小 s_i^P 需要根据线性近似误差来确定。过大的搜索区域会引起解的振荡，而太小的搜索区域则会使解的收敛速度减缓。本算法计算子区域大小 s_i^P 的主要依据是最大约束冲突 Viol.、目标函数收敛误差 Tol. 和最大近似误差 Error，并定义了相应的容许误差 e_V，e_T 和 e_E 作为衡量参考。

$$\mathrm{Viol}^P = \max_{j=1,\cdots,m} \frac{g_j(X_*^P) - c_j}{c_j} \tag{6-21}$$

$$\mathrm{Tol}^P = \left| \frac{F(X_*^P) - F(X_*^{P-1})}{F(X_*^{P-1})} \right| \tag{6-22}$$

$$\mathrm{Error}^P = \max(e_{obj}^P, e_{cons}^P) \tag{6-23}$$

如果 Viol.、Tol.、Error 较小，则说明解析模型近似精度较高，可以加大子区域尺寸。如果近似精度不高，需要减小子区域范围。定义子区域缩放系数 f_i^P，则有 $s_i^P = f_i^P \times (x_i^u - x_i^l)$。一旦子区域范围确定，重复循环优化过程直至收敛。

5. 优化结果的分析

通过结合使用优化算法及数值仿真技术，可以对车—人碰撞事故过程进行数字化重构分析，数值计算结果将包括如下事故信息：①车辆与行人的初始相对位置；②人车接触部位及对人体的伤害；③车辆停止位置；④行人身体主要部位与地面接触位置及受力情况分析；⑤行人跌落后的停止位置。

车辆与行人的停止位置通常被设置为优化目标，当数值重构结果与真实事故最吻合时，可以认为此状态下对应的车辆速度及碰撞角度与真实事故最为接近。人体损伤可以作为计算结果合理性的辅助判断工具。由于人车接触及人与地面之间的接触是造成人体损伤的主要原因，在数值模拟结果中可以对人体损伤部位、程度及致伤原因进行分析判断，通过与真实事故的行人验伤报告或法医鉴定报告进行对比，可以对数字化重构计算中所设置的初始条件如人车相对位置等的合理性予以判断。

第三节　应 用 实 践

一、典型软件

在车—人碰撞事故分析中通常将标准体形的假人数值模型作为研究对象，通过计算分析发现人体体形的差异将导致人车接触部位发生变化，进而影响到分析结果的可靠性。为了解决这个问题，本书作者及其研究团队以多刚体动力学理论为基础，提出了面向受害人体形特征的数字化假人定制方法，并开发了相关软件。

以成年男性行人假人数字化模型为例，软件具体应用步骤如下：

(1)建立标准体形的成年男性行人假人数字化模型，生成用于仿真计算的模型输入文件。假人模型通过适量的刚体来描述人体各个身体环节的运动，用弹性椭球面来表示人体表面，连接各刚体的铰链可以表现真实的关节特性和骨折现象。标准假人的尺寸和质量将参照汽车行业惯用的50百分位男性假人(身高1.74m，体重75.7kg)，其中相关的生物力学特性将参考已有的力学试验数据。

(2)通过人机交互界面，向程序输入事故中受害人相关信息。基于VC编写用于自动生成假人的人机交互程序，该程序除了提供窗口界面作为受害人体形信息的输入以外，还将和标准假人模型的模板文件及多刚体动力学求解器连接。程序界面所提供的受害人输入信息包括：身高、体重、人体各部位的缩放系数等。

(3)自动生成具有中国人体形统计特征的各环节质量分布和几何尺寸分布。受害人体形记录中一般只有身高数据。一般认为受害人的体形特征既存在个性，又有一定的共性。所谓的共性就是，受害人的体形参数应该符合中国成年人的统计结果。因此，根据输入的受害人相关信息，依据《中国成年人人体尺寸》、《成年人人体惯性参数》等国家标准，计算出人体各环节的质量和几何尺寸的统计学结果。如果受害人体形特殊，还可对人体局部的质量和几何尺寸做适当调整。

(4)生成行人假人的计算输入文件，送交多刚体动力学仿真软件试算。根据计算得到的受害人各环节的质量分布和几何尺寸数据，利用假人自动生成程序，重新生成可用于事故重构的计算输入文件。随即，自动将输入文件递交至多刚体动力学仿真软件进行试算。

(5)检验假人模型误差并修正。由于分别计算人体各环节的体形参数，可能会导致假人模型的整体测量参数与输入的期望值之间存在误差。因此，将通过试运算对假人局部参数进行调整和修正。

该软件结合了人体工程学、生物力学、碰撞动力学、数值模拟技术等多方面的技术手段与研究成果，建立用于事故重构的行人假人数字化模型，具有如下优势：

(1)可以根据少量的关键数据，快速生成行人假人数字化模型，符合交通事故鉴定对效率的要求。

(2)所生成的假人体形特征符合中国人体形的统计特征，有效地提高了事故重构模型的近似度。

(3)设计了友好的人机交互界面，提供了丰富的输入选择，具有生成特殊体形假人的能力。

(4)所开发的假人数值模型能反应出车—人碰撞事故中行人的损伤特征，具有很强的针对性。

二、轿车与行人碰撞事故数字化重构的典型案例

1.事故重构的依据与目的

2003年某日晚间，天气晴，某轿车在某地由西向东行驶时与一由北向南横穿马路的行人(男，50岁，身高154cm)相撞致使行人死亡，车辆损坏严重。事故现场示意图如图6-15所示。

法医检验报告表明，行人面部有大量血迹，口、鼻、耳及外耳道出血。右胸壁擦伤，范围10cm×7cm。四肢中左上臂上外侧擦伤，右肘内侧至右手背大面积擦挫伤，范围35cm×

10cm。左肩部至左上臂上端外侧擦伤，范围 17cm×1cm。左前臂、左腕部擦伤。右大腿中外侧挫裂伤，左大腿下内侧至左膝下内侧擦伤，范围 10cm×14cm。左小腿上内侧至左内踝、左足背擦挫伤，范围 30cm×20cm。法医通过综合分析认为该行人因为颅脑损伤死亡。

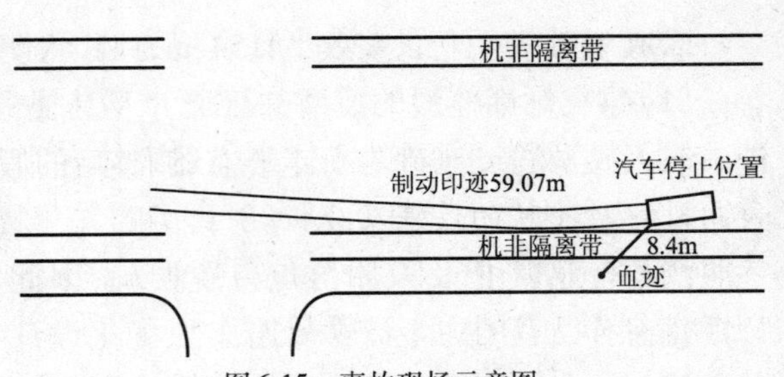

图 6-15　事故现场示意图

图 6-16　事故车辆照片

经过车辆检验发现事故车辆前雾灯灯具脱落，发动机罩前部距左边 51cm 见一处 58cm×40cm 凹瘪，前风窗玻璃距左边沿 64cm、距下边沿 17cm 为中心见一处放射状碎裂，黏附毛发，如图 6-16 所示。右前轮向后移位，轮胎钢圈外侧见撞击、擦挫痕迹。

在本起事故中存在的焦点问题是对碰撞发生时刻车辆的速度进行判断。

2. 事故重构的方法与模型

通过车辆变形信息可以对车人初始接触位置进行判断，同时人体损伤部位及程度可以对事故重构结果进行验证。在本案例中由于人体损伤信息明确，因此选用多刚体动力学方法作为事故重构的理论基础。

经过调查得到车辆基本信息如表 6-2 所示。通过车辆的损坏状况可以看出，行人与车辆前部保险杠、发动机罩及风窗玻璃下沿发生碰撞接触，因此可以简化车辆模型为只有前部碰撞接触面。根据车辆外型参数使用 8 个椭球体表示车身可能与行人接触的表面，使用 4 个椭球体表示车轮与地面间的接触。这 12 个椭球体黏附于重心位置处的体上，并且通过这个体用一个自由铰链控制车辆整体模型的位置及旋转，如图 6-17a）所示。

车辆信息　　表 6-2

整备质量（kg）	长（mm）	宽（mm）	高（mm）	轴距（mm）	前轮距（mm）	后轮距（mm）	前悬（mm）	后悬（mm）
1140	4680	1700	1423	2656	1414	1414	900	1124

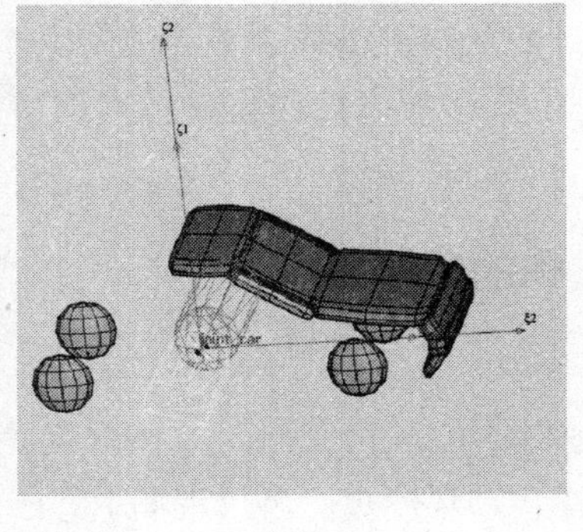

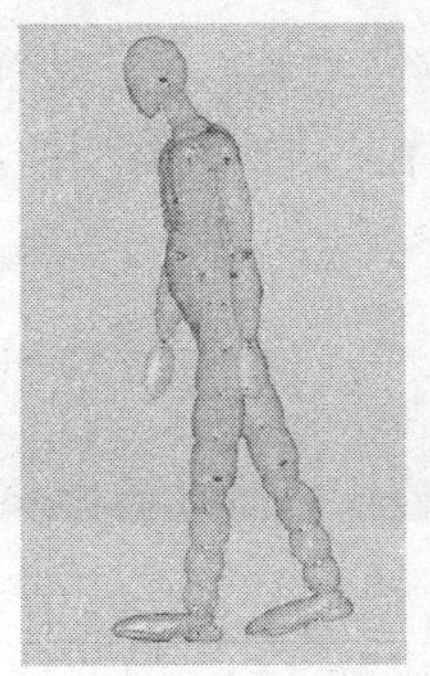

a)　　b)

图 6-17　车辆与行人多刚体模型

事故资料表明行人身高为154cm，以中等男性行人假人模型为基础，根据中国人体形特征统计参数，对标准假人模型进行尺寸及其他参数的修正。通过调节假人模型各关节铰链的旋转及位移得到正确的行走姿态，调整后的假人数值模型如图6-17b）所示。

3. 事故重构的结果及分析

由于车辆停止及人体落点位置明确，因此以此信息作为优化目标，以车速作为优化设计变量进行事故重构分析。当车、人初始相对关系如图6-18所示且车速为72km/h时，可以得到优化计算的最优解。事故重构结果中人车停止后相对位置与真实事故相比误差在5%以内。

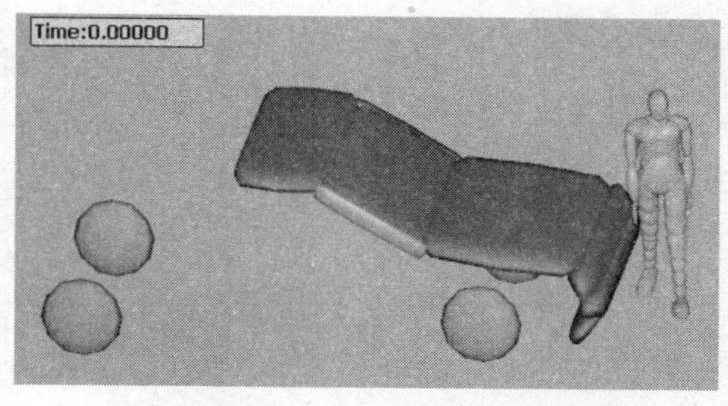

图6-18　车—人初始相对位置

事故发生过程动画显示如图6-19所示，可以看出行人与车辆的接触部位主要为人体右部，人的大腿和小腿分别与保险杠接触，右胸部与发动机罩接触，头部与风窗玻璃下沿接触。事故重构结果与法医的验伤结果吻合，从而可以为人体损伤原因给出合理的解释。

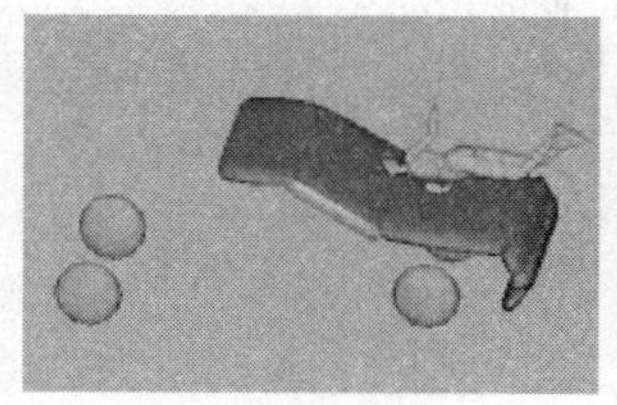

t=0.1s

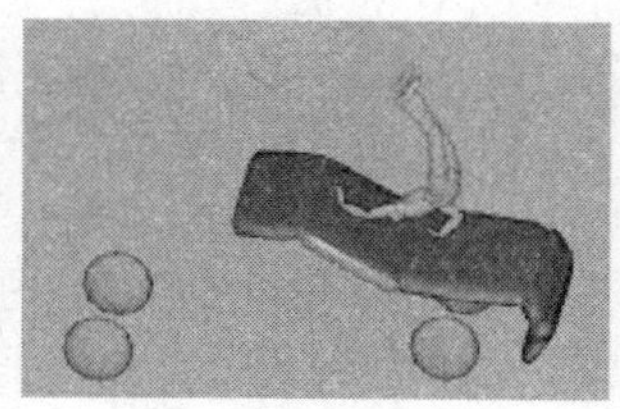

t=0.2s

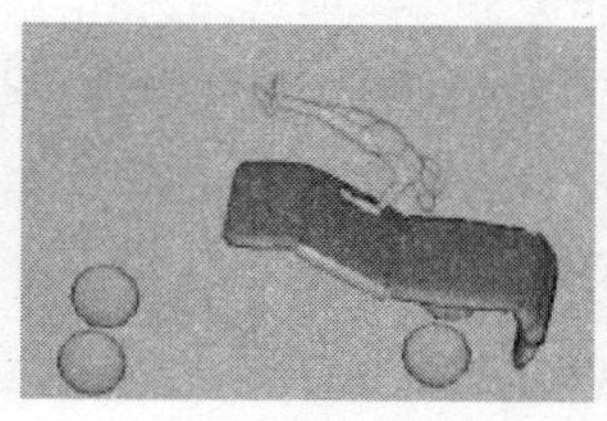

t=0.3s

图6-19　事故过程数字化重构结果

同样车辆变形结果也可以通过事故重构结果进行解释。如图6-20所示，在事故中，由于人体撞击导致风窗玻璃出现放射性碎裂。数值模拟结果中人体与车辆的接触位置与真实事故中的车窗碎裂位置基本吻合（见图6-21），从而验证了事故重构结果的准确性。

图6-20　风窗玻璃破损处

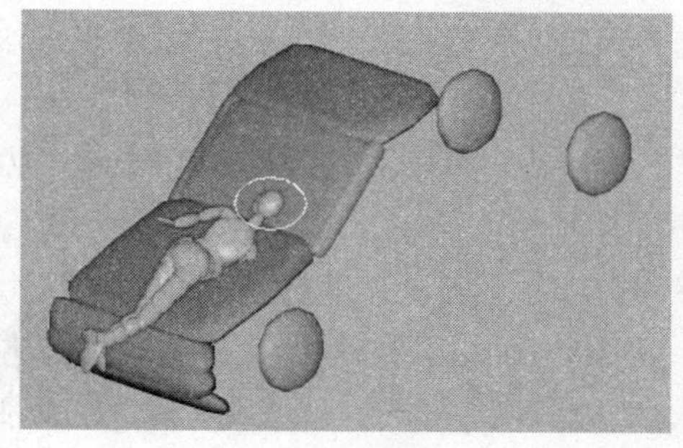

图6-21　模拟结果中风窗玻璃受撞处

通过优化计算分析，可以对事故中的焦点问题，如车速等信息进行提取，图6-22、图6-23分别为事故车辆的速度及加速度时间历程曲线。人车碰撞接触后车辆在摩擦力作用下保持基本恒定的加速度减速直至停止。

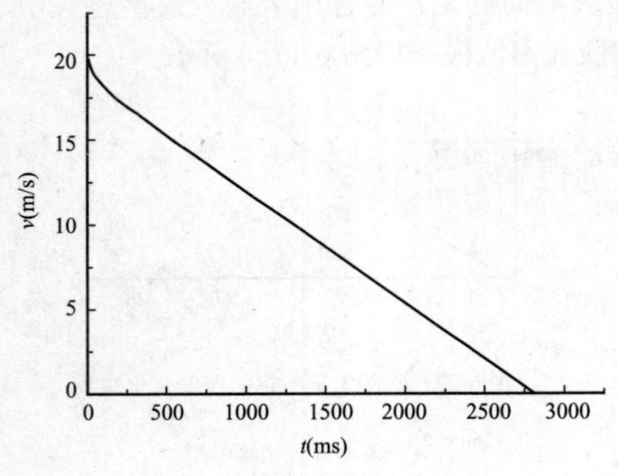

图 6-22　车辆速度时间历程曲线

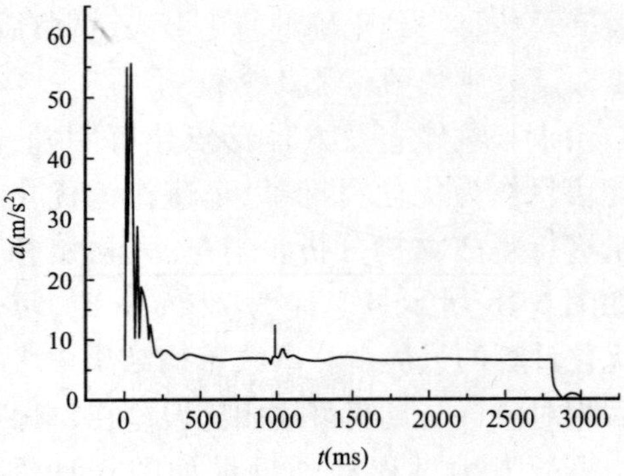

图 6-23　车辆加速度时间历程曲线

通过优化计算分析,还可以对事故中的人体损伤问题给出量化评价。由图 6-24 可以看出头部加速度最大值出现在头部与地面撞击时,对应的头部 HIC 值为 14847,远远超过了国际标准中所规定的安全界限 1000,通过 HIC 值可以对行人颅脑损伤致死的原因进行解释。图 6-25 显示胸部 3ms 的加速度最大值为 48g,低于安全标准界限 60g,所以不能确定人体的死亡是否与胸部伤害有决定性关系。

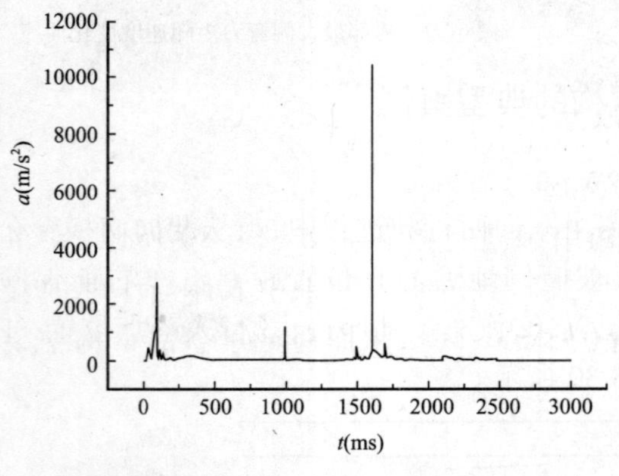

图 6-24　头部加速度曲线

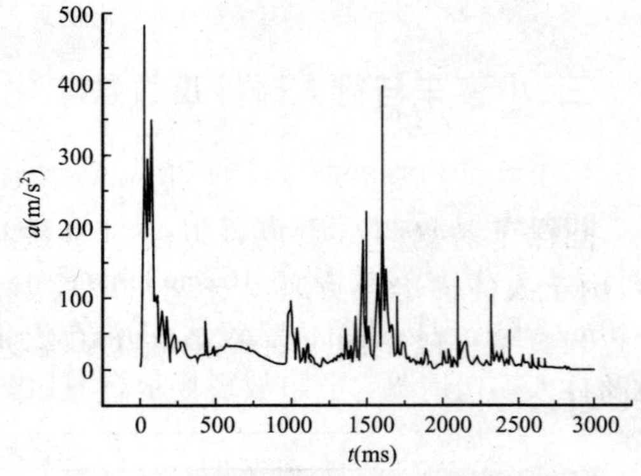

图 6-25　胸部加速度曲线

以此事故为基础还可以考察车辆速度的变化对人体损伤的影响。图 6-26、图 6-27 分别为不同车速(50 ~ 90km/h)条件下对应 HIC 最大值及胸部 3ms 指标最大值的变化趋势。图 6-28、图 6-29 反映了速度对腿部最大剪切力及最大侧弯力矩的影响。

从图 6-26 ~ 图 6-29 可以看出头部伤害值 HIC 和胸部 3ms 指标都是随着车速的增大而增大。从腿部最大剪切力和最大侧弯力矩曲线来看在腿部没有骨折时均是随着速度的增大而增大,而通过大腿最大剪切力曲线可以看出,在速度超过一定值(75km/h 左右)时,峰值有变小的趋势,说明此时大腿可能发生骨折。因此,通过腿部受力分析可以对是否骨折进行合理的判断。如果数值模拟结果与真实事故中法医勘验结果吻合,则可以通过数值计算的方式获得汽车速度的合理范围。

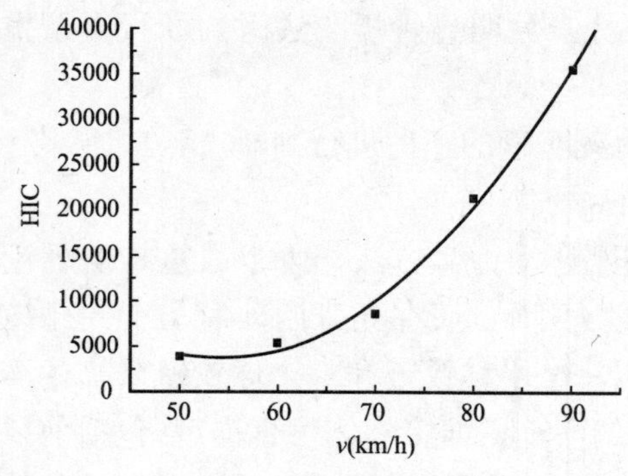

图 6-26　HIC 值随速度变化曲线

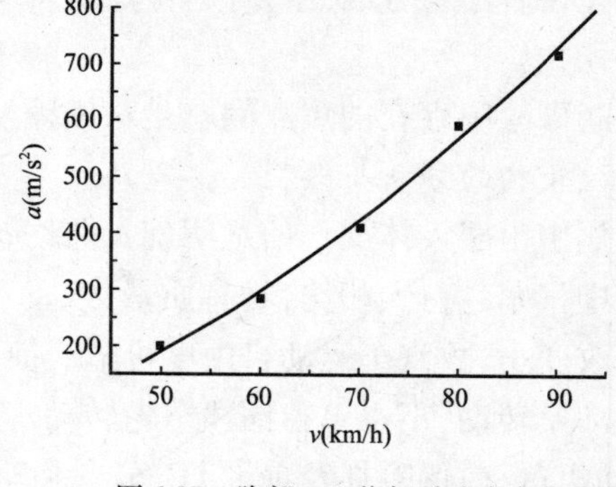

图 6-27　胸部 3ms 指标随速度变化曲线

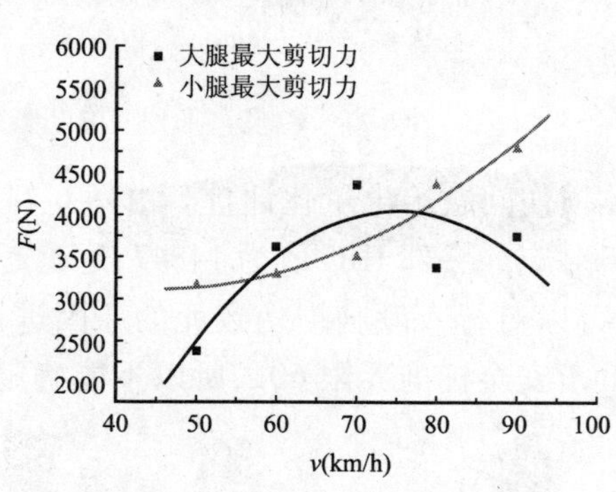

图 6-28　腿部最大剪切力随速度变化曲线

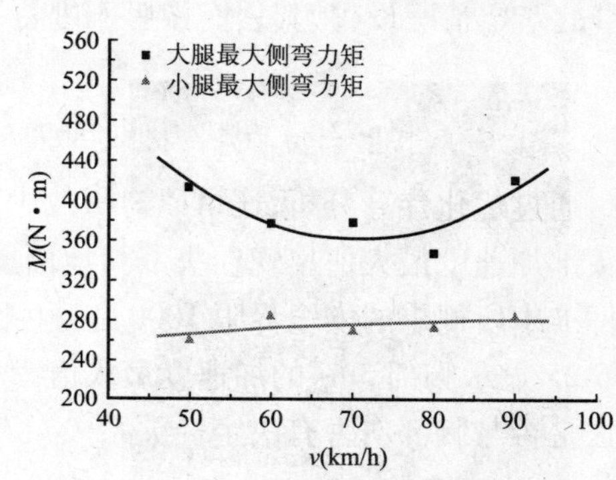

图 6-29　腿部最大侧弯力矩随速度变化曲线

三、小客车与行人碰撞事故数字化重构的典型案例

1. 事故重构的依据与目的

2004 年某日，天气状况为晴，某车在某公路由东向西行驶过程中，与从北向南横穿公路的行人（男性，65 岁，身高 167cm）相撞，行人被撞倒地后静止位置距离汽车右前保险杠 7.70m。事故现场遗留信息包括：①汽车停止位置；②汽车制动印迹；③行人落点位置；④车辆及行人损伤情况等。事故现场示意图如图 6-30 所示。

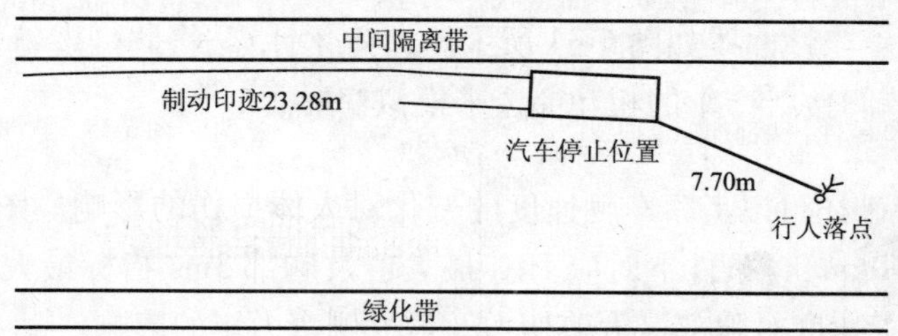

图 6-30　事故现场示意图

事故汽车照片如图 6-31 所示，前风窗玻璃右下角放射性碎裂、中心黏附毛发，鉴定为与行人头部发生碰撞后形成；发动机罩右部与行人躯干发生碰撞接触出现大面积向下凹瘪；右前照灯和保险杠与行人腿部发生碰撞而缺损[23, 24]。

行人伤害的法医尸检结论为：头部右颞枕部挫裂创，皮下血肿，范围 17cm × 1cm。左面颊擦伤，范围 4cm × 3cm。胸腹部未见明显损伤痕迹，左肩部擦伤，右臀外侧擦挫伤；左前臂、右肘擦伤，双手背擦伤，双膝、双足背擦伤，四肢长骨未见明显骨折。法医判断行人系重度颅脑损伤死亡。

在本起事故中存在的焦点问题是对碰撞发生时刻车辆的速度进行判断。

2. 事故重构的方法与模型

本案例中由于人体损伤信息明确，因此选用多刚体动力学方法作为事故重构的理论基础。碰撞中汽车与行人相比，具有质量大、动态惯量大等特点，在充分制动后与行人碰撞时运动状态改变小，故汽车运动自由度可适当简化，以一个平移铰链和一个球铰链来描述车体的平移运动及转动，不再单独描述车轮转动。建立的汽车三维多刚体仿真模型，包括前风窗玻璃、发动机罩、前保险杠及前照灯、车身和车轮等部分，如图 6-32 所示。汽车质量参数根据事故鉴定情况设置，其表面接触刚度特性参照 Yang 等研究文献取值[25~29]。

图 6-31　事故汽车照片

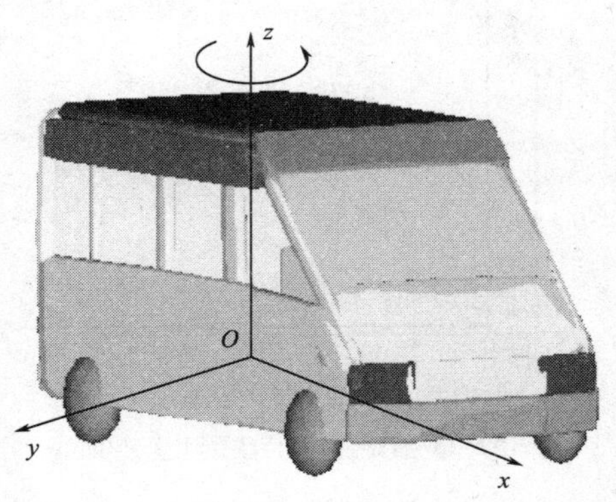

图 6-32　事故汽车仿真模型

将行人身高 167cm 作为已知条件，参照中国人体形特征统计参数，并充分考虑到行人的年龄因素，对标准假人模型进行尺寸及其他参数的修正。通过调节假人模型各关节铰链的旋转及位移得到正确的行走姿态，调整后的车、人相对位置如图 6-33 所示。

运用有限元建模方法建立水泥路面三维有限元模型，从研究文献[30]获取路面材料特性，然后采用成人有限元头部撞击器测取路面的接触刚度特性，所建立的水泥路面有限元模型和测得的接触刚度特性曲线如图 6-34 所示。为简化计算，将此刚度特性赋在多刚体路面模型上，并通过刚体间接触产生的相互穿透来模拟变形。

图 6-33　碰撞初始时刻车、人相对位置

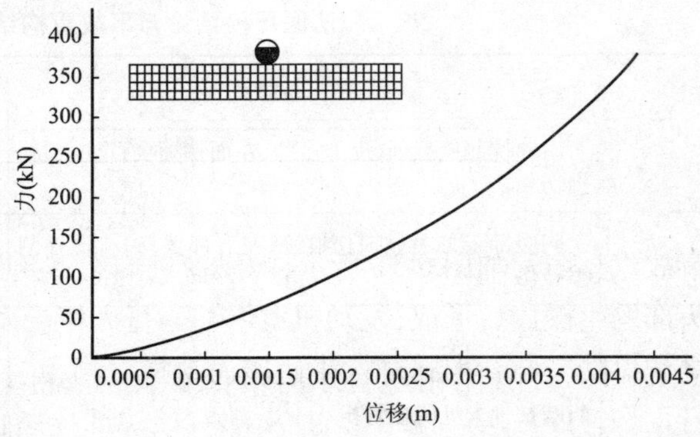

图 6-34　水泥路面有限元模型及其接触刚度特性曲线

3. 事故重构的结果及分析

在本起事故中，行人落点位置明确，而行人落点位置和抛距之间有着直接的联系。行人抛距是指碰撞接触初始位置到行人被撞击后的最终静止位置之间的距离。通过行人的抛距值分析，可以计算出汽车撞击行人时的瞬时速度。按照图 6-33 所示人车碰撞初始时刻状态，对碰撞车速在 20 ~ 50km/h 区间计算得出行人抛距、汽车右前保险杠位移和行人相对右前保险杠距离曲线如图 6-35 所示。

对行人相对右前保险杠距离分析可知，当汽车碰撞行人速度约为 40.7km/h 时，数值模拟得出行人静止后相对右前保险杠距离 7.37m，抛距 15.35m，与事故实际情况基本符合，事故数字化重构终止时刻状态如图 6-36 所示。

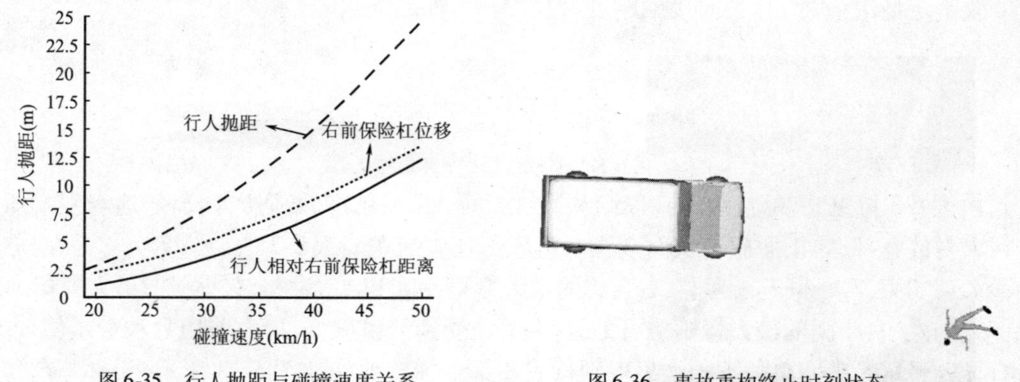

图 6-35　行人抛距与碰撞速度关系　　　　图 6-36　事故重构终止时刻状态

碰撞中行人的不同动力学行为可形成不同的伤害。在汽车碰撞速度为 40.7km/h 时，事故重构过程在 40ms、100ms、150ms 和 1020ms 时刻的情景如图 6-37 所示，行人的法医尸检结论与事故重构结果对比如表 6-3 所示。图 6-37 中，在 $t=40$ms 时，汽车右前照灯、前保险杠处分别和行人的大、小腿发生碰撞，行人身体开始倒向发动机罩；$t=100$ms 时，行人背部、臀部与汽车发动机罩完全接触，身体在发动机罩表面开始侧翻，侧翻过程中前风窗玻璃右下角处与头部右颞枕部发生碰撞，与右颞枕部受挫裂创伤伤情吻合；$t=150$ms 时，行人侧翻后与汽车表面分离，进入空中自由飞行状态；$t=1020$ms 时，行人在头部先撞击地面后身体正面落地。在与地面间相对滑移过程中，左面颊及身体正面与地面发生摩擦，符合行人身体正面多处擦伤情况。

法医尸检结论与事故重构结果对比　　表 6-3

部　位	法医尸检结论	伤害仿真结果
头部	右颞枕部挫裂创，皮下血肿；左面颊擦伤；重度颅脑损伤死亡	HIC36 = 2116（一次碰撞） HIC36 = 12091（二次碰撞）
躯干	胸腹部未见明显损伤痕迹；左肩部擦伤；右臀外侧擦挫伤	胸部持续 3ms 准则 = 35g 黏性指标 $VC = 0.044$m/s
四肢	左前臂、右肘擦伤；双手背擦伤；双膝、双足背擦伤；四肢长骨未见明显骨折	$\tau_{LUm} = 5730N, T_{LUm} = 395N \cdot m$ $\tau_{RUm} = 5962N, T_{RUm} = 275N \cdot m$ $\tau_{LLm} = 3906N, T_{LLm} = 283N \cdot m$ $\tau_{RLm} = 3664N, T_{RLm} = 272N \cdot m$

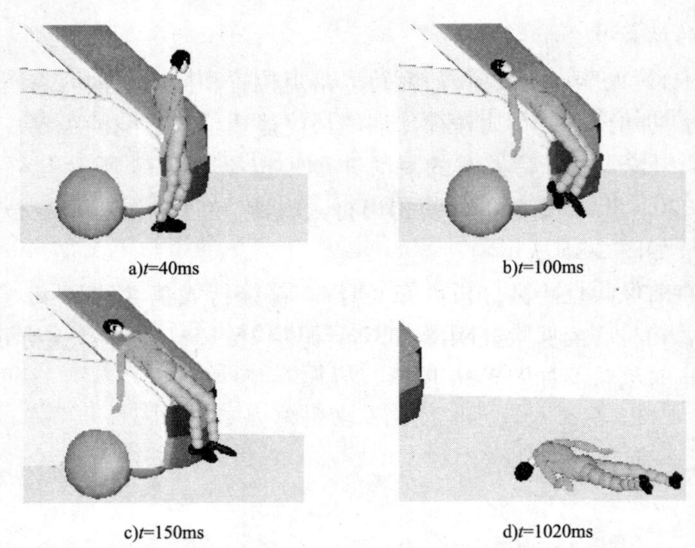

图 6-37　事故过程数字化重构结果

由表 6-3 可见，胸部持续 3ms 准则和黏性指标 VC 显示胸腹部伤害较轻，这与发动机罩撞击行人身体背部，非正面撞击从而减轻了胸腹部伤害有关。表 6-3 中，τ_{LUm} 和 τ_{RUm} 为左、右大腿的最大剪切力，T_{LUm} 和 T_{RUm} 为左、右大腿的最大弯矩，τ_{LLm} 和 τ_{RLm} 为左、右小腿的最大剪切力，T_{LLm} 和 T_{RLm} 为左、右小腿的最大弯矩。可见，行人下肢受到严重撞击，最大剪切力和弯矩值较大，但没有导致骨折发生。事故重构结果得到行人头部加速度曲线如图 6-38 所示，头部与前风窗玻璃发生第一次碰撞的加速度远高于 1km/s^2，头部伤害指标 HIC36 值为 2116，表明此时造成的头部严重撞击伤已可导致行人死亡；行人在空中飞行后头部着地，加速度曲线的峰值表明头部与地面的第二次碰撞更为严重。以上分析得知，行人伤害数值重构结果符合法医尸检结论。

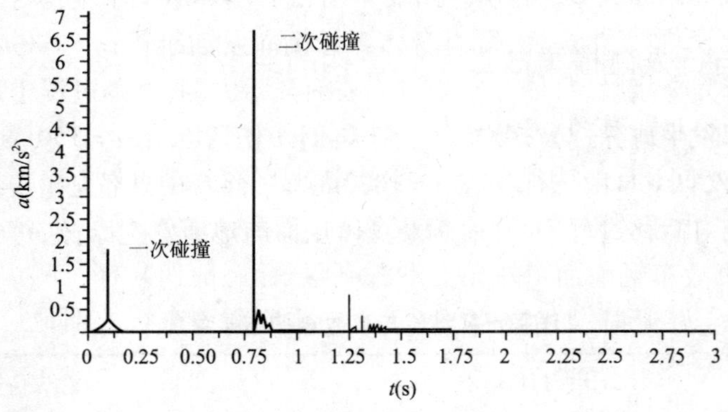

图 6-38　行人头部加速度曲线

行人受撞击伤害的严重程度主要决定于汽车对行人碰撞速度的高低。利用上述人、车数值模型和图 6-33 所示碰撞初始时刻相对位置，设汽车碰撞行人速度区间为 20 ~ 50km/h，分析行人头部和下肢受到的伤害程度，以此为汽车设计提供参考。

计算得出的 HIC36 值随碰撞速度的增大成近似线性增长，当碰撞速度约大于 28km/h 时，HIC36 > 1000，此时可能造成行人头部致命伤害。因此，在能造成行人头部致命伤害的碰撞速度范围内，降低汽车表面与头部发生碰撞接触区域的刚度，可减轻对行人头部的伤害，降低行人死亡率。

行人大、小腿受撞击的最大剪切力和弯矩值随碰撞速度变化关系曲线如图 6-39 所示。由图 6-39a)可见，腿部最大剪切力随碰撞速度的增大而增大，大腿受到的最大剪切力大于小腿受到的最大剪切力；左大、小腿最大剪切力随碰撞速度的增长趋势趋同，右大、小腿最大剪切力随碰撞速度的增长趋势也大体相同；在碰撞速度较高时，右大、小腿的最大剪切力分别大于左大、小腿的最大剪切力。由图 6-39b)可见，在汽车撞击行人左后部的情况下，左大腿受到的最大弯矩值较大；左大腿和左、右小腿的最大弯矩值随碰撞速度的增大而增大，右大腿的最大弯矩值先增大后反而减小，由碰撞过程重构分析知这与在较高碰撞速度下行人身体快速向右侧侧翻有关。由图 6-39a)、6-39b)可见，当碰撞速度约大于 41km/h 时，行人下肢很容易发生骨折。因此，汽车设计时应优化发动机罩边缘和保险杠结构及降低刚度，以保证汽车对行人在一定碰撞速度下能减小行人下肢发生骨折等严重伤害。

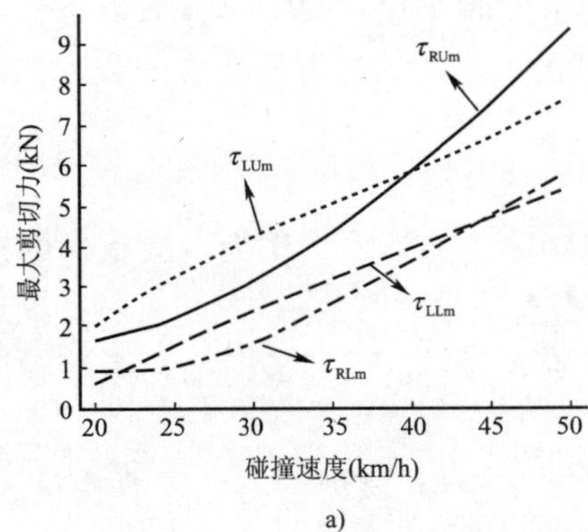

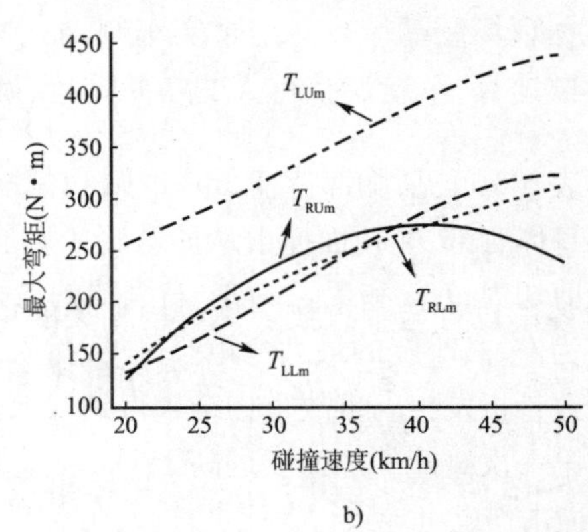

图 6-39　腿部最大剪切力和最大弯矩与碰撞速度关系

四、大客车与行人碰撞事故数字化重构的典型案例

1. 事故重构的依据与目的

2004 年某日夜间，天气为晴，某大客车中速直行至路口时，恰逢行人（男，43 岁，175cm）横过路口。由于受对方向来车灯光影响，未能及时发现行人，遂与其相撞，导致该行人倒地身亡。事故车辆前面罩左角有油漆剥落痕迹，前保险杠左侧边缘有碰擦痕迹，但无明显变形，玻璃完好无损，如图 6-40 所示。初步判断该车行人倒地位置、制动印迹如事故现场图 6-41 所示[31]。

图 6-40　前保险杠左侧边缘碰擦痕迹

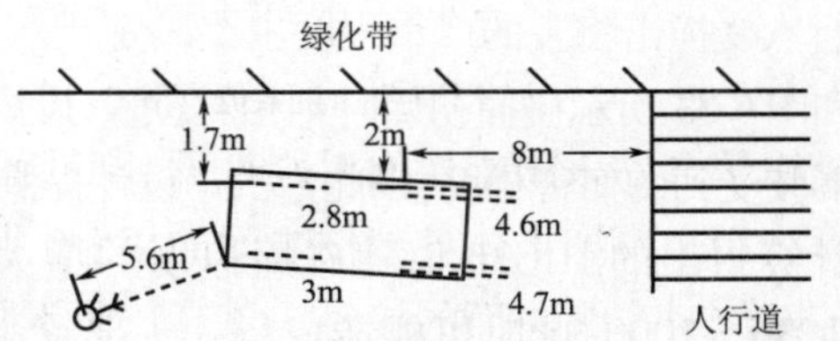

图 6-41　事故现场示意图

在本起事故中存在的焦点问题是对碰撞发生时刻车辆的速度进行判断。

据肇事车司机陈述：当发现行人时，相距已不到1m，于是随即采取了制动措施并向右打方向。后经实车试验，车辆的制动协调时间为0.416s。因此，可以假设肇事车行驶速度与碰撞初始速度差别不大，且在采取制动措施0.4s后转向失效，车辆处于滑行状态。因此，可以把仿真初始时刻定在制动开始作用的瞬间，人体模型距离车辆为1m，前轮开始转向。前轮转向角由现场的制动印迹求得。

大客车风窗玻璃的接触刚度特性参照文献[32]所建立模型。由于刚度与人体相差较大，因此设置除玻璃以外的车头曲面为刚性，以缩短计算时间。根据行人体貌特征，建立行人假人数字化模型。根据事故现场基本可以推断，碰撞前，行人沿横道线前行，行人左侧正对车辆行驶方向。另外，根据行人受伤位置和车辆受损情况，可认为由于车辆转向，行人左侧与公交车左前角发生第一次碰撞。

依据现场制动印迹并结合实车制动试验，判断事发时车速在29.6 km/h以下。以该车速进行试运算，重新调整行人的初始位置，确保布置的人车初始位置所对应的碰撞初始时刻场景与实际吻合。

2. 事故重构的方法与模型

本案例中由于人体损伤信息明确，因此选用多刚体动力学方法作为事故重构的理论基础。大客车自身与事故数字化重构相关的特点有：整车质量大，行人碰撞冲击对车辆运动轨迹的影响较小；大客车车头部分外轮廓平直且接近垂直，刚度大，碰撞时与行人接触面积较大，车前围蒙皮不易发生变形。

图6-42所示的是用于车—人碰撞事故重构的客车模型，该模型有7个自由度，包括4个轮胎垂直方向及整车质心的3个方向自由度。事故重构时，在整车质心位置施加初速度，并在各车轮加制动力以模拟真实的制动情况。忽略车头蒙皮以内的结构件，只建立详细的车头曲面网格模型，并考虑其接触刚度特性。该有限元曲面能很好地反映曲面外形，而且能更逼真地模拟人车接触的受力分布，如图6-43所示。

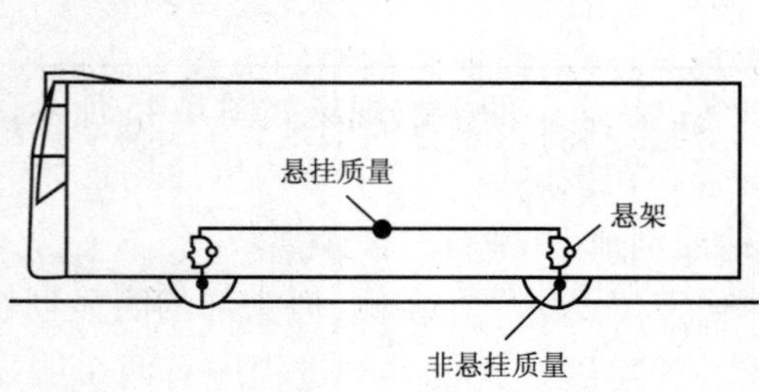

图6-42　大客车7自由度数值模型

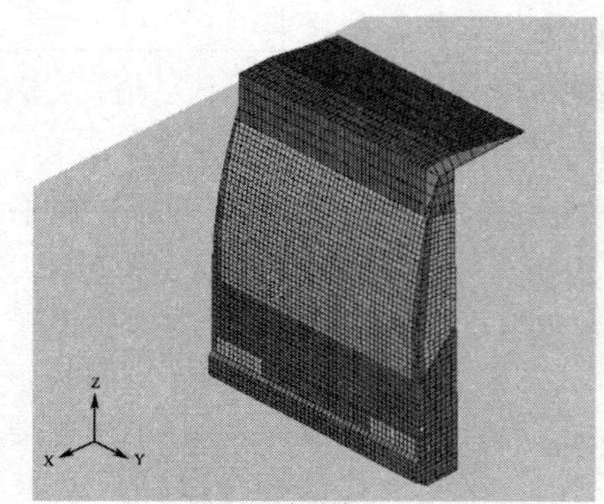

图6-43　车头网格曲面

碰撞仿真中采用刚性面对刚性面、刚性面对网格面的接触算法。刚性椭球面对椭球面接触算法用来模拟人体各部位之间的接触。用刚性椭球面对有限元曲面的接触算法来模拟人体各部位对车头曲面的接触。该算法假设接触力是构成接触面的众多单元的面积与接触应力乘积之和。

$$F_i = A_i\left\{\sigma_e\left(\frac{\lambda_i}{t_i}\right) + \left[C_d\frac{\lambda_i}{t_i} + \sigma_d\left(\frac{\lambda_i}{t_i}\right)\right]f_d(\sigma_e)\right\} \tag{6-24}$$

式中： t_i——接触面的厚度；

λ_i——接触面间穿透量；

$\sigma_e(\lambda_i/t_i)$——弹性接触应力，由指定的应力与穿透关系特性决定；

C_d——阻尼系数；

f_d——动态放大系数。

与一般的车—人碰撞事故不同，行人与大客车碰撞后，人会沿车行方向反弹，且反弹速度一般不低，因此必须特别考虑由于头部撞地所引起的冲击。图6-44是面向头部撞击的沥青路面接触刚度特性曲线，它是由建立EEVC（European Enhanced Vehicle-safety Committee）刚性头部模型撞击弹性地面所得到的路面变形与反力关系曲线。根据这个关系，再结合头部自身的接触刚度特性就可以模拟头部撞击地面的情形。

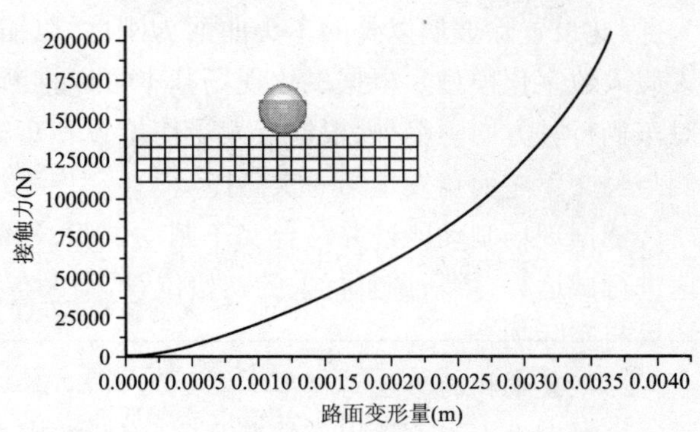

图6-44 沥青路面接触刚度特性曲线及仿真模型

3. 事故重构的结果及分析

以行人最后终止滑行位置距公交车左前轮的相对距离为目标函数，把事故重构问题视作以碰撞车速为设计变量的优化问题。事故现场勘测得到该距离约为6m。通过优化计算得到车速应在27km/h左右。表6-4给出了在优化计算过程中所得到的部分结果。

车速与行人到左前轮间距关系 表6-4

车速(km/h)	14.4	25.2	27	30.6	32.4
距离(m)	4.55	4.0	6.15	3.42	3.93

当车速为27km/h时，数字化重构结果中终止状态下的事故现场如图6-45所示，人、车相距6.15m，其制动印迹也与实际情况基本符合。在该碰撞车速下重构事故场景如图6-46所示，行人与公交车左前角碰撞后旋转，背朝地面倒地，并滑行一段距离。

法医提供的尸检报告表明，虽然主要人体伤害位置集中在左侧，但头部的明显创伤位于右侧。由事故重构结果图6-47证实，头部质心加速度在整个事故过程中有两个明显的峰值。第一个峰值是行人与大客车碰撞引起的，其接触点在头部左侧。由于行人是斜撞在车辆左前角，而且上肢部分与客车先行接触产生缓冲作用，所以头部受冲击程度不严重。第二个峰值是行人侧仰倒地，头部右后部重击地面所造成的，是致命伤。表6-5同时列出了人体受伤的真实程度与事故重构结果，数字化重构结果表明行人头部、胸部受严重冲击，下肢没有骨折，与真实事故情况基本符合。

图 6-45 事故终止状态下的数字化重构场景

图 6-46 接触碰撞 0.2s、0.4s 时的事故重构场景

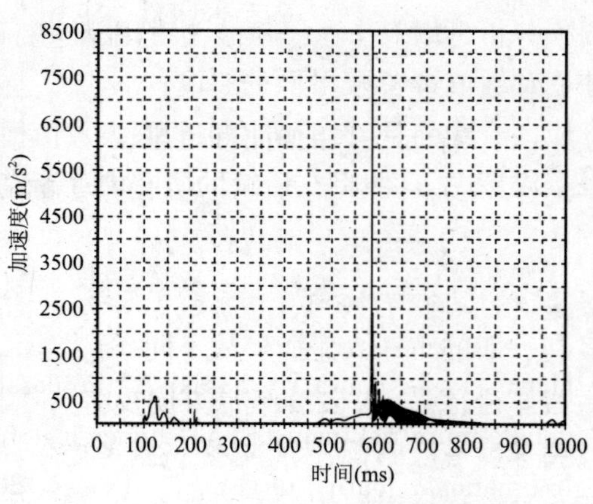

图 6-47 头部质心加速度

行人受伤情况与仿真结果比较 表 6-5

部位	尸检结果	数字化重构结果
头部	顶部右侧及枕部擦挫伤(摔跌形成)	HIC36 = 3686.6
胸部	左胸廓略塌陷,胸部左侧肋骨骨折	黏性指标 VC = 0.214m/s 连续 3ms 准则 = 102g
四肢	左前臂中下段、左小腿中段见大块皮肤青紫,无骨折迹象	大腿最大力矩 221 N·m 大腿最大剪切力 1954N 小腿最大力矩 259 N·m 小腿最大剪切力 2299N

第四节 本 章 小 结

为了提高事故重构的准确性,本章提出了面向受害人体形特征的行人假人数字化模型建模方法,并编写程序以实现该过程。该方法主要基于假人缩放技术,应用了我国在人体测量学领域所取得的研究成果,以标准体形多刚体行人假人为基准,根据几何缩放系数和质量缩放系数,调整假人的体形参数和生物力学参数。在对于假人体形特征的具体处理上,该方法既能符合中国成年人的共性特征,又能体现事故受害人的个性特征,有效提高了事故重构用假人的逼真度。

同样,为了提高事故重构的效率和客观性,本章提出了基于序列线性规划理论的车—人碰撞事故重构优化算法。通过设定优化目标和选择合适的优化设计变量,使事故重构分析过程最大程度的减少人工干预。

本章将面向受害人体形特征的行人假人建模方法与车—人碰撞事故重构优化算法应用于 3 起典型碰撞事故:轿车—行人碰撞事故、小客车—行人碰撞事故、大客车—行人碰撞事故,将数值计算结果所得到的行人损伤结果与真实事故法医学鉴定结论进行对比,验证了计算方法的可行性。

通过对典型案例的分析,可以认为,通过数值计算方法可以对车—人碰撞事故中的行人损伤进行定量分析，可以对人体损伤的位置、形成原因及程度进行合理解释。同时，通过行人损伤分析可以对车速等事故关键因素进行辅助判断和验证，从而为交通事故鉴定提供理论依据和数值参考。

应该看到的是，目前所使用的假人数值模型还处于初级阶段，对于人体肌肉的主动性等尚未予以考虑，这些将在后续的研究中逐渐完善。

参 考 文 献

[1] Matsui Y, Ishikawa H, Sasaki A. Proposal of injury curves for evaluating pedestrian femur/pelvis injury risk using EEVC upper legform impactor based on accident reconstruction[J]. International Journal of Crashworthiness, 2006, 11(2):97-103.

[2] Yao J F, Yang J K, Fredriksson R. Reconstruction of head to hood impact in automobile to child pedestrian collision [J]. International Journal of Crashworthiness, 2006, 11 (4):387-395.

[3] Eubanks J J, Haight W R. Pedestrian involved traffic collision reconstruction methodology [C]. SAE Special Publications, 1992, 925:37-53.

[4] Konosu A. Reconstruction analysis for car-pedestrian accidents using a computer simulation model[J]. JSAE Review, 2002, 23(3):357-363.

[5] Guo R, Yuan Q, Sturgess C, et al. A study of an Asian anthropometric pedestrian in vehicle-pedestrian accidents using real-world accident data[J]. International Journal of Crashworthiness, 2006, 11(6):541-551.

[6] Ashton S J, Cesari D, Van W J. Experimental reconstruction and mathematical modeling of real world pedestrian accidents[C]. Proceeding—Society of Automotive Engineering, 1983, 205-223.

[7] Brooks D L, Wiechel J F, Collins J A, et al. Reconstruction of real world pedestrian impact [C]. Proceeding—Society of Automotive Engineering, 1986, 223-229.

[8] Maclaughlin T F, Wiechel J F, Guenther D A. Head impact reconstruction—HIC validation and pedestrian injury risk[C]. SAE Special Publications, 1993, 946:175-183.

[9] Koch W, Howard M. Comprehensive approach to increased pedestrian safety in pedestrian-car accidents[J]. Proceedings of the Institution of Mechanical Engineering, Part D:Journal of Automobile Engineering, 2003, 217(7):513-518.

[10] 中华人民共和国国家标准 GB/T 10000—88 中国成年人人体尺寸[S], 1988.

[11] 中华人民共和国国家标准 GB/T 17245—2004 成年人人体惯性参数[S], 2004.

[12] Mizuno Y, Ishikawa H. Summary of IHRA pedestrian safety WG activities - proposed test methods to evaluate pedestrian protection afforded by passenger cars [DB/OL]. http://www-nrd. nhtsa. dot. gov /departments/nrd-01/esv/esv. html, 2001-06-04/2001-06-07.

[13] Linder A, Douglas C, Fildes B, et al. Mathematical simulations of real-world pedestrian-vehicle collision [DB/OL]//NHTSA. http://www-nrd. nhtsa. dot. gov/departments/nrd-01/esv/esv. html, 2005-06-06/ 2005-06-09.

[14] 申杰，金先龙，郭磊，等. 人车碰撞事故的行人初始状态研究[J]. 上海交通大学学报，2007，41(2):268-271.

[15] 武明，季林红，金德闻，等. 人体跖趾关节弯曲对行走步态特征的影响[J]. 清华大学学报(自然科学版)，2002，42(8):1503-1506.

[16] Anderson R, Streeter L, Ponte G, et al. Pedestrian subsystem head impact results reflect the severity of pedestrian head injuries[J]. International Journal of Vehicle Design, 2003, 32(1-2):1-15.

[17] Digges K H. Reconstruction of frontal accidents using the CVS 3D model[C]. Proceedings—Society of Automotive Engineering, 1984:151-164.

[18] Johansson C, Leden L. Short term effects of countermeasures for improved safety and mobility at marked pedestrian crosswalks in Boras, Sweden[J]. Accident Analysis and Prevention, 2007, 39(3):500-509.

[19] Leden L, Garder P, Johansson C. Safe pedestrian crossings for children and elderly[J]. Accident Analysis and Prevention, 2006, 38(2):289-294.

[20] Davis G A. Possible aggregation biases in road safety research and a mechanism approach to accident modeling[J]. Accident Analysis and Prevention, 2004, 36(6):1119-1127.

[21] 李莉，杨济匡，李伟强，等. 汽车碰撞行人交通伤害特点分析[J]. 汽车工程，2005，27(1):44-46.

[22] Taleb L, Brown M J, Sadeghi M M. Towards the development of a comprehensive HIC: predicted injury-brain material dependency[J]. American Society of Mechanical Engineering, Applied Mechanics Division, AMD, 1999, 237:145-158.

[23] 郭磊，金先龙，申杰，等. 人车碰撞事故的行人伤害研究[J]. 上海交通大学学报，2007，41(2):262-267.

[24] 郭磊，金先龙，申杰，等. 基于 MADYMO 的人—车碰撞事故再现研究[C]. 2005 MADYMO China User's Meeting, Shanghai, China: 22-25.

[25] Nyquist G W, Cheng R, El-Bohy A A R, King A I. Tibia Bending: Strength and Response[C]. SAE 851728, 1985.

[26] Yang J K, Lövsund P J, Cavallero C, Bonnoit J. A Human-Body 3D Mathematical Model for Simulation of Car-Pedestrian Impacts[J]. International Journal of Crash Prevention and Injury Control, 2000, 2(2):131-149.

[27] Neale M S, Hardy B J, Lawerence G J L. Development and review of the IHRA (JARI) and TNO pedestrian models[C]. Proc. of the 18th International ESV Conference, Nagoya, Japan, 2003.

[28] 陆秋明，黄世霖. 汽车撞行人模拟计算研究[J]. 汽车工程，1999，21(3):177-183.

[29] 杨群印，金先龙，张晓云，等. 面向人体损伤的载货车—摩托车事故再现研究[J]. 振动与冲击，2007，26(5):77-80.

[30] 金文成，王先强，胡小弟. 水泥路面沥青加罩不同计算参数的有限元分析[J]. 华中科技大学学报(自然科学版)，2004(1):107-110.

[31] 申杰，金先龙，张晓云，等. 大客车对行人碰撞事故再现研究[J]. 汽车工程，2006，28(1)：64-67.

[32] Van R L.，Bhalla K，et al. Pedestrian Crash Reconstruction Using Multi-body Modeling with Geometrically Detailed，Validated Vehicle Models and Advanced Pedestrian Injury Criteria[C]. Proc. of the 18th International ESV Conference，Nagoya，Japan，2003.

第七章 基于有限元模型的交通事故数字化重构方法

第一节 引 言

目前常用事故重构方法主要依靠清晰完整的汽车制动印迹,但是现在主流车型大多安装了制动防抱死装置(ABS),因此在事故现场难以采集到所需要的印迹。另外,驾驶员在事故发生后可能在无意识或精神紧张的情况下造成对事故现场的破坏,例如违反《中华人民共和国道路交通安全法》的规定,在事故发生后,没有立即停车而是将车辆缓慢地靠向道路一边或向前缓慢停车,或者向后倒车再停,这些行为对于制动印迹及车辆停止位置等关键数据的准确性将造成破坏从而严重影响到交通事故的调查取证和公正处理;另一方面,对于事故现场,还可能受到天气(雨水)、过往车辆(人员)及人为方面的破坏。因此,利用制动印迹进行交通事故分析在使用范围上存在一定的局限性。

事实上,汽车和碰撞对象的弹塑性变形是碰撞事故留下的重要信息,相比制动印迹而言,车辆变形信息更容易受到保护。其他事故重构方法很少考虑到材料的弹塑性特性,而采用很小积分时间步长的显式有限元算法不仅考虑到材料在高速运动下的应变率效应还考虑到材料的弹塑性特征,因此基于有限元模型的事故重构方法可以达到较高的计算精度;另一方面,通过应用有限元方法可以对事故过程进行三维动画显示,并且可以对车身关键部件在不同类型事故中的变形行为进行直观地考察,从而为汽车设计改进提供参考,这一点是其他事故重构方法所无法做到的。因此,利用有限元方法进行交通事故分析将是现有事故重构方法很好的补充[1,2]。

本章将以某起典型的车—固定物碰撞事故为例,对车辆及碰撞环境的有限元模型建模方法、事故重构优化算法展开讨论,并对碰撞过程中所反映出来的设计缺陷通过结构设计改进予以完善。

第二节 基 本 理 论

一、汽车有限元建模方法

1. 车身有限元模型

目前,汽车正面碰撞仿真中常用两种 CAD 建模方法:一种是来源于三坐标测量机(CMM)的实体测绘数据,而后由点云数据通过曲面反演形成最初几何模型;另一种是通过三维 CAD 数据拼接成整个车身的几何模型,本章结合上述两种方式建立整车的几何模型。

在汽车碰撞这样的大变形、大应变过程中，变形部分数值计算对有限元单元是十分敏感的。单元的大小不仅影响着计算结果的精确性，而且对于变形方式有着重要的影响。为了在保证精度的前提下提高计算效率，必须限定最小单元特征长度，本章所建立的车身模型的最小单元控制在 5mm 左右，这些单元一般位于车身主要变形部位。此外由于三角形单元比四边形单元的刚度要大，会影响到计算精度，所以整个模型应尽量控制使用三角形单元，经统计，三角形单元在单元总数中不超过 8%。

由于整车碰撞有限元模型是在车身的 CAD 模型基础上进行单元离散化得到的，获取的 CAD 模型的边界往往比较复杂，有时曲面上的曲率半径变化很大，使得曲面的离散化较为困难，在网格划分较差的地方人为进行修改，尽可能地使网格划分均匀，从而良好地再现原始曲面。

参照国际大型汽车企业有限元网格划分的规则，对车身中小于一定直径的孔（5mm）忽略不计，同时限定单元长宽比不大于 5、翘曲度控制在 20 以内且避免出现翘曲单元集中的区域，四边形单元各角度控制在 45°～135°之间，三角形单元各角度控制在 20°～120°之间。

对使用 CAD 软件建立的几何模型读入有限元前处理软件进行网格划分，一般对于正面碰撞而言，车身 A 柱前部的结构是变形吸能的主要部位，而 C 柱之后在碰撞过程中变形不大，所以在本车建模过程中，车身前部单元划分细密，C 柱之后单元尺寸可以较大。所建立的车身有限元模型如图 7-1 所示。

图 7-1　车身有限元模型

2. 焊点有限元模型

现代轿车车身普遍采用点焊技术来连接车身的覆盖件，同时辅以缝焊、铆钉、螺栓等方式连接车身的各个零部件。汽车碰撞的实验研究表明，这些连接方式的失效行为对整车碰撞性能起着重要的作用，焊接点的失效与否影响着车身各部件的动力学关系，在汽车碰撞的有限元仿真建模中，连接方式的模拟在建立整车碰撞模型中是十分重要的问题。

通常点焊的连接模拟方式是在需要连接的两个节点之间加入无质量的刚性梁，要求这两个节点不能重合，并且对它们没有施加其他约束。

点焊连接的破坏是通过定义失效力来模拟的，失效准则为：

$$(|f_n|/S_n)^n + (|f_s|/S_s)^m \geq 1 \tag{7-1}$$

式中：S_n——法向失效力；

S_s——剪切失效力；

n——法向焊点力指数；

m——剪切焊点力指数。

通过对车身焊点间距的实测，在车身有限元模型中建立焊点单元如图 7-2 所示。

3. 发动机有限元模型

一般通过设置刚体（Rigid Body）属性来模拟结构中不变形的部分，将某零件设置为刚体后还需要对其惯性和质心位置进行指定，或通过软件根据网格及材料属性自动算得。一般设置“空材料”作为刚体的材料，“空材料”的属性中仅包含密度、弹性模量和厚度等参数。

将发动机设置为刚体的优点是无论有限元模型定义了多少节点,刚体仅有6个自由度。作用于刚体上的力和力矩由每一时间步的节点值叠加而得,刚体的运动通过质心计算而得,并把相应的位移值传递给节点,而不再计算单元内部的力,从而节省了计算时间,发动机模型如图7-3所示。

图7-2　车身焊点有限元模型

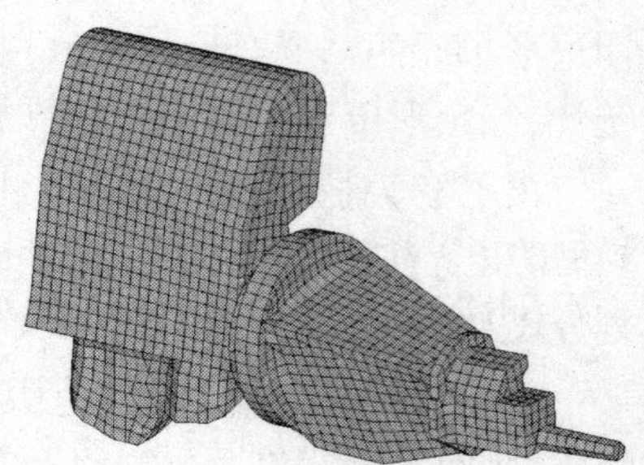

图7-3　发动机有限元模型

4. 转向机构有限元模型

转向机构也是汽车碰撞安全性考察的重要部分,主要由转向盘、转向轴以及转向管柱等机件组成。有些转向机构考虑车架变形的影响,在转向操纵机构中增加了一个扰向万向节。还有一些转向系,由于总布置的要求,转向盘与转向器的轴线相交成一定的角度,在结构中采用了万向节和传动轴。转向盘一般是用花键和螺母连接在转向轴的上端,转向盘上装有喇叭的按钮。转向管柱包括转向轴和转向柱管,其主要作用是将转向盘的旋转作用传递到转向器上。

对转向机构建立有限元模型,通过梁单元、铰接等方式将转向机构有限元模型与整车相连接。如图7-4所示,转向机构的特征决定了其有限元模型主要由体单元构成,转向盘外部为硬质聚氨酯泡沫塑料,内含钢骨架结构,转向盘及钢骨架有限元模型如图7-5所示。

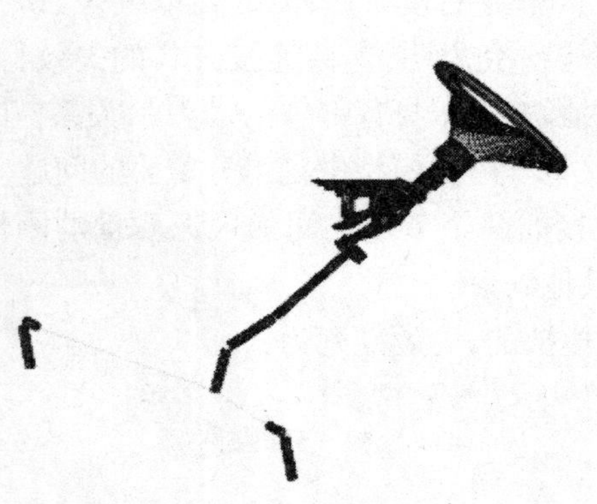

图7-4　转向机构有限元模型

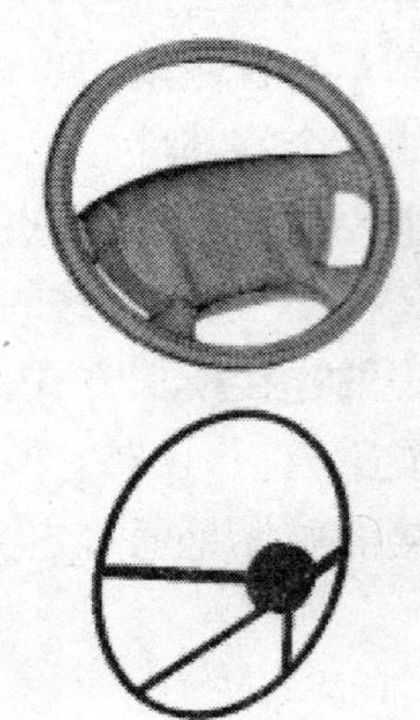

图7-5　转向盘有限元模型

5. 假人数值模型

人是汽车安全的保护对象,所以在汽车被动安全性的研究中首先要了解人体承受外部冲击的能力,并通过试验和模拟制定正确的评价方法,这样才能建立正确的假人数值模型,真实地反映实际事故中驾驶员和乘员的伤害情况。根据研究问题的不同,所建立的假人模型可以是整体模型,也可以是局部模型[3~6]。通过假人数值模型可以研究在各种碰撞条件下驾驶员和乘员的动态响应、人体的伤害机理以及假人与汽车内饰和安全约束装置之间的相互作用等。

在早期的模拟计算中,用简单的质量块来代替人体,用弹簧—阻尼系统来反映安全带的力学行为。该方法的优点是模型简单，安全带受力与试验值基本吻合，而存在的不足表现为部分数据不能获得，人体易受伤害部位如头部、下肢的运动情况无法得知，而且也不能够反映人体内部结构的变形。

随着计算机软、硬件的发展以及数值计算技术的不断成熟，通过多刚体理论和有限元方法开发的数字化假人已得到普遍的认可。假人数值模型必须能够真实地再现试验用假人，这不仅反映在几何外形上，在材料特性、连接关系及物理特性等方面也应予以体现。

以下为两种假人数值模型，它们已经经过了一系列试验的验证。

1）多刚体假人模型

如图 7-6 所示，简单假人模型由 12 部分组成：包括头部、颈部、肩部、胸部、腹部、下腹部、手臂（上臂、下臂）、大腿、膝盖、小腿及脚部。各部分为大小均匀不一的椭球体，其几何尺寸及有关特性参数如质量、质心转动惯量等均参照 50 百分位的 Hybrid III 型假人。人体各部分的关节用球形铰链和旋转铰链单元定义，并用非线性的扭矩弹簧和阻尼单元连接来模拟人体各部分之间的弹性。

2）有限元假人模型

和多刚体假人模型相比，有限元假人模型就复杂许多了，假人建模所用的材料也多种多样，通过橡胶、泡沫塑料、尼龙、碳钢及铝合金等来模拟真的生物人体。整个人体模型可以分为 6 个主要组装部件：头部、颈部、胸部、臀部、手和脚。如图 7-7 所示。这些组件的连接方式如下：头部与颈部在枕骨骨节处用旋转关节（revolute joint）连接；颈部与胸部通过刚性约束（rigid constraint）连接；手臂与胸部通过旋转关节在肩部连接；胸部与臀部在脊椎骨处用刚性约束连接；腿部与臀部用球形关节（spherical joint）连接。关节的刚度都可以通过曲线表示，具体数值则可以通过相关试验数据得出。

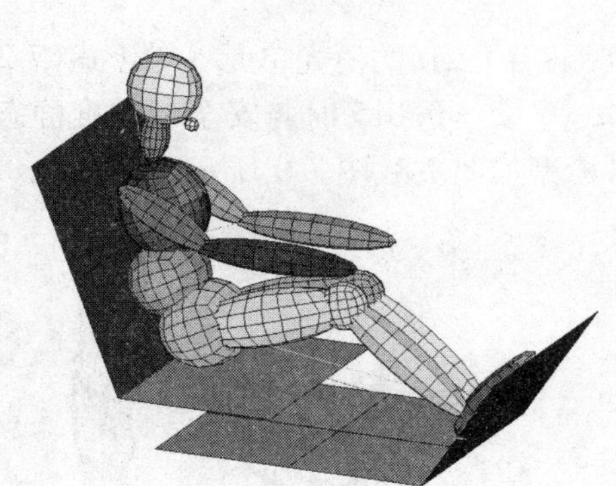

图 7-6　多刚体假人模型

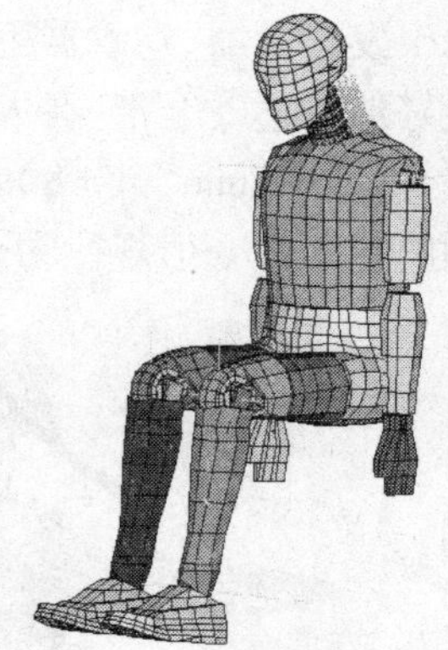

图 7-7　有限元假人模型

3）两种假人模型的比较

多刚体假人模型的优点为模型简单，基本反映了假人几何和物理特性。能较准确地算出一些伤害指标如头部、胸部的加速度值。缺点在于由球铰链连接的两个物体必须是刚性体，所以多刚体假人模型各部分都为刚性体。胸部的变形值不能算出，颈部和小腿部的损伤也因为模型过于简单而无法得到。

有限元假人模型的优点在于逼真的再现了试验用假人，能计算出所有的乘员伤害指标，可以合理的评价乘员伤害情况，可视化效果也很好；缺点在于由于模型的复杂，使得建立完整的模型需要相当长的时间,同时计算量也相应的提高了。

基于上述假人数值模型优、缺点的比较,一般在模型分析的初期选用多刚体假人模型,可以检验技术路线,减少计算时间并给出初步评价。随着分析的深入,选用有限元假人模型,从而为人体伤害给出更合理和准确的评价。

6. 安全带有限元模型

汽车座椅安全带是重要的乘员保护约束系统设施之一,目前普遍使用的是三点式安全带,其主要组成部分是织带、卷收器、带扣和调节件,织带是构成安全带的主体,是一种由聚酯纤维编织而成的带子,卷收器是用于收卷、存储部分或全部织带,并在一定条件下起到锁止作用的装置。带扣是既能把乘员约束在安全带内,又能快速解脱的连接装置,调节件是指用于调节织带使用长度的部件[7, 8]。

安全带的模拟决定了乘员与安全带之间相互作用仿真的真实程度。通常使用薄壳单元模拟安全带,并在厚度方向用"单点积分"选项以获得壳单元的薄膜特性,每个单元的尺寸都是相同的,单元宽度为安全带宽度的1/3,撞击体用刚性体描述,撞击表面用刚性壳单元表示,将弹—塑性法则用于描述这些单元可得:

$$\begin{cases} \sigma = E\varepsilon & (\varepsilon \leqslant \varepsilon_0) \\ \sigma = (A + B\varepsilon_{\mathrm{p}}^{\mathrm{n}})(\varepsilon \geqslant \varepsilon_0) \end{cases} \tag{7-2}$$

式中:E——杨氏模量;

A——弹性极限;

B——硬化系数;

ε_{p}——塑性变形率。

对于常用的三点式安全带,其有限元模型包括:安全带单元、滑动环单元、预紧器、卷收器单元以及引发预紧器、卷收器工作的传感器单元。

为了更好地描述安全带,在人体胸部前的安全带采用了2D的薄壳单元。对于式(7-2),分别设置 $E = 5333\mathrm{N/mm^2}$、$A = 80\mathrm{N/mm^2}$、$B = 2048$、$n = 1$、$\varepsilon_p = 0.015$ 时与安全带的准静态拉伸试验得到的弹塑性变形规律吻合。假人及安全带模型如图7-8、图7-9所示。

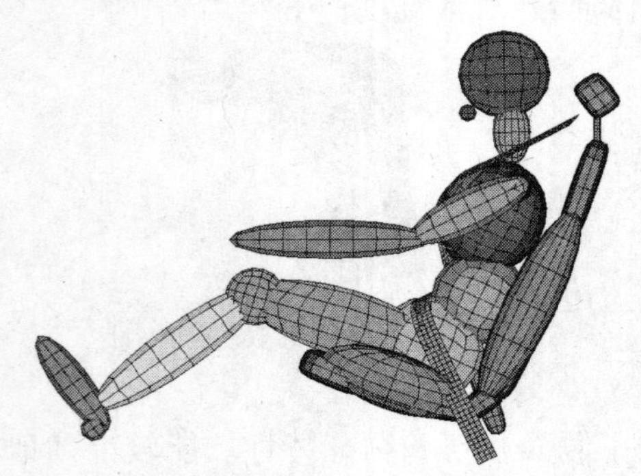

图7-8 安全带与多刚体假人模型

图7-9 安全带与有限元假人模型

在建立卷收器单元的过程中,首先在安装卷收器的车身部位选一个节点,该节点为防止局部变形,一般定义为刚体上的节点,然后选择一个靠近的安全带单元为"嘴"单元(用来拉出或收入安全带单元),该单元不能直接与定义卷收器单元的节点相连,但安全带单元必须有个节点与该节点坐标一致。

另外还可以定义卷收器内部的安全带单元,这些单元初始的时候在卷收器内部,它们的作用是在卷收器没有发生作用前可以提供额外的拉出特性,拉出过程中不会有阻力存在。

预紧器单元的作用是提供一种简单方式配合卷收器单元来预紧安全带,消除初始松弛。

7. 安全气囊有限元模型

安全气囊作为汽车被动安全性研究的重要成果,是随着汽车被动安全性研究的深入而发展的。在美国,到1995年,前排乘员的气囊安装率已超过60%,美国法规规定在1997年9月1日后出厂的轿车应100%安装司机侧和前排乘员气囊。

安全气囊的工作原理为:在发生一次碰撞(车与被碰撞物体之间的碰撞)后、二次碰撞(乘员与汽车内部之间的碰撞)前,迅速在乘员和汽车内部结构之间打开一个充满气体的袋子,让乘员扑在气袋上。通过气囊的排气节流阻尼吸收乘员的动能,使猛烈的二次碰撞得到缓冲,以达到保护乘员的目的。

气囊的全部操作时间很短,从被触发到全部胀开,全部时间不到50ms,再过30ms,驾驶员的头部被全部掩盖在气囊里,然后气囊开始放气,从开始放气到气体全部放完,司机头部恢复正常状态,共需大约150ms。

安全气囊模拟的关键是气囊的有限元划分、折叠以及气体发生器的特性模拟。均匀压力模型是目前广泛使用的气囊展开模型,在模型中考虑了由气囊节流孔和其他原因泄漏出气囊的气体质量流量[9,10]。

安全气囊模型如图7-10所示,将气囊看成是不断扩大的控制容积,气体的流入和流出以质量流量计算。假设控制容积内部的气体是理想气体且热容量系数为常数,与外界没有热量交换;进一步假设在控制容积内部温度和压力都是均匀的。于是有:

$$p_2 v_2 = m_2 R T_2 \tag{7-3}$$

$$p_2 = (k-1) \cdot \rho \cdot e \tag{7-4}$$

$$\frac{\mathrm{d}e}{e} = (1-k)\frac{\mathrm{d}v_2}{v_2} \tag{7-5}$$

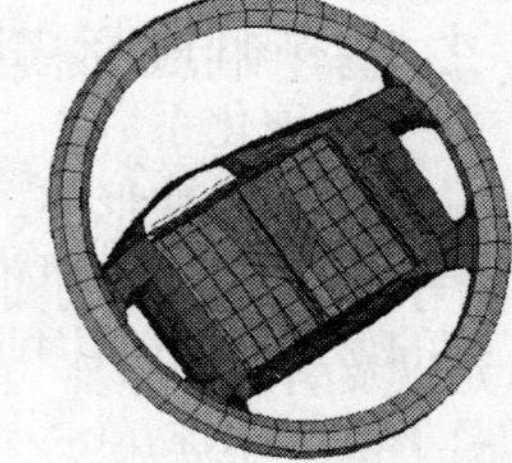

图7-10 安全气囊有限元模型

式中:p_2、v_2、m_2、T_2——分别为气囊的压力、体积、气体质量、气体温度;

R——气体常数;

ρ——气体密度;

e——气体能量;

$k = c_p / c_v$。

控制容积内部气体质量的变化率是由t时刻流过边界的气体质量决定的。

$$\dot{m}_2 = \dot{m}_{in} - \dot{m}_{out} \tag{7-6}$$

$$\dot{m}_{in} = \dot{m}_{12} \tag{7-7}$$

$$\dot{m}_{out} = \dot{m}_{23} + \ddot{m}_{23} \tag{7-8}$$

式中:$\dot{m}_{in}$——流入气囊的气体质量流量,即气体发生器流入气囊的气体质量流量$\dot{m}_{12}$;

$\dot{m}_{out}$——流出气囊的气体质量流量,即经节流孔流出的质量流量$\dot{m}_{23}$和泄漏出的质量流量$\ddot{m}_{23}$的和。

在有限元计算中，控制体积可以通过下式算出：

$$V = \iiint \mathrm{d}x\mathrm{d}y\mathrm{d}z = \oint x n_x d\Gamma \approx \sum_{i=1}^{N} \bar{x}_i n_{ix} A_i \tag{7-9}$$

对每一个单元 i，$\bar{x}_i$ 为平均的 x 坐标，n_{ix}为方向余弦，A_i 为单元的面积。如果气囊网格上面有孔（气体发生器进气孔、节流孔等），则由计算软件自动用一个平面将孔封闭，从而形成一个封闭的曲面。根据以上公式，即可确定出气囊展开过程中每一时刻的体积、压力。

本章在后续研究中所选用安全气囊织物单元类型为膜单元，这种单元是专门用来模拟安全气囊发生的大变形。整个模型共有 12 个折叠层，4724 个节点，4588 个单元。各种参数均按照实验值确定，其输入气体质量流速率曲线由气囊生产厂商具体给出。

8. 整车—乘员—约束系统集成

随着超级计算机和并行计算技术的发展，把乘员与汽车结合在一起综合评价整车的耐撞性和安全性成为可能。通过调整假人坐姿使其放置在座椅合适位置，即假人的“H”点与座椅重合。同时也放入了折叠的安全气囊模型，安全带的滑动环放置在 B 柱的合理位置，当发生碰撞后，安全带可以自由运动。图 7-11 是集成完毕的整车－乘员－约束系统。

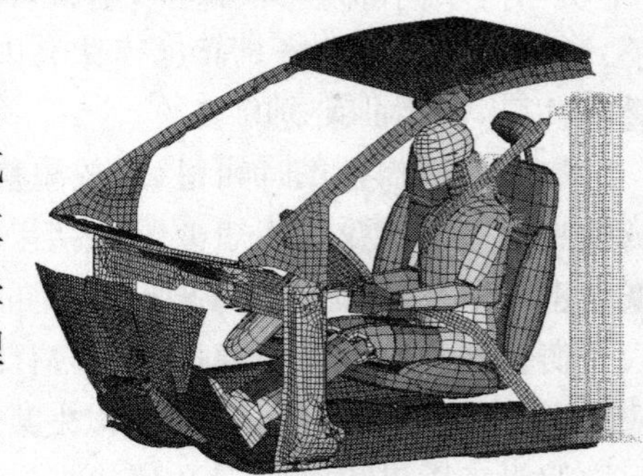

图 7-11　整车—乘员—约束系统集成模型

二、基于响应面模型的汽车碰撞事故重构方法

1. 基于关键点变形的事故重构方法总述

基于能量/变形原理的汽车碰撞事故重构方法也是利用到了车身变形信息，但是该方法是以二维的形式展开的，因此变形量测量主要考虑车身外部轮廓变形，如图 7-12 所示。由于汽车碰撞环境的复杂性，外部轮廓的变形可能会受到很多偶然因素的影响，例如凹凸不平的接触表面、突出的砖石等，对此测量方法，本章称之为“外轮廓变形量测量法”。

对于正面碰撞问题，前纵梁、挡泥板等主要吸能部件不直接和外部环境相接触，而且存在一定数量的定位孔及螺栓孔等便于比较碰撞前、后的变形量，因此通过吸能零件进行变形量测量将具有更高的可靠性。同样对于侧面碰撞及追尾碰撞也可以找到相应的吸能零件通过选择适当的定位孔进行客观的变形测量，在本章中称之为“关键点变形量测量法”。

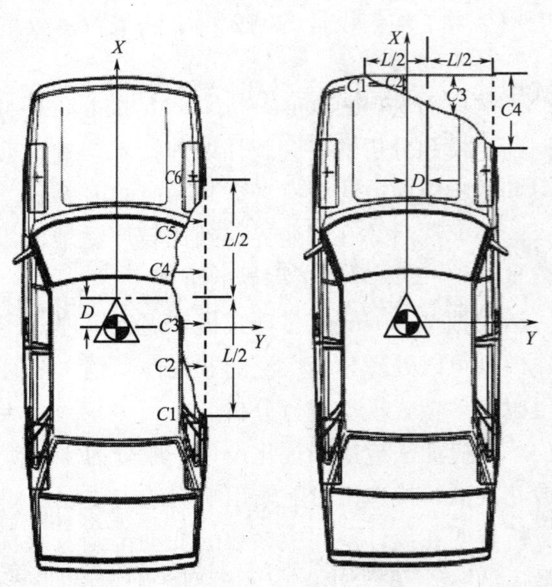

图 7-12　基于车身外形轮廓的变形测量

根据碰撞事故的特点（正面碰撞、侧面碰撞、追尾碰撞等）及碰撞对象的不同（车—车、车—人、车—固定物等），确定若干车身变形测量关键点，给出事故评价指标：$x_1, x_2, \cdots, x_n$。

这些评价指标反映了主要吸能部件中关键点在碰撞过程中的变形量。

根据事故现场调查和测量可以得到这些评价指标的测量值:$x_{1e}, x_{2e}, \cdots, x_{ne}$。

通过计算机模拟可以得到相应的计算值:$x_{1c}, x_{2c}, \cdots, x_{nc}$。

将测量值与计算值的偏差记为 $D_1, D_2, \cdots, D_n$,则:

$$D_i = (X_{ie} - X_{ic}) / X_{ie} \tag{7-10}$$

定义事故重构度 E,如式(7-11)所示:

$$E = 1 - \sum_{i=1}^{n} D_i^2 \tag{7-11}$$

式 7-11 中,E 值越大,说明事故重构结果越接近真实情况。以事故重构度 E 为目标函数,将汽车碰撞前的运动速度大小和方向作为优化变量,通过选择适当的优化方法进行反复迭代运算,使 E 值达到最大[11, 12]。

由于数值模拟的局限性,事故重构结果和真实碰撞结果之间不可能完全吻合,从 E 值的大小可以定性地反应出事故重构结果和真实结果之间的差距,同时反应出速度变化及角度变化对 E 值的影响趋势。根据 E 值的定义,当重构结果靠近真实结果时,E 值趋近于“1”。

假设评价指标数值模拟结果($X_{1c}, X_{2c}, \cdots, X_{nc}$)与真实测量结果($X_{1e}, X_{2e}, \cdots, X_{ne}$)偏差在10%以内,若取极限值10%,可以发现在此情况下,E 值依然可以达到0.99。

假设各关键点变形量数值模拟结果均为真实测量结果2倍时,E 值为“0”,当各关键点变形量数值模拟结果均大于真实测量结果2倍时,E 值为负。因此 E 值所存在的变化区间为$[a,1]$,其中 a 可以为正值,也可以为负值,具体数值由重构精度确定。

同时应该看到的是优化目标函数与优化变量之间不是简单的函数关系,而是非常复杂的非线性动态过程。对于汽车碰撞事故重构问题,由于可能存在线速度、角速度及碰撞角度等诸多因素的影响,如果进行全因素试验,即使选择很少的水平数,计算量也是十分庞大的,因此必须选择适当的优化方法及试验设计以减少单次碰撞次数,缩短计算时间。在本章中,应用结合了均匀设计的响应面方法进行事故重构分析。

2. 响应面方法

响应面法(Response Surface Methodology - RSM)是以试验设计为基础的用于处理多变量问题建模和分析的一套统计处理技术。响应面法最早由 G. E. P. Box 和 K. G. Wilson 提出,早期的响应面方法没有考虑到噪声的因素,直至20世纪80年代 R. H. Myers 把噪声因素引入响应面法后才在工业界得到比较广泛地应用,并在近年来成为工程优化设计的一个有力工具,受到学术界和工程界的重视[13~16]。

根据 Weierstress 多项式最佳逼近定理,许多类型的函数都可用多项式去逼近,因此多项式模型可以处理相当广泛的非线性问题。在通常情况下,不论因素与指标间的关系如何,总可以用多项式模型进行分析。

响应面法应用于优化设计一般分为3个阶段:设计变量的选择、寻域和优化。先通过少数几次试验挑选出影响输出响应的主要设计变量,在这些试验中拟合出线性模型,通过模型分析查明在设计空间中参数的变动范围及寻优方向。当设计变量的变动区域确定后,进行最后的试验,拟合出响应面模型并确定设计变量值的最佳组合。

假设简单响应量 y 与变量 x_1 和 x_2 有关,则可以把响应量 y 表达为:

$$y=f(x_1,x_2)+\varepsilon \tag{7-12}$$

式中：ε——随机函数。

如果用 $E\{y\}=\eta$ 表示期望的响应量，则由 $\eta=f(x_1,x_2)$ 表示的曲面称为响应面。

假设拟合函数 f 是基本函数的总和：

$$f(x)=\sum_{i=0}^{L}\rho_i\phi_i(x) \tag{7-13}$$

式中：L——用于拟合模型的基本函数 ϕ_i 的个数。

未知系数 $\rho=[\rho_0,\rho_1,\cdots,\rho_L]^T$ 可通过最小二乘法确定：

$$\sum_{p=1}^{p}\{[y(x)-f(x)]^2\}=\sum_{p=1}^{p}\{[y(x)-\sum_{i=0}^{L}\rho_i\phi_i(x)]^2\} \tag{7-14}$$

式中：p——试验点的个数；

y——在试验点 x_i 处确切的函数响应。

未知系数的解如下：

$$\rho=(X^TX)^{-1}X^Ty \tag{7-15}$$

式中：X——矩阵，且 $X=[X_{ui}]=[\phi_i(x_u)]$。

在大部分设计问题中，响应面和自变量之间的关系形式是未知的，因此，RSM 的第一步是求出 $f(x)$ 函数适当的近似。通常是在自变量的某个范围内用低次多项式近似，如用自变量的线性函数(一次模型)表示，如式(7-16)所示：

$$y=\rho_0+\rho_1x_1+\rho_2x_2+\cdots+\rho_nx_n+\varepsilon \tag{7-16}$$

由于本章所研究的汽车碰撞事故重构问题涉及到汽车的运动速度及角度，同时考虑到材料及接触的非线性特征，因此将直接通过二阶响应面模型加以描述。

图 7-13 为二阶响应面模型的图解关系，通过试验设计获得在不同设计参数 x_i 的水平值组合下的 y_j，通过对所得数据的拟合，用二次多项式模型作为实际函数 $f(x)$ 的近似，由于二次函数在设计空间内是二次曲面，故用响应曲面逼近实际函数，设二次多项式函数为：

$$y=\rho_0+\sum_{i=1}^{n}\rho_ix_i+\sum_{i=1}^{n}\rho_{ii}x_i^{\ 2}+\sum_{p<i}^{n}\rho_{pi}x_px_i+\varepsilon \tag{7-17}$$

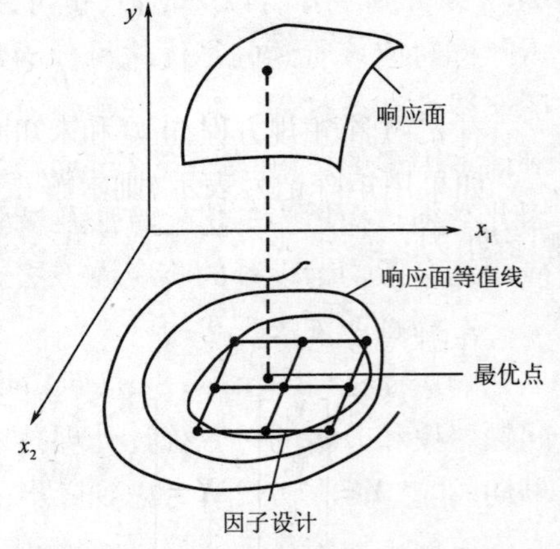

图 7-13　二阶响应面的图解模型

若 $\varepsilon\sim N(0,\sigma_y)$，则可以通过变换，令 $\rho_{1i}=\rho_i$，$x_{1i}=x_i$，将式(7-17)变为多元线性响应模型：

$$y=\rho_0+\sum_{i=1}^{n}\rho_{1i}x_{1i}+\sum_{i=1}^{n}\rho_{2i}x_{2i}^{\ 2}+\sum_{i=1}^{n}\rho_{3i}x_{3i}+\varepsilon \tag{7-18}$$

然后可按多元线性模型的方法处理[17, 18]。

3. 应用最小二乘法进行多元线性回归

拟合模型：

$$y=\rho_0+\rho_1x_1+\rho_2x_x+\cdots+\rho_nx_n+\varepsilon \tag{7-19}$$

的一般问题叫做多元线性回归问题，未知参数叫做回归系数。可以将上式写成：

$$y_i=\rho'_0+\sum_{i=1}^{n}\rho_j(x_{ji}-\bar{x}_j)+\varepsilon_i \tag{7-20}$$

最小二乘函数为：

$$L=\sum_{i=1}^{n}[y_i-\rho'_0-\sum_{j=1}^{n}\rho_j(x_{ji}-\bar{x}_j)]^2 \tag{7-21}$$

定义

$$S_{jj}=\sum_{i=1}^{n}(x_{ij}-\bar{x}_i)^2=\sum_{i=1}^{n}x_{ji}^2-(\sum_{i=1}^{n}x_{ji})^2/n \qquad i=1,2,\cdots,k \tag{7-22}$$

$$S_{rs}=S_{sr}=\sum_{i=1}^{n}(x_{ri}-\bar{x}_r)(x_{si}-\bar{x}_s)=\sum_{i=1}^{n}x_{ri}x_{si}-(\sum_{i=1}^{n}x_{ri})(\sum_{i=1}^{n}x_{si})/n \tag{7-23}$$

$$S_{jy}=\sum_{i=1}^{n}y_i(x_{ji}-\bar{x}_j)=\sum_{i=1}^{n}y_ix_{ji}-(\sum_{i=1}^{n}y_j)(\sum_{i=1}^{n}x_{ji})/n \qquad j=1,2,\cdots,k \tag{7-24}$$

式中：S_{jj}——第 j 个回归变量的校正平方和；

S_{rs}——x_r 与 x_s 的交叉乘积的校正和；

s_{jy}——x_j 与 y 的交叉乘积的校正和。

ρ'_0、ρ_1、$\cdots$、ρ_n 的最小二乘估计量必须满足：

$$\left.\frac{\partial L}{\partial \rho'_0}\right|_{\rho'_0,\rho_1,\cdots,\rho_n}=-2\sum_{i=1}^{n}[y_i-\hat{\rho}'_0-\sum_{u=1}^{k}\hat{\rho}_u(x_{ui}-\bar{x}_u)]=0 \tag{7-25}$$

以及

$$\left.\frac{\partial L}{\partial \rho'_j}\right|_{\rho'_0,\rho_1,\cdots,\rho_n}=-2\sum_{i=1}^{n}[y_i-\hat{\rho}'_0-\sum_{u=1}^{k}\hat{\rho}_u(x_{ui}-\bar{x}_u)(x_{ji}-\bar{x}_j)]=0 \tag{7-26}$$

化简式(7-24)和式(7-25)，同时根据式(7-26)，得到最小二乘正规方程组：

$$k\hat{\rho}'_0=\sum_{i=1}^{k}y_i$$

$$\hat{\rho}_1S_{j1}+\hat{\rho}_2S_{j2}+\cdots+\hat{\rho}_nS_{jn}=S_{jy} \tag{7-27}$$

有 $n+1$ 个正规方程，正好和未知回归系数相对应，所得解为最小二乘估计量 $\hat{\rho}'_0,\hat{\rho}_1,\cdots,\hat{\rho}_n$。

如果用矩阵记号表示，则求解正规方程组更为简便，用观察值表示的模型，用矩阵记号可表示为：

$$Y=X\rho+\varepsilon \tag{7-28}$$

其中

$$Y=\begin{bmatrix}y_1\\y_2\\\vdots\\y_k\end{bmatrix}\quad \boldsymbol{X}=\begin{bmatrix}1&(x_{11}-\bar{x}_1)&\cdots&(x_{n1}-\bar{x}_n)\\1&(x_{12}-\bar{x}_2)&\cdots&(x_{n2}-\bar{x}_n)\\\vdots&\vdots&&\vdots\\1&(x_{1k}-\bar{x}_1)&\cdots&(x_{nk}-\bar{x}_n)\end{bmatrix}\quad \rho=\begin{bmatrix}\rho'_0\\\rho_1\\\vdots\\\rho_n\end{bmatrix}\quad \varepsilon=\begin{bmatrix}\varepsilon_1\\\varepsilon_2\\\vdots\\\varepsilon_k\end{bmatrix} \tag{7-29}$$

一般的，Y 是一个$(k\times1)$响应向量，$\boldsymbol{X}$ 是回归变量的水平的一个$(k\times p)$矩阵，ρ 是一$(p\times1)$回归系数向量，ε 是一$(k\times1)$随机误差向量。

要求得最小二乘估计量的向量 ρ，只要使：

$$L=\sum_{i=1}^{n}\varepsilon_i^2=\varepsilon' \tag{7-30}$$

取最小值。其中：$\varepsilon=(Y-X\rho)'(Y-X\rho)$。

L 可表示为：

$$L=Y'Y-\rho'X'Y-Y'X\rho-Y'X\rho+\rho'X'X\rho=Y'Y'-2\rho'X'Y+\rho'X'X\rho \tag{7-31}$$

最小二乘估计量必须满足：

$$\left.\frac{\partial L}{\partial \rho}\right|_{\rho 0}=-2X'Y+2X'X\hat{\rho}=0 \tag{7-32}$$

简写为:

$$X'X\hat{\rho}=X'Y \tag{7-33}$$

为解正规方程组,对上式两边乘以 $X'X$ 的逆,于是 ρ 的最小二乘估计量为:

$$\hat{\rho}=(X'X)^{-1}X'Y \tag{7-34}$$

容易看出,正规方程组的矩阵形式等同于它的数量形式,用矩阵形式时,$X'X$ 是一$(p\times p)$对称矩阵,$X'Y$ 是一$(p\times 1)$列向量,且 $X'X$ 的对角元素是 X 的列的平方和,对角线以外的元素是 X 的列的交叉乘积的和。

对于最小二乘估计量 $\hat{\rho}$ 的统计性质,首先考虑偏差:

$$\begin{aligned}E(\hat{\rho})&=E[(X'X)^{-1}X'Y]=E[(X'X)^{-1}X'(X\rho+\varepsilon)]\\&=E[(X'X)^{-1}X'X\rho+(X'X)^{-1}X'\varepsilon]=\rho\end{aligned} \tag{7-35}$$

这是因为 $E(\varepsilon)=0$ 以及$(X'X)^{-1}X'X=I$,于是,$\hat{\rho}$ 是 ρ 的无偏估计量。

$\hat{\rho}$ 的方差性质用协方差矩阵表示为:

$$Cov(\hat{\rho})\equiv E\{[\hat{\rho}-E(\hat{\rho})][\hat{\rho}-E(\hat{\rho})]'\} \tag{7-36}$$

它恰好是一个对称矩阵,第 j 个主对角线元素是 $\hat{\rho}$ 的方差,它的第(ji)个元素是 $\hat{\rho}_j$ 和 $\hat{\rho}_i$ 之间的协方差。协方差矩阵是

$$Cov(\hat{\rho})\equiv\sigma^2(X'X)^{-1} \tag{7-37}$$

4. 二阶响应面模型分析

当响应面设计逐步接近最优点时,要求二阶响应面模型密切逼近真实响应面的曲率。

设拟合的二阶模型为:

$$\hat{y}(x)=\hat{\rho}_0+\sum_{i=1}^{n}\rho_i x_i+\sum_{i=1}^{n}\hat{\rho}_{ii}x_i^{\ 2}+\sum_{p<i}\hat{\rho}_{ij}x_i x_j=\hat{\rho}_0+x^{T}a+x^{T}Ax \tag{7-38}$$

式中:

$$x=\begin{bmatrix}x_1\\x_2\\\vdots\\x_n\end{bmatrix},a=\begin{bmatrix}\hat{\rho}_1\\\hat{\rho}_2\\\vdots\\\hat{\rho}_n\end{bmatrix}\text{和 }A=\begin{bmatrix}\hat{\rho}_{11}&\hat{\rho}_{12/2}&\cdots&\hat{\rho}_{1n/2}\\\hat{\rho}_{21/2}&\hat{\rho}_{22}&\cdots&\hat{\rho}_{2n/2}\\\vdots&\vdots&&\vdots\\\hat{\rho}_{n1/2}&\hat{\rho}_{n2/2}&\cdots&\hat{\rho}_{nn}\end{bmatrix}$$

对式(7-38)的预测模型找出最优点,假设这一点存在则其必要条件是一阶偏导数等于零。

$$\frac{\partial\hat{y}}{\partial x}=\begin{bmatrix}\frac{\partial\hat{y}}{\partial x_1}\\\frac{\partial\hat{y}}{\partial x_2}\\\vdots\\\frac{\partial\hat{y}}{\partial x_n}\end{bmatrix}=\frac{\partial}{\partial x}(\hat{\rho}_0+x^{T}a+x^{T}Ax)=a+2Ax=0 \tag{7-39}$$

设 $x_0=(x_{10},x_{20},\cdots,x_{n0})^{T}$ 为稳定点,则:

$$x_0 = -1/2 \cdot A^{-1}a \tag{7-40}$$

此点将可能是响应面的极小点、极大点或鞍点，如图 7-14 所示，其等值线都围绕着稳定点分布。

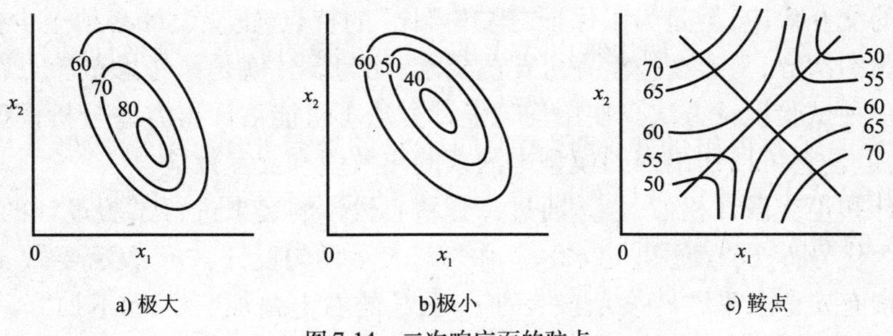

图 7-14　二次响应面的驻点

当稳定点为极大值点时，从 x_0 离开，响应值逐渐减小，当稳定点 x_0 为极小值点时，则正好相反；当稳定点 x_0 为鞍点时，则从 x_0 离开，响应值在某些方向上增大，而在另一些方向上减少，这时就必须确定增大或减小的方向。在分析二次响应曲面时，还会出现另外两种情况如图 7-15 所示，对于在稳定岭情形，存在一个区域，使在这个区域上近似达到极大值（或极小值），在两个自变量情况，这种区域是一条直线；在上升岭情形（相反的是下降岭），极大值点可能不在试验区域内，而按图示方向可逼近最大值点。

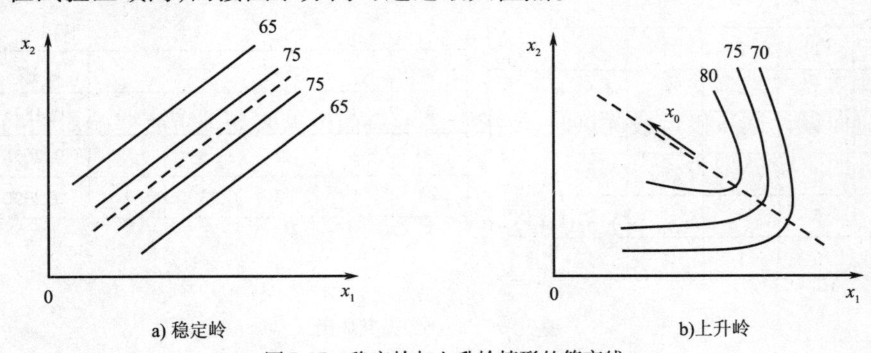

图 7-15　稳定岭与上升岭情形的等高线

5. 用于事故重构试验点布置的均匀设计方法

为了拟合响应面模型，对试验点选取有多种方法，由于单次碰撞所需计算时间较长，所以应该选择尽可能少的试验点数，例如对于二阶响应面模型，共有系数 $q = 1 + n + n + C_n^2 = (n+1)(n+2)/2$ 个，因此试验次数 N 应不少于 q 次。同样，在响应面设计中，即使设计参数较少一般也不采用全因素试验，因为这样剩余自由度过大，常用方法为正交表设计、中心组合设计、等距设计等。

由于事故重构问题参数变化范围较大，试验因素需要考察较多等级，而正交试验方法只宜用于水平数不多的试验中，若在一项试验中有 s 个因素，每个因素各有 q 个水平，用正交试验方法，则至少要做 q^2 次试验。因此，在设计变量取值范围较大的交通事故重构研究中，用正交试验方法是不适合的。

对于多水平试验问题，王元和方开泰于 1978 年提出了均匀设计[19]方法，该方法考虑如何将试验点均匀地散布在试验范围内，使得用较少的试验点获得更多的信息。

所有的试验设计方法本质上就是在试验的范围内给出挑选代表点的方法，正交设计是根据正交性准则来挑选代表点，使得这些点能反映试验范围内各因素和试验指标间的关系。正交设计在挑选代表点时有两个特点：均匀分散，整齐可比。“均匀分散”使试验点有代表性，“整齐可比”便于试验数据的分析，使用正交试验方法，可以估计出因素的主效应，有时也能估出它们的交互效应，但是为了保证“整齐可比”的特点，正交设计必须至少做 q^2 次试验，若要减少试验的次数，只有去掉整齐可比的要求，均匀设计就是只考虑试验点在试验范围内均匀散布的一种试验设计方法。使用均匀设计方法不可能估计出方差分析模型中的主效应和交互效应，但是它可以估出回归模型中因素的主效应和交互效应。

均匀设计和正交设计相似，也是通过一套精心设计的表来进行试验设计的，每一个均匀设计表有一个代号 $U_n(q^s)$ 或 $U_n{}^*(q^s)$，其中“U”表示均匀设计，“n”表示要做 n 次试验，“q”表示每个因素有 q 个水平，“s”表示该表有 s 列，U 的右上角加“ * ”和不加“ * ”表示两种不同类型的均匀设计表，通常加“ * ”的均匀设计表有更好的均匀性，应优先使用。例如 $U_6^*(6^4)$ 表示要做 6 次试验，每个因素有 6 个水平，该表有 4 列。

每个均匀设计表都附有一个使用表，说明如何从均匀设计表中选用适当的列，以及由这些列所组成的试验方案的均匀度。以 $U_6^*(6^4)$ 为例，如图 7-16 所示，若有两个因素，应选用 1，3 两列来安排试验，若有 3 个因素，应选用 1，2，3 三列……。最后一列 D 表示刻划均匀度的偏差（discrepancy），偏差值越小，表示均匀度越好。

q \ s	1	2	3	4
1	1	2	3	6
2	2	4	6	5
3	3	6	2	4
4	4	1	5	3
5	5	3	1	2
6	6	5	4	1

s	列号				D
2	1	3			0.1875
3	1	2	3		0.2656
4	1	2	3	4	0.2990

图 7-16　$U_6^*(6^4)$ 及其应用

均匀设计有其独特的布点方式，其特点表现在：

（1）每个因素的每个水平做且只做一次试验。

（2）任两个因素的试验点分布在平面的格子点上，每行每列有且仅有一个试验点。

（3）均匀设计表任两列组成的试验方案一般并不等价，例如用 $U_6^*(6^4)$ 的 1，3 和 1，4 列分别画图，如图 7-17a）和 b），发现图 7-17a）的点散布比较均匀，而图 7-17b）的点散布并不均匀。

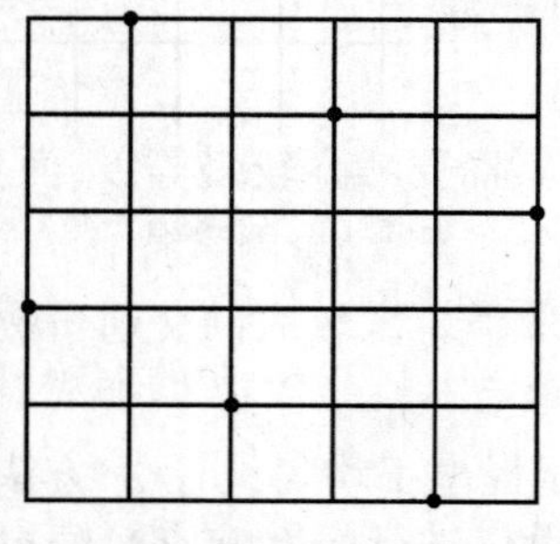

a)选取1、3列

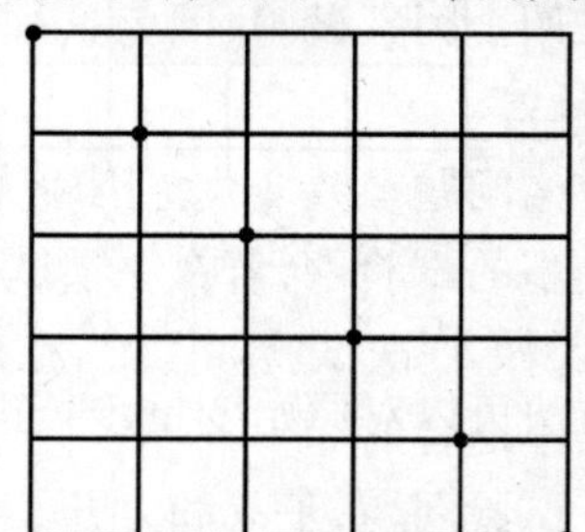

b)选取1、4列

图 7-17　不同设计方案比较

(4)当因素的水平数增加时,试验数按水平数的增加量在增加,如当水平数从 9 水平增加到 10 水平时,试验数 n 也从 9 增加到 10,而正交设计当水平数增加时,试验数按水平数的平方的比例在增加,当水平数从 9 增加到 10 时,试验数将从 81 增加到 100。由于这个特点,使均匀设计更便于使用。

6. 适用于多任务并行计算的变步长区域逼近法

在确定初始条件范围时,为了保证最终结果落在初始区间内,初始条件总是选择一个比较大的区间,在较少的试验次数情况下,很难反映真实的函数关系,因此提出了“变步长区域逼近法”(Variable Step Size — Area Approaching Method),该方法通过多轮次试验设计,根据模拟结果不断缩小收缩区间,从而确定一个较小的自变量变化空间,最终达到精确求解的目的。

设 $u_1, u_2, \cdots, u_t$ 为变量 u 的等距点,如果存在 u_0 和 $\gamma_u > 0$,则 u_a 可以表示为:

$$u_a = u_0 + a\gamma_u \tag{7-41}$$

同样,设 $v_1, v_2, \cdots, v_k$ 为变量 v 的等距点,如果存在 v_0 和 $\gamma_v > 0$,则 v_b 可以表示为:

$$v_b = v_0 + b\gamma_v \tag{7-42}$$

在对试验点进行设计时,采用增加试验轮次、逐层收缩变量步长的方法,如图 7-18 所示。在第一轮试验中,变量 u 和变量 v 的可选范围为 A_1,通过指定步长下若干试验得到响应面模型,响应曲面的极值点可能未必是试验点,而且该极值点的数值和位置会随着变量步长的不同而发生变化,因此选择与真实结果或者极值点相差百分比为 δ_1(假设为 30%)的区域 A_2 进行第二轮试验,同时将变量 u 的等距步长缩短为 $\gamma_u/2$,变量 v 的等距步长缩短为 $\gamma_v/2$,在区域 A_2 内对缩短后的变量步长进行第二轮响应面模拟,在新的响应面模型中,选择与真实结果或极值点相差百分比为 δ_2(假设为 10%)的区域 A_3 作为第三轮试验的考察区域,在第三轮试验中,将变量 u 的等距步长缩短为 $\gamma_u/4$,变量 γ 的等距步长缩短为 $\gamma_v/4$。

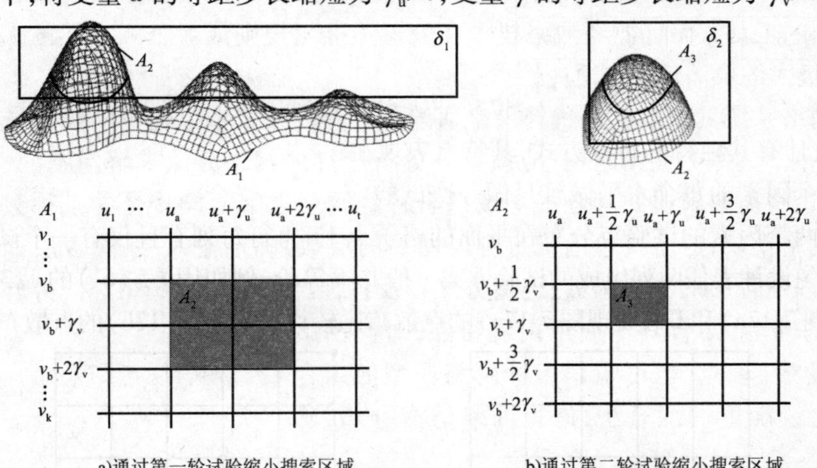

a)通过第一轮试验缩小搜索区域　　b)通过第二轮试验缩小搜索区域

图 7-18　变步长区域逼近法示意图

通过上述方法可以对原始变量步长进行 $1/2^n, n = 0, 1, 2, \cdots, h$ 的缩短,以最终满足所需要的精度 δ_n。

在一个大范围内,对目标值进行精确定位,假设仅进行一次响应面模拟,如果搜索步长选取较大,可以减少试验次数,但是精度很难保证,如果搜索步长选择较小,则需要增加试验次数,进而增加了数据处理的计算量,而且当范围过大时,即使增加了试验次数,由于自变量变化范围过大,其计算结果也很难保证。通过"变步长区域逼近法"可以快速缩小搜索范围,对目标值进行精确定位,因此使用该方法可以得到较高的计算精度。

同时 $1/2^n$ 模式的变步长搜索策略可以优化配置计算资源,在 CPU 总数一定的情况下,由于每一轮的试验点数减少,因此单次计算所用 CPU 个数相应增加。在第一轮计算中,如果试验次数为 η,假设同时使用 c 个 CPU 进行单次数值模拟试验,而在第二轮计算中,由于搜索区域大幅度减小,假设试验次数为 $1/2 \cdot \eta$,则可以使用 $2c$ 个 CPU 计算一个试验点,在后面的计算中,随着试验点数的不断减少,每个计算问题在资源配置上可以得到不同程度的增长,这一点在大范围目标求解时反应比较明显,因此使用变步长区域逼近法可以最大程度的利用计算资源,适用于解决多任务并行计算问题。

必须看到的是,汽车碰撞事故是一个强非线性问题,数值模拟由于牵扯到各种不同参数的设置以及复杂的碰撞环境而不可能完全反映真实情况,因此最终所得到的结果可能不是一个点,而是一个较合理的自变量变化区间。每一轮计算目的也是不相同的,最初几轮的目的是在一个大区域内进行定性的趋势分析,根据计算结果缩小自变量变化范围,最后一轮的目的才是在小范围内进行定量分析,因此每一轮所得到的极值点都可能是不同的。

三、基于神经网络模型的汽车碰撞事故重构方法

基于响应面模型的事故重构方法充分利用了高性能计算机的多任务并行处理能力,但是该方法在设计变量的区间选择上需要过多的人工判断和干预,同时单次碰撞计算数量依然较大,因此还不能很好地满足交通事故鉴定对于效率的要求。

神经网络具有非线性映射、自学习、自适应等能力,为此类问题的研究和解决提供了一条新途径,尤其对问题的机理或规律不甚了解,或不能用数学模型表示的系统,神经网络往往是最有力的工具。而且神经网络技术在处理不能用规则或者公式描述的大量原始数据时,表现出极大的灵活性和自适应性[20-22]。

神经网络系统其实质就是选择一个适当的神经网络模型来逼近实际系统。在实际应用中,面对一个具体的应用问题,应该首先分析用神经网络方法求解问题的性质,然后根据问题特点,将需要解决的问题提炼成适合神经网络求解所能接受的某种数据形式。接下来确定网络模型,这主要包括确定神经网络的层数,确定输入层、隐含层和输出层的神经元数目,确定各层的激活函数、连接方式以及各神经元的相互作用等。另外可在典型网络模型的基础上,结合具体应用问题特点,对原网络模型进行变形、扩充,也可采用多种网络模型的组合等。最后通过确定训练算法,进行网络仿真分析,确定网络是否合适,是否需要修改等。

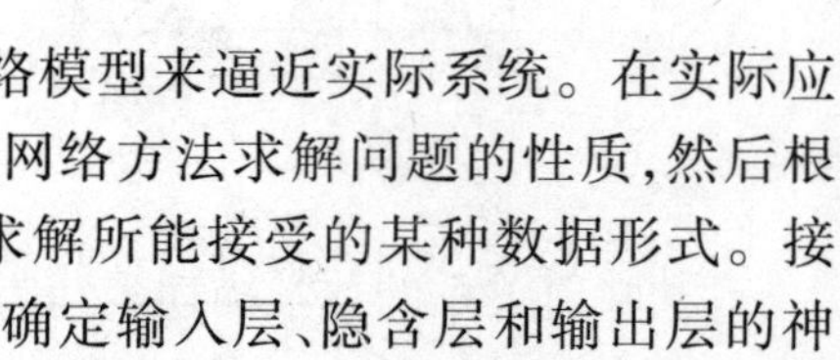

图 7-19 神经元模型

作为神经网络基本处理单元的神经元是一种多输入单输出的非线性模型,如图 7-19 所示,其输入与输出之间的关系可以描述为:

$$y_i = f\left(\sum_{j=1}^{n} w_{ji} x_j - \theta_i\right) \tag{7-43}$$

式中：$x_j(j=1,2,\cdots,n)$——从其他神经元传来的输入信号；

θ_i——阈值；

w_{ji}——神经元 j 与 i 的连接权值；

$f(\cdot)$——传递函数，一般可为线性函数或S状的非线性函数，或具有任意阶导数的非线性函数。

人工神经网络就是大量神经元按照一定规则互连而成的网络结构，按照连接方式的不同，神经网络可以分为前向网络、具有反馈的前向网络（简称反馈网络或者递归网络、动态网络）等类型。前向网络本质上是静态网络，不具备动态信息处理能力，因而在动态系统建模中的应用受到很大的限制。递归神经网络由于含有递归神经元，因而将其应用于动态系统的建模，可以提高系统建模的精度。递归神经网络本质上有两类：一类是将网络输出层的输出反馈到网络的输入层，代表性的网络是Jordan网络。另一类是将网络的隐含层输出信息反馈到隐含层各神经元，代表性的网络是Elman网络。

1. 递归神经网络结构

在选择具体的神经网络模型时，要充分考虑到所选择的网络模型是否具有较高的拟合精度和较快的收敛速度，同时要尽可能地减少对样本数量的要求。基于碰撞过程的动力学特性，本章采用了对角递归神经网络建立汽车碰撞速度与变形量的非线性模型，具体的网络结构如图7-20所示：

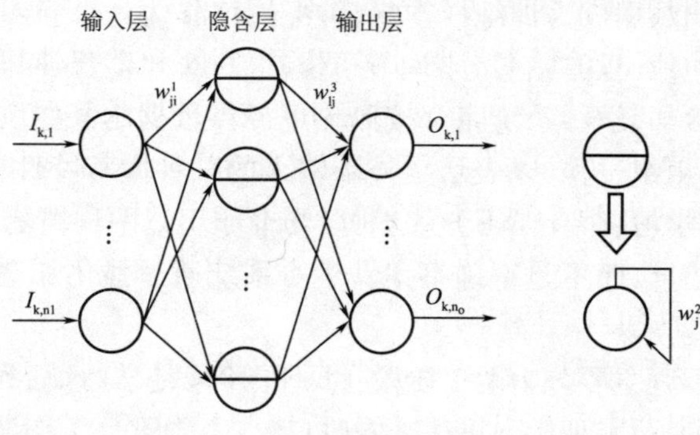

图7-20　神经网络示意图

其映射关系的数学描述表达为：

输入层：

$$I_{k,i}=u_{k,i}\qquad i=1,2,\cdots,n_I \tag{7-44}$$

隐含层：

$$H_{k,j}=f\left(\sum_{i=1}^{n_I}w_{ji}^1u_{k,i}+w_j^2H_{k-1,j}\right),j=1,2,\cdots,n_H \tag{7-45}$$

输出层：

$$O_{k,l}=g\left(\sum_{j=1}^{n_H}w_{lj}{}^3H_{k,j}\right),\qquad l=1,2,\cdots,n_O \tag{7-46}$$

式中：$u_{k,i}$——输入层第 i 个神经元在 k 个样本的输出；

$I_{k,i}$——输入层第 i 个神经元在 k 个样本的输入；

$H_{k,j}$——隐含层第 j 个神经元在 k 个样本的输出；

$O_{k,l}$——输出层第 l 个神经元在 k 个样本的输出；

$f(\cdot)$——隐含层神经元的激励函数；

$g(\cdot)$——输出层神经元的激励函数；

w_{ji}^1——输入层神经元至隐含层神经元的连接权；

w_j^2——隐含层神经元的连接权；

w_{lj}^3——隐含层神经元至输出层神经元的连接权；

n_I——输入层神经元的个数；

n_H——隐含层神经元的个数；

n_O——输出层神经元的个数。

本章所设计的神经网络中隐含层及输出层激励函数为 S 型函数：

$$f(x)=g(x)=\frac{1}{1+e^{-x}} \tag{7-47}$$

2. 网络学习算法

通过向环境学习获取知识并改变自身性能是神经网络的一个重要特点。在一般情况下，性能的改善是按照某种预定的度量通过调节自身参数（如权值）随时间逐步达到的。学习方式按环境提供信息量的多少可以分为 3 种：①监督学习（有教师学习）。这种学习方式需要外界存在一个“教师”，它可以对给定的一组输入提供应有的输出（结果，即正确答案），这组已知的输入—输出数据成为训练样本集，神经网络作为一个学习系统可以根据已知输出和实际输出之间的差值（误差信号）来调节系统参数；②非监督学习（无教师学习）。这种学习方式不存在外部教师，学习系统完全按照环境提供数据的某些统计规律来调节自身参数或结构，这是一种自组织过程，以表示出外部输入的某种固有特性，如聚类或某种统计上的分布特征；③再激励学习（强化学习）。这种学习介于上述两种情况之间，外部环境对系统输出结果只给出评价信息，而不是正确答案。学习系统通过强化那些受奖的动作来改善自身的性能。

神经网络的工作过程主要分为两个阶段：第一个阶段是学习期，此时各计算单元的状态保持不变，各连接权值通过某种学习算法来修改；第二个阶段是工作期，此时连接权固定，计算单元状态改变，以达到某种稳定状态。

神经网络学习算法中最常用的是误差反向传播算法（Error Back Propagation，简称 BP 算法）。这个算法的学习过程包括正向传播和反向传播。在正向传播过程中，输入信息从输入层经隐含层逐层处理，并传送到输出层，每一层神经元的状态只影响下一层神经元的状态。如果输出响应与期望输出有误差，则转入反向传播过程，将误差沿着原来的连接通路逐层返回并修正各层的连接权值，使得误差信号最小。

定义网络的误差为：

$$E_{net}=\sum_{k=1}^{m}\sum_{l=1}^{n_O}(T_{k,l}-O_{k,l})^2/2 \tag{7-48}$$

式中：m——学习模式的个数；

$T_{k,l}$——输出层第 l 个神经元的期望输出。

网络学习的目的就是要不断调整连接权使得 E_{net} 最小。

由梯度下降法可求得 E 的梯度来修正连接权,则输出层各神经元的误差 $d_{k,l}$:

$$d_{k,l}=(T_{k,l}-O_{k,l})\cdot O_{k,l}\cdot(1-O_{k,l}),\qquad l=1,2,\cdots,n_O \tag{7-49}$$

同理,隐含层各神经元的误差 $e_{k,j}$:

$$e_{k,j}=[\sum_{l=1}^{n_O}d_{k,l}\cdot w_{lj}^3]\cdot H_{k,j}\cdot(1-H_{k,j}),\qquad j=1,2,\cdots,n_H \tag{7-50}$$

相应的权值修正表达式为:

$$\begin{cases}w_{lj}^3(t+1)=w_{lj}^3(t)+\eta\cdot d_{k,l}\cdot O_{k,l}\\ w_{ji}^1(t+1)=w_{ji}^1(t)+\eta\cdot e_{k,j}\cdot H_{k,j}\\ w_j^2(t+1)=w_j^2(t)+\eta\cdot e_{k,j}\end{cases} \tag{7-51}$$

式中:η——学习因子,$0<\eta\leqslant 1$。

η 越大,权值调整的越快,但是 η 过大易导致振荡。η 较小会导致较慢的收敛速度。一般要求是越小越好。为了克服 BP 算法收敛速度慢、容易收敛于局部极小等缺点,本章引入带动量因子的 BP 算法,可以保证足够大的学习速率,又不易产生振荡。其权值修正公式[23]如下:

$$\begin{cases}w_{lj}^3(t+1)=w_{lj}^3(t)+\eta\cdot d_{k,l}\cdot O_{k,l}+\beta[w_{lj}^3(t)-w_{lj}^3(t-1)]\\ w_{ji}^1(t+1)=w_{ji}^1(t)+\eta\cdot e_{k,j}\cdot H_{k,j}+\beta[w_{ji}^1(t)-w_{ji}^1(t-1)]\\ w_j^2(t+1)=w_j^2(t)+\eta\cdot e_{k,j}+\beta[w_j^2(t)-w_j^2(t-1)]\end{cases} \tag{7-52}$$

式中:β——动量因子,且 $0<\beta\leqslant 1$。

3. 网络训练与性能分析

对于神经网络而言,它最终的性能在很大程度上取决于学习时用的训练数据,很难想象通过学习不能反映系统特性的数据能得到满意的模型。因此如何选择合适的训练数据是利用神经网络建模的关键环节之一。

神经网络训练完毕还需要测试数据对网络性能进行测试。一般来讲,训练数据和测试数据都来自于同一数据集合。为了保证获得较好的网络性能,必须满足两个要求:(1)训练数据集和测试数据集必须都是典型的输入—输出模式对;(2)测试数据集不同于训练数据集。

本章所建立神经网络的训练数据来自于汽车碰撞有限元仿真结果,通过合理的试验设计,既满足神经网络对数据的要求,又要尽量减少仿真计算的次数,因此选用均匀设计方法作为神经网络训练数据的试验方法[24, 25]。

引用试验设计方法的目的和重点是给神经网络模型安排合理的训练数据,以提高预测结果的可信度和减少试验次数。最后对训练数据进行适当的比例变换以适应神经网络对数据的特殊要求,根据激励函数的不同,大多数神经网络只接受[-1,1]范围内的数据,因此,数据必须按比例缩小到这个区域内。通过如式(7-53)所示方法可以对试验设计参数进行归一化处理。

$$x_{ij}=[x_{ij}-\min(x_i)]/[\max(x_i)-\min(x_i)] \tag{7-53}$$

式中:x_{ij}——第 j 组样本的第 i 个分量;

x_i——由所有样本的第 i 个分量组成的矢量。

这种归一化处理方法也同样对另一处理过程(遗传算法)的数据编码提供了方便,从而为系统的算法实现提供了统一的数据类型。

将递归神经网络作为车辆碰撞速度与变形的预测模型，网络结构确定为包含一个隐含层的三层网络，学习算法采用带有动量项的BP算法。当训练集确定之后，输入层和输出层的神经元数目也随之确定。隐含层神经元数目的确定目前还没有明确的理论指导[26~28]。

神经网络各层神经元数目确定以后，初始化网络和学习参数，然后将训练数据作用于网络，反复调整其权值和阈值，以使网络性能函数满足指定的收敛精度。采用均方根误差作为网络性能函数来定量地反映学习性能。其定义为：

$$E_{\mathrm{RMS}} = \sqrt{\sum_{k=1}^{m}\sum_{l=1}^{n_o}(T_{k,l} - O_{k,l})^2/2} \tag{7-54}$$

4. 汽车碰撞事故重构神经网络模型的优化方法

在建立起车辆碰撞速度与变形的神经网络之后，还需要求解由该神经网络模型作为目标函数的最优化问题，即寻找合适的网络输入，以使网络输出值达到最大（或最小）。由于用人工神经网络模型建立的函数关系是通过神经元之间的连接权值和阈值来实现的，难以用简单的函数形式表达，所以采用传统的优化方法不易解决这类问题。而采用遗传算法来完成人工神经网络的寻优过程，只需要由网络响应值转换得来的适应值信息，而无需知道具体的函数形式。可以说遗传算法特别适合处理传统搜索方法所不能解决的复杂问题和非线性问题。

遗传算法（Genetic Algorithm, GA）是 Holland 于 1975 年根据生物进化和遗传变异理论提出的一种基于种群搜索的优化算法，其思想是通过选择、交叉、突变等遗传算子的共同作用使种群进化到具有更高适应能力的下一代，通过优胜劣汰而最终收敛到优化解。遗传算法是一种全局概率搜索与优化算法，一般而言，遗传算法维持由一群个体组成的种群 $P(t)$（t 代表遗传代数）。每个个体均代表问题的一个潜在解，并将被评价优劣且得到其适应值。每个个体都要经历称作遗传操作的随机变换，由此产生新的个体。主要有两种变换方法：交叉（crossover）是将优良个体的有关部分组合起来形成新的个体；突变（mutation）是将一个个体改变从而获得新的个体。新产生的个体（称作后代 $C(t)$）继续被评价优劣。从父代种群到子代种群中选择比较优秀的个体形成了新的种群。若干代以后，算法收敛到一个最优个体，该个体很有可能代表着问题的最优解或次优解[29, 30]。

遗传算法是可用于复杂系统优化的鲁棒搜索算法，具有如下的特点：

（1）遗传算法只需要利用目标函数作为搜索信息，不需要导数信息，也不需要函数的连续性，因而具有很强的通用优化能力。

（2）遗传算法的操作对象是一组可行解，可从多点在搜索空间中作快速搜索，具有良好的并行性。

（3）遗传算法使用概率搜索技术，其遗传算子的操作是以一种概率的方式进行的，使其具有良好的灵活性、鲁棒性和全局性。

（4）遗传算法是以决策变量的编码作为运算对象，目标函数解释为编码化个体的适应值（或其变换），因而具有良好的可操作性与简单性。

最早研究的遗传算法是简单遗传算法（Simple Genetic Algorithm, SGA），在该算法中，个体采用二进制编码，遗传操作算子为比例选择、单点随机交叉和单点随机变异，子代种群不保留父代种群的最优个体。简单遗传算法的思路直观，操作简单。但是存在着容易过早收敛和局部搜索能力差的缺点。

简单遗传算法的基本实现步骤为:①确定种群规模,决策变量的编码方式,选择、交叉和变异的方法和交叉、变异概率以及算法终止条件;②以一定的方式产生初始种群;③计算种群中个体的适应度;④对当前种群实行遗传操作并产生新种群;⑤进行终止条件判断,若满足终止准则,则进化终止,输出最优结果,否则转到步骤③。其流程如图 7-21 所示。其中 t 代表遗传代数,N 代表种群中个体的数目,p_c 代表交叉概率。

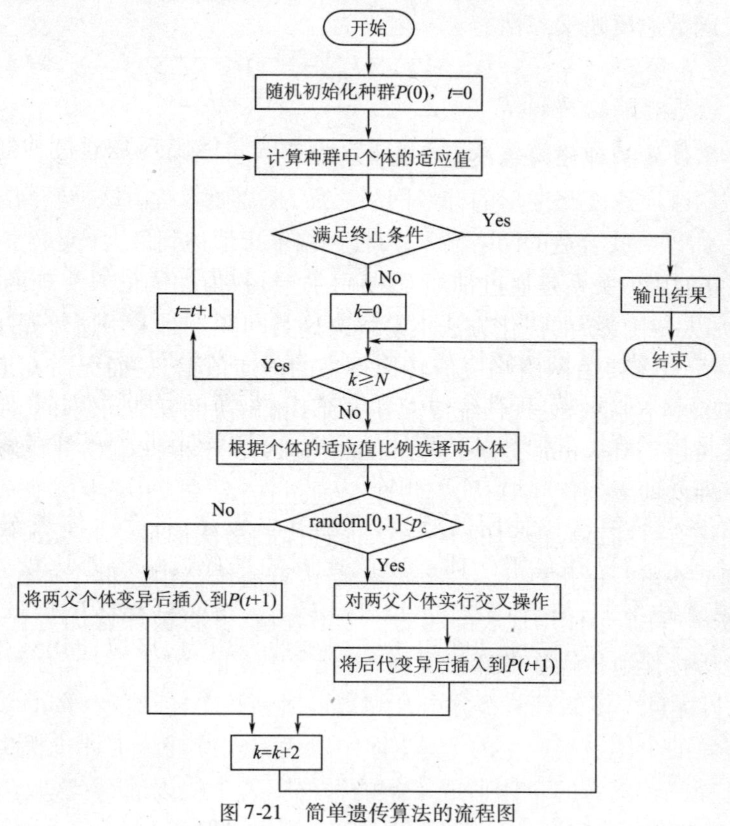

图 7-21　简单遗传算法的流程图

遗传算法的设计,通常包括以下的基本步骤:确定编码方案;确定适应度函数;选择策略的确定;遗传算子的设计;控制参数的选取;确定算法的终止准则;最后就是编程实现。

1)编码方案和适应度函数

遗传算法求解问题不是直接作用在问题的解空间上,而是利用解的某种编码表示。选择何种编码表示有时将对算法的性能、效率产生很大的影响。遗传算法的常用编码方案有二进制编码、实数编码等。二进制编码是遗传算法中最常用的编码方式,它使用的编码符号集是由二进制符号 0 和 1 所组成的二值符号集{0,1},将个体编码为二进制符号串,然后进行各种操作,最后解码为浮点数。这样做的优点是遗传算子操作易于理解,编程方便。将遗传算法和神经网络集成在一起,遗传算法要优化的参数就是神经网络的输入参数,前述的神经网络已经对输入参数进行了归一化处理,所以可采用二进制编码。考虑到自变量的范围,采用 8 位二进制编码,即对应实数范围为[0,255]。

遗传算法中适应度函数是用来区分群体中个体好坏的标准,是算法演化过程的驱动力,也是进行自然选择的唯一依据。总之,适应度函数决定了群体的进化方向。

遗传算法中度量适应性的方法很多，经常用到的方法有以下两种：

(1)原始适应函数，即问题求解目标的直接表示，通常采用问题的目标函数作为个体的适应性度量。

(2)标准适应函数，主要应用于极小情形即原始适应值越小个体性能越好的条件下。因为演化计算的某些选择策略要求适应函数非负，且适应值越大表明个体性能越好，这时就需要使用标准适应函数。可定义如下：

$$f_{\mathrm{Normal}}(x)=f_{\max}-f(x) \tag{7-55}$$

式中：$f_{\max}$——原始适应函数的上界。

本章研究采用原始适应函数方式，原始适应函数的具体实现是通过神经网络的仿真计算过程来实现的。

2)遗传算子

优胜劣汰的选择机制是遗传算法与一般搜索算法的主要区别之一。选择策略对算法性能的影响会起到举足轻重的作用。不同的选择策略将导致不同的选择压力。较大的选择压力算法收敛快，但也比较容易出现过早收敛；较小的选择压力一般能使群体保持足够的多样性，增大算法收敛到全局最优的概率，但算法的收敛速度一般较慢[31~34]。

选择操作就是用来确定如何从父代群体中按照某种方法选取哪些个体遗传到下一代群体中的一种遗传运算，它是建立在群体中个体的适应度评价基础上的。

轮盘式选择在遗传算法中使用的最多，其基本思想是：各个个体被选中的概率与其适应度大小成正比。但这种基于个体适应值比例的选择策略误差比较大，有时甚至适应度高的个体也选择不上，容易出现"未成熟收敛"。因此首先保留最优个体至子代种群中可避免最优个体被算法破坏。然后为了减少选择压力，可以使用线性排序选择，该方法假设群体成员按照适应值大小从好到坏排列为 $x_1,x_2,\cdots,x_N$，然后根据一个线性函数分配选择概率 p_i。设：

$$p_i=[a-bi/(N+1)]/N, i=1,2,\cdots,N \tag{7-56}$$

由于 $\sum_{i=1}^{N}p_i=1$，所以 $b=2(a-1)$，而且要保证 $p_i\geqslant 0$，且 $p_1\geqslant p_2\geqslant\cdots\geqslant p_N$，所以一般限定 $1\leqslant a\leqslant 2$，通常使用的值为 $a=1.1$。

➤ 繁殖算子

遗传算法中，算法的收敛性主要通过复制来实现。简单遗传算法的繁殖算子通常是选择后按照一定的繁殖概率进行，通过适应值大小决定选择概率，因而保证最优个体能在后代中有较大的遗传概率。本章采用了另外的繁殖方法，每一代都将父代种群中适应值最大的0.1N个左右的个体直接传递到子代种群，成为子代种群中的个体。即将繁殖操作应用于选择之前，这样保证了搜索到的最优个体不会因为选择、交叉、变异的操作而被破坏，从而保证了算法搜索的方向性，加速了算法的收敛。

➤ 交叉算子

交叉是指对两个相互配对的染色体按照某种方式相互交换其部分基因，从而形成两个新个体。在二进制编码中，交叉是核心的遗传操作，可以有效提高遗传算法的优化质量和效率。在交叉运算之前必须对种群中的个体进行配对，目前最常用的配对策略是随机配对，即将种群中的个体以随机方式两两配对，交叉操作是在配对个体之间进行的。交叉算子的设计和实现与问题类型密切相关,一般要求它不破坏优良模式,要能产生较好的新模式。交叉算子的设计包括以下两方面的内容:一是如何确定交叉点的位置;二是如何进行部分基因交换。

➤ 变异算子

变异是将个体染色体编码串中的某些基因用其他的基因来替换,从而产生出新个体。其主要目的是改善遗传算法的局部搜索能力以及维持群体的多样性,防止出现早熟现象。变异算子的设计包括如何确定变异点的位置和如何进行基因值的替换两方面内容。

最常用的是基本位变异(*Simple Mutation*),即对个体编码串上的某一位或者某几位基因以一变异概率进行变异运算。它只改变编码串中个别位的基因值,变异的概率也小,发挥作用比较慢,效果不明显。

本章采用自适应思想,进行多点交叉和多点变异操作,而且交叉和变异操作的点数随种群多样性程度的不同而不同。当遗传算法收敛于局部最优解时,种群接近于一个齐次种群,其中很多个体都非常接近,交叉所产生的后代仍很接近。记 $\vec{X}(t)$ 为第 t 代进化种群,其第 i 个体为 $X_i(t)$,$i=1,2,\cdots,N$,N 是种群规模,若个体的编码长度为 L,记 $X_i(t)$ 的第 k 位为,$x_{ik}(t)$,$k=1,2,\cdots,L$,则个体 $X_i(t)$ 和 $X_j(t)$ 的海明距离(Hamming distance)为:

$$H[X_i(t),X_j(t)] = \sum_{k=1}^{L} | x_{ik}(t) - x_{jk}(t) | \tag{7-57}$$

$\vec{X}(t)$ 的平均海明距离为:

$$H(t) = \sum_{i=1}^{N-1}\sum_{j=i+1}^{N} H[X_i(t),X_j(t)] / \sum_{i=1}^{N-1}(N-i) \tag{7-58}$$

随机生成的初始种群个体之间的海明距离大小不等,$H(0)/L$ 的值一般在 0.5 左右。而当种群趋于齐次种群时,个体之间的差异很小,$H(t)/L$ 将很小,尤其是当种群规模很大时,这种趋势更明显。因此,引入如下函数来衡量第 t 代进化种群多样性的程度:

$$F(t) = 1 - \frac{H(t)}{L} \tag{7-59}$$

由上式可知,当种群中个体差异较小时,$F(t)$ 值较大,此时增加交叉和变异的点数,以增加种群的多样性,从而扩大寻优范围。而当种群随机分布时,$F(t)$ 值较小,交叉和变异采用单点方式以保持种群的多样性。由于进化后期种群中的个体最终趋于集中,增加种群多样性不再是主要目的,此时种群多样性函数 $F(t)$ 的作用应随着进化代数的增加而减少。为此,引入如下作用因子函数:

$$\rho(t) = \exp\{-t^2/[2(T/3)^2]\} \tag{7-60}$$

式中:T——进化终止代数;

t——进化代数变量。

最终以 $F(t)\times\rho(t)$ 的大小作为衡量种群多样性的判据,交叉和变异操作点数随着 $F(t)\times\rho(t)$ 的变化而不同,这样既可保证进化前期种群的多样性,扩大寻优范围,又能保证进化后期遗传算法的正常寻优。当 $0\leqslant F(t)\times\rho(t)\leqslant 0.4$ 时,交叉和变异操作点数为 1;当 $0.4 < F(t)\times\rho(t)\leqslant 0.8$ 时,交叉和变异点数为 2;当 $0.8 < F(t)\times\rho(t)\leqslant 1$ 时,交叉和变异点数为 3。

3)控制参数的选取及收敛准则

控制参数主要包括染色体长度、种群规模、算法执行的最大代数、执行不同遗传操作的概率以及其他一些辅助性的参数。参数的不同选取常常会对算法的性能产生较大的影响。

控制参数的优化有实验法和二级演化算法等,最常用的方法则是根据经验选择控制参数值,然后多执行算法几次以获得问题的最优或近似最优解。主要控制参数的经验取值为$N=20\sim100$,$p_m=0.2\sim0.5$,$p_c=0.5\sim0.7$。

由于遗传算法没有利用目标函数的梯度等信息,所以在计算过程中,无法确定个体在解空间的位置,从而导致无法用传统的方法来判定算法的收敛与否。在本章研究中,设定收敛准则为目标值和最大优化代数,即只要优化值在一定误差范围内接近最终目标值或进化代数超过预定最大优化代数则停止运算。通过以上的分析和设计,最后确定的优化算法框图如图7-22所示。

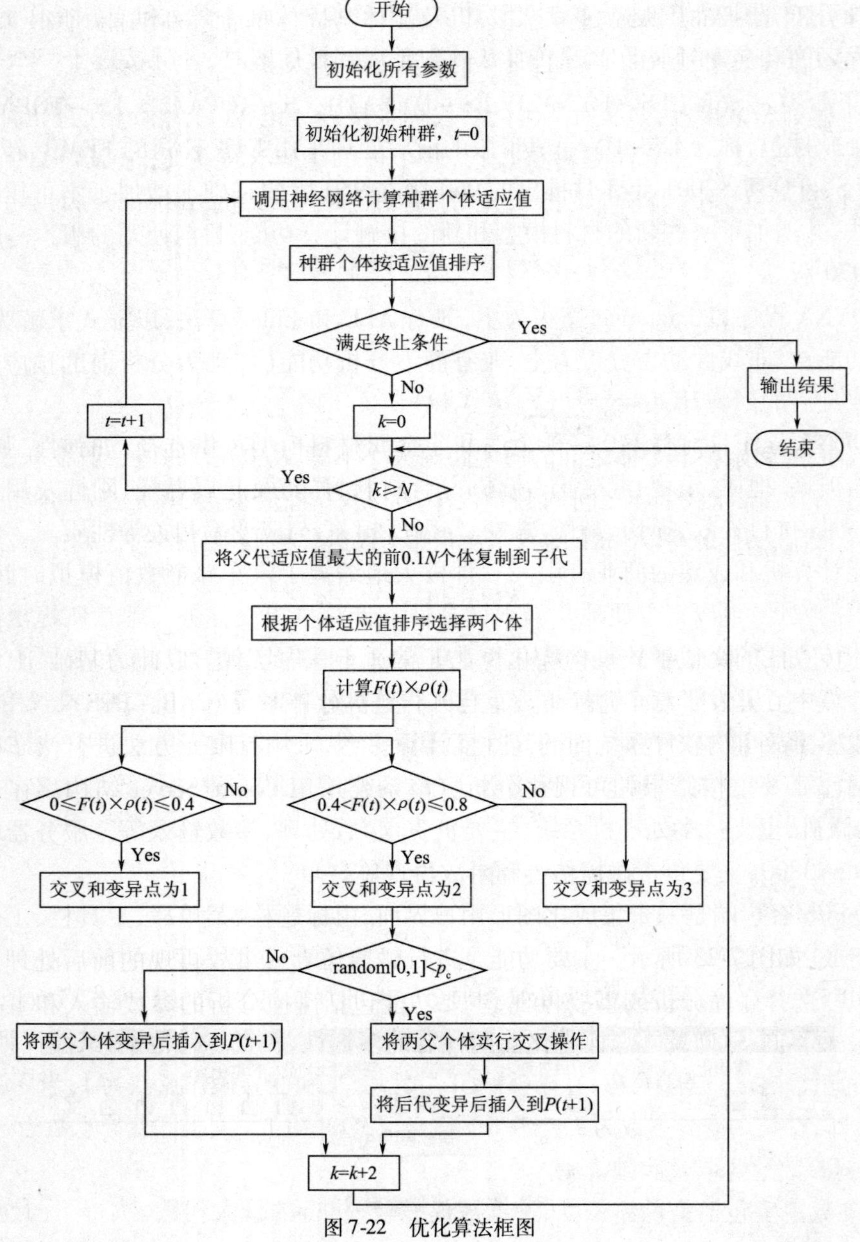

图7-22　优化算法框图

第三节　应 用 实 践

一、典型软件

1976 年,美国 Livermore 国家重点实验室的 J. O. Hallquist 博士主持开发了显式非线性动力分析通用有限元程序 DYNA3D,并于 1979 ~ 1988 年间对软件功能进行了扩充和改进。1988 年 J. O. Hallquist 博士创建了 LSTC 公司,推出 LS – DYNA 程序序列,主要包括显式 LS – DYNA3D,隐式 LS – NIKE3D、热分析 LS – TOPAZ3D 及前后处理器等商用程序,增加了汽车安全性分析、薄板冲压成型过程模拟,以及流体与固体耦合等新功能,使得 LS – DYNA 程序系列在国防和民用领域的应用范围得到了进一步扩大。

1997 年 LSTC 公司将 LS – DYNA2D、LS – DYNA3D, LS – TOPAZ2D、LS – TOPAZ3D 等程序合成一个软件包,称为 LS – DYNA,PC 版的前后处理采用 ETA 公司的 FEMB,新开发的后处理器为 LS – POST。2001 年 5 月推出的 960 版在 950 版的基础上增加了不可压缩流体求解程序模块,并增加了一些新的材料模型和新的接触计算功能,目前使用的版本一般为 2003 年发布的 970 版。

LS – DYNA 程序以 Lagrange 算法为主,兼有 ALE 和 Euler 算法;以显式求解为主,兼有隐式求解功能;以非线性动力分析为主,兼有静力分析功能(如动力分析前的预应力计算和薄板冲压成型后的回弹计算)。

LS – DYNA 程序目前有 140 多种金属和非金属材料模型可供选择,如弹性、弹塑性、超弹性、泡沫、玻璃、地质、土壤、混凝土、流体、复合材料、炸药及起爆燃烧、刚性及用户自定义材料,并可考虑材料失效、损伤、黏性、蠕变、与温度相关、与应变率相关等性质。

高性能计算机和成熟的商业有限元软件极大地缩短了汽车碰撞数值模拟时间,同时随着网络技术的发展,可以很方便地从异地向高性能计算机提交任务。本章所提出的结合神经网络和遗传算法的交通事故重构优化算法非常适于程序实现。以此为基础,上海交通大学高性能计算中心开发了汽车碰撞事故重构并行计算软件系统(CAR – PCS)。

汽车碰撞事故重构软件系统面向高性能计算平台,采用有限元方法进行汽车碰撞事故重构的并行计算及重构结果的可视化分析。该系统采用 Client/Server 结构。客户端支持 x86 体系的微机,也支持多处理机系统,主要负责前/后处理、参数输入等。服务器端硬件平台是 SGI Onyx3800,主要负责碰撞仿真和事故再现等。

CAR – PCS 客户端是一个集成化图形用户界面,由标题栏、菜单栏、工具栏、工作区窗口和状态栏组成,如图 7-23 所示。主要功能是进行碰撞仿真或事故再现的前后处理工作。求解器菜单包括选择碰撞分析或事故再现,主要功能包括碰撞分析的参数输入和事故再现分

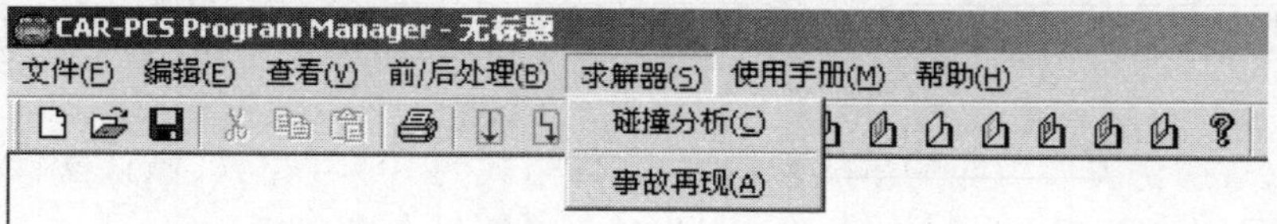

图 7-23　求解器菜单截图

析的参数输入(如图 7-24 所示)等。

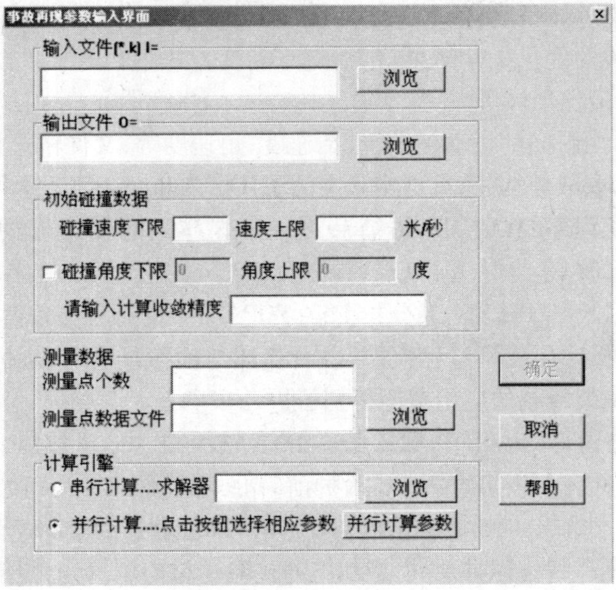

事故再现参数输入界面

输入文件(*.k) I=
浏览

输出文件 O=
浏览

初始碰撞数据
碰撞速度下限 速度上限 米/秒
碰撞角度下限 角度上限 度
请输入计算收敛精度

测量数据
测量点个数
测量点数据文件 浏览

确定
取消

计算引擎
串行计算....求解器 浏览
并行计算....点击按钮选择相应参数 并行计算参数

帮助

图 7-24 事故再现参数输入界面

CAR - PCS 系统的客户端运行于微机,而服务器端运行于超级计算机,二者的操作系统不同,分别是 WINDOWS 和 UNIX 系统,采用批处理文件作为接口进行数据传递和程序调试,实现有限元前后处理软件、分析软件和优化迭代程序的无缝集成。

在微机平台建立分析任务的有限元模型,并生成任务文件(包括单元、节点、载荷、约束等信息),同时在输入参数界面指定初始碰撞数据、收敛精度、变形数据、并行计算等参数,客户端会自动生成两个批处理程序进行计算任务的提交,其中一个批处理程序的主要任务是将任务文件和选项参数文件远程拷贝到服务器端,另一个批处理程序的主要任务是远程执行 SHELL 程序,在服务器端提交计算任务。

计算和优化迭代模块是整个事故重构软件系统的核心模块,实现的主要功能如下:

(1)碰撞参数与关键点变形量之间非线性关系的神经网络拟合。

(2)遗传算法优化神经网络的拟合结果输出。

(3)不同碰撞状态的修改。

(4)启动碰撞仿真计算。

(5)计算关键点变形结果以及事故重构度。

通过应用汽车碰撞事故重构软件系统可以得到下列数据文件:

(1)各次碰撞仿真的时间历程结果,用来记录变形、应力、应变等。其文件格式为二进制格式的,可以通过专门后处理软件来绘制云图和作动画。

(2)各次碰撞仿真的关键点变形结果,用来记录各个时刻的关键点变形,其文件格式为 ASCII 格式。

(3)各次碰撞仿真所对应的事故重构度,文件格式为 ASCII 格式,默认文件名称为 savesum. ar,与初始碰撞数据文件 savevelo. ar 提供的各个运动参数对应。

(4)神经网络训练误差数据,文件格式为 ASCII 格式,可以用来生成训练过程曲线。

(5)遗传算法优化过程数据,文件格式为 ASCII 格式。该文件记录了遗传算法的相关参数,例如种群数目、染色体长度、最大进化代数、交叉概率、变异概率、随机数种子等。此外该文件还包括了每一代的优化统计结果,包括交叉和变异等遗传操作的次数,最大、最小和平均适应度,各代中的最佳个体等。

(6)碰撞车辆作用瞬间的运动参数,包括速度、角速度等,文件格式为 ASCII 格式。

(7)优化得到的事故重构度,文件格式为 ASCII 格式。

(8)优化得到的事故重构时间历程结果,文件格式为二进制格式,可以在计算机屏幕上形象地再现事故全过程。

二、典型案例基本情况简介

1. 事故重构的依据与目的

2001 年某日上午 11 时,天气状况为晴,气温约为 30℃,道路为柏油路面,且路面干燥。某车进行高速(v = 140 ~ 150km/h)运行试验,驾驶员在准备回停车场休息时,发生操作失误,直撞向大约 15m 外的停车场围墙,事故现场示意图如图 7-25 所示,所幸汽车运行方向与围墙方向角度较小且驾驶员佩带了安全带,因此只有车身前部发生碰撞变形,而未发生人员伤亡。被碰撞物围墙为砖柱外覆水泥,且墙面贴瓷砖,瓷砖及砖头尺寸可以通过测量得到,拍摄事故现场照片如图 7-26 所示。

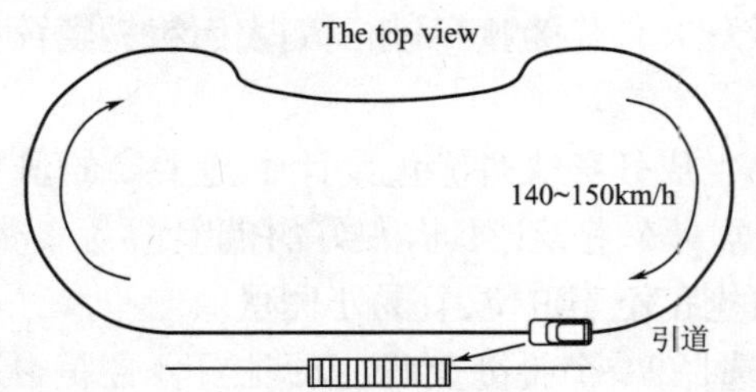

图 7-25　事故现场示意图

图 7-26　事故现场照片

在本起事故中,需要解决的焦点问题是汽车与围墙碰撞时刻的速度及碰撞角度。由于车身变形信息明确,因此可以使用基于有限元模型的碰撞事故数字化重构方法进行分析。

2. 事故重构的有限元模型

由于碰撞导致的主要变形集中在车身前部,因此根据事故特点建立整车有限元模型如图 7-27 所示,在网格划分过程中注意到网格大小的合理布置,对于车身前部进行网格细化,从而尽可能提高事故重构的精度。除了车身有限元模型外,还根据事故车真实情况添加了座椅、转向系统、发动机刚体模型、散热器、安全带及假人数值模型等。

图 7-27　事故车有限元模型

根据事故现场测量的砖头及瓷砖大小尺寸,建立围墙模型,其中围墙墙体本身为碰撞发生的主体部分,因此围墙上的栏杆等可以用梁单元进行简化。当汽车撞击围墙时,车身会因为受到冲击而发生纵向跳动,通过建立地面模型进行约束,事故现场地面为柏油路面,选择壳单元对路面进行简化模拟,在车轮和地面之间加入单面约束。事故现场环境有限元模型如图 7-28 所示。

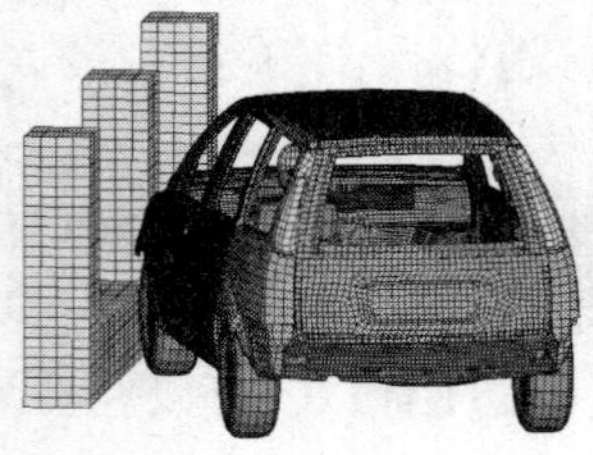

a)

b)

图 7-28 事故碰撞环境有限元模型

3. 关键点的选取与变形量测量

1)关键点的选取标准

通过车身变形量信息进行汽车碰撞事故重构很重要的一点在于选择合适的点进行考察,对于本次事故,变形主要发生在车身前部,但是如果以保险杠或者翼子板上的点作为考察对象,将会发生很大的偏差,因为保险杠等直接与被碰撞物发生接触,而围墙的表面尽管贴有瓷砖,但是不能保证不存在一些突起物或其他一些偶然因素会影响到变形量测量的客观性。

选择前纵梁及挡泥板作为变形量测量对象,经分析认为具有如下优点:

(1)前纵梁和挡泥板与被碰撞物围墙之间不发生直接接触,因此围墙表面粗糙度及其他偶然因素对变形量测量不会发生大的影响。

(2)前纵梁和挡泥板是重要的碰撞吸能部件,在车身结构优化设计中是主要的研究部分,因此在事故重构中以上述二零件作为研究对象对车身设计具有很好的借鉴意义。

(3)前纵梁和挡泥板上有较多的定位孔和螺栓孔便于定位,且易于测量。

前纵梁及挡泥板 CAD 模型如图 7-29 所示,选择 11 个关键点(孔及螺栓孔)在图中进行标识如下:

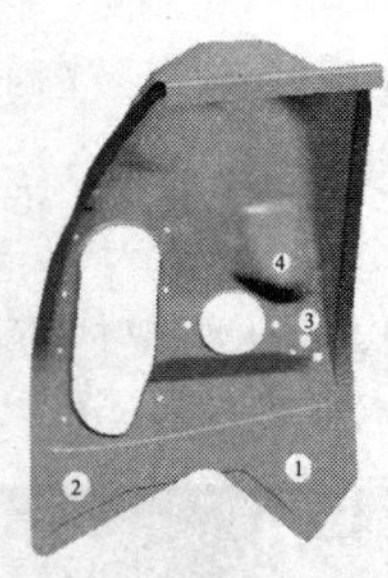

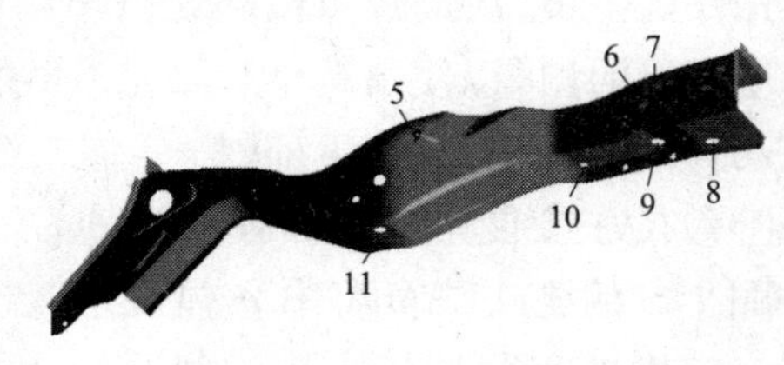

图 7-29 挡泥板及前纵梁 CAD 模型

根据前纵梁及挡泥板 CAD 模型进行有限元网格划分如图 7-30 所示,其中对关键点的处理分为两类:

第一类,对于直径大于 20mm 的孔予以保留,以孔的圆心位置作为测量关键点,这类点有 4 个,且均在挡泥板上;

第二类,对直径小于 20mm 的孔及螺栓孔进行消隐处理,如前纵梁上 7 个点。

对于第一类关键点变形量,需要在有限元模型中通过圆周上任意三点坐标求圆心坐标得到,由于在后续研究中需要对多种工况进行计算,固定选择相关节点号如图 7-30 所示,对于第二类情况则可以直接给出关键点的节点号进行考察。

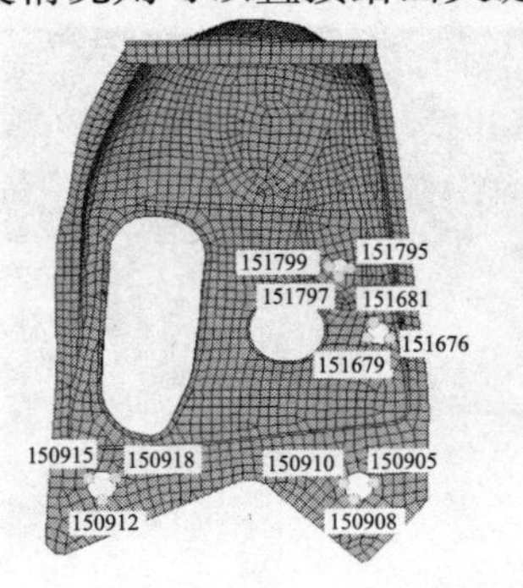

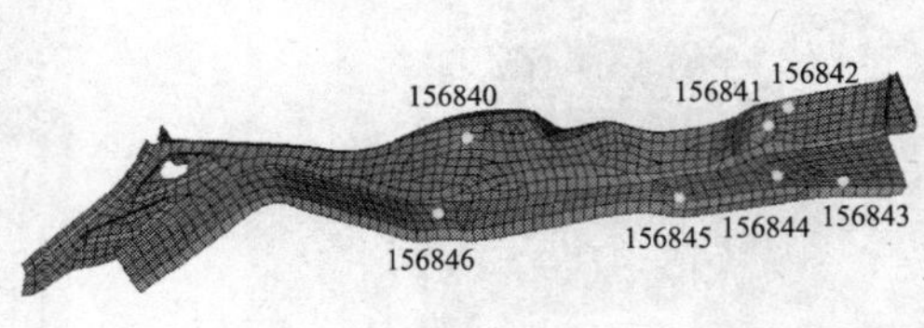

图 7-30 挡泥板及前纵梁有限元模型

对于第一类关键点,需要通过圆周三点求圆心坐标,具体方法如下:

已知三点:$P_1(x_1,y_1,z_1)$,$P_2(x_2,y_2,z_2)$,$P_3(x_3,y_3,z_3)$,假设圆心坐标为:$P_0(x_0,y_0,z_0)$。首先必须满足圆心在 P_1,P_2,P_3 三点构成的平面内,因此有:

$$\begin{cases} Ax_1 + By_1 + Cz_1 = D \\ Ax_2 + By_2 + Cz_2 = D \\ Ax_3 + By_3 + Cz_3 = D \end{cases} \tag{7-61}$$

由上述方程组可以求出平面方程,圆心在此平面内,因此有:

$$Ax_0 + By_0 + Cz_0 = D \tag{7-62}$$

根据已知三点坐标求出三角形边长分别为 a,b,c,得到此三点外接圆半径为:

$$R = abc/(4S) = abc/\left[4\sqrt{s(s-a)(s-b)(s-c)}\right] \tag{7-63}$$

其中 $S = \sqrt{s(s-a)(s-b)(s-c)}$,$s = 1/2 \cdot (a+b+c)$,由于

$$\begin{cases} (x_1 - x_0)^2 + (y_1 - y_0)^2 + (z_1 - z_0)^2 = R^2 \\ (x_2 - x_0)^2 + (y_2 - y_0)^2 + (z_2 - z_0)^2 = R^2 \\ (x_3 - x_0)^2 + (y_3 - y_0)^2 + (z_3 - z_0)^2 = R^2 \end{cases} \tag{7-64}$$

联立求解方程式(7-62)、式(7-63)和式(7-64)可以得到所需要的圆心坐标(x_0,y_0,z_0)。

2)关键点变形量的测量

确定关键点后,需要对事故发生前、后车身关键点的三维坐标进行实物与数值模拟测量。测量车身任意点处三维坐标,通常使用工具为三坐标测量仪。在本章研究中,使用德国 ZETT MESS 公司生产的 TYPEAMPG－24 型便携式三坐标测量仪,其测量范围为 2.4m,测量精度为 0.05mm,工作温度为 10～30℃。由于车身后部未发生明显变形,因此选择车身后部若干点作为基准点,建立车身坐标系。将翼子板及车轮拆卸下来,对挡泥板进行测量,将车身抬高到适当位置,对前纵梁上关键点进行测量。

图 7-31 挡泥板测量

对于圆孔及螺栓孔的测量同样是先将圆孔周边打磨平整,然后选择圆周上任意三点进行接触测量,三坐标测量仪根据圆周三点坐标将自动给出圆孔中心的三

维坐标。挡泥板和前纵梁测量过程分别如图 7-31,图 7-32 所示。

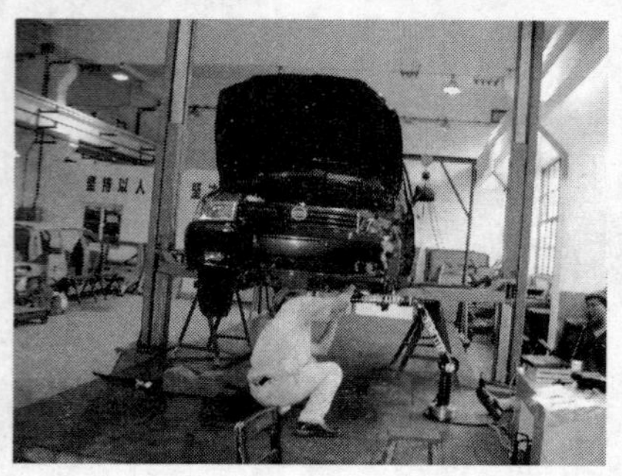
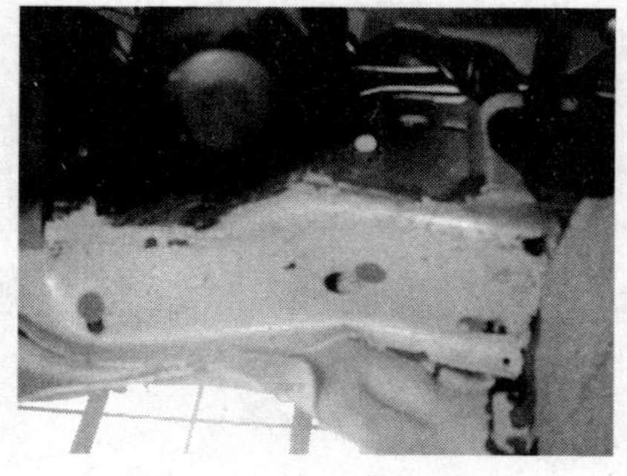

图 7-32　前纵梁测量

所选车身关键点变形后三坐标测量结果如图 7-33 所示,由于前纵梁发生了明显的弯曲变形,为便于观察,在未变形时 CAD 模型上进行坐标标识。

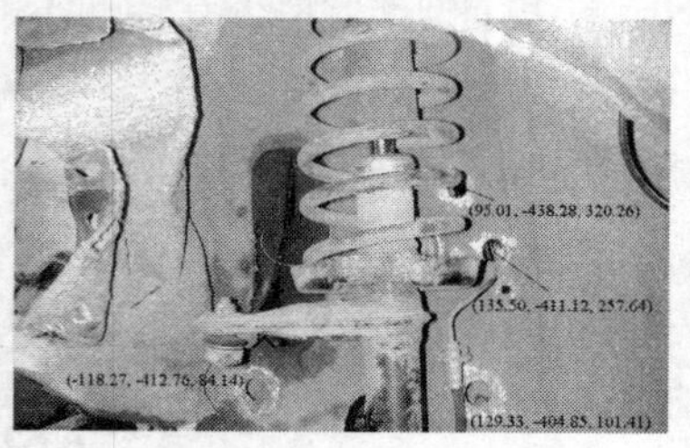

a) 挡泥板变形后测量结果

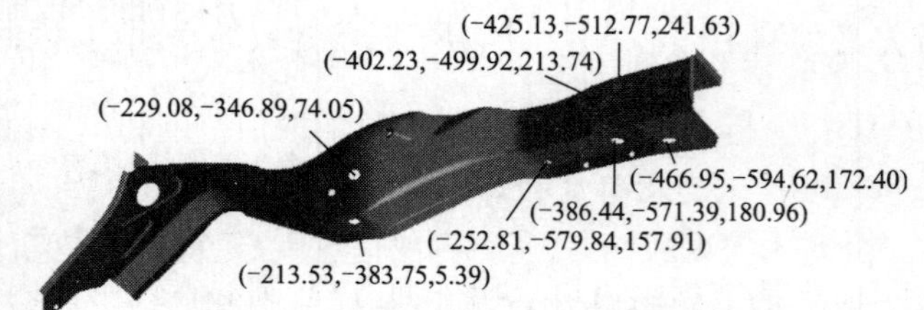

b) 前纵梁变形后测量结果

图 7-33　三坐标测量结果

通过车身 CAD 模型得到车辆原型相应位置的三维坐标,比较碰撞事故发生前、后关键点的坐标得到变形量数值如表 7-1 所示。

事故发生前、后关键点的坐标　　表 7-1

类别		碰撞事故发生前坐标	碰撞事故发生后坐标	变形量（mm）
编号	节点号	(x,y,z)	(x',y',z')	
1	15090X	(116, −405.09,88)	(129.33, −404.85,101.41)	18.91
2	15091X	(−132, −406.52,73)	(−118.27, −412.76,84.14)	18.75
3	15167X	(124.54, −413.64,245)	(135.50, −411.12,257.64)	16.92
4	15179X	(85, −442.34,307.97)	(95.01, −438.28,320.26)	16.36
5	156840	(−263.36, −351.1,106.5)	(−229.08, −346.89,74.05)	47.39
6	156841	(−606, −497.86,174)	(−402.23, −499.92,213.74)	207.62
7	156842	(−630, −497.31,200)	(−425.13, −512.77,241.63)	209.63
8	156843	(−681, −575,128.8)	(−466.95, −594.62,172.40)	219.32
9	156844	(−600, −555,138.45)	(−386.44, −571.39,180.96)	218.37
10	156845	(−462.54, −569.65,138.44)	(−252.81, −579.84,157.91)	210.88
11	156846	(−230, −366, −0.012)	(−213.53, −383.75,5.39)	24.81

3）数值模拟实验中关键点变形量的获得

由于本次事故中车身后部几乎没有发生变形,因此首先在车身有限元模型后部及右侧作3个相互垂直的平面 α、β 和 γ 作为参考面，为了便于后面的计算，α、β 和 γ 面分别垂直于车身坐标系中的 x、y 和 z 轴。

假设某关键点 q 初始绝对坐标为 (x_1, y_1, z_1)，该点距相互垂直的 α、β 和 γ 面的距离分别为 l、m 和 n，当汽车运动时，由于车身后部不发生变形，可以认为原有的3个面依然保持互相垂直的关系，设稳定变形后此三面为 α'、β' 和 γ'，而 q 点在车身发生变形后运动到 q' 点位置，假设 q' 距 α'、β' 和 γ' 的距离分别为 l'、m' 和 n'。则可以认为关键点 q 在事故中的变形量 d 为：

$$d = \sqrt{(l' - l)^2 + (m' - m)^2 + (n' - n)^2} \tag{7-65}$$

三、响应面方法在典型案例事故重构中的应用

对于本次事故，可能存在的自变量为：速度、角度及角速度。根据驾驶员回忆，在碰撞事故发生时未采取转向措施，这一点可以从现场保存的一段制动印迹予以证明，当是否有转动不明确时，则必须考虑到角速度的影响。因此本次事故为二因素（速度、角度）多水平问题。为了对事故进行分析，必须首先对设计变量的取值范围和单次碰撞计算的终止时间予以明确。

1. 碰撞速度及角度初始范围的确定

针对本次事故而言，所得到的信息就是关键点的变形量及碰撞事故现场照片。首先，通过现场照片可以确定碰撞中心为围墙柱子底部，将汽车绕着碰撞中心旋转的角度定义为汽车碰撞角度。为了保证事故重构结果与真实碰撞结果取得较好的一致，速度和角度的初始值选择将处于一个比较广泛的范围内。该事故发生后，驾驶员未受到严重的伤害，据驾驶员回忆，在采取制动措施之前的车速为80km/h左右，且未采取转向措施，因此，可以认为，汽车与围墙碰撞接触时的速度不会超过80km/h，另外经过计算发现碰撞速度低于30km/h的可能性也非常小。

通过多次计算发现，当汽车和围墙处于固定的角度时，关键点的变形量将随着碰撞速度的增加而单调增加；另一方面，在一定角度范围内，在固定的碰撞速度条件下，关键点的变形量随着汽车和围墙之间角度的增加而单调增加。因此，汽车和围墙之间的角度和碰撞速度是影响到车身变形量的两个决定因素。

通过建立围墙和整车的有限元模型，在三维视图的观察下，与事故现场照片相比较发现，汽车和围墙之间的角度最大将不会超过53°，最小将不会小于5°。极限状态下汽车与围墙之间的相对关系如图7-34所示。

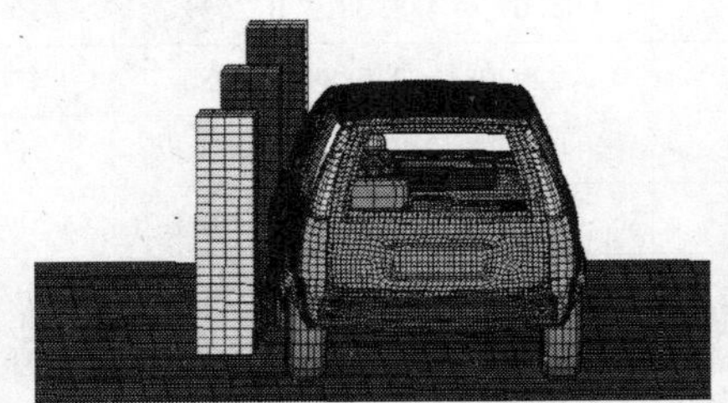

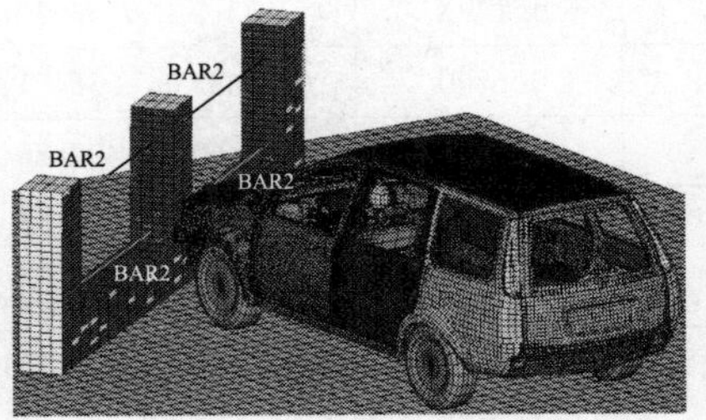

图7-34 汽车与围墙之间夹角示意图

综上所述，在汽车和围墙发生碰撞接触时，可能的角度为[5°,53°]，可能的速度为[30km/h,78km/h]。由于在速度和角度方面取值比较宽泛，因此，可以认为真实碰撞速度及角度不会超出上述范围。而且从碰撞速度及角度初始范围选取可以发现，事故现场信息可

以某种程度上帮助减少设计变量的变化范围。

2. 变形量稳定状态时间的确定

对汽车碰撞事故进行基于有限元方法的数字化重构必须选择合适的计算终止时间进行变形量测量,如果选择计算时间过短,则车身变形没有完全结束,计算结果会小于真实碰撞结果;如果计算时间过长,将需要很大的计算量,同时对计算结果的处理也更加复杂。因此,选择合适的计算终止时间对事故重构过程有着重要的影响。

如前所述,在一定范围内,在固定角度的情况下,随着速度的增加,车身变形量也随之增加,同样,在固定碰撞速度的情况下,随着汽车和障碍物之间角度的增大,变形量也随之增大,因此,对本次事故而言,将选择可能出现的最大速度和最大碰撞角度组合作为变形量稳定状态时间的界定标准,即碰撞速度选择 78km/h,碰撞角度选择为 53°,如果在此状态下车身变形量稳定了,则其他情况下的车身变形量也应该达到了稳定状态。

对于单次碰撞而言,车身前部的变形量明显大于车身后部变形量,因此可以选择前纵梁上最前部的关键点(节点号:156843)作为变形量稳定状态测量的考察对象。根据如前所述数值模拟中车身关键点变形量的测量方法,得到汽车与围墙间夹角为 53°,碰撞速度为 78km/h 状态下,节点 156843 的变形量时间历程曲线如图 7-35 所示,从图中可以发现,在 250ms 时,车身变形已经达到稳定状态,该状态下车身变形如图 7-36 所示,通过变形模拟发现,发动机罩铰链断裂,车门在剧烈的碰撞中打开,前纵梁及挡泥板变形如图 7-37 所示。

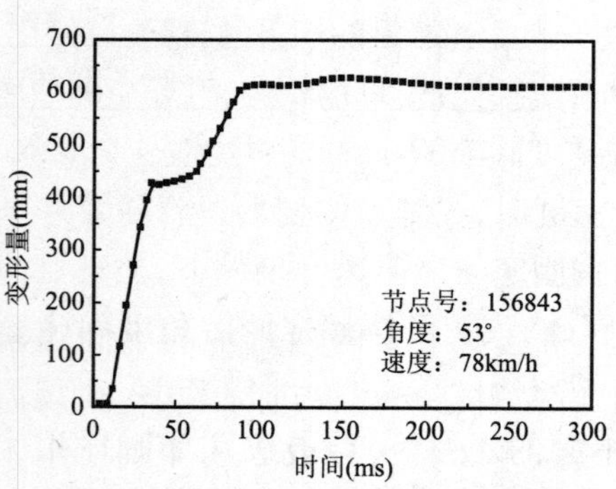

图 7-35 关键点 156843 的变形量时间历程曲线

图 7-36 极限条件下的车身变形模拟

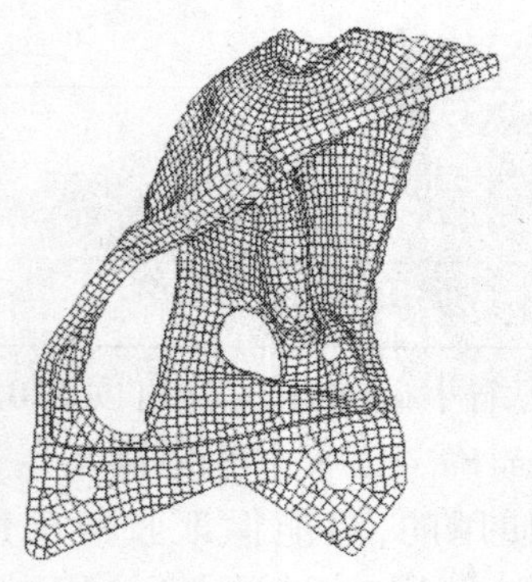

图 7-37 前纵梁及挡泥板的变形

因此,在本章后续研究中,将选择碰撞发生后250ms时刻作为单次碰撞计算关键点变形量测量的标准时间。

由于单次碰撞计算需要6h(单次计算使用8个CPU,所用计算资源为上海超级计算中心64个CPU的Cluster计算机)。如果采用全因素方法,则计算时间是不可接受的,因此采用响应面模型以减少单次碰撞试验次数,通过均匀设计理论进行试验点的合理分布。同时,由于初始范围较大,为了提高响应面模型的精度,将采用多轮响应面模拟的形式来进行事故重构研究。

3. 事故重构的迭代过程

首先,进行第一轮的优化迭代计算。研究因素1—速度(v)平均步长选为8km/h,研究因素2—汽车与围墙之间夹角(θ)平均步长选为8°,因此第一轮研究为两因素、七水平问题,根据均匀设计理论,选用均匀设计表 $U_7^*(7^4)$ 及附表说明如表7-2所示。在附表中 D 值代表偏差,该偏差的定义为分布拟合检验中的Kolmogorov - Simirnov统计量,它给出了经验和理论分布之间的偏差。

$U_7^*(7^4)$ 及其使用 表7-2

q \ s	1	2	3	4
1	1	3	5	7
2	2	6	2	6
3	3	1	7	5
4	4	4	4	4
5	5	7	1	3
6	6	2	6	2
7	7	5	3	1

s	列号			D
2	1	3		0.1582
3	2	3	4	0.2132

根据均匀设计表使用方法,对于两因素问题,将选取1、3两列所示的不同因素间的水平组合方式进行考察,如果在事故重构研究中需要对转角速度进行考虑,则只需在原来基础上增加一个因素,然后同样选用均匀设计表 $U_7^*(7^4)$,选取2、3、4列所示不同因素间的水平组合方法进行数值模拟试验。在本次研究中,设计参数及水平值选用如表7-3所示。

第一轮试验设计参数及其水平值 表7-3

水平值		1	2	3	4	5	6	7
因素	v(km/h)	30	38	46	54	62	70	78
	θ(°)	5	13	21	29	37	45	53

通过上述试验点的计算结果,将利用响应面方法缩小碰撞速度及角度的可能范围。响应面方法的最终目的是确定系统的最优运行条件或确定因素空间中满足运行规范的区域,而且响应面方法的"最优"是按特定的意义使用的,只能保证收敛于局部的最优点。

在响应面设计中各设计参数的变化范围可能各不相同,甚至有的自变量的范围差别比较悬殊，为了统一处理的方便，将设计参数的取值作适当的线性变换，建立起参数水平值与编码的一一对应关系。使因子区域转化为中心在原点的正方形，更主要的是，编码可以解决量纲不同时给设计和分析带来的麻烦。

设定速度编码规则为：

$$v_{ai}=[v_i-0.5\times(v_{max}+v_{min})]/[0.5\times(v_{max}-v_{min})] \tag{7-66}$$

碰撞角度编码规则为：

$$\theta_{ai}=[\theta_i-0.5\times(\theta_{max}+\theta_{min})]/[0.5\times(\theta_{max}-\theta_{min})] \tag{7-67}$$

速度及碰撞角度与该参数对应的编码结果在表 7-4 中上端显示，然后根据表 7-4 所示试验方案分别进行数值模拟试验，得到每组试验中 11 个关键点变形量及由式(7-11)所计算出的 E 值如表 7-4 下端所示。

第一轮试验数值模拟结果 表 7-4

试验号	1	2	3	4	5	6	7	事故测量结果
v(km/h)	30	38	46	54	62	70	78	
v_a	-1	-2/3	-1/3	0	1/3	2/3	1	
θ(°)	37	13	53	29	5	45	21	
θ_a	1/3	-2/3	1	0	-1	2/3	-1/3	
D_1(mm)	24.32	14.86	49.91	37.85	4.96	67.33	48.03	18.91
D_2(mm)	24.31	16.80	48.33	38.87	4.12	69.34	52.48	18.75
D_3(mm)	22.43	13.90	44.62	33.45	4.69	65.61	45.24	16.92
D_4(mm)	22.82	13.49	40.39	35.98	4.54	67.96	42.16	16.36
D_5(mm)	42.49	34.66	86.95	69.57	8.93	102.98	137.74	47.39
D_6(mm)	81.47	122.90	377.63	316.44	31.30	401.89	403.61	207.62
D_7(mm)	83.72	123.44	386.51	319.35	31.33	408.75	412.63	209.63
D_8(mm)	94.36	136.00	393.37	338.43	36.11	421.55	430.11	219.32
D_9(mm)	92.05	133.46	389.54	336.93	35.70	412.91	418.18	218.37
D_{10}(mm)	68.14	89.59	349.72	247.33	22.12	395.05	379.41	210.88
D_{11}(mm)	32.43	25.21	69.51	54.67	6.78	83.99	101.76	24.81
E	0.6374	0.8113	0.3700	0.7569	0.2743	0.0919	0.0930	

根据试验设计获得设计参数在不同水平组合下的 E 值，通过对所得数据的拟合，用二次多项式模型作为实际函数的近似，由于二次函数在设计空间内是二次曲面，故用响应曲面逼近实际函数，设二次多项式函数为：

$$E=\rho_0+\rho_1 v+\rho_2\theta+\rho_3 v^2+\rho_4\theta^2+\rho_5 v\cdot\theta \tag{7-68}$$

对于二阶响应面模型，根据最小二乘法得到：

$$E=0.7569-0.3560\cdot v-0.1159\cdot\theta-0.3370\cdot v^2-0.3855\cdot\theta^2+0.0356\cdot v\cdot\theta \quad (7\text{-}69)$$

根据上式作关于 E 的响应面模型如图 7-38 所示，同时作等值线图如图 7-39 所示。

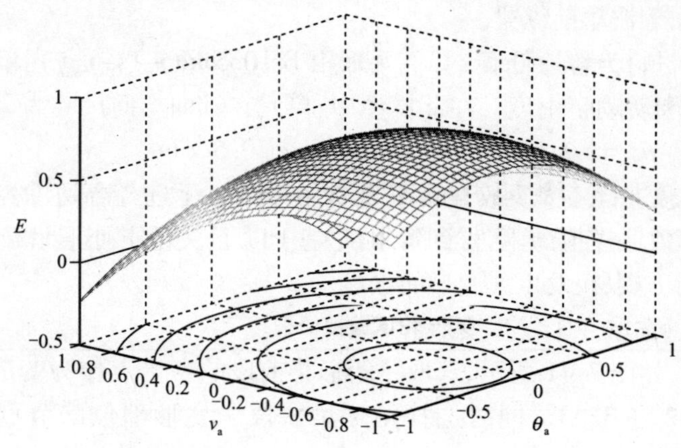

图 7-38　第一轮计算响应面模型

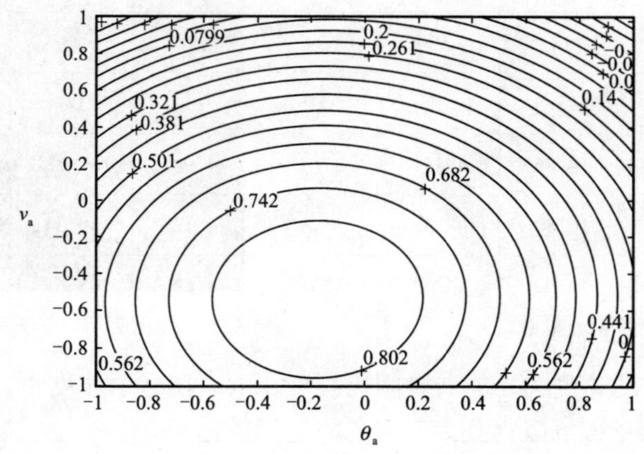

图 7-39　第一轮计算等值线图

如果以等值线超过 0.742 为标准，经过第一轮优化计算，可以得出汽车碰撞速度和角度的一个优化范围：即速度为[30km/h,54km/h]，角度为[13°,37°]。在该区间内，设计变量各采用 1/2 的步长，可以进行下一轮的优化计算。在本事故案例中，经过三轮优化计算，得出优化结果：汽车碰撞速度 $v=50$km/h，汽车碰撞角度 $\theta=17°$。

四、神经网络方法在典型案例事故重构中的应用

通过对基于响应面模型的事故重构分析可以发现，该方法单次计算次数依然很多，在本次事故中三轮数值模拟需要进行 21 次单次碰撞试验，而且在下轮的速度及角度区间选择上过多的依赖人工判断，因此，该方法在计算效率方面得不到有效保证。

为了解决基于响应面模型事故重构方法中所存在的问题，本章提出了基于神经网络方法和遗传算法的汽车碰撞事故重构方法，首先通过一个小模型对此方法的可行性进行验证，然后将此方法在具体实例中进行应用。

1. 通过箱形梁碰撞进行方法验证

首先,本节通过简单的箱形梁碰撞过程模拟检验神经网络方法进行事故重构的可行性。所建立箱形梁数值模型如图 7-40 所示,长度为 1000mm,截面长宽均为 80mm。在正面碰撞中,其变形模式类似于汽车前纵梁。

箱形梁模型的材料为普通低碳钢,单元采用 Belytschko – Tsay 薄壳单元,约束后端节点的所有移动自由度和转动自由度。在此模型中,单元在轴向方向尺寸为 2mm,横向及纵向方向尺寸为 3mm。

通过变形量信息进行碰撞事故重构很重要的一点在于选择合适的点进行考察,对于正面碰撞,变形主要发生在有限元模型前部,因此基于以下原则分别进行相关点的测量:

(1)变形测量点选取在发生大变形的区域。

(2)测量基准点选取在未发生变形的区域。

根据以上原则,如图 7-41 所示,选取了箱形梁前段的 4 个点作为变形测量点,节点编号分别为 8、1225、1542 和 3353。同时选择箱形梁后段未变形部位的节点 1299 作为测量基准点。

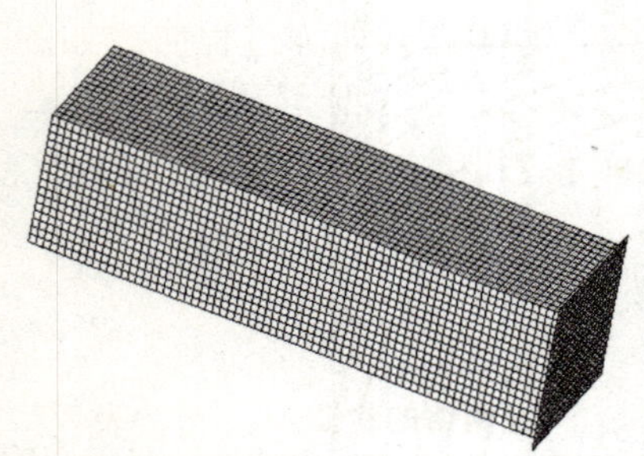

图 7-40 箱形梁有限元模型

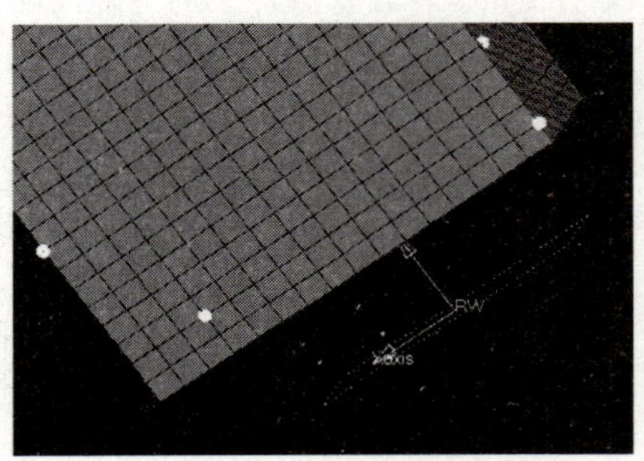

图 7-41 主要测量点的位置

假设事故发生时的速度为 4m/s,时间历程为 40ms,在这个速度下,计算得到箱形梁的变形,根据所确定的测量点,可以得到表 7-5 中的变形数据:

关键点变形测量结果 表 7-5

节点编号	*X* 方向变形	*Y* 方向变形	*Z* 方向变形
8	1.8835E+00	-1.8390E+00	-1.0773E+01
1225	8.3955E-01	8.6901E-01	-6.2278E+00
1542	1.7262E+00	1.7369E+00	-9.3149E+00
3353	1.1888E+00	-3.5795E-01	-6.2904E+00

选取碰撞速度作为神经网络的输入参数,事故重构度作为输出参数。此时神经网络结构设计为 3 层,输入层为 1 个神经元,隐含层为 30 个神经元,输出层为 1 个神经元。隐含层和输出层的传递函数均为双曲线切线函数。由于只有一个因素,那么安排试验的方法就不需要使用均匀设计,只需要考虑水平数目即可。速度的初始值选择将处于比较广泛的范围内。初始速度区间为[1m/s,9.5m/s]。安排的试验在样本空间中均匀分布,试验安排如表 7-6 所示,其中 *T*1 和 *T*2 号试验用作检验。

17 次仿真的计算结果 表 7-6

试验编号	碰撞速度 m/s	事故重构度 E	试验编号	碰撞速度 m/s	事故重构度 E
1	1.00	0.1267	11	6.31	-11.8537
2	1.53	0.2657	12	6.84	-18.8892
3	2.06	0.4636	13	7.38	-31.7077
4	2.59	0.6507	14	7.91	-39.8836
5	3.12	0.8326	15	8.44	-46.4201
6	3.66	0.9612	16	8.97	-49.7000
7	4.19	0.9837	17	9.50	-44.6753
8	4.72	0.6269	*T*1	3.5	0.9286
9	5.25	-0.6291	*T*2	5.5	-1.8587
10	5.78	-4.0922			

使用全部 17 组数据作为神经网络的输入输出数据，网络收敛精度为 0.001。训练方法采用周期 BP 算法。经过近 8500 次训练，神经网络收敛于 0.001，其训练过程曲线如图 7-42 所示。图中横坐标为训练次数，纵坐标为训练误差。

在神经网络训练完毕之后，使用第 8 号样本、检验样本 *T*1 和 *T*2 进行验证，结果如表 7-7 所示。

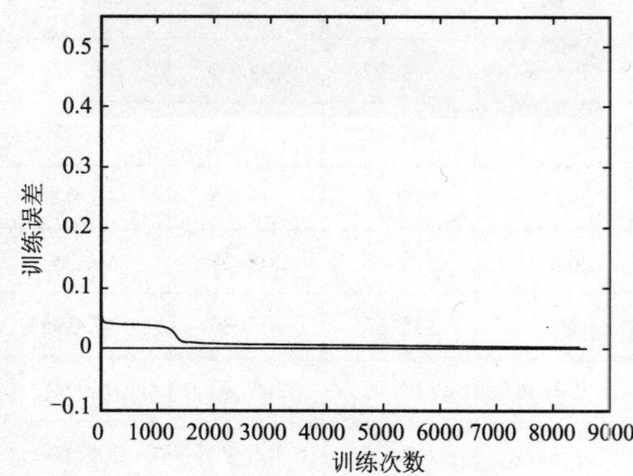

图 7-42 神经网络训练过程曲线

神经网络的验证 表 7-7

试验编号	有限元计算值	网络输出值	相对误差
8	0.6269	0.6269	0.0%
*T*1	0.9286	0.9550	2.8%
*T*2	-1.8587	-1.9450	4.6%

定义相对误差的计算公式为：

$$\varepsilon = |A_1 - A_2| / A_2 \times 100\% \tag{7-70}$$

式中：A_1——网络输出值；

A_2——有限元计算值。

经过训练的神经网络对一个已知样本和两个检验样本的预测结果误差在 5% 以内，因此神经网络的预测结果是可信的。对训练完成的神经网络采用遗传算法进行优化，遗传算法参数：种群大小为 20，染色体长度为 8，最大进化代数为 100，交叉概率为 0.5，变异概率为 0.2，随机数概率为 0.5，优化得到的最佳适应度（即 E）为 0.9705，对应的速度值为 4.07m/s，与实际碰撞速度 4m/s 的误差为 1.75%。

通过以上的实例分析，说明只要正确设计神经网络结构，合理选择训练收敛精度以及遗传算法的相关参数，该方法可以获得较高的重构分析精度。

2. 真实碰撞事故应用

针对本次具体事故，首先通过预先计算将汽车碰撞速度及角度缩小到一定的范围内，即初始速度区间为[46km/h,58km/h]，角度区间为[5°,21°]。选择碰撞发生后250ms时刻进行单次碰撞数值模拟关键点变形的测量。选取如前所示11个点作为测量关键点，在初始速度、角度区间内，根据均匀设计表使用方法，对于两因素问题，选取如表7-2所示1、3两列不同因素间的水平组合进行考察，设计参数组合如表7-8所示。根据所列出的实验方案进行数值模拟实验，并根据系统要求进行相关单位制的转换，得到每组试验中11个关键点变形量及对应的E值如表7-9所示。

计算区间内的设计变量和设计水平　　表7-8

参数组合	1	2	3	4	5	6	7
v(km/h)	46	48	50	52	54	56	58
θ(°)	5	21	9	13	19	17	15

试验数值模拟结果　　表7-9

试验号	1	2	3	4	5	6	7	事故测量结果
v(m/s)	12.78	13.33	13.89	14.45	15	15.56	16.11	
θ(°)	5	21	9	13	19	17	15	
D_1(mm)	29.98	259.23	51.71	115.72	255.59	208.97	195.00	18.91
D_2(mm)	32.86	283.07	53.14	119.52	300.17	302.48	203.40	18.75
D_3(mm)	28.30	258.80	50.26	115.83	247.46	185.81	196.35	16.92
D_4(mm)	29.45	269.14	53.13	119.67	262.25	213.45	205.01	16.36
D_5(mm)	33.09	296.79	51.34	120.42	316.36	325.62	207.36	47.39
D_6(mm)	36.02	314.63	44.49	118.70	294.86	229.06	207.93	207.62
D_7(mm)	35.58	318.79	43.17	118.53	292.01	217.26	208.93	209.63
D_8(mm)	38.19	310.76	43.46	116.78	292.45	235.88	203.64	219.32
D_9(mm)	37.48	308.92	44.60	117.52	295.78	250.07	204.85	218.37
D_{10}(mm)	36.51	304.77	47.10	118.73	302.31	293.78	206.88	210.88
D_{11}(mm)	34.88	288.85	53.68	119.89	323.25	341.73	203.35	24.81
E	0.3233	0.8610	0.3612	0.5690	0.9200	0.6010	0.1758	

在使用超级计算机进行多轮次的事故碰撞仿真时，选择的处理器数目为8个，计算任务数目为7个，事故重构的收敛精度为0.1。图7-43是事故重构的输入参数。

神经网络为3层前向网络，由输入层、隐含层和输出层组成，对应的神经元数目分别为2、30和1个，以表7-9中速度、角度和E作为训练样本，隐含层和输出层的传递函数为双曲线切线函数和线性传递函数，训练方法采用周期 BP 算法，训练终止误差为 0.01，经过 4200 次迭代达到了训练收敛精度。其训练过程曲线如图 7-44 所示。图中横坐标为训练次数，纵坐标为训练误差[35]。

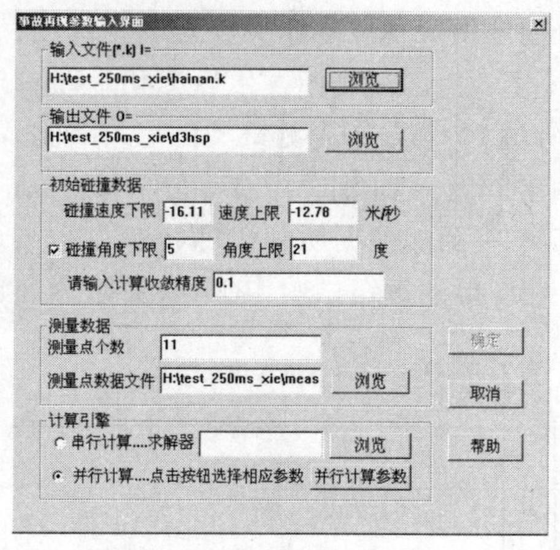

图 7-43　事故重构输入参数界面

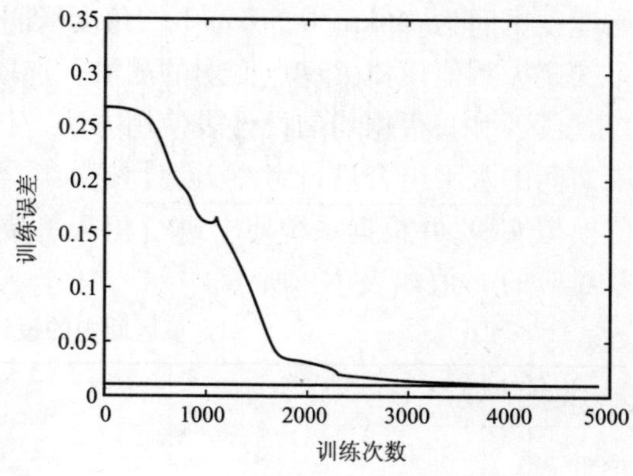

图 7-44　神经网络训练过程曲线

遗传算法中种群大小为 20，染色体长度为 8，最大进化代数为 100，交叉概率为 0.5，变异概率为 0.2，随机数概率为 0.4，优化得到的适应度（即 E）为 0.9448，对应的速度值为 13.04m/s，角度为 14.22°。通过分析得到：当事故重构度为 1 时，对应的速度和角度分别为 49.7 km/h 和 15.05°，即在此速度和角度时得到的事故分析结果更接近于实际的碰撞事故。

3. 事故重构的结果及分析

根据基于神经网络方法的汽车碰撞事故重构方法得到的事故模拟结果如图 7-45 所示，其中主要吸能部件前纵梁的变形仿真结果如图 7-46 所示。由图 7-45、图 7-46 可以看出，事故重构结果与真实事故照片的变形模式吻合。另外，通过有限元方法进行碰撞事故数字化重构研究，可以检验汽车在真实事故中的耐撞性能，特别是能够分析汽车主要吸能部件在真实事故中的变形规律，从而对汽车设计提出改进方案。

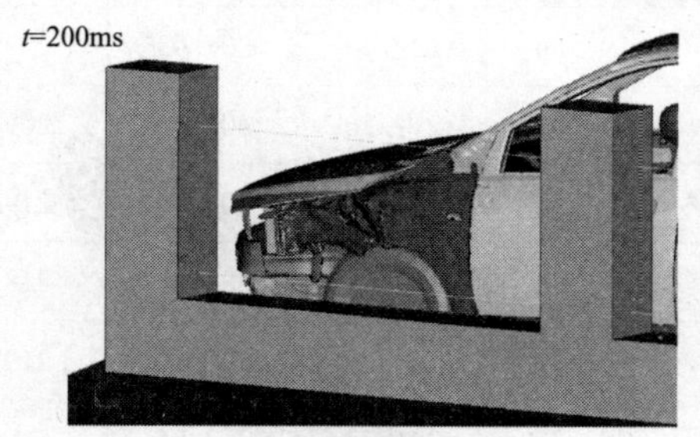

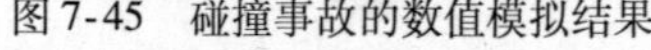

图 7-45　碰撞事故的数值模拟结果

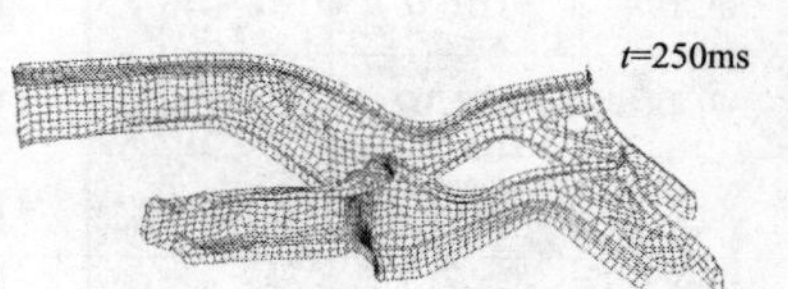

图 7-46　事故中前纵梁变形的数值模拟结果

利用有限元方法进行事故重构分析还可以对驾驶员和乘员在碰撞中所受伤害进行考察，同时可以对人体各个部位所受力进行分析。从而可以改善汽车内饰件的安全设计，减少或防止二次碰撞对驾驶员及乘员的伤害。在本次事故中，通过仿真计算得到驾驶员头部合成加速度仿真曲线、胸部加速度仿真曲线及两侧大腿受力曲线分别如图 7-47、图 7-48、图 7-49和图 7-50 所示。

根据以上数据可以计算得到人体伤害指标，并判定该事故中乘员头部及大腿最大损伤等级为 *AIS*1，胸部最大损伤等级为 *AIS*2，乘员损伤轻微，与实际情况符合。

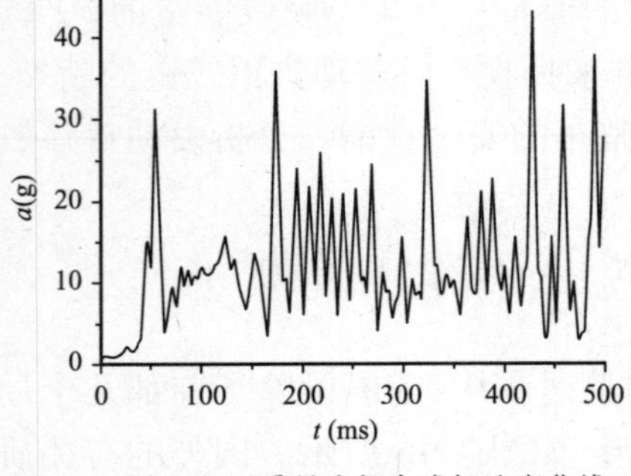

图 7-47　乘员头部合成加速度曲线

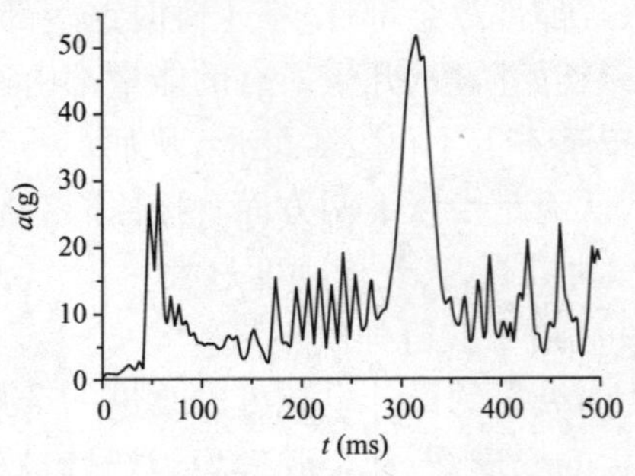

图 7-48　乘员胸部合成加速度曲线

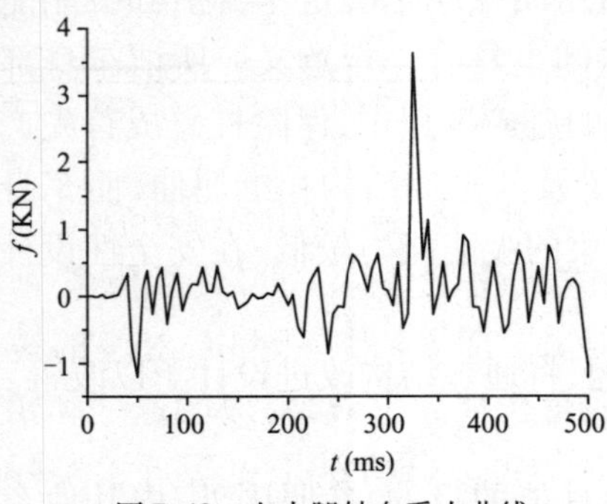

图 7-49　左大腿轴向受力曲线

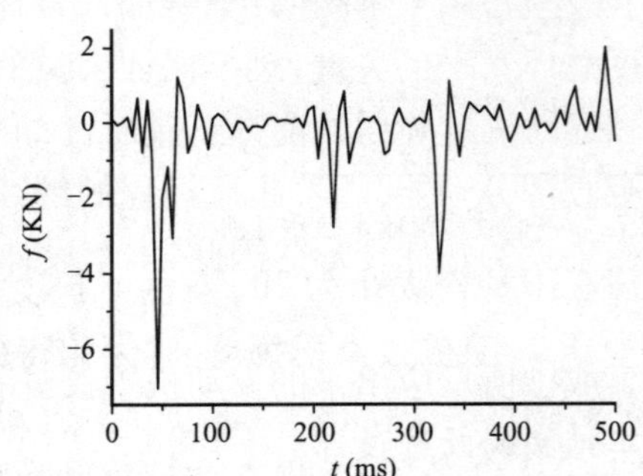

图 7-50　右大腿轴向受力曲线

五、典型案例事故重构在汽车设计中的应用

1. 事故中发现的设计缺陷

在本次事故中发现碰撞后的发动机罩铰链发生断裂，事故车局部显示照片如图 7-51 所示。事故重构结果也表明车身左侧发动机罩铰链在连接销处断裂，断裂形式为连接销被剪断，碰撞发生后变形稳定阶段的两侧发动机罩铰链如图 7-52 所示。

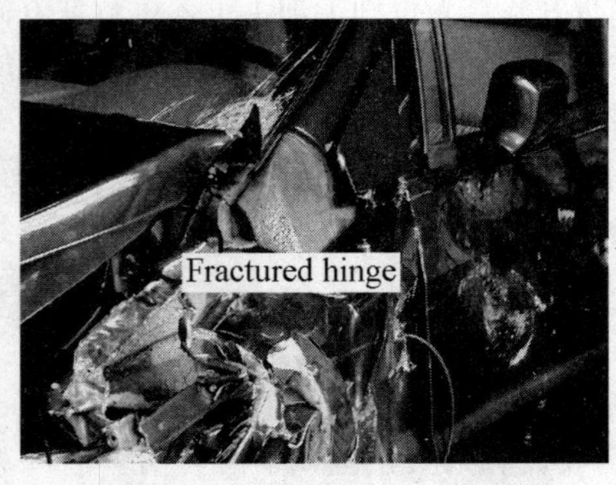

图 7-51　事故车发动机罩铰链断裂照片

图 7-52　发动机罩铰链断裂形态模拟

发动机罩铰链断裂将从两个方面影响到整车碰撞安全性。首先，表现在对乘员安全的威胁，在高速碰撞过程中，发动机罩脱落后向驾驶室方向运动，严重威胁到驾驶员或乘员的安全；其次表现在铰链的断裂将降低发动机罩能量吸收的能力，事故现场照片及数字化重构

结果(见图7-45)均表明事故中发动机罩本身未发生理想的弯折变形。

国外研究表明,影响车辆前部正面碰撞能量吸收性能的主要是前纵梁、翼子板、发动机罩、挡泥板等前部钣金部件,在正碰时这些部件吸收的能量占整车总吸收能量的50%左右,尤其在前碰初始阶段,几乎所有的能量都由这些部件来吸收。而发动机罩铰链的断裂,将导致发动机罩基本上不再发生变形,从而严重影响到整车的安全性能。分析发动机罩铰链断裂的原因,认为是由以下两方面直接原因造成:

(1)发动机罩内、外板刚度过大。

(2)发动机罩铰链强度不足。

另外,前纵梁的设计也有可以改进的余地,在碰撞过程中,前纵梁除了前部几个局部为压溃褶皱式的变形外,其余变形均为塑性铰式的变形,如图7-46所示。国外的有关研究和我国的实验及模拟结果都表明:车身部件合理的碰撞压溃顺序是决定车身前部吸能能力和控制减速度总体水平的关键,对于保证乘员的生存空间也具有一定意义。所谓车身部件合理的压溃顺序对固定障碍的前部正碰而言,指在车辆的碰撞过程中,保险杠总成首先产生塑性变形以吸收部分动能,随着碰撞过程的继续,前纵梁及其总成结构相继屈曲,而车身中部结构不应产生大的塑性变形。因此,本车设计中前纵梁的吸能能力较低,在安全性设计上有所不足。

针对事故中所反应出来的发动机罩铰链断裂问题,将通过结构改进设计予以改善。

2. 汽车结构的改进设计

为了达到提高发动机罩吸能能力,改善整车安全性能的目的,参照国外、内其他车型在发动机罩方面的设计,在满足强度标准的情况下,通过有限元方法,对原有结构设计提出了如下改进设计方案:

(1)减小发动机罩外板棱边厚度。在基本轮廓不做大的变化前提下将发动机罩外板前端从原有的约20mm降为10mm,改进前后的发动机罩外板有限元模型如图7-53所示。

(2)发动机罩内板结构除了在棱边高度上配合新外板以外还参照其他车型的特点,对其前端及两侧开孔以此来降低发动机罩内板刚度。内板开孔首先得到了加工工艺可行性方面的认可,然后用Ansys软件的Structure模块进行多种开孔方案(数量、位置及开孔方向)下的静态刚度比较,最后确定方案如图7-54所示,通过数值模拟可以对新、旧内外板进行静载下的刚度比较分析,设立边界约束为:在发动机罩后端铰链处和前端搭扣处分别施加自由度约束,并在前端加上力载荷,比较改进前后质心的位移,分析得到改进结果为外板刚度下降约40%,内板刚度下降约30%。

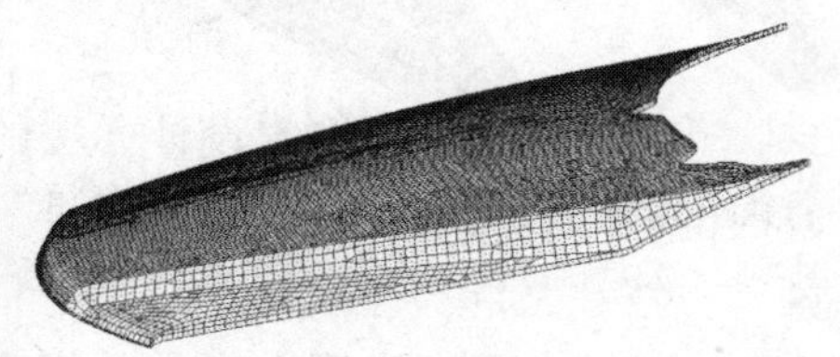

a) 原有设计

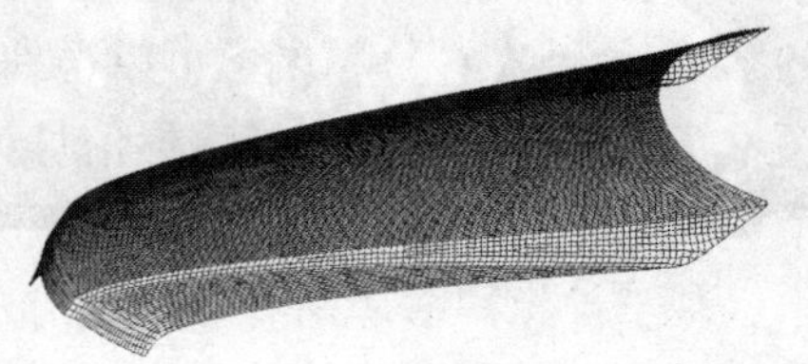

b)改进设计

图7-53 发动机罩外板有限元模型

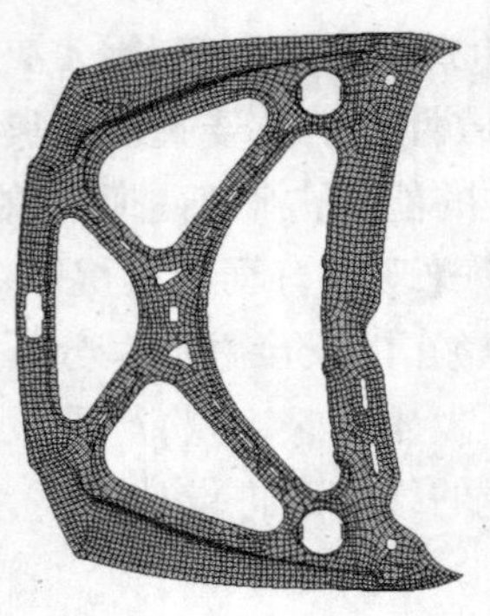

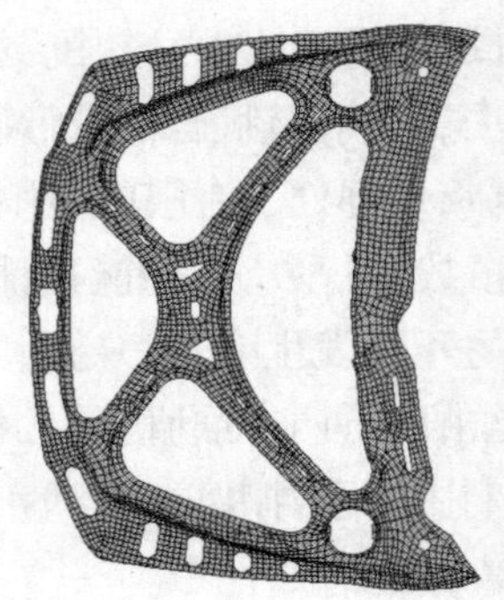

a)原有设计　　b)改进设计

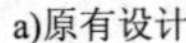

图 7-54　发动机罩内板有限元模型

3. 改进设计的效果

将改进设计后的整车模型按照真实碰撞事故中的行车状态进行仿真计算,计算结果如图 7-55、图 7-56 所示。

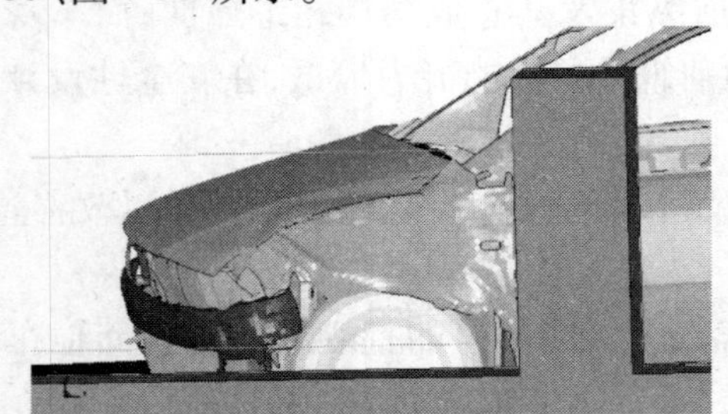

图 7-55　改进设计后的发动机罩变形模式

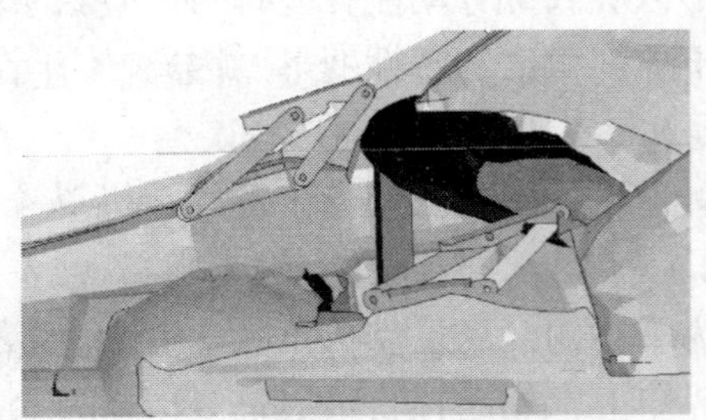

图 7-56　改进设计后的发动机罩铰链变形模式

改进设计后的发动机罩铰链不再发生断裂,同时图 7-55 表明发动机罩变形模式也得到了很好的改善,在前端 1/3 处发生理想模式的弯曲变形,从而大大地提高了发动机罩的变形吸能能力,图 7-56 为事故发生 250ms 时铰链的变形形态,通过仿真计算结果可以发现改进设计有效地解决了铰链断裂问题[36]。

第四节　本 章 小 结

为了对交通事故现场中制动印迹不清晰或者被破坏的交通事故进行数值分析,本章提出了基于车身关键点三维变形的事故重构方法。相比能量/变形事故重构方法中的车身外轮廓二维变形信息而言,车身主要吸能部件的三维变形更具有客观性,同时很少受到外界环境的影响,因此在计算精度上可以得到有效保证。

本章以车身关键点三维变形信息为基础,提出了基于响应面理论和均匀设计方法的事故重构优化算法。同时为了解决该算法中存在的计算时间长、需要人工干预等缺陷,进一步提出了基于神经网络理论的事故重构方法。将上述两种方法在某起典型机动车—固定物碰撞事故案例中进行了应用,同时通过数值模拟结果对碰撞事故中驾驶员所受伤害进行了分析计算。

基于有限元模型的事故重构方法另一个重要优势在于可以通过真实事故案例分析为汽

车结构设计改进提出合理的参考意见,这一点是其他事故重构方法所无法比拟的。现在常用的汽车设计方法是在给定状态下进行碰撞数值模拟试验和实车碰撞试验。由于开发成本的考虑,碰撞种类及角度处于有限的范围内,而真实状态下的汽车碰撞事故种类繁多,因此,通过对汽车碰撞事故进行数字化重构分析,可以有助于对现有车型进行针对性的改进设计,从而为后续车型的开发、设计和制造提供有益参考。在本章介绍的真实事故案例中,车辆检验及数字化重构结果均表明发动机罩铰链在碰撞中发生断裂,这将严重危害到驾驶员和乘员的安全。针对上述问题,提出了发动机罩内、外板的结构改进设计方案,并通过模拟试验验证了改进设计方案的有效性。

参 考 文 献

[1] Zhang X Y, Jin X L, Qi W G, et al. Virtual reconstruction of vehicle crash accident based on elastic-plastic deformation of auto-body[J]. Key Engineering Materials, 2004, 274-276(2):1017-1022.

[2] 张晓云,金先龙,张淑敏.有限元方法在汽车碰撞事故再现中的应用展望[J].农业机械学报,2004,35(6):206-210.

[3] Norin H. Correlation of occupant injuries in traffic accidents and dummy responses in mathematical simulations[J]. Accident Analysis and Prevention, 1994, 26(3):277-286.

[4] Marshall R, Altamore P, Wu W P, et al. Comparison of mathematical neck models for rear impact occupant simulation[J]. American Society of Mechanical Engineering, Applied Mechanics Division, 1999, 237:233-244.

[5] Sances J A, Harcoutr J, Kumaresan S. Side impact pediatric injury studies[J]. American Society of Mechanical Engineering, Bioengineering Division, 2001, 51:199-200.

[6] Duma S M, Crandall J R, Rudd R W, et al. Small female head and neck interaction with a deploying side airbag[J]. Accident analysis and Prevention, 2003, 35(5):811-816.

[7] Norin H, Koch M, Ryrberg, S, et al. combining accident data and laboratory simulation data reduces the risk for sub-optimized safety systems in cars[J]. Safety Science, 1995, 19(1):57-69.

[8] Hirsch K, Schramm D. A simulation environment for field relevant rollover accidents[C]. 2006 IEEE International Conference on Mechatronics, 2006:125-130.

[9] Sung K, Lee C S. Development of impact simulator and airbag control algorithm for reliable detection of side impact collisions[J]. International Journal of Vehicle Design, 2002, 30(1-2):33-43.

[10] Tencer A F, Kaufman R, Mack C, et al. Factors affecting pelvic and thoracic forces in near-side impact crashes:a study of US-NCAP, NASS and CIREN data[J]. Accident Analysis and Prevention, 2005, 37(2):287-293.

[11] 张晓云, 金先龙, 亓文果,等. 基于有限元法和神经网络技术的汽车碰撞事故再现方法[J].机械工程学报, 2007, 43(3):143-147.

[12] 张晓云, 金先龙, 亓文果,等. 基于关键点变形的汽车碰撞事故再现[J]. 上海交通大

学学报, 2007, 41(2): 238-243.

[13] Shew Y W, Kwong C K. Optimisation of the plated through hole process using experimental design and response surface methodology[J]. International Journal of Advanced Manufacturing Technology, 2002, 20(10): 758-764.

[14] 王海亮, 林忠钦, 金先龙. 基于响应面模型的薄壁构件耐撞性优化设计[J]. 应用力学学报, 2003, 20(3): 61-65.

[15] Noordin M Y, Venkatesh V C, Sharif S, et al. Application of response surface methodology in describing the performance of coated carbide tools when turning AISI 1045 steel[J]. Journal of Materials Processing Technology, 2004, 145(1): 46-58.

[16] Krajnik Pkopac J, Sluga A. Design of grinding factors based on response surface methodology[J]. Journal of Materials Processing Technology, 2005, 162-163(SPEC): 629-636.

[17] 潘德惠著. 数学模型统计方法[M]. 沈阳: 辽宁科学技术出版社, 1996.

[18] 陈立周编著. 稳健设计[M]. 北京: 机械工业出版社, 2000.

[19] 方开泰著. 均匀设计与均匀设计表[M]. 北京: 科学出版社, 1994.

[20] Omar T, Eskandarian A, Bedewi N. Vehicle crash modeling using recurrent neural networks[J]. Mathematical and Computer Modeling, 1998, 28(9): 31-42.

[21] Luca Lanzi, Chiara Bisagni, Sergio Ricci. Neural networks systems to reproduce crash behavior of structural components[J]. Computers & Structures, 2004, 82: 93-108.

[22] Chiou Y C. An artificial neural network based expert system for the appraisal of two car crash accidents[J]. Accident Analysis and Prevention, 2006, 38(4): 777-785.

[23] 焦李成. 神经网络系统理论[M]. 西安: 西安电子科技大学出版社, 1996.

[24] 戴葵. 神经网络实现技术[M]. 长沙: 国防科技大学出版社, 1998.

[25] Riviere C, Lauret P, Ramsamy J F, et al. A Bayesian neural network approach to estimating the energy equivalent speed[J]. Accident Analysis and Prevention, 2006, 38(2): 248-259.

[26] Hashemi R R, Le B L A, Rucks C T, et al. Neural network for transportation safety modeling[J]. Expert Systems with Application, 1995, 9(3): 247-256.

[27] Guo S J, Huang L H. Stability analysis of Cohen-Grossberg neural networks[J]. IEEE Transactions on Neural Networks, 2006, 17(1): 106-117.

[28] Tsai H L. Entropy-based generation of supervised neural networks for classification of structured pattern[J]. IEEE Transactions on Neural Networks, 2004, 15(2): 283-297.

[29] 刘勇. 非数值并行算法—遗传算法[M]. 北京: 科学出版社, 1995.

[30] 周明, 孙树栋. 遗传算法原理及应用[M]. 北京: 国防工业出版社, 1999.

[31] Jones Terry. Crossover, macromutation and population-based search[C]. Proceeding of the 6th International Conference on Genetic Algorithm, 1995: 73-80.

[32] Prados D L. New learning algorithm for training multilayered neural networks that uses genetic algorithm techniques[J]. Electronics Letters, 1992, 28(16): 1560-1562.

[33] Wu M H, Lin W C, Duan S Y. Developing a neural network and real genetic algorithm combined tool for an engine test bed[J]. Proceeding of the Institution of Mechanical Engineering, Part D: Journal of Automobile Engineering, 2006, 220(12): 1737-1753.

[34] Jian N, Zhao Z Y, Ren L Q. Design of structural modular neural networks with genetic algorithm[J]. Advances in Engineering Software, 2003, 34(1):17-24.

[35] Zhang Xiaoyun, Jin Xianlong, Qi Wenguo, et al. Vehicle crash accident reconstruction based on the analysis 3-D deformation of the auto-body[J]. Advanced in Engineering Software, 2007, Doi:10.1016/ advengsoft.2007.05.002.

[36] Zhang Xiaoyun, Jin Xianlong, Li Yuanyin, et al. Improved design of the main energy absorbing automotive parts based on traffic accident analysis[J]. Material & Design, 2008, 29(2):403-410.

第八章　交通事故数字化重构的并行计算方法

第一节　引　　言

当今,计算科学已经和传统的两种科学,即理论科学和实验科学并列成为第三门科学。在许多情况下,或者是理论模型复杂甚至理论尚未建立,或者实验费用昂贵甚至实验无法进行,此时计算就成为求解问题的唯一或主要手段。计算科学的理论和方法,作为新的研究手段和新的设计与制造技术的理论基础,正推动着当代科学与技术向纵深发展[1~3],同样,计算科学的发展也为交通事故数字化重构技术的深入研究提供了可能。

汽车碰撞是汽车结构在剧烈动态载荷作用下发生的复杂非线性动态响应过程,在短暂的碰撞过程中,汽车结构将经历复杂的弹塑性变形,具有物理非线性、几何非线性和材料非线性的特点。为了对事故过程进行精确的重构,同时对汽车变形、人体损伤等问题进行深入地分析,有限元理论在交通事故重构领域受到了越来越多的关注。

目前,随着计算机硬件和软件的发展,车辆有限元模型在单元数量上有着越来越大的趋势,而在单元尺寸上有着越来越小的趋势。因此,对计算机内存、硬盘存储资源和计算求解能力提出了更高的要求。

将大规模的汽车有限元模型应用于交通事故重构领域需要解决两方面的问题:①改善优化迭代计算方法,减少单次碰撞模拟计算次数;②提高计算效率,缩短单次汽车碰撞数值模拟的时间。对于第一个问题,研究人员通过结合使用神经网络模型、响应面模型等多种优化计算方法逐步予以解决,而如何采用并行计算方法缩短单次碰撞数值模拟的时间则是本章需要解决的主要问题。

第二节　并行计算的硬件与软件环境

一、并行计算的硬件环境

早期的计算机都是单机系统,随着计算机的基本元件从电子管发展到晶体管,计算机的体积大大地缩小了,从而在 20 世纪 60 年代初出现了最早的采用并行体系结构的计算机。此后,集成电路、大规模集成电路以及超大规模集成电路相继出现,微处理器得到了迅猛的发展,其性能不断提高,价格也不断下降,从此,高性能计算机就进入了一个新的时代。到了 20 世纪 90 年代,即使是在 PC 服务器领域,也出现了大量相对廉价的多处理机系统,并行计算的应用达到了前所未有的广度和深度。

大型并行机系统一般可分为 6 类机器:单指令多数据流 SIMD(Single Instruction Multiple

Data）、并行向量处理机 PVP（Parallel Vector Processor）、对称多处理机 SMP（Symmetric Multiprocessor）、大规模并行处理机 MPP（Massively Parallel Processor）、工作站机群 COW（Cluster of Workstations）和分布共享存储 DSM（Distributed Shared Memory）多处理机。其中，SIMD 计算机多为专用，其余的 5 种均属于多指令多数据流 MIMD（Multiple Instruction & Multiple Data）计算机[4~6]。MIMD 并行机又分成共享内存存储和分布内存存储两种。

1. 共享存储 MIMD 并行机

共享存储 MIMD 并行多处理机是指多台处理机通过互联网络共享一个统一的内存空间，并通过该内存空间来实现处理机间的协调。内存空间也可由多个存储器模块构成，在该类并行机中，每台处理机可以执行相同或不同的指令流，可以直接访问到所有数据。处理机间通信是借助共享主存来实现的[7]。

当前最流行的共享存储 MIMD 并行机中，处理机和内存模块分别位于互联网络的两侧，每台处理机通过互联网络访问内存模块，且所有处理机的访问方式都是一样的，机会均等。同时，还可以在每台处理机中设置少量的局部 Cache，以减轻互联网络的负载。这种共享存储结构也被称之为一致内存访问（UMA，Uniform Memory Address）结构[8,9]。UMA 结构的优点在于给每台处理机提供同样的访存带宽、访存机会和访存延迟时间。处理机和内存模块相对于互联网络呈对称分布，处理机之间是完全等价的，因此也被称为对称多处理机（SMP，Symmetric Multiple Processors）结构，系统结构如图 8-1 所示。

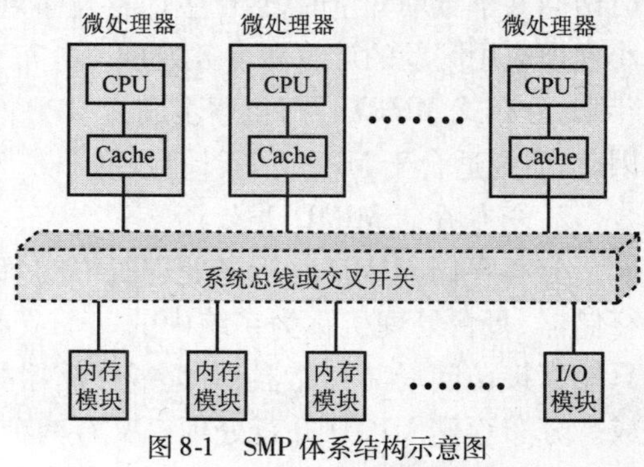

图 8-1　SMP 体系结构示意图

SMP 结构全系统只有一个操作系统驻留在共享存储器中，它根据各个处理器的负载情况，动态地分配各个进程到各个处理器，因此能保持较好的负载平衡。但是由于所有处理器共享总线带宽，跟不上处理器速度和内存容量的增加步伐，它们不可避免地遇到内存访问瓶颈的关键问题，可扩展性（scalability）差，且处理机台数较多时，实现技术难度大[10]。

为了改进 SMP 结构并行机的不足，提出了一种新的结构，即分布共享存储 DSM 并行计算机。DSM 结构将 SMP 的内存模块分配到每台处理机，成为它们的局部内存，构成一个统一的节点，节点之间通过互联网络相互连接。每台处理机可以直接访问它的局部内存，也可以通过互联网络直接访问别的处理机的局部内存，但是延迟时间较长。这样，提供给用户的是统一的内存空间，但在物理上类似于 MPP 结构，是分布内存的，故称之为分布共享存储结构并行机。该系统结构也被称之为非一致内存访问（NUMA，Non-Uniform Memory Address）结构，如图 8-2 所示。

DSM 结构并行机较好地改善了 SMP 并行机的可扩展能力，可以减轻 SMP 结构的访存瓶颈，并且并行程序设计相对容易。但是，DSM 并行机在如何保持处理机内部的 Cache 及内存之间的一致性上是一个难点，这些问题阻碍了 DSM 性能的充分发挥[11]。

共享存储 MIMD 并行多处理机上的并行算法称为流水线算法，一个流水线算法就是一组有序的程序段集合。在该集合中，每一段的输出是其后一段的输入。算法的输入就是第一段的输入，最后一段的输出就是算法的输出。如通常的流水线一样，各段以同一速率产生结果，否则最慢的段将成为瓶颈。在有限元结构分析并行计算中，该算法的计算过程如

图8-3 所示。

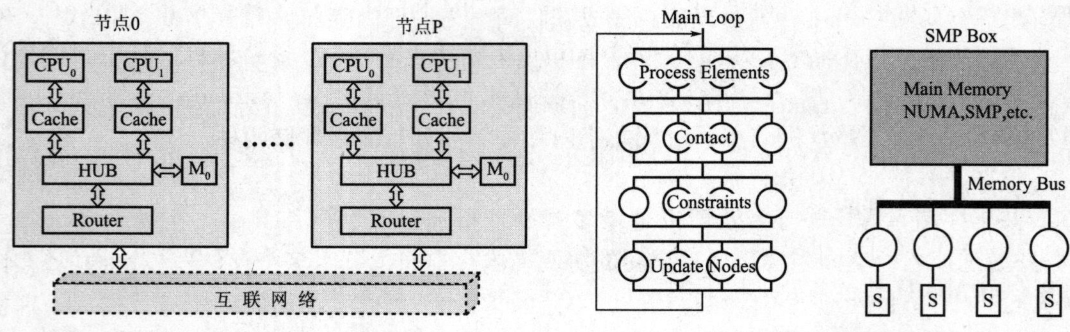

图 8-2 DSM 体系结构示意图

图 8-3 共享存储算法示意图

综上所述,共享存储 MIMD 并行多处理机的一个主要问题是可扩展性差,当处理机需要同时访问共享全局变量时,会产生内存竞争现象而严重影响并行效率,因此,该系统比较适合中小规模应用问题的计算和事务处理。分布存储 MIMD 并行机具有很好的可扩展性,而且近几年来,分布式 MIMD 并行机逐步成为 MPP 的主流结构,也是今后并行计算机发展的主流方向。因此,研究适合于 MPP 并行计算机的非线性有限元结构分析的并行算法已成为发展趋势。

2. 分布存储 MIMD 并行机

分布存储 MIMD 并行多处理机中的每台处理机都有自己可直接访问的内存,或称局部存储器,每台处理机称为系统中的一个节点,节点之间通过互联网络相互连接。每台处理机只能直接访问局部存储器,对远端存储器的访问必须以消息传递的方式,通过互联网络来完成。分布存储 MIMD 并行处理机又有两种主要类型:大规模并行处理机 MPP 和网络机群系统 Cluster。Cluster 的每一个结点都是一个完整的工作站或 PC,结点机之间通过低成本的商业网络互联。网络接口与 I/O 总线松散耦合,而不像 MPP 中网络与内存总线互联,每台机器都有本地硬盘和完整的操作系统。Cluster 是近年来国际上并行环境的一个重要方向,它通过高速信息网络充分利用网上的资源,实现大型问题的并行计算。对于 Cluster 来说,最主要的问题是网络的通信速度和通信带宽。值得注意的是,由于当前微机性能和网络传输性能不断提高,Cluster 的性价比有了飞速提高。

大规模并行处理机 MPP 是由成百上千乃至数万个处理器互连在一起的大规模并行处理系统,通常处理器数量由 100 个以上构成,这些结点由局部网卡(NIC)通过高性能互联网络相互联接。其典型代表包括 IBM ASCI White(8192 个处理器)、Intel ASCI Red(9632 个处理器)以及 SGI ASCI Blue Mountain(6144 个处理器)等。MPP 并行机的典型体系结构如图 8-4 所示。

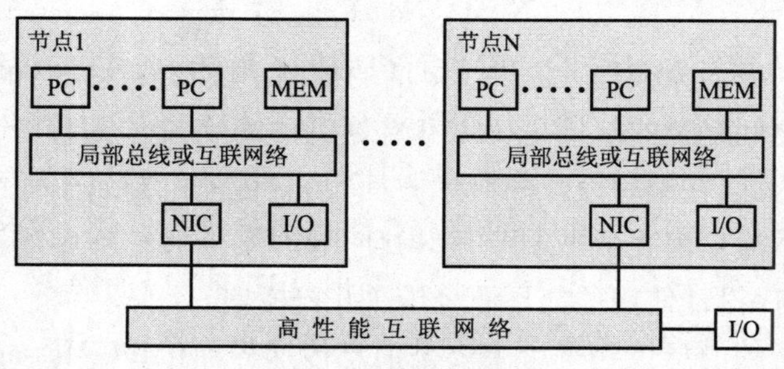

图 8-4 MPP 体系结构示意图

MPP 结构的主要特点是每个结点相对独立,并拥有一个或多个微处理器。这些微处理器均配备有局部 Cache,并通过局部总线或互联网络与局部内存模块和 I/O 设备相联接。各个结点间的内存模块相互独立,且不存在全局内存单元的统一硬件编址。一般情形下,各个结点只能直接访问自身的局部内存模块,如果要求直接访问其他结点的局部内存模块,则必须由操作系统的特殊软件支持。MPP 结构的可扩展性很好,可升级到上千个处理器,进程间通过消息传递实现同步。

分布式存储并行机克服了共享存储并行机可扩展性差的缺点,具有很好的可扩展性。分布存储 MIMD 并行多处理机上的并行算法称为划分算法,划分算法与流水线算法不同,它基于一种"分而治之"(divide and conquer)的思想,将一个问题的求解分解为若干子问题,每个子问题由独立的处理机求解,然后将这些子问题的解组合起来形成整个问题的解。如图 8-5 所示,这种组合意味着处理机之间的同步。

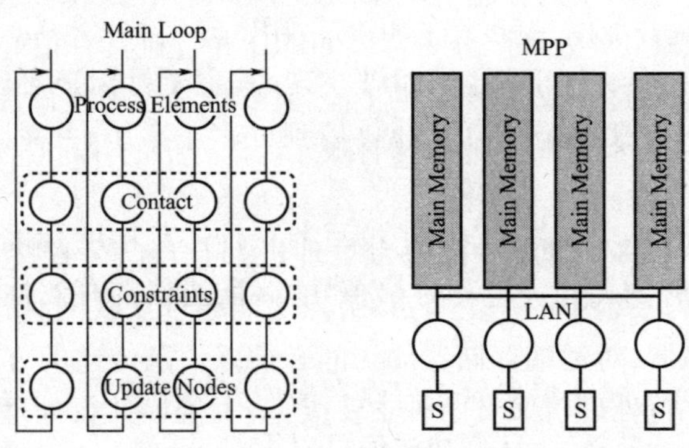

图 8-5　分布存储算法示意图

二、并行计算的软件环境

在软件方面,必须有网络操作系统和消息传递平台才能使用户的并行程序有效运行。在分布式存储 MIMD 机上进行并行计算时,各进程之间主要靠消息传递来协同工作,这就需要消息传递平台的支持。消息传递作为并行编程模型的一种重要模式,是指并行执行的部分之间通过显式的消息传递来实现处理机间的数据交换,以交换信息、协调步伐、控制执行。此时,每个并行进程均有自己独立的地址空间,相互之间访问不能直接进行,因此,并行开销比较大,主要适合于大粒度的并行计算。消息传递一般是面向分布式存储结构,也可以用于共享存储的并行机。

消息传递模型一方面为编程者提供了灵活的控制手段和表达并行的方法,另一方面,将各个并行执行部分之间复杂的信息交换和协调、控制的任务交给编程者,在一定程度上增加了编程者的负担。因此,在编程设计的级别方面,消息传递机制属于低级别的设计模型,但由于消息传递的基本通信模式清晰明了,学习使用简单,使并行程序能够得到高执行效率。因此,大量的并行程序设计使用的都是消息传递并行模型。

目前国际上流行的消息传递平台主要是消息传递界面(MPI,Message Passing Interface)和并行虚拟机(PVM,Parallel Virtual Machine)两种。PVM 与 MPI 最大的不同是:PVM 自己提供了进程管理和 I/O 功能，而 MPI 则必须依靠底层平台。MPI 和 PVM 的发展趋势正逐步靠拢，MPI-2 加入了进程管理功能，而 PVM 也支持更多的聚合通信[12-14]。

1. 消息传递界面 MPI

MPI 是一个基于消息传递的标准并行函数库，吸收了众多消息传递系统的优点，是目前在并行机系统中广泛配备的一个公共软件包，尤其对于分布式存储的可缩放并行计算机和工作站网络，提供在并行机系统及网络并行计算机上编写并行程序的环境，并提供与 Fortran 和 C 的捆绑。MPI 引入一些新的概念，如派生数据类型（Derived data types）、上下文（Contexts）及通讯子（Communicators）等。MPI 使用少量独立语言特征，基于四个相互正交的主要概念：数据类型、通信操作、通信子以及虚拟拓扑，四者的任何组合均是有效的。

MPI 标准发布后，国际上已有许多 MPI 实现，根据实现技术和性能的差异，以自由软件形式发布的 MPICH 和 LAM（local area machine）较为流行。LAM 是 Ohio 超级计算中心开发的基于异构网络机群的并行程序支撑环境，向用户提供 MPI 编程界面及一个完整的运行调试环境。LAM 的结构是开放的、高度结构化的。MPICH 是由 Argonne 国家实验室和 Mississippi 州立大学联合开发的一个可移植的 MPI 实现，其主要目标是实现一个可移植性好且高效的 MPI 接口，自发布以来已经被方便地移植到许多平台上（IBM、SGI、Convex、Intel、Meiko、Cray、DEC 等）。

MPICH 的目标是开发一个广泛应用于编写消息传递程序的标准，给用户提供一个使用的应用编程接口，并兼顾到异构环境和可移植性，保证通信的有效性和数据传输的可靠性。它的优点主要是：

（1）实现方式多样化，同一编程界面可以有多种开发工具。

（2）能够实现完全异步通信，计算和通信可以重叠进行。

（3）能够有效地管理消息缓冲区。

（4）是一个完全可移植的标准平台。

MPICH 含 3 层结构，最上层是 MPI 的 API，基本是点到点通信和在点到点通信基础上构造的集群通信（Collective Communication）；中间层是 ADI 层（Abstract Device Interface），其中 device 可以简单地理解为某一种底层通信库，ADI 就是对各种不同的底层通信库的不同接口的统一标准：底层是具体的通信库，例如工作站机群上的 p4 通信库等。ADI 是 MPICH 获得可移植性和高效的核心机制，它通过定义一组接口来抽象简单的通信设备，可以灵活地使用这些接口模拟更复杂的通信设备，这样降低了 MPICH 向特性各异的硬件平台移植的复杂性。

在分布式存储系统中，数据通常是以消息包的形式通过网络从一个处理器的内存发送到另一个处理器内存，在消息包中，包含了消息头控制信息与消息体数据信息两部分。MPI 的消息传递过程可以分为 3 个阶段，如图 8-6 所示，这 3 个阶段都需要类型匹配。

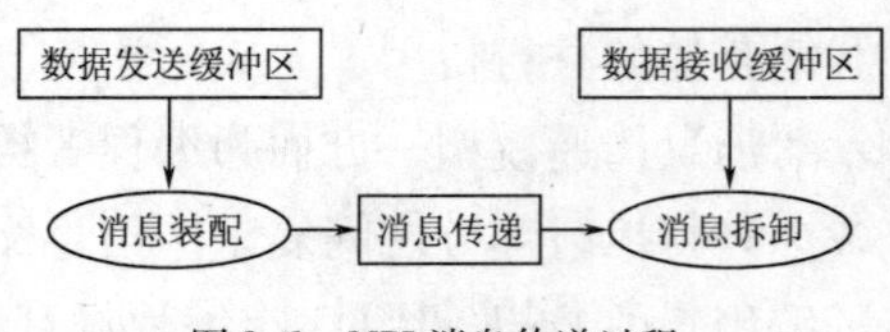

图 8-6　MPI 消息传递过程

（1）消息装配：将发送数据从发送缓冲区中取出，加上消息信封等形成一个完整的消息。

（2）消息传递：将装配好的消息从发送端传递到接收端。

（3）消息拆卸：从接收到的消息中取出数据送入接收缓冲区。

MPI 程序的执行步骤如图 8-7 所示。

(1)编译源程序得到 MPI 可执行程序。对于在同构的系统上执行,则只需编译一次。若系统是异构的,则需要在每一个异构的系统上都对 MPI 源程序进行编译。

(2)将可执行程序拷贝到各个结点机上。

(3)通过 mpirun 命令并行执行该 MPI 程序。

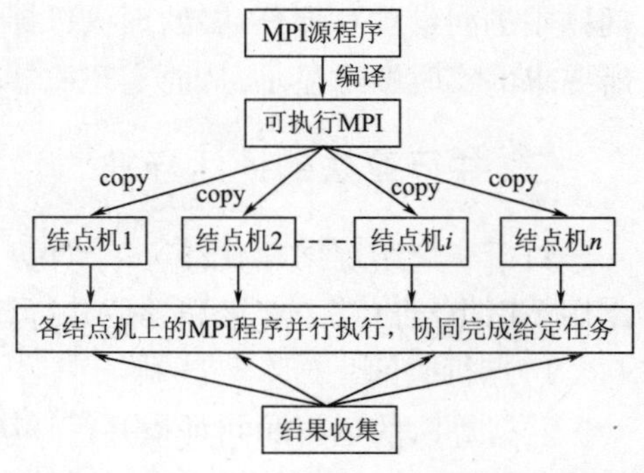

图 8-7 MPI 程序的执行过程

2. 并行虚拟机 PVM

PVM 属于可移植异构编程环境,是美国国家基金会资助的公开软件,由美国橡树岭国家实验室在 1989 年开始开发,具有通用性强、规模小等特点,既适合网络并行环境,又适用于 MPP 并行系统。它适用于 Unix、Linux、Windows9X/NT/2000 等多种操作系统,同时支持包括 C/C + +、Fortran、Java 在内的多种编程语言。

用户可以在不同的层次上使用 PVM,在最高层次上,也就是透明模式下,任务被自动分配到最合适的计算机上执行;在下一个层次上,也就是体系结构相关模式下,用户可以指定运行此任务的计算机类型;在最低的层次上,用户可以指定一台特定的机器来执行特定的任务。无论采用哪种模式,PVM 都负责管理计算机间数据的传送和低层数据传送的相关问题。PVM 是一种十分灵活的消息传递系统,它支持最一般的 MIMD 并行计算结构,这就使得几乎任何结构都可以在 PVM 上建立。

并行程序的不同任务之间必须进行通信以便达到同步和共享数据等目的。从 A 进程向 B 进程发送消息之前,必须调用 pvm_initsend( ) 函数,它的作用是清空默认的缓冲区,指定传送数据所用的编码。在初始化后,发送进程必须将数据打包,这由一组 pvm_pack( ) 函数完成。完成将数据打包放入缓冲区后,可以调用 pvm_send( ) 函数完成发送。当需要向许多进程发送消息(或数据)时,pvm_mcast( ) 函数是最合适的。通过调用 pvm_recv( ) 函数接收发送过来的数据。使用 pvm_probe( ) 函数可以检查是否有数据发送过来。进程接收数据后,必须对数据解包,解包由 pvm_unpack( ) 实现。

对于应用程序来说负载平衡是很重要的,只有负载平衡才能保证效率。保持负载平衡的最简单的方法是静态负载平衡,使用这种方法时,任务在进行前就已经分配好,运行中不进行改变,每个机器根据自己运算能力的大小可能被分配不同数量的进程,对于轻载程序来说,这是很好的办法。当运算负载差别比较大时,动态负载平衡就更为合适了。其中,常用的任务池方法通常用主从式结构实现,主进程管理从进程,当从进程空闲时,主进程就给它分配一个任务。如果进程和进程之间需要通信,这种方法就不适用了,需要采用第 3 种方法实现负载平衡。

在利用 PVM 进行程序编制时,首先要注意任务的粒度,它指的是任务的通信量和运算量之间的比值,加大任务的粒度会使程序速度变快一些,但并行性却下降了。另一个需要注意的是参与通信的包的数量,一般来说,需要包的数目越多所用的时间就越多。尽量做到通信和计算并行,这样是最合适的。一些程序适合于功能并行,一些适合于数据并行,在功能并行中,不同的机器会根据自己的计算能力选择不同的任务运行,例如:大型机会选择完成问题中的向量计算部分,多处理机选择完成问题中的并行部分,而图形工作站选择完成问题所要求的实时图像显示,从而实现机器功能上的各取所长。

三、并行算法的评估标准

对于一个给定问题,度量一个算法的好坏程度,无论在理论还是实践中都有十分重要的作用。以下给出几个定义和评估并行算法性能所用的标准。

1)运行时间

并行算法的运行时间是指并行算法在并行计算机上求解一个问题所需的时间。如果并行处理机不能同时开始执行或同时结束它们的计算,那么并行算法运行时间定义为:从第一台处理机开始执行的时间算起直到最后一台处理机执行完毕所需要的时间。

2)并行度

算法的并行度是指算法中可并行执行的任务数。与并行度有关的概念是粒度,它是描述并行算法基本特性的一个概念。一个并行算法称为具有大粒度或粗粒度是指它包含若干能独立可并行执行的大任务。而细粒度则意味着能独立执行的是小任务或基本的运算,如矩阵的乘、加运算等。

3)加速比

加速比(Speedup)是度量并行算法的通用量值。并行算法的加速比 S_p 定义为:

$$S_p = \frac{t_s}{t_p} \tag{8-1}$$

式中:t_s——算法在单处理机上实际执行的时间;

t_p——使用 p 台处理机时算法的实际执行时间。

加速比比较算法在一台处理机上执行时间与在 p 台处理机上执行的时间,但并行算法在单处理机上并非是一种好算法,因此上述定义应作修改,将并行算法的加速比 S'_p 定义为:

$$S'_p = \frac{t'_s}{t_p} \tag{8-2}$$

式中:t'_s——最快串行算法在单处理机上执行的时间。

式(8-2)比式(8-1)更为合理些。但实际应用中往往无法确定所用的串行算法是否是最快的串行算法。因此,仍常采用式(8-1)的加速比定义来衡量具体的并行算法。

理想情况下 $S_p = p$,称这样的并行算法有线性加速比,但实际情况中通常 $S_p < p$,即未达到线性加速比。主要原因包括:①算法本身的并行度不高;②计算所必需的处理器间通讯及同步时间的开销;③处理器的任务分配不平衡。

有关研究加速比的模型有很多,如基于 Amdahls 法则或 Gustafson 扩展定律的加速比模型,它们适用范围各不相同。在许多要求实时响应的实际应用中,通常问题的规模是固定的,即工作负载是固定的,将这种任务分配给多处理器执行的主要目的是尽快得到结果,这种在时间方面要求严格的应用场合下得到的加速比称为固定负载加速比,其对应的加速比模型通常采用 Amdahls 法则。而科学计算和工程模拟应用中的有些问题主要是注重求解的精度而不以获得最短运行时间为目的,因而提出固定时间加速比的模型,如 Gustafson 扩展定律。

Amdahls 法则:如果一个算法包括两种运算,一种是可并行的,另一种是无法并行的串行运算,则算法执行的并行性能由串行运算在整个运算中所占的比重决定。写成表达式为:

$$S_p{}^* = \frac{1}{\frac{1}{p} + \frac{(p-1)}{p} \cdot \alpha} \tag{8-3}$$

式中:α——串行运算在整个运算中所占比例。

由式(8-3)可以看到当处理器的个数无限增加时,并行运算所占的比重可以忽略,加速比 $S_p^* \to 1/\alpha$,即该并行算法的加速比并不是随处理器的个数增加而不断增大,当处理器个数增加到一定数目时,加速比达到极限,且该极限与串行运算在整个运算中所占比重 α 有关。因此,Amdahls 法则表明对于一个计算系统,增加可并行运算那部分的执行速率只能对算法并行性能的提高产生极小的影响,除非串行运算所占的运算量降低。因此加速比的提高受到串行运算瓶颈的限制,而且这个问题是无法用增加处理器数目的方法来解决的。应用 Amdahls 法则的一个主要缺点在于当处理器的数目增多时,问题的规模不能相应地扩展以匹配可用处理器的计算能力。

在固定时间加速比模型的 Gustafson 扩展定律下,当处理器数目增多可以提供更高的计算能力时,通过增加问题的规模形成更大的工作负载求得更精确的解,同时好的算法应使每个处理器的运行时间保持不变。

4)并行效率

与加速比相对应的概念是并行算法的效率。并行算法的并行效率 E_p 定义为:

$$E_p = \frac{S_p}{p} \times 100\% \tag{8-4}$$

同样相对于最好串行算法的并行算法效率定义为:

$$E'_P = \frac{S'_p}{p} \times 100\% \tag{8-5}$$

因为 $S_p < p$ 且 $S'_p \leqslant S_p$,所以 $E'_P \leqslant E_P < 100\%$。

5)算法复杂性

算法复杂性是评价并行算法好坏的又一标准,通常讨论较多的是时间复杂性。时间复杂性 $T(n)$ 定义为求解某一规模为 n 的问题的算法所需要的运行时间。为了讨论复杂性的概念必须引进阶的概念:

假设 $f(n)$, $g(n)$ 是自然数域上的两个实函数,如果存在正的常数 c_1, c_2, n_0,对于所有的 $n > n_0$,有 $c_1 f(n) \leqslant g(n) \leqslant c_2 f(n)$,则称 $g(n)$ 是 $f(n)$ 阶的,计为 $g(n) = o(f(n))$。

一个算法的复杂性阶数越低,则随着问题规模的增大,花费时间量的增长率越低,其并行效率也越高。例如对于同一个问题,时间复杂性为 $o(\log_2 n)$ 的算法其性能要好于时间复杂性为 $o(n)$ 的算法。常见的复杂性之间的关系有:

$$o(1) < o(\log_2 n) < o(n) < o(n\log_2 n) < o(n^2) < o(n^3) < o(2^n) < o(n^n) \tag{8-6}$$

6)处理机台数

评估并行算法的另一个重要准则是求解一个问题所需的处理机台数。当若干台处理机共同协作求解一个给定问题时,并行处理机的数量和问题规模是密切相关的。

7)成本

并行算法的成本定义为:

$$C = t_c \times n \tag{8-7}$$

式中:C——并行算法的成本;

t_c——并行算法的运行时间;

n——算法所使用的处理机台数。

换句话说,如果系统中所有处理机执行的步数是相同的,那么成本就等于解该问题的所有处理机总的执行步数。

第三节 显式非线性有限元方法

一、有限元控制方程的建立

有限元法的发展借助于两个重要的工具:在理论推导中采用了矩阵方法;在实际计算中采用了电子计算机。有限元法分析计算的思路和做法可归纳如下:

(1)物体离散化。将某个工程结构离散为由各种单元组成的计算模型,这一步称为单元剖分,离散后单元与单元之间利用节点互相连接起来,单元节点的设置、性质、数目等应视问题的性质、描述变形形态的需要和计算进度而定,有限元分析中的结构已不是原有的物体或结构物,而是同材料的由众多单元以一定方式连接成的离散物体。这样,有限元分析计算所获得的结果只是近似的,如果划分单元数目足够多而又合理,则所获得的结果就与实际情况相符合。

(2)单元特性分析。一般选择位移模式,位移法易于实现计算自动化,所以,在有限元法中位移法应用范围最广。单元特性分析的第二步为分析单元的力学特性。根据单元的材料性质、形状、尺寸、节点数目、位置及其含义等,找出单元节点力和节点位移的关系式,这是单元分析中的关键一步。此时需要应用连续体力学中的几何方程和物理方程来建立力和位移唯一的方程式,从而导出单元刚度矩阵。物体离散化后,假定力是通过节点从一个单元传递到另一个单元。但是,对于实际的连续体,力是从单元的公共边传递到另一个单元中去的,因此,这种作用在单元边界上的表面力、体积力和集中力都需要等效的移到节点上去,也就是用等效的节点力来代替所有作用在单元上的力。

(3)单元组集与求解。利用结构力的平衡条件和边界条件把各个单元按原来的结构重新连接起来,形成整体的有限元方程,求解此有限元方程得到位移。

通过上述分析可以看出,有限元法的基本思想是"一分一合",分是为了进行单元分析,合则为了对整体结构进行综合分析。

交通事故中的汽车碰撞有限元分析是一个高度非线性问题,接触与冲击载荷影响着碰撞的全过程。因此,汽车耐撞性分析涉及一个含有未知边界条件的偏微分方程求解问题即典型的动态接触问题。

1. Lagrange *方法和* Euler *方法*

任何力学系统都是由无数质点构成的,而不同质点占有各不相同的空间坐标。目前,有两种常用的定义空间坐标的方法,即 Lagrange 方法和 Euler 方法。固体力学所关心的是每个质点的移动、质点之间的相对位移及质点因之受的力,而流体力学则关心空间某处的流动情况，所以 Lagrange 方法常用于结构分析，而 Euler 方法则用于流体力学问题。

当采用 Lagrange 方法时，单元的质量不变，节点在物体上的位置固定不动，物体单元由节点连接构成，物体变形时，节点随物体在空间移动，单元亦发生相应的变形，而单元的质量保持不变。Lagrange 方法通常用于解决常质量单元即 Lagrange 单元的变形问题，它可以精确地描述位移、变形、应力等。这种方法适用于结构的力学分析，通过单元的行为仿真物体的运动，并为大多数结构分析有限元程序所采用。本章是以 Lagrange 方法为基础展开研究的。

2. 显式算法与隐式算法

在结构动力学有限元分析中，主要有两种计算方法：显式算法和隐式算法。

假设当前时步为第 n 步，有如下运动方程：

$$\boldsymbol{M}a_{\mathrm{n}} + \boldsymbol{C}v_{\mathrm{n}} + \boldsymbol{K}d_{\mathrm{n}} = \boldsymbol{F}_{\mathrm{n}}^{\mathrm{ext}} \tag{8-8}$$

式中：$\boldsymbol{M}$——结构的质量矩阵；

$\boldsymbol{C}$——结构的阻尼矩阵；

$\boldsymbol{K}$——结构的刚度矩阵；

$\boldsymbol{F}^{\mathrm{ext}}$——外界作用力矢量；

a_{n}——时步 n 时的加速度；

v_{n}——时步 n 时的速度；

d_{n}——时步 n 时的位移。

上述方程可被改写成：

$$\boldsymbol{M}a_{\mathrm{n}} = \boldsymbol{F}_{\mathrm{n}}^{\mathrm{ext}} - \boldsymbol{F}_{\mathrm{n}}^{\mathrm{int}} \tag{8-9}$$

$$a_{\mathrm{n}} = \boldsymbol{M}^{-1}\boldsymbol{F}_{\mathrm{n}}^{\mathrm{residual}} \tag{8-10}$$

式中：$\boldsymbol{F}^{\mathrm{int}}$——内部作用力（如：单元力、沙漏力）矢量；$\boldsymbol{F}^{\mathrm{int}} = Cv_{\mathrm{n}} + Kd_{\mathrm{n}}$

加速度可通过质量矩阵的转置矩阵与剩余载荷矢量相乘得到。

如果 $\boldsymbol{M}$ 为对角阵，它的转置矩阵仍为对角阵，且矩阵方程可看作是每一个自由度上的独立方程组：

$$a_{\mathrm{ni}} = \boldsymbol{F}_{\mathrm{ni}}^{\mathrm{residual}} / \boldsymbol{M}_{\mathrm{i}} \tag{8-11}$$

在时域内应用中心差分法得：

$$v_{\mathrm{n}+\frac{1}{2}} = v_{\mathrm{n}-\frac{1}{2}} + \frac{1}{2}(\Delta t_{\mathrm{n}+\frac{1}{2}} + \Delta t_{\mathrm{n}-\frac{1}{2}})a_{\mathrm{n}} \tag{8-12}$$

$$d_{\mathrm{n}+1} = d_{\mathrm{n}} + v_{\mathrm{n}+\frac{1}{2}}\Delta t_{\mathrm{n}+\frac{1}{2}} \tag{8-13}$$

这里假定加速度在整个时步内恒定。

如果已经求得时步 n 时的节点位置和加速度以及时步（$n-1/2$）时的节点速度，则时步（$n+1$）时的位移 $d_{\mathrm{n}+1}$ 可以由式(8-12)和式(8-13)解出。因此在整个时域范围内，可由上述积分递推公式求得各个离散时间点处的位移、速度和加速度。这种求解过程被称为显式积分算法。

显式算法不需要进行矩阵分解或矩阵求解，而是在每一时间步内都需进行如图 8-8 所示的循环。而隐式算法必须在每一个时步求解耦合方程组。

隐式算法不管时间步长的大小都是无条件稳定的，然而对于显式算法要想保持稳定，时间步长必须细分成网格中的最短自然周期。这意味着时间步长必须小于应力波穿过网格中最小单元所需的时间。典型的显式算法的时间步长比隐式算法的要小 100～1000 倍，然而，由于每一步迭代不涉及到矩阵的组装和分解，因此，显式算法与隐式算法相比仍具备相当的竞争力[15~17]。

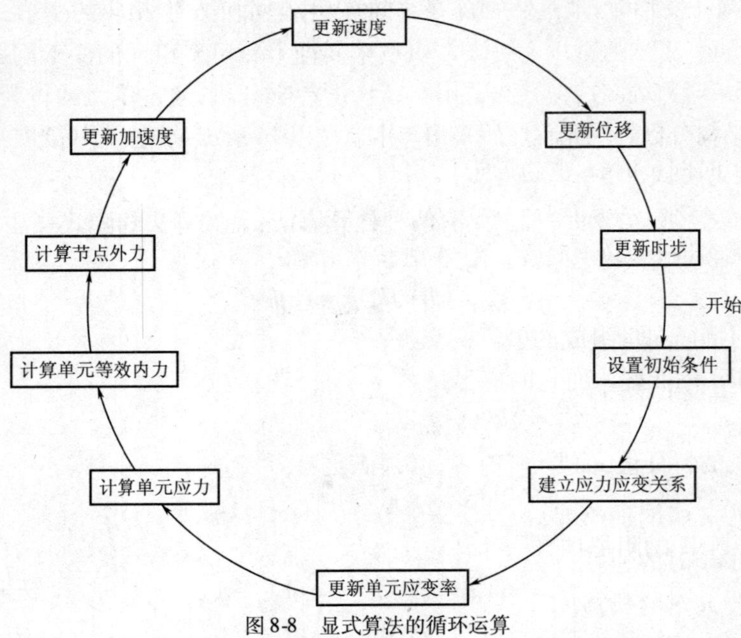

图 8-8　显式算法的循环运算

时间步长需满足 Courant-Friedrichs-Lewy 条件，在求解线性耦合系统模态时，往往归结成为求解广义特征值问题：

$$K\phi - \omega^2 M\phi = 0 \tag{8-14}$$

求出的特征值 ω 代表系统的固有频率，特征向量 ϕ 代表系统的固有振型。取正则振型后，可以得到：

$$\phi^{\mathrm{T}} M\phi = I \tag{8-15}$$

$$\phi^{\mathrm{T}} K\phi = \omega^2 \tag{8-16}$$

考虑基变化即把原来的 n 维欧氏空间的自然正交基变化为以 ϕ 为正交基。

$$d(t) = \phi x(t) \tag{8-17}$$

x(t)即为以 ϕ 为正交基下的坐标。经过变换后，新的运动方程可以写为：

$$\ddot{x}(t) + \phi^{\mathrm{T}} C\phi\, \dot{x}(t) + \omega^2 x(t) = \phi^{\mathrm{T}} Q(t) = Y \tag{8-18}$$

基变化带来的好处就是使原来耦合的方程解耦了。特别地，

$$\phi^{\mathrm{T}} C\phi = 2\xi\omega \tag{8-19}$$

采用中心差分法得到的速度和加速度为：

$$\dot{x}_{\mathrm{n}} = \frac{x_{\mathrm{n}+1} - x_{\mathrm{n}-1}}{2\Delta t} \tag{8-20}$$

$$\ddot{x}_{\mathrm{n}} = \frac{x_{\mathrm{n}+1} - 2x_{\mathrm{n}} + x_{\mathrm{n}-1}}{\Delta t^2} \tag{8-21}$$

带入式(8-18)得：

$$x_{\mathrm{n}+1} = \frac{2 - \omega^2\Delta t^2}{1 + 2\xi\omega\Delta t^2} x_{\mathrm{n}} - \frac{1 - 2\xi\omega\Delta t}{1 + 2\xi\omega\Delta t} x_{\mathrm{n}-1} + \frac{\Delta t^2}{1 + 2\xi\omega\Delta t^2} Y_{\mathrm{n}} \tag{8-22}$$

写成矩阵形式即：

$$\begin{bmatrix} x_{n+1} \\ x_n \end{bmatrix} = \begin{bmatrix} \frac{2-\omega^2\Delta t^2}{1+2\xi\omega\Delta t} & -\frac{1-2\xi\omega\Delta t}{1+2\xi\omega\Delta t} \\ 1 & 0 \end{bmatrix} \begin{bmatrix} x_n \\ x_{n-1} \end{bmatrix} + \begin{bmatrix} \frac{\Delta t^2}{1+2\xi\omega\Delta t^2} \\ 0 \end{bmatrix} Y_n \tag{8-23}$$

或者

$$\hat{x}_{n+1} = \boldsymbol{A}\hat{x}_n + LY_n \tag{8-24}$$

当走到 m 个时间步时，L 也趋近于 0，可得：

$$\hat{x}_m = \boldsymbol{A}^m \hat{x}_0 \tag{8-25}$$

当 m 趋近无穷时，$\boldsymbol{A}$ 必须有界。对 $\boldsymbol{A}$ 进行谱分解：

$$\boldsymbol{A}^m = (P^T JP)^m = P^T J^m P \tag{8-26}$$

式中：P——$\boldsymbol{A}$ 的特征向量组成的单位正交阵；

J——Jordan 标准型。而它的谱半径：

$$\rho(\boldsymbol{A}) = \max[\text{diag.}(J)] \tag{8-27}$$

即 $\boldsymbol{A}$ 的最大的特征值，而要 J^m 有界，必须满足：

$$|\rho(\boldsymbol{A}) \leqslant 1| \tag{8-28}$$

若不考虑矩阵 $\boldsymbol{A}$ 的阻尼项，即：

$$Det\left[\begin{vmatrix} 2-\omega^2\Delta t^2 & -1 \\ 1 & 0 \end{vmatrix} - \lambda \begin{vmatrix} 1 & -1 \\ 1 & 0 \end{vmatrix} \right] = 0 \tag{8-29}$$

$$-(2-\omega^2\Delta t^2-\lambda)\cdot\lambda + 1 = 0 \tag{8-30}$$

$$\lambda = \frac{2-\omega^2\Delta t^2}{2} \pm \sqrt{\frac{(2-\omega^2\Delta t^2)^2}{4} - 1} \tag{8-31}$$

要求 $|\lambda| \leqslant 1$，求得 $\Delta t \leqslant \frac{2}{\omega_{max}}$，即求得了临界时间步。

当考虑阻尼项时，则得到 $\Delta t \leqslant \frac{2}{\omega_{max}}(\sqrt{1+\xi^2} - \xi)$。

综上所述，采用中心差分方法的显式算法具有如下特点：

(1)方程非耦合，可以直接求解。

(2)需要非常小的时间步保持稳定状态。

(3)不需要求解刚度矩阵。

3. 物体运动坐标与控制方程

从物体变形角度来说，物体的变形过程实际是从一个图形变换到另一个图形的过程，物体是由质点组成的，其形状可以用质点间的相互位置来表征。物体中质点位置用质点在笛卡儿直角坐标系中的位置坐标表示，如图 8-9 所示。

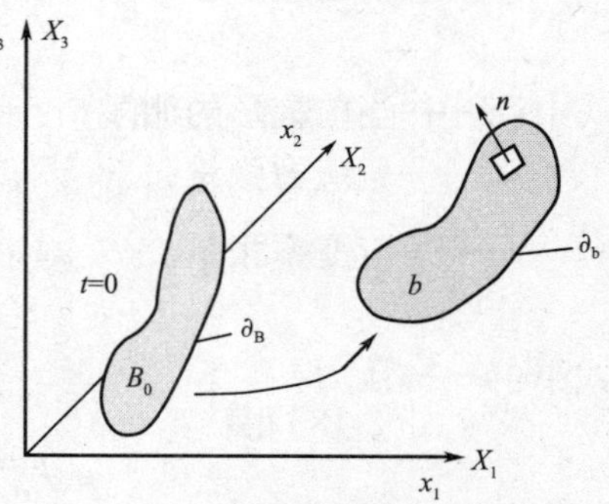

图 8-9　物体运动示意图

取初始时刻的质点坐标为 $X_i(i=1,2,3)$。在任意 t 时刻，该质点坐标为 $x_i(i=1,2,3)$。这个质点的运动方程是：

$$x_i = x_i(X_j, t) \qquad i = 1,2,3 \tag{8-32}$$

在 $t=0$ 时,初始条件为:

$$x_i(X_j,0)=X_i$$
$$\dot{x}_i(X_j,0)=V_i(X_j,0) \tag{8-33}$$

式中:V_i——初始速度。

根据连续介质力学原理,整个运动系统必须保持质量守恒、动量守恒和能量守恒。

1)动量守恒方程

系统的动量守恒方程:

$$\sigma_{ij,j}+\rho f_i=\rho\ddot{x}_i \tag{8-34}$$

式中:σ_{ij}——Cauthy 应力;

ρ——当前结构的质量密度;

f_i——单位质量体积力;

$\ddot{x}$——加速度。

在 S^1 面力边界上:

$$\sigma_{ij}n_i=t_i(t) \tag{8-35}$$

式中:$n_i,i=1,2,3$——现实构形边界的外法线方向余弦;

$t_i,i=1,2,3$——面力载荷。

在 S^2 位移边界上:

$$x_i(X_j,t)=K_i(t) \tag{8-36}$$

式中:$K_i(t),i=1,2,3$——给定位移函数。

当 $x_i^+=x_i^-$ 接触时,沿接触边界 S^0 存在滑动接触面间断处的跳跃条件:

$$(\sigma_{ij}^+-\sigma_{ij}^-)n_i=0 \tag{8-37}$$

2)质量守恒方程

系统的质量守恒方程:

$$\rho V=\rho_0 \tag{8-38}$$

式中:ρ_0——初始质量密度;

V——相对体积,也就是变形梯度矩阵 F_{ij} 的行列式。

$$F_{ij}=\frac{\partial x_i}{\partial X_j} \tag{8-39}$$

3)能量守恒方程

系统的能量守恒方程:

$$\dot{E}=Vs_{ij}\dot{\varepsilon}_{ij}-(p+q)\dot{V} \tag{8-40}$$

式中:E——当前构形的能量;

s_{ij}——偏应力张量;

$\dot{\varepsilon}_{ij}$——应变率张量。

$$s_{ij}=\sigma_{ij}+(p+q)\delta_{ij} \tag{8-41}$$

式中:p——压力。

$$p=-\frac{1}{3}\sigma_{ij}\delta_{ij}-q=-\frac{1}{3}\sigma_{kk}-q \tag{8-42}$$

式中:q——体积黏性阻力;

δ_{ij}——Kronecker 系数(如 $i=j$,则 $\delta_{ij}=1$,否则 $\delta_{ij}=0$)。

伽辽金法弱形式平衡方程为:

$$\int_V(\rho\ddot{x}_i-\sigma_{ij,j}-\rho f_i)\delta x_i dV+\int_{S^0}(\sigma_{ij}{}^{+}-\sigma_{ij}{}^{-})n_j\delta x_i dS+\int_{S^1}(\sigma_{ij}n_j-t_i)\delta x_i dS=0 \quad (8\text{-}43)$$

其中,δx_i 在 S^2 边界上满足位移边界条件。

应用散度定理:

$$\int_V(\sigma_{ij}\delta x_i)_{,j}dV=\int_{S^1}\sigma_{ij}n_j\delta x_i dS+\int_{S^0}(\sigma_{ij}^{+}-\sigma_{ij}^{-})n_j\delta x_j dS \quad (8\text{-}44)$$

并注意到分步积分:

$$(\sigma_{ij}\delta x_i)_{,j}-\sigma_{ij,j}\delta x_i=\sigma_{ij}\delta x_{i,j} \quad (8\text{-}45)$$

上式可改写为:

$$\delta\pi=\int_V\rho\ddot{x}_i\delta x_i dV+\int_V\sigma_{ij}\delta x_{i,j}dV-\int_V\rho f_i\delta x_i dV-\int_{S^2}t_i\delta x_i dS=0 \quad (8\text{-}46)$$

上式即虚功原理的一种表达,式中的各个积分项分别表示单位时间内系统的惯性力、内力、体积力和表面力所作的功。

4)空间有限元离散化

以 8 节点六面体实体单元为例,单元内任意点的坐标用节点坐标插值表示为:

$$x_i(\xi,\eta,\zeta,t)=\sum_{j=i}^{m}\phi_j(\xi,\eta,\zeta)x_i^j(t) \qquad i=1,2,3 \quad (8\text{-}47)$$

式中:ξ,η,ζ—— 自然坐标;

$x_i{}^j(t)$——t 时刻第 j 节点的坐标值;

形状函数 $\phi_j(\xi,\eta,\zeta)$ 为:

$$\phi_j(\xi,\eta,\zeta)=\frac{1}{8}(1+\xi\xi_j)(1+\eta\eta_j)(1+\zeta\zeta_j) \qquad j=1,2,\cdots,8 \quad (8\text{-}48)$$

式中:ξ_j、η_j、ζ_j—— 单元第 j 节点的自然坐标。

式(8-47)用矩阵表示为:

$$\{x(\xi,\eta,\zeta,t)\}=[N]\{x\}^e \quad (8\text{-}49)$$

式中:$[N]$—— 插值矩阵,单元内任意点坐标矢量:

$$\{x(\xi,\eta,\zeta,t)\}^T=[x_1\quad x_2\quad x_3] \quad (8\text{-}50)$$

单元节点坐标矢量:

$$\{x\}^{eT}=[x_1^1,x_2^1,x_3^1,\cdots,x_1^8,x_2^8,x_3^8] \quad (8\text{-}51)$$

将式(8-49)代入式(8-46)得矩阵形式的表达式为:

$$\delta\pi=\sum_{m=1}^{n}\delta\pi_m=\sum_{m=1}^{n}\delta x^{eT}\left[\int_{Vm}\rho N^TNdV\ddot{x}^e+\int_{Vm}B^T\sigma dV-\int_{Vm}\rho N^TfdV-\int_{S_m^1}N^TtdS\right]=0 \quad (8\text{-}52)$$

式中:σ——Cauthy 应力矢量,且 $\sigma^T=[\sigma_x\quad\sigma_y\quad\sigma_z\quad\sigma_{xy}\quad\sigma_{yz}\quad\sigma_{zx}]$;

B——应变位移矩阵;

f——体力矢量,且 $f^T=[f_1\quad f_2\quad f_3]$;

t——面力矢量,且 $t^T=[t_1\quad t_2\quad t_3]$;

n——单元数。

如式(8-53),将单元质量矩阵的同一行矩阵元素都合并到对角元素项,形成集中质量矩阵。

$$m = \int_{V_m} \rho N^T N dV \tag{8-53}$$

经单元计算并组集后,式(8-52)可写成

$$\delta x^T [M \ddot{x}(t) + F(x,\dot{x}) - P(x,t)] = 0 \tag{8-54}$$

考虑到 δx^T 的任意性,有

$$M \ddot{x}(t) + F(x,\dot{x}) - P(x,t) = 0 \tag{8-55}$$

式中:$\ddot{x}(t)$——总体节点加速度矢量;

M——总体质量矩阵;

P——总体载荷矢量,由节点载荷、面力和体力等形成;

F——单元应力场的等效节点力矢量(或称应力散度)组集而成,即:

$$F = \sum_{m=1}^{n} \int_{V_m} B^T \sigma \mathrm{d}V \tag{8-56}$$

二、相关重要参数的选择

1. 沙漏模态的形成与控制

在有限元计算发展的早期,为了提高计算精度,采用精确积分形式(FI,fully integration),但由此在非线性动力有限元问题中可能会产生体积闭锁(volumetric locking)或剪切闭锁(shear locking),而且计算时间长,于是发展了缩减积分方案(RI,reduced integration),缩减积分方案不但避免了闭锁而且大大地降低了计算时间,但同时也带来了沙漏模态(hourglassing mode)或称为零能模态(zero energy mode)[18, 19]。

在式(8-56)中,应力增量 $\dot{\sigma}\Delta t$ 由应变率 $\dot{\varepsilon}$ 根据材料本构关系求出,而应变率 $\dot{\varepsilon}$ 与单元速度场$\dot{x}_1$,$\dot{x}_2$,$\dot{x}_3$有关,即:

$$\dot{\varepsilon}_1 = \frac{\partial \dot{x}_1}{\partial x_1} \qquad \dot{\varepsilon}_2 = \frac{\partial \dot{x}_2}{\partial x_2} \qquad \dot{\varepsilon}_3 = \frac{\partial \dot{x}_3}{\partial x_3}$$

$$\dot{\varepsilon}_{12} = \frac{1}{2}\left(\frac{\partial \dot{x}_1}{\partial x_2} + \frac{\partial \dot{x}_2}{\partial x_1}\right) \quad \dot{\varepsilon}_{23} = \frac{1}{2}\left(\frac{\partial \dot{x}_2}{\partial x_3} + \frac{\partial \dot{x}_3}{\partial x_2}\right) \quad \dot{\varepsilon}_{31} = \frac{1}{2}\left(\frac{\partial \dot{x}_3}{\partial x_1} + \frac{\partial \dot{x}_1}{\partial x_3}\right) \tag{8-57}$$

对于 8 节点六面体实体单元内任意点的速度分量通过形函数用节点坐标插值表示为:

$$\dot{x}_i(\xi,\eta,\zeta,t) = \frac{1}{8}(\Sigma^T + \boldsymbol{\Lambda}_1^T\xi + \boldsymbol{\Lambda}_2^T\eta + \boldsymbol{\Lambda}_3^T\zeta + \boldsymbol{\Gamma}_1^T\xi\eta + \boldsymbol{\Gamma}_2^T\eta\zeta + \boldsymbol{\Gamma}_3^T\zeta\xi + \boldsymbol{\Gamma}_4^T\xi\eta\zeta)\{\dot{x}_i^k(t)\} \tag{8-58}$$

由式(8-58)知单元的速度场是由基矢量Σ、$\boldsymbol{\Lambda}_1$、$\boldsymbol{\Lambda}_2$、$\boldsymbol{\Lambda}_3$ 和 $\boldsymbol{\Gamma}_1$、$\boldsymbol{\Gamma}_2$、$\boldsymbol{\Gamma}_3$、$\boldsymbol{\Gamma}_4$ 组成,其中基矢量Σ反映单元的刚体平移运动,基矢量 $\boldsymbol{\Lambda}_1$ 反映单元的拉压变形,基矢量 $\boldsymbol{\Lambda}_2$ 和 $\boldsymbol{\Lambda}_3$ 反映单元的剪切变形。基矢量 $\boldsymbol{\Gamma}_1$、$\boldsymbol{\Gamma}_2$、$\boldsymbol{\Gamma}_3$ 和 $\boldsymbol{\Gamma}_4$ 称为沙漏基矢量,如图 8-10 所示。

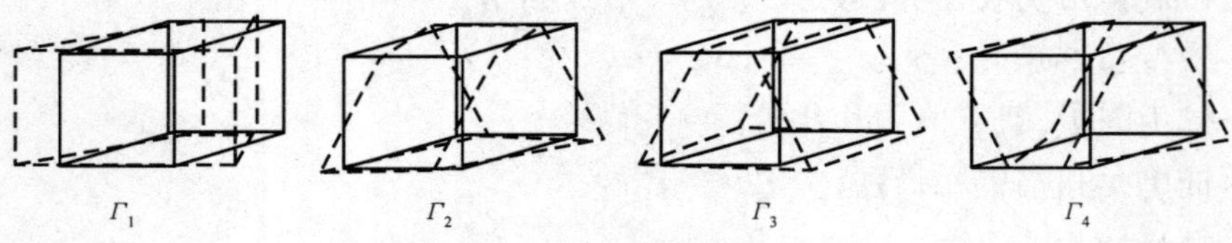

图 8-10　沙漏模态分析

在单元形心处($\xi=\eta=\zeta=0$)进行单点积分,该处形函数 $\phi(\xi,\eta,\zeta)$ 的导数为:

$$\frac{\partial\phi_k}{\partial\xi}=\frac{1}{8}\xi_k=\frac{1}{8}\boldsymbol{\Lambda}_{1k},\quad \frac{\partial\phi_k}{\partial\eta}=\frac{1}{8}\eta_k=\frac{1}{8}\boldsymbol{\Lambda}_{2k},\quad \frac{\partial\phi_k}{\partial\zeta}=\frac{1}{8}\zeta_k=\frac{1}{8}\boldsymbol{\Lambda}_{3k} \tag{8-59}$$

由上式可以看出,单点高斯积分时单元变形的沙漏模态被丢失,即它对单元应变能的计算没有影响,故称为零能模态,在汽车碰撞仿真计算中,如果沙漏模态在单元网格变形中不受任何约束,由于沙漏变形模式的存在将使得单元的变形呈现无序的振荡,其整体刚度变小,严重地破坏仿真计算的结果。

目前常用的沙漏控制算法大致分为两类,即黏性阻尼算法和弹性刚度算法,这两种算法分别通过引入沙漏变形方向上的阻尼约束力和刚度约束力来抑制沙漏变形,将沙漏约束力记为 H,组集进碰撞系统的控制方程,得到:

$$M\ddot{x}(t)=P(x,t)-F(x,\dot{x})+H \tag{8-60}$$

由于引入了沙漏控制力,会产生沙漏能量损失,对系统中的能量平衡产生影响,在有些工程问题中,采用沙漏控制方法并不能完全解决沙漏问题,对于这种情况,可以采用多点积分的单元算法来解决,但是这样会增加计算机时。

2. 时间积分和时步控制

式(8-60)中时间积分采用显式中心差分法:

$$\begin{aligned}\ddot{x}(t_n)&=M^{-1}[P(t_n)-F(t_n)+H(t_n)-c\dot{x}(t_{n-1/2})]\\ \dot{x}(t_{n+1/2})&=\dot{x}(t_{n-1/2})+1/2\times(\Delta t_{n-1}+\Delta t_n)\ddot{x}(t_n)\\ x(t_{n+1})&=x(t_n)+\Delta t_n\dot{x}(t_{n+1/2})\end{aligned} \tag{8-61}$$

式中:$t_{n-1/2}=1/2\times(t_n+t_{n-1})$,$t_{n+1/2}=1/2\times(t_{n+1}+t_n)$,$\Delta t_{n-1}=t_n-t_{n-1}$,$\Delta t_n=t_{n+1}-t_n$。

$\ddot{x}(t_n)$——t_n 时刻的节点加速度矢量;

$\dot{x}(t_{n+1/2})$——$t_{n+1/2}$时刻的节点速度矢量;

$x(t_{n+1})$——t_{n+1}时刻的节点坐标矢量。

由于采用集中质量矩阵,运动方程(8-61)的求解是非耦合的,不需要组集成总体矩阵,因此大大节省存储空间和求解机时,但是显式中心差分法是有条件稳定的,每一时刻的时步长由当前构形的稳定性条件控制,其算法如下:

先计算每一个单元的允许最大时步长 Δt_{ei},$i=1,2,\cdots,m$,则下一时步长 Δt 取其最小值,即:

$$\Delta t=\min(\Delta t_{e1},\Delta t_{e2},\cdots,\Delta t_{em}) \tag{8-62}$$

式中:Δt_{ei}——第 i 个单元的极限时步长;

m——单元数目。

各种单元类型的极限步长 Δt_{ei} 采用不同的算法,例如:

杆单元和梁单元极限时步长为:

$$\Delta t_e=\alpha(L/c) \tag{8-63}$$

式中:α——时步因子,缺省值为0.9;

L——杆单元和梁单元长度;

c——材料的声速,且有 $c=\sqrt{E/\rho}$。

对于平面壳单元,极限时步长为:

$$\Delta t_e = L_S / c \tag{8-64}$$

式中:c——声速;

L_S——单元的特征长度,其中:

$$c = \sqrt{\frac{E}{\rho(1-\nu^2)}} \tag{8-65}$$

$$L_S = A_S / \max(L_1, L_2, L_3, L_4)\text{(四边形单元)}$$

$$L_S = 2A_S / \max(L_1, L_2, L_3)\text{(三角形单元)}$$

式中: ν——泊松比;

A_S——单元面积;

$L_i(i=1,2,3,4)$——单元的边长。

3. 汽车碰撞模拟中常用材料模型

每一时步都必须求得单元应力 σ。它与材料模型有关,在材料模型的建立过程中,不仅要考虑应力应变的本构关系从弹性变形到塑性变形,还要考虑材料的损伤和破坏,并且对于弹塑性材料加载与卸载过程的应力应变本构关系也不相同,即它们的性质和时间历程有关。像车身碰撞中主要涉及的薄钢板材在碰撞仿真中可用弹塑性模型加以描述。

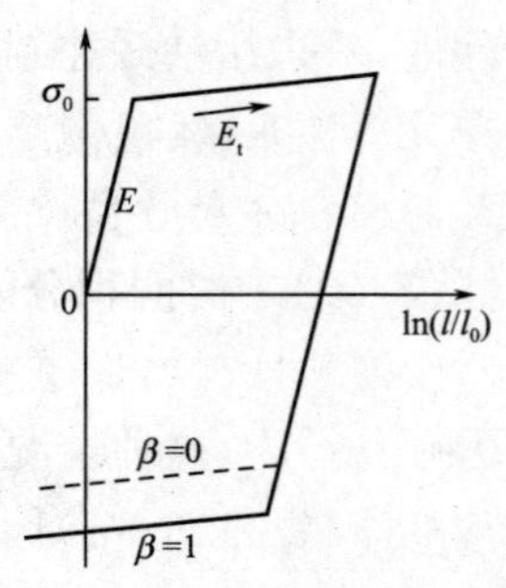

图 8-11 各向同性、随动及混合硬化弹塑性模型

这种材料单向拉伸实验的应力应变关系如图 8-11 所示,实验测得材料数据:E 为弹性模量,μ 为泊松比,σ_0 为初始屈服极限,E_t 为切线硬化模量和 β 为硬化参数($\beta=0$ 为随动硬化,$\beta=1$ 为各向同性硬化,$0<\beta<1$ 为混合硬化)。

以混合硬化($0<\beta<1$)弹塑性材料模型为例,进行应力修正。

混合硬化的 Von Mises 屈服条件是:

$$\phi = 3/2 \times (S_{ij} - \alpha_{ij})(S_{ij} - \alpha_{ij}) - \sigma_y^2 = 0 \tag{8-66}$$

式中:σ_y—— 当前屈服极限,$\sigma_y = \sigma_0 + \beta E_p \varepsilon_{eff}^p$。塑性硬化模量 $E_p = EE_T/(E-E_T)$,有效塑性应变 $\varepsilon_{eff}^p = \int_0^t (2/3 \times \dot{\varepsilon}_{ij}^p \dot{\varepsilon}_{ij}^p)^{1/2} dt$,塑性应变率 $\dot{\varepsilon}_{ij}^p = \dot{\varepsilon}_{ij} - \dot{\varepsilon}_{ij}^e$,其中 $\dot{\varepsilon}_{ij}$ 为总应变率,$\dot{\varepsilon}_{ij}^e$ 为弹性应变率;

S_{ij}——应力偏量,$S_{ij} = \sigma_{ij} - 1/3 \times \sigma_{kk}$;

α_{ij}——移动张量,α_{ij} 的增量 $\Delta\alpha_{ij} = 2/3 \times (1-\beta) E_p \dot{\varepsilon}_{ij}^p \Delta t$。

按下列步骤计算混合硬化(包括各向同性硬化和随动硬化)弹塑性材料在 t_{n+1} 时刻的应力 σ^{n+1}。

(1)按弹性变形的应力应变关系求得 t_{n+1} 时刻的应力试探值 σ^*。

(2)检查屈服条件:

$$\phi = 3/2 \times (S_{ij}^* - \alpha_{ij}^n)(S_{ij}^* - \alpha_{ij}^n) - \sigma_y^n = 0 \tag{8-67}$$

式中:$S_{ij}^* = \sigma_{ij}^* - 1/3 \times \sigma_{kk}$;

α_{ij}^{n}——t 时刻的移动张量；

σ_{y}^{n}——t 时刻的屈服极限，为 $\sigma_0+\beta E_p\varepsilon_{eff}^{n}$；

ε_{eff}^{n}——t 时刻的有效塑性变形。

如果 $\phi\leqslant 0$，则表示仍处于弹性变形区，此时 $S_{ij}^{n+1}=S_{ij}^{*}$ 即应力试探值正确，转(4)求 σ_{ij}^{n+1}。

(3)如果 $\phi>0$，则表示材料处于塑性加载，此时应修正有限塑性应变：

$$\varepsilon_{eff}^{pn+1}=\varepsilon_{eff}^{pn}+\Delta\varepsilon_{eff}^{p}=\varepsilon_{eff}^{pn}+\{[3/2\times(S_{ij}^{*}-\alpha_{ij}^{*})(S_{ij}^{*}-\alpha_{ij}^{*})]^{1/2}-\sigma_{y}^{n}\}/(3G+E_p) \tag{8-68}$$

缩小偏应力，使之按比例回到新的屈服面上。

$$S_{ij}{}^{n+1}=S_{ij}^{*}-3G\Delta\varepsilon_{eff}^{p}(S_{ij}^{*}-\alpha_{ij}^{n})/[3/2\times(S_{ij}^{*}-\alpha_{ij}^{n})(S_{ij}^{*}-\alpha_{ij}^{n})]^{1/2} \tag{8-69}$$

并修正屈服面的中心位置。

$$\alpha_{ij}^{n+1}=\alpha_{ij}^{*}+(1-\beta)E_p\Delta\varepsilon_{eff}^{p}(S_{ij}^{*}-\alpha_{ij}^{n})/[3/2\times(S_{ij}^{*}-\alpha_{ij}^{n})(S_{ij}^{*}-\alpha_{ij}^{n})]^{1/2} \tag{8-70}$$

(4)计算 t_{n+1}时刻的应力 $\sigma_{ij}{}^{n+1}$：

$$\sigma_{ij}^{n+1}=S_{ij}^{n+1}+(p^{n+1}+q)\delta_{ij} \tag{8-71}$$

式中：$p^{n+1}=-kln(V^{n+1}/V_0)$；

k——体积模量；

V^{n+1}、V_0——分别为 t_{n+1}时刻和初始时刻的单元体积；

q——人工体积黏性阻尼。

对于弹塑性材料来说，应变的变化快慢会影响到材料的塑性行为，高应变率会导致材料的动力硬化行为，这种情况下必须考虑应变率对材料特性的影响，通常采用 Cowper—Symonds 应变率模型，对各向同性硬化($\beta=1$)及随动硬化($\beta=0$)的当前屈服极限 σ_y 的计算公式为：

$$\sigma_y=[1+(\dot{\varepsilon}/c)^{1/p}]\cdot(\sigma_0+\beta E_p\varepsilon_{eff}^{p}) \tag{8-72}$$

式中：c、p——应变率参数，应变率：

$$\dot{\varepsilon}=\sqrt{\dot{\varepsilon}_{ij}\dot{\varepsilon}_{ij}} \tag{8-73}$$

在塑性动力学中，对应变率效应的研究是一个很重要的基础理论问题。塑性材料在动力载荷的作用下，尽管载荷的峰值可能超出静态极限载荷的数倍，但由于载荷是短时间作用的，传输到结构上的能量仍然是有限的，这些能量大部分被塑性变形所吸收。因此材料的性能与静力加载时不同，其中包括屈服极限的提高、屈服滞后效应、强化效应、应变率效应等。

早在 1872 年，J. Hopkinson 首先根据波的传播现象进行材料动力特性的研究。20 世纪 40 年代，Taylor、Clark、Duwez 和 Manjoine 的一系列试验表明：对于大多数金属材料，应变率对屈服极限有明显影响，如用式(8-72)模型来考虑，其中两个参数 c 和 p 可通过应力—应变实验曲线拟和得到。对于一般钢材 c 为 40，p 为 6。

除了典型的金属材料如钢材以外，在汽车碰撞中还涉及到橡胶、聚氨酯、玻璃等不同失效特性的材料，这些可以用相应的非线性弹性模型、泡沫模型等加以描述。

4. 接触搜索与接触计算

汽车及零部件碰撞模拟的一个重要问题是对动态接触问题的处理。实践证明，接触界面的处理是碰撞类强非线性问题求解中最重要也是最耗时的一个环节，以往在碰撞仿真中仅用于接触处理一个项目中的 CPU 时间就占总 CPU 时间的60% ~80%，因此接触问题的重要性可想而知。把一个接触点与一个接触块组成的集合称为一个接触对，在确定确切的接触状态前，将接触对和潜在接触对统称为"接触测试对"，接触搜索的任务首先是找出系统中存在哪些"接触测试对"，然后针对找出的每个测试对确定接触状态，即接触、贯入或脱开。对于接触或贯入的情况，测试对已转变为实际的接触对，此时还要找出接触点及贯入量。解决接触搜寻问题有多种方法，其中常用的主从接触面算法、一体化算法及级域算法已将用于接触处理的 CPU 时间缩短到总数的 40% 左右。

主从接触面算法(master-slave algorithm)是最早用于求解大规模冲击—接触问题的接触搜索算法，也是目前商用显式有限元软件中使用最为广泛的接触搜索算法之一。在该算法中，相互接触的两个边界面被分别指定为主面和从面，主面上的节点被定义为主节点，从面上的节点被定义为从节点。从节点不允许穿透主面，但主面上的节点可以穿透从面。因此，只需搜索与主面接触的从节点，即找出由从节点与主面上的单元面所形成的接触对[20]。

该算法主要包括 3 个环节：首先针对每一个从节点，找出与其距离最近的主节点；然后在包含此主节点的所有单元中找出离从节点最近的主单元面，形成接触测试对；最后在此测试对中精确定位节点与单元面的关系。

主从接触面算法存在的主要缺陷在于不能用于相对初始构形有严重变形的接触表面，而且只能处理两个表面间的接触，对单一曲面发生屈曲变形时所产生的自身接触问题不能有效使用。Benson 和 Hallquist 提出的单曲面算法(single surface algorithm)弥补了主从接触面算法不能处理单一曲面自身接触的问题[21~24]。

级域算法(hierarchy-territory algorithm)使用了"级"和"域"两个概念。"级"是指将一个任意的接触体系按给定规则分成若干个级别不同的子体系，并建立上下级子体系的一一对应关系。接触搜寻从上级子体系到下级子体系按约定方式逐级有系统地进行，便可快速判断下级子体系定义的一个便于计算和应用的空间域，用以替换子体系所占的实际空间。通过对上级子体系域的演算，便可快速判断下级子体系的接触情况[25]。

由于汽车碰撞分析问题复杂，常常要混合使用多种接触搜寻方法，接触搜寻算法作为左右仿真运算速度的第一因素依然广为人们所关注。

找出所有接触对后，就要考虑如何快速、准确地计算出接触力。处理接触—碰撞界面主要采用 3 种不同的算法，即：节点约束法、对称罚函数法和分配参数法。第一种算法现在仅用于固连界面。第三种算法用于仅滑动界面，例如炸药起爆燃烧的气体对结构的爆轰压力作用。炸药燃烧气体与被接触的结构之间只有相对滑动而没有分离。第二种算法是目前最常采用的算法。

罚函数法的基本思想是判断是否有穿透发生，如果有就引入接触力，如果没有则继续计算，具体可以通过以下过程进行描述。

在开始的计算中，假想所计算的节点没有与其他物体发生接触，接触力为零，这样可以按照式(8-60)进行计算，接下来将接触力作为系统位移的函数，用式 8-74 代入到式(8-60)中进行计算。

$$f_c = -\alpha u_p^t \tag{8-74}$$

式中：α——罚函数；

u_p^t——穿透量。

这样可以直接计算出接触力，其中的穿透量是指所计算的节点穿过与之接触的接触面的量，它只与 t 时刻的位移有关，所以接触力也只与 t 时刻的位移有关：

$$u_p^t = (X_t^2 - X_t^1) \cdot n \tag{8-75}$$

式中：X_t^2——所计算节点的坐标；

X_t^1—— 与之可能发生接触的点的位置；

n—— 此点的法向向量。

罚函数法的物理意义相当于在从节点和被穿透主表面之间放置一个法向弹簧，以限制从节点对主表面的穿透。对称罚函数法编程简单，很少激起网格沙漏效应，这是由于此算法具有对称性，动量守恒准确，不需要碰撞和释放条件。罚函数值大小受到稳定性限制，若计算中发生明显穿透，可以放大罚函数值或缩小时间步长来调节。但是当所引入的罚参数特别大时，将使方程组病态，罚参数的选取与单元的刚度有关，要求使用者具有一定的经验。

第四节 并行计算方法

一、区域分割方法

1. 区域分割的基本思想

区域分割法的基本思想[26]是把一个复杂系统（或区域），按照一定的原则如物理特性、几何形状、离散方式等分割为若干个子系统或子区域，然后将各个子区域分配给不同的处理器分别计算，处理器之间通过交互机制（例如 MPI 方式）进行数据交换。区域分割的作用不仅在于将复杂的系统分割为简单的子问题，而且非常有利于并行实现。各个子区域可以在各处理机上单独运算，然后各个子区域归并就可以得到问题的完整解，如图 8-12 所示。理论分析和实际计算都已表明区域分割法能够为大规模问题提供高度并行的、可扩展的健壮算法。

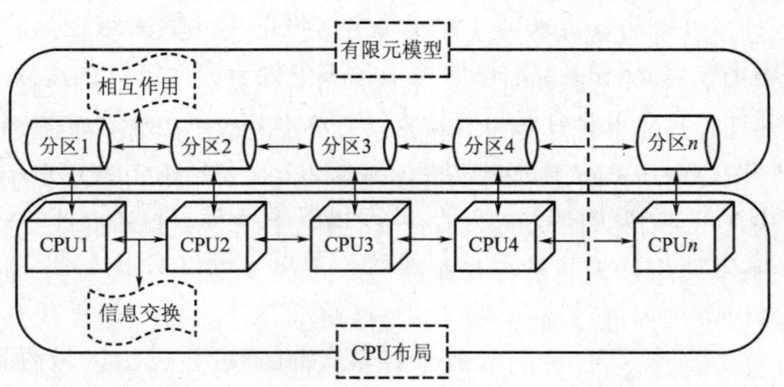

图 8-12 并行求解的模型分区和 CPU 布局

基于区域分割的并行有限元方法首先建立整个几何模型的有限元离散模型，定义初始条件、边界条件、材料模型、接触条件和分析类型、求解控制、结果输出内容和方式，然后通过程序进行并行计算的分区定义，将整个有限元模型分成若干子区域。将各个子区域分配给不同的处理器分别计算，在每一个时间步长内，由各个处理器独立计算对应子区域中单元的位移、速度、加速度和应力等，相关处理器之间的通信仅需传送子区域边界单元在前一时间步长的位移计算结果[27, 28]。

区域分割是并行有限元分析的一个很重要的前处理部分[29]，由于有限元模型往往是大规模的、不规则的，所以一种效果好的区域分割算法应该是普遍的，可以应用于任何形状的区域。而且，区域分割的好坏是一个载荷平衡的问题，关系到并行求解的效率。尽量使各结点机处理相同的计算和通信量，才能实现高效率和高加速比的并行计算。区域分割的判断标准可以归纳为3点：①各个子区域的自由度数相同；②各个子区域交界面上的节点数最小；③所分割的子区域有较好的长宽比。第一点可以保证载荷平衡，使得总计算时间尽量少。第二点使各个子区域的交界面尽量少，从而减少结点机之间的通信量。第三点是保证所形成的矩阵有较好的条件数，使得用迭代法求解有较好的收敛性。

2. 区域分割的主要方法

考虑到显式有限元算法中绝大多数计算是针对每个单元进行的，可以方便地进行基于单元的区域分割从而实现粗粒度的并行计算[30]。其一般思路如图8-13所示。

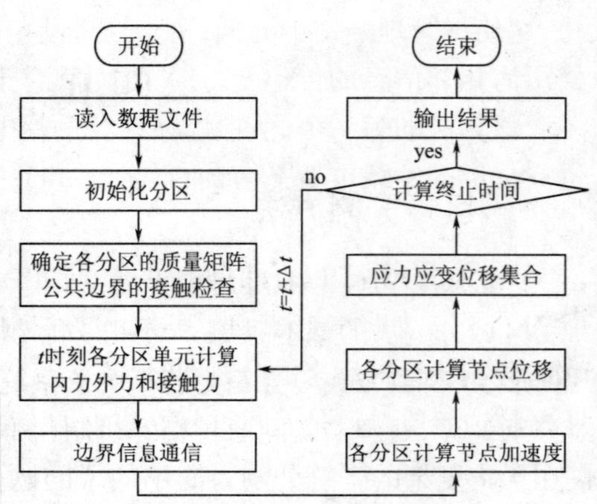

图8-13　显式有限元并行计算流程图

当数据文件读入完毕，采用区域分割方法得到各个子区域的分区定义，并且为每一个子区域指定处理器负责计算，这样可保证各个子区域在不同的处理器并行计算。

对于基于区域分割的并行算法来说，有两种方法可用来分区：一是计算程序简单地从头至尾浏览一遍有限元模型，按单元编号，将一定数目的单元定义为第一个分区，再将数目相同的单元定义为第二个分区。如此类推，直至最后一个分区定义完毕。这种分区方式适用于形状规则、结构简单的有限元模型并且模型单元已经定向地重新排序；第二种分区方法就是采用一种使每个区域的单元数大致相等的分区划分拓扑算法。该类方法适用于任意复杂的模型，同时也尽量减少处于内部的分区边界，将分区之间的影响减到最小。该类分区算法主要有递归对分法(Recursive Coordinate Bisection Algorithm)、递归谱方法(Recursive Spectral Bisection Algorithm)、贪婪方法(Greedy Algorithm)等。

根据子区域的重叠与否，区域分割法可分为重叠型区域分割方法和不重叠区域分割方法。在重叠型区域分割法中，各子区域通过重叠的节点来进行消息传递，重叠型区域分割算法以Schwarz交替法为理论依据。在不重叠区域分割法中，各子区域间的通信通过子区域界面上的节点来进行，不重叠区域分割算法以Substructuring(子结构)法为理论依据，又称为Schur complement法。

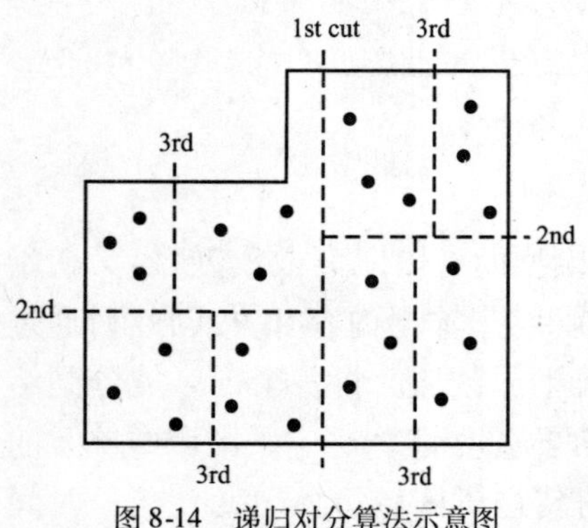

图8-14　递归对分算法示意图

目前常用的区域分割方法是递归对分方法，如图8-14所示，在该方法中假设所用处理器的个数是2的次方(如果不是，则分区失败)，所以又可以称为二元区域分割法(Binary Domain Decomposition)。其基本原理为：

(1)判断模型在3个坐标方向的长度，垂直于最长坐标方向将模型一分为二,被分割成的两部分分别包含网格总数的一半(或者是尽可能接近,且分割线的位置移动一列,每部分中网格数目增加很有限的量)。

(2)判断新模型在3个坐标方向的长度,仍然垂直于最长坐标方向将新模型一分为二。

(3)按照上面的策略,依次将模型分割直到满足分割收敛条件,即子区域的数目与处理器的数目相等,算法就停止分割。

(4)输出分区结果。

递归对分算法概念简单,分区过程快速。如图8-15所示,该方法得到的分区往往是模型在坐标轴方向上形成矩形的区域,这是由该方法的本质决定的。通过把子域形状限制为矩形块,避免了数据结构凌乱的问题。如果分割成L-形的区域或者用斜线分割,子区域规范化就变得很困难。因为对于矩形区域分割,只需要有每个矩形的顶点就可以指定每个矩形块,这使得管理开销十分低,每个处理器对应一个相应的矩形区域。这样的数据结构使得任何所需相邻信息的传递变得简单,尤其对于非共享内存的并行机。

该算法的另一个优点是,在计算过程中如果某个子区域的网格数发生了变化,该方法会进行局部的负载重新平衡,而不需要进行整体模型的重新分区,即始终保持各子区域网格数的均衡。

递归对分算法也有几点不足:首先当模型的几何外形较为复杂时,分区过程中会生成不连续的子区域,如图8-16所示;其次,该算法对通信开销无法进行直接控制。在分区过程中,前一次的分割线会被后来的分割线分成一定数量的段数,这些段数的总和称为子区域边界段总数。子区域边界段总数是递归对分算法中的一个重要数字,它象征了所需要的不同通信路径的总数,因为当两个子区域间共享一条分割线段时,它们之间在计算过程中就会进行信息传递。当计算模型的网格均匀时,由于分区过程是由连续的垂直和水平分割(从区域的一边延伸到另一边)组成的,子区域的边界段数处于下限。很容易说明这种情况下的边界段总数 T_L 为:

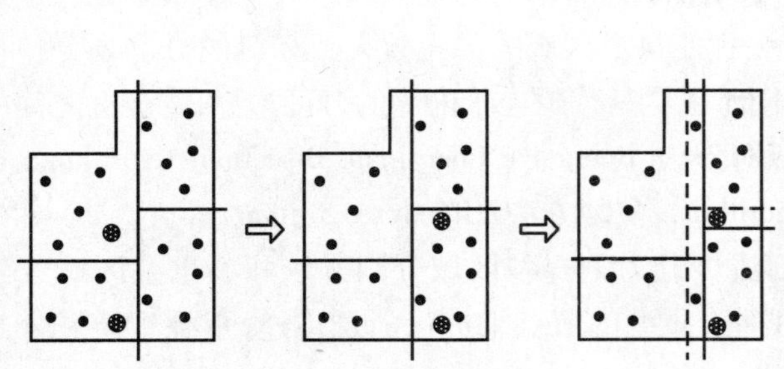

图8-15 递归对分算法负载均衡示意图

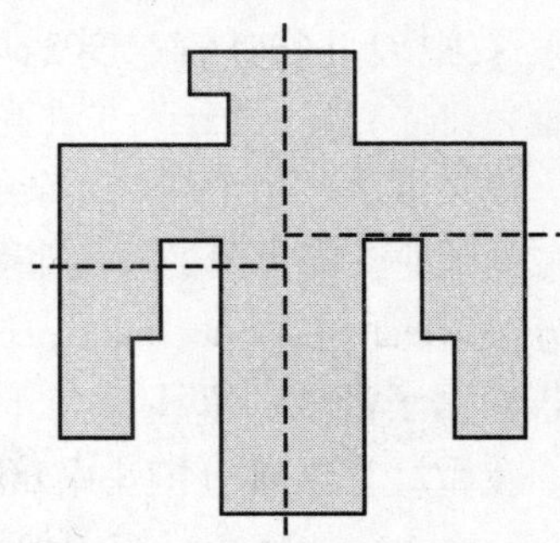

图8-16 递归对分算法中不连续子区域示意图

$$T_L(k)=\begin{cases}2^{k+1}-2^{k/2+1} & k\text{ 为偶数}\\ 2^{k+1}-3\times 2^{(k-1)/2} & k\text{ 为奇数}\end{cases} \tag{8-76}$$

式中:k——对于 2^k 个处理器的区域划分次数。

当模型的网格分布不均匀时,分区时就会得到子区域边界段数的上限值 $T_U(k)$ 为:

$$T_U(k)=\begin{cases}3\times 2^k-2^{k/2+2}+1 & k\text{ 为偶数}\\ 3\times 2^k-3\times 2^{(k+1)/2}+1 & k\text{ 为奇数}\end{cases} \tag{8-77}$$

而模型中任一子区域与周围子区域间的最大通信路径数:

$$M_U(k)=\begin{cases}2^{k/2}+2^{k/2-1}+3 & k\text{为偶数}\\ 2^{(k+1)/2}+3 & k\text{为奇数}\end{cases} \quad (8\text{-}78)$$

坐标递归对分方法可以使得各个分区的单元数量大致相等。但是由于该方法只考虑有限元模型的几何信息而没有考虑模型的载荷分布和接触位置,分区的质量一般。对于大型结构动力响应分析问题,由于存在较大接触,该方法并不是最有效的分区解决方案,它不能保证各节点间计算量的均衡。因此,需要设计各节点计算量均衡的区域分割算法来对大型结构动力响应进行并行计算。

二、临界子区域数的确定

1. 临界子区域数的定义

应用区域分割方法求解大规模问题时,如何选择恰当的子区域数,使并行求解问题的加速比达到最大,这是有效利用高性能计算机的关键问题。这里将最少的并行求解时间求得问题结果时区域分割的子区域数称为临界子区域数,此时使用的与临界子区域数相等的处理器数称为临界处理器数。

在大规模并行处理机系统上,区域分割的数目一般不超过计算机所拥有的处理器数目,实际使用的处理器数一般等于子区域个数,这里假设区域均匀,因此可以认为负载均衡。一旦区域划分完成,子任务便确定了,给处理器分配数据和子任务的通信是一定的,区域的收敛速度一般也确定了,因此区域分割的数目对于计算任务的并行效率是至关重要的。

2. 临界子区域数的确定方法

设区域 Ω 均分为 m 个子区域 $\Omega_1,\Omega_2,\cdots,\Omega_m$,并行计算中 Ω 的迭代次数为 n,Ω 在第 i 次迭代过程中收敛速度最慢的子区域 Ω_i 计算达到要求精度所需的时间为 t_{comp}^i,通信同步时间为 t_{comm}^i,则 Ω 并行计算达到要求精度的计算时间为:

$$t=\sum_{i=1}^{m}(t_{comp}^i+t_{comm}^i) \quad (8\text{-}79)$$

而整个区域在第 i 次迭代的通信时间为:

$$t_{comm}=(m+1)(t_s+b\cdot t_{fw}) \quad (8\text{-}80)$$

式中:t_s——通信启动时间;

b——子区域间相邻边界的大小;

t_{fw}——传送一个浮点数所需的时间。

随着 m 的增多,b 一般随之减少,即每次通信的数据量减少。但是由于 Ω 收敛速度变慢使得通信次数增加,导致子区域之间的总通信开销也增大。另外随着 m 的增多,Ω 收敛速度下降,一般达到相同精度的 n 增大,同样也导致总通信开销也增大。所以 Ω 收敛速度、通信同步时间 t_{comm}、子区域计算时间 t_{comp} 都与子区域数 m 的选择有关。

设 t_1 为 Ω 在一个处理器上的计算时间,t_p^i 为 m 个子区域中的第 i 个子区域的计算时间,显然有 $t_p^i=I(i)t_1$,其中 $0<I(i)<1$。Δt_p^i 是 Ω 均分为 $i-1$ 个子区域与 Ω 均分为 i 个子区域时收敛最慢的子区域之间的计算时间增量。则 Δt_p^i 可近似表示为:

$$\Delta t_p^i=t_p^i-t_p^{i-1}=[I(i)-I(i-1)]t_1 \quad (8\text{-}81)$$

在实际问题求解中，选定算法后，可选择不同的划分子区域数分别进行并行计算，统计时间，估计近似的函数 $I(i)$。

设 t_d^i 为 i 个子区域在 i 个处理器上的计算时间，Δt_d^i 是 $i-1$ 个子区域在 $i-1$ 个处理器上的计算时间与 i 个子区域在 i 个处理器上计算时间的增量。则 $\Delta t_d^i = t_d^i - t_d^{i-1}$，实际问题中，一般取 $\left\| \, \| \Delta t_d^i \| - \| \Delta t_p^i \| \, \right\|$ 达最小时的 i，并行计算的加速比最大。此时 i 为临界子区域数，征用的处理器数 i 也是临界处理器数。

三、接触均衡的区域分割方法

并行计算机各节点负载平衡和它们间的通信开销是影响并行效率的两个重要因素。其中，各处理机间的计算量均衡是并行程序需要解决的重要问题之一。负载平衡首先要在并行机各个结点之间分派负载，然后均衡各结点负载，进而实现并行计算以减小任务响应时间。负载平衡过程中试图均衡所有结点上的负载，使得所有结点上的负载基本相等，这种相等并非简单的任务数目相等，而是依据这些异构结点的性能分派的加权相等，为此需要根据系统负载的变化进行任务的动态迁移。值得注意的是，负载平衡系统属于松散耦合的网络系统，它只能支持粗粒度和中粒度的并行。

通信开销已经成为网络并行计算中影响计算机效率的另一个主要因素，这是由于每个处理机要独立管理自己的进程。因此，负载平衡过程中必须在平衡计算能力和通讯开销的基础上，平衡各结点的负载。

如前所述，传统的递归对分方法仅可以使得各个分区的单元数量大致相等。但是由于该方法只考虑有限元模型的几何信息而没有考虑模型的载荷分布和接触计算时间，对于大型结构动力响应分析问题，由于存在较大接触，该方法并不是最有效的分区解决方案，它不能保证各节点间接触计算量的均衡。

实践证明，接触界面的处理是非线性大规模动态问题求解中最重要也是最耗时的一个环节。对于汽车碰撞问题，接触不仅发生在车与外界环境之间，汽车的各个部件都可能发生接触碰撞。因为接触一般是针对节点与单元表面之间的相互关系而言的，因此接触搜索就是要找出系统中各节点与所有单元的关系。由于一辆整车模型包含的单元数量及时间积分的步数均很大，因此，接触搜索算法的效率和精度至关重要[31, 32]。

汽车被碰撞部位零部件之间存在着大量的接触。由于参与接触的单元数目众多，接触类型也是多种多样，其计算时间要占到整个计算时间的 60% ~ 80%。所以在汽车碰撞事故重构中，正确选择接触算法以及接触处理的并行算法对于提高计算效率是特别重要的。

针对冲击—接触问题的特点，接触部位的零部件是承受变形的地方，其有限元网格一般更为密集。在坐标递归对分方法的基础上，结合上海超级计算中心曙光 4000A 高性能计算机的体系结构，设计了基于消息传递的接触均衡分区方法（Contact Balance Bisection Algorithm，简称 CBB）。该方法的基本原理如下：

（1）找出接触界面定义中的所有单元及其相邻单元。

（2）根据参与计算的处理器数目将接触定义中的单元均分，并划定区域边界。

（3）根据区域边界进行分区，区域边界的节点被复制，分布到对应的区域中。

（4）将模型中非接触单元按照几何坐标分布到对应子区域中，直到满足分割收敛条件。

(5)输出结果。

衡量分区方法并行计算效率主要采用加速比 S_p 和并行效率 E_p,其公式表达分别如下:

$$S_p = t_s/t_p \tag{8-82}$$

$$E_p = S_p/n \tag{8-83}$$

式中:t_s——单个处理器的执行时间;

t_p——多个处理器并行计算的执行时间,主要包括各个处理器的计算开销和处理器之间的通信开销;

n——参与并行计算的处理器数目。

并行计算中影响计算效率或加速比的主要因素包括:(1)负载不平衡开销。由于区域分割的不合理,导致各个处理器的计算载荷不平衡,处理器因忙、闲不均而互相等待;(2)处理器之间的通信开销。通信开销比基本计算时间大得多。其量化指标为:

$$T(m,n) = t_0(n) + m \cdot t_c(n) \tag{8-84}$$

式中:$t_0(n)$——启动时间,取决于具体的硬件系统;

$t_c(n)$——每字节通信时间,依赖于具体的计算平台;

m——消息长度;

n——处理器数目。

对某一具体的并行计算平台,随着处理器数目的增加,处理器之间的通信量就越大,相应的通信开销也增加了。

采用更多的处理器进行并行计算,虽然使得完成一个时间步长的计算时间减少,但是有限元模型也被分为更多子区域,由于公共边界的增多,各个处理器之间由于同步操作而产生的同步开销和通信开销将严重影响系统性能。因此,必须根据有限元模型的规模合理选择处理器个数。此外,分区过程中使得子区域间的公共边界尽量少,从而减少通信开销,也是提高并行效率的一个重要途径。

第五节　应 用 实 践

一、计算条件

本章计算工作是在上海超级计算中心的曙光 4000A 高性能计算机上完成的。曙光 4000A 计算机属于大规模机群系统,如图 8-17 所示。机群系统由若干个处理节点组成,每一个节点含有一个或多个微处理器,由高速网络连接在一起,统一调度,协调处理,实现高效并行计算。系统结构灵活性高,易于实现,成本较低。

曙光 4000A 全机系统由 4 个接入结点、512 个计算结点、16 个存储结点以及百兆管理网络、千兆存储网络、Myrinet 计算网络、KVM 维护网络共同组成。全机总计有 2128 个 64 位 AMD Opteron 2.4GHz 的 CPU,共计 4.3T 内存,75TB 光纤存储系统以及 20TB 的 SCSI 存储系统。峰值浮点计算能力为 10 万亿次/s,其 Linpack 性能达到 7 万亿次/s。曙光 4000A 系统主要技术指标如表 8-1 所示。

图 8-17　曙光 4000A 超级计算机

曙光 4000A 系统主要技术指标　　表 8-1

计算平台	Dawning 4000A
计算节点	512 4-way nodes, each composed of 4 CPUs
处理器类型	AMD OPTERON 850
主频	2.4GHz
主存容量	4256GB
磁盘容量	95TB
系统峰值	10.2TFLOPS
体系架构	Cluster, Myrinet 2000
操作系统	Turbo Linux 8.0
运行环境	MPI1.2.5

二、空心管碰撞过程的数值模拟

1. 算例模型及其特点

某空心管由 8 个密闭的凹凸空心管插接而成，其有限元模型如图 8-18 所示，单元总数约 20 万，整个模型沿着 Y 轴负方向与刚性墙发生碰撞。在单元网格划分时，考虑到碰撞的方向，因此在空心管前部单元网格细密，而沿着 Y 轴方向单元网格尺寸逐步增大。该模型单元类型为壳单元，且整体材料类型一致。由于该空心管为插接而成，因此在凹面和凸面结合部分存在着大量接触计算，将占到整个仿真计算量的 60% 以上。

利用坐标递归分区方法（RCB）和接触均衡分区方法（CBB）分别对上述有限元模型进行初始化分区以完成并行计算的预处理。采用 1、2、4、8 个 CPU 进行碰撞数值模拟计算，仿真结果如图 8-19 所示。其中，两种方法的 8 分区拓扑分别如图 8-20、图 8-21 所示。

图 8-18　空心管有限元模型

图 8-19　空心管碰撞刚性墙模拟结果

图 8-20　RCB 方法 8 分区结果

图 8-21　CBB 方法 8 分区结果

2. 计算结果及加速比分析

利用两种分区方法对空心管碰撞刚性墙进行数值模拟所需计算时间和加速比分析分别如表 8-2 和图 8-22 所示。随着处理器数目的增加，两种分区方法都可以减少仿真计算的时间。但是 RCB 方法获得的加速比和并行效率并不好，当用 8 个处理器并行计算时，加速比只有 3. 22，并行效率只有 40%，说明各个分区的计算量是非常不均衡的。由于该模型只有一种材料类型和单元类型，那么导致计算载荷不均衡的原因就是各个分区的接触单元数量差别很大[33]。

两种分区方法的计算效率分析 表 8-2

CPU数量	RCB			CBB		
	时间(s)	加速比	并行效率	时间(s)	加速比	并行效率
1	13966	1. 00	100. 00	13966	1. 00	100. 00
2	8827	1. 58	79. 00	7708	1. 81	90. 50
4	6849	2. 04	51. 00	4271	3. 27	81. 75
8	4331	3. 22	40. 25	2404	5. 81	72. 63

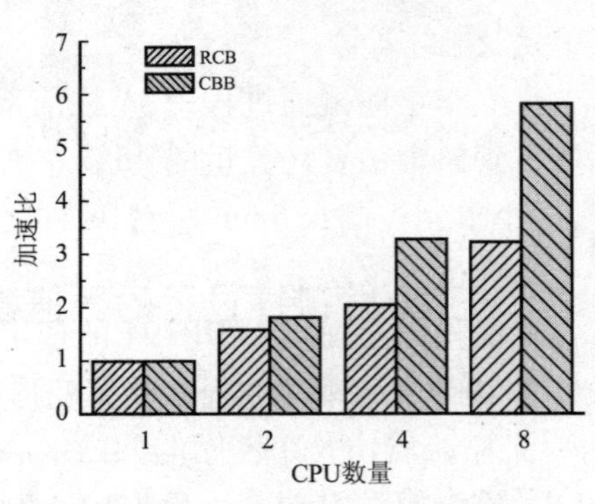

图 8-22 两种分区方法的加速比对比

而采用 CBB 分区方法，获得了比较高的加速比和并行效率。当用两个处理器时，计算时间几乎相当于单个处理器仿真计算时间的一半，并行效率超过了 90%，说明两个分区的计算载荷是比较均衡的，而且分区之间的通信开销相对于计算开销也是很少的。随着参与计算的处理器数目增加，仿真时间下降的速度在变慢，说明通信开销占仿真时间的比重在上升。当采用 4 个处理器时，加速比仍然可以达到 3. 27，并行效率超过 80%，说明各个分区的计算载荷仍然是比较均衡的。当处理器增加到 8 个时，各个分区有相似的接触特征，从而实现了各个处理器之间计算载荷的均衡化，各分区的计算量是相近的，但是其加速比只有 5. 81，并行效率也只有 72%，说明对于这个模型，8 个处理器是临界数目，使用更多的处理器会导致更多的同步和通信开销，反而会降低计算效率。

三、汽车碰撞过程的数值模拟

1. 整车有限元模型

汽车发生碰撞事故时，主要碰撞形式包括正面碰撞、侧面碰撞及追尾碰撞，另外还有车撞行人及翻滚等。根据资料显示，在所有碰撞事故中，汽车发生正面碰撞(包括斜碰撞)的概率在 40% 左右。因此，研究汽车正面碰撞安全性，对减轻交通事故中人员的伤害具有非常重要的意义。

在本章研究中，将根据 CMVDR294(China Motor Vehicle Design Rule)要求，对某车型按照规定速度 100% 正面碰撞刚性墙进行碰撞安全性分析。

如图 8-23 所示，计算所用的整车有限元模型主要包括白车身、发动机、变速器、副车架、前后车门和车轮总成等，整个模型是在车身各个零部件的 CAD 模型进行单元离散化的基础上拼接而成的，由于 CAD 模型中包含了很多加工和装配上的细节，导致网格划分较为困难。因此在网格划分较差的地方进行手工修改，尽可能地使网格划分均匀，避免出现单元翘曲度过高、长宽比过大等问题。参照国际大型汽车企业有限元网格划分的规则，限定单元长宽比不大于 5,翘曲度尽量控制在 20 以内且防止出现翘曲单元集中的区域,四边形单元各角度控制在 45°~135°之间,三角形单元各角度控制在 20°~120°之间。由于车身结构主要是薄壁金属件,因此单元类型以四边形壳单元为主,另外根据汽车结构零部件的需要,在数值模型中还包括梁单元、杆单元、六面体单元、弹簧单元、焊点单元及刚体等。

图 8-23　整车有限元模型

在汽车正面碰撞过程中,A 柱前部是接触变形的主要区域,经统计,A 柱前部的接触计算量占到整个仿真计算量的 45% 左右[34]。因此,在整车建模过程中,车身前部单元划分细密,最小单元控制在 5mm 左右,C 柱之后单元尺寸可以较大。

2. 数值模拟结果及其试验验证

根据我国法规 CMVDR294 的规定,整车以 48.3km/h 的速度正面撞击刚性墙,仿真计算了整车 100ms 的碰撞过程。整车变形的数值模拟结果如图 8-24a)所示。

a)数值模拟结果　　b)实车碰撞试验结果

图 8-24　整车碰撞数值模拟与实车试验

该车进行实车碰撞试验结果如图 8-24b)所示,经比较发现,数值模拟结果与真实碰撞试验结果在变形形式上相似。以 90ms 仿真结果为例,转向机构后移、座椅受力后前移、假人运动以及发动机罩铰链断裂等均与真实试验照片一致。图 8-25 为车身某点处加速度的试验测试值与数值模拟结果的比较。

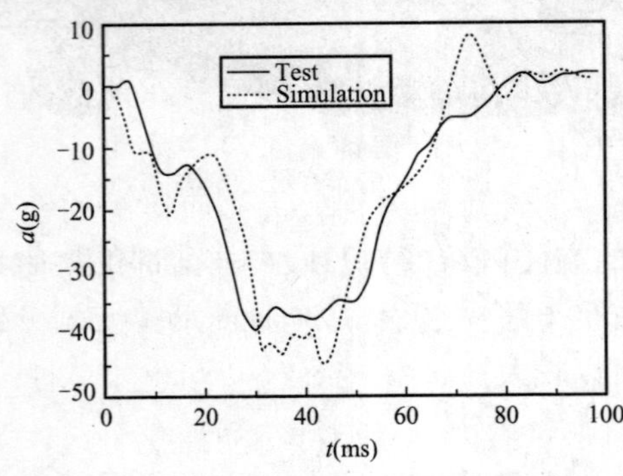

图 8-25　车身某位置处加速度比较

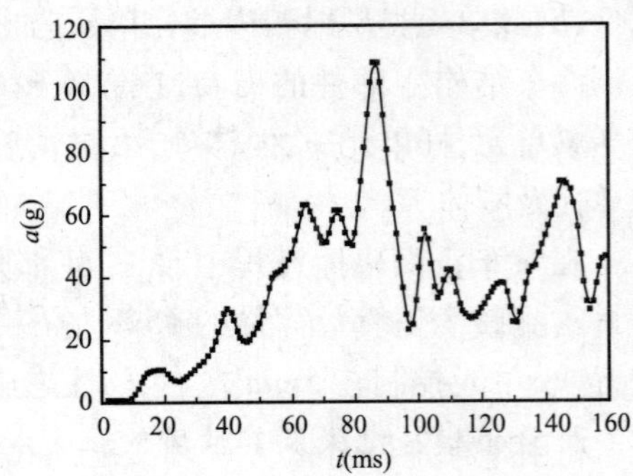

图 8-26　头部合成加速度仿真曲线

根据数值模拟得出的加速度曲线(所有曲线经过 SAE 60Hz 滤波),计算出乘员头部加速度峰值,使用美国福特公司 C. C. Chou 总结的 HIC 算法,得到本次试验中人体头部伤害值为 950,胸部最大加速度为 59g,大腿承受力为 9. 8kN。人体损伤指标尽管满足国家标准及 CMVDR 294 的要求,但是头部加速度较大,胸部加速度和大腿承受力离允许下限太近,这一点在实车碰撞试验中也得到了证明。头部合成加速度仿真曲线、胸部加速度仿真曲线及大腿受力仿真曲线分别如图 8-26 ~ 图 8-28 所示。

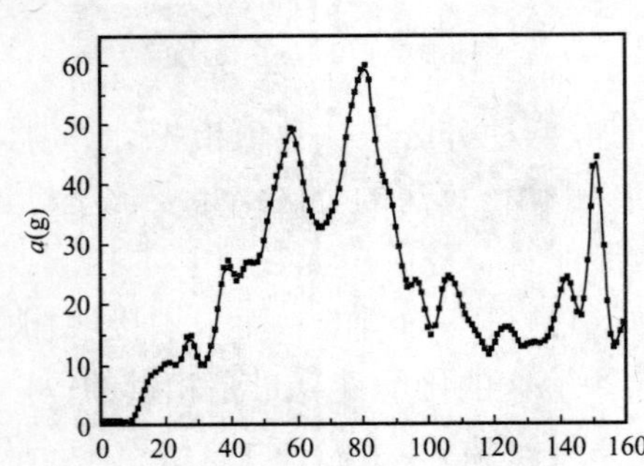

图 8-27　胸部加速度仿真曲线

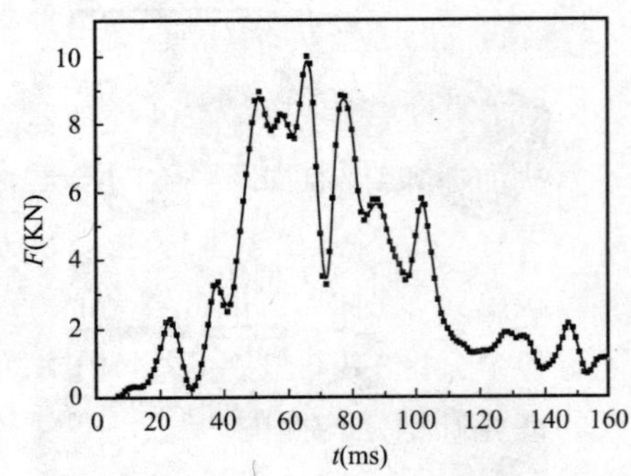

图 8-28　大腿受力仿真曲线

根据国家标准 GB 11557—1998 技术要求一的规定,对转向机构在 50km/h 速度下的后移量进行考察。首先需要在试验车车身上建立相应的动态坐标系,由于正面碰撞时车辆后部变形较小,因此可以在车身后部选取一点作为基准点,然后测量被测点与基准点在 X 轴与 Z 轴方向的距离。

通过模拟发现,在 70ms 以前,碰撞只会引起传动轴、转向器和转向摇臂之间万向节的变化,从 70ms 以后,碰撞所产生的力将引起安全支架发生变形,而安全支架的变形将导致转向机构绕着安全支架在一定角度内旋转,同时产生后移,后移量在碰撞接触 155ms 时达到最大值 97mm,在 190ms 以后,转向柱顶端后移量稳定在 85mm 左右,从数值模拟的结果可以认为该车型所使用的转向机构可以满足国家标准技术要求一的规定。同样在整车碰撞试验中也证明该转向机构后移量符合国家标准的要求。

在数值模拟试验中发现原有车身设计中存在可以继续改进的地方,例如前纵梁变形模式不理想以及发动机罩铰链发生断裂等,这些不够完善的地方,将通过结构设计改进、材料改进和应用新的制造工艺等方法予以较好的解决[35~38]。

3. 区域分割方法对并行计算效率的影响

汽车正面碰撞数值模拟试验中,接触绝大多数都发生在车辆前部,因此汽车前部的计算量明显多于车辆后部。采用坐标递归分区方法(RCB)虽然可保证各个分区的单元数量基本相等,但由于汽车前部较多接触而导致各个分区的计算量差别较大。而接触均衡分区方法(CBB)是沿着碰撞方向从车前端到车辆后端分区,这样可以保证每一个分区有相似的接触特征,较好地保证各分区的计算量是相近的,从而实现各个处理器之间计算载荷的均衡化。

利用坐标递归分区方法和接触均衡分区方法,对上述有限元模型进行初始化分区作为并行计算的预处理,分别采用1、2、4、8、16个处理器进行数值模拟计算。图8-29与图8-30分别是两种方法的16分区结果。表8-3为两种分区方法的计算时间和加速比。

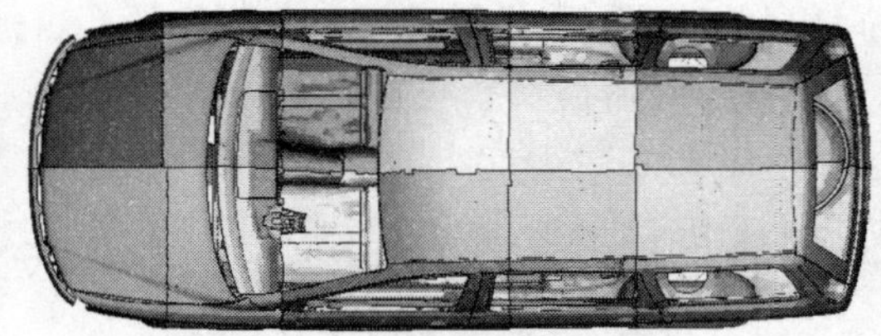

图8-29 RCB方法16分区结果

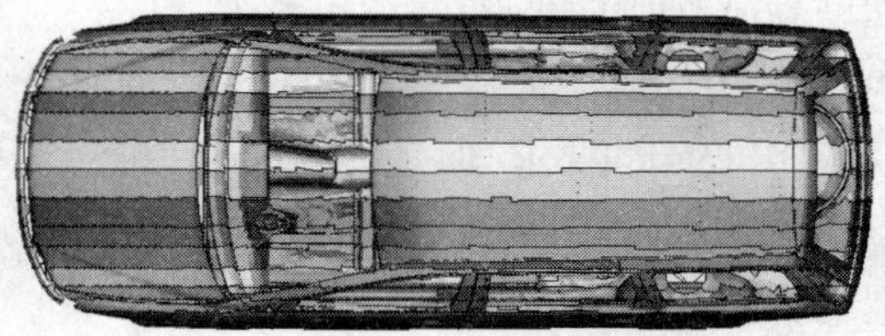

图8-30 CBB方法16分区结果

如表8-3所示,随着参与计算的处理器数目增加,两种分区方法数值模拟计算时间都快速减少了。从加速比结果(如图8-31所示)可知,接触均衡算法的分区结果要比坐标递归方法的分区结果好。原因就在于坐标递归方法虽然保证了各分区单元数目基本相同,但是各分区中的接触单元差别很大,因此各分区的计算开销是很不均衡的。而采用接触均衡方法不但保证了各个分区的单元数目基本相同,而且各个分区的接触计算量是相近的,从而保证了各分区的计算开销是均衡的[39]。

两种分区方法的计算时间和加速比　　表8-3

CPU数量	RCB			CBB		
	时间(s)	加速比	并行效率	时间(s)	加速比	并行效率
1	21867	1.00	100.00	21867	1.00	100.00
2	12203	1.79	89.50	11477	1.91	95.50
4	6854	3.19	79.75	6339	3.45	86.25
8	3855	5.67	70.88	3679	5.95	74.38
16	2441	8.96	56.00	2183	10.02	62.63

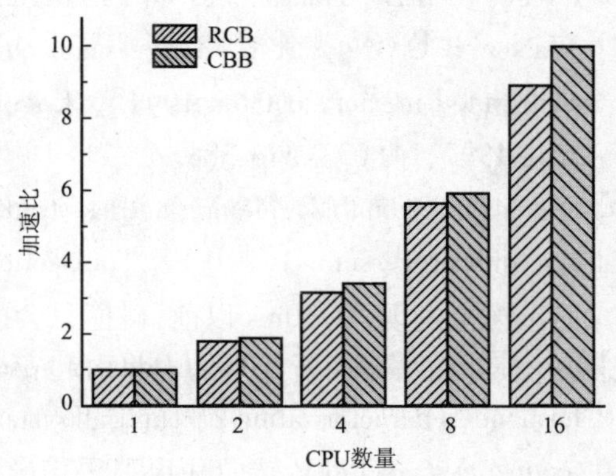

图8-31 两种分区方法的加速比对比

第六节　本章小结

为了对汽车碰撞事故中的车辆变形、人体损伤等信息进行充分分析，有限元方法受到了越来越多的关注，而有限元方法在事故重构领域能够被广泛采用则首先必须解决大规模计算的问题。并行计算是提高汽车碰撞仿真、事故重构计算速度和求解能力的有效途径，本章对并行计算软、硬件环境的发展作了简单综述，并重点阐述了适应于并行有限元仿真计算的区域分割常用方法。

在汽车碰撞数值模拟计算所需时间中，接触界面的处理占用了其中的较大部分，因此，本章提出了接触均衡的区域分割方法，并将此方法在空心管碰撞、整车正面碰撞数值模拟等具体工程问题中进行了应用。计算结果表明基于接触均衡的区域分割方法（CBB）比坐标递归分区方法（RCB）具有更好的加速比和并行效率，原因在于 RCB 方法虽然保证了各分区单元数目基本相同，但各分区中的接触单元差别很大，因此各分区的计算开销很不均衡，而 CBB 方法不但保证了各个分区单元数目基本相同，而且各个分区的接触计算量相近，从而保证了各个分区的计算开销是均衡的。

参考文献

[1] 陈国良编著. 并行计算—结构算法编程[M]. 北京:高等教育出版社, 2004.

[2] 徐高潮, 胡亮, 鞠九滨编著. 分布计算系统[M]. 北京:高等教育出版社, 2004.

[3] 余德浩. 科学与工程计算研究的回顾与展望[J]. 中国科学院院刊, 2001, (6):403-407.

[4] Johguchi K, Zhu Z, Hirakawa T, et al. Distributed crossbar architecture for area-efficient combined data/ instruction caches with multiple ports[J]. Electronics Letters, 2004, 40 (3):160-162.

[5] 孙家昶, 张林波, 迟学斌. 网络并行计算与分布式编程环境[M]. 北京:科学出版社, 1997.

[6] Chen S K, Fuchs W K. Compiler assisted multiple instruction word retry for VLIW architectures[J]. IEEE Transactions on Parallel and Distributed System, 2001, 12(12):1293-1304.

[7] Watson B C, Noor A K. Large-scale contact/impact simulation and sensitivity analysis on distributed-memory computers[J]. Computing Methods in Applied Mechanical. Engineering, 1997,141(3):373-388.

[8] Qiu X G, Dubois M. Moving address translation closer to memory in distributed shared memory multiprocessors[J]. IEEE Transactions on Parallel and Distributed System, 2005, 16 (7):612-623.

[9] Stricker T, Gross T. Global address space, non-uniform bandwidth: a memory system performance characterization of parallel systems[J]. IEEE High Performance Computer Architecture Symposium Proceeding, 1997:168-179.

[10] Geist A, Beguelin A, Dongarra J et al. PVM:Parallel virtual machine—a user's guide and

tutorial for network parallel computing[M]. MIT Press, Cambridge, MA, 1994.

[11] Gropp W, Lust E, Skjellum A. Using MPI-portable, parallel programming with the message-passing system[M]. MIT Press, Cambridge, MA, 1995.

[12] Danielson K T, Namburu R R. Nonlinear dynamic finite element analysis on parallel computers using Fortran90 and MPI[J]. Advances in Engineering Software, 1998, 29(3):179-186.

[13] Topping B, Sziveri J, Bahreinejad A. Parallel processing, neural networks and genetic algorithms[J]. Advances in Engineering Software, 1998, 29(10):763-786.

[14] Mackerle J. Parallel finite element and boundary element analysis: theory and applications: A bibliography (1997-1999)[J]. Finite Elements in Analysis and Design, 2000, 35:283-296.

[15] Hallquist J. Ls-dyna Theoretical Manual[M]. LSTC, Livermore, 1998.

[16] Hallquist J. Ls-dyna Keyword User's Manual[M]. LSTC, Livermore, 1998.

[17] 赵海鸥. LS-DYNA 动力分析指南[M]. 北京: 兵器工业出版社, 2003.

[18] Belytschko T, Liu W K, Moran B. Nonlinear Finite Elements for Continua and Structures [M]. Wiley, 2000.

[19] Green J. The use of OASYS DYNA3D for crash simulation[C]. Proceeding of the First International LS-DYNA Conference, 1993.

[20] Har J, Fulton R E. A parallel finite element procedure for contact-impact problems[J]. Engineering with Computers, 2003, 19(2-3):67-84.

[21] Bourel B, Combescure A, Di V L. Handing contact in multi-domain simulation of automobile crashes[J]. Finite Elements in Analysis and Design, 2006, 42(8-9):766-779.

[22] Bandeira A A, Wriggers P, De M P. Numerical derivation of contact mechanics interface laws using a finite approach for large 3D deformation[J]. International Journal for Numerical Methods in Engineering, 2004, 59(2):173-195.

[23] Puso M A, Laursen T A. A 3D contact smoothing method using Gregory patches[J]. International Journal for Numerical Methods in Engineering, 2002, 54(8):1161-1194.

[24] Parks M L, Romero L, Bochev P. A novel lagrange multiplier based method for consistent mesh tying[J]. Computer Methods in Applied Mechanics and Engineering, 2007, 196(35-36):3335-3347.

[25] Zhong Z H. Finite element procedures for contact-impact problems[M]. Oxford University Press, 1993.

[26] 王福军, 程建钢, 姚振汉. 结构非线性动力分析显式积分并行算法[J]. 清华大学学报(自然科学版), 2002, 42(4):431-441.

[27] 孔繁忠, 张金换, 王大志, 等. 并行计算在轻型客车耐撞性改进中的应用[J]. 清华大学学报(自然科学版), 2004, 44(5):713-716.

[28] Petr Krysl, Zdenek Bittnar. Parallel explicit finite element solid dynamics with domain decomposition and message passing: dual partitioning scalability[J]. Computer & structures, 2001, 79:345-360.

[29] 郑哲明，程建钢，姚振汉．有限元并行计算中网格自动区域划分的研究[J]．工程力学．2002，19(6)：54-57.

[30] 王福军，程建钢，姚振汉，等．结构碰撞数值模拟的一类接触算法[J]．工程力学，2002，19(1)：130-134.

[31] 寇哲君，程建钢，姚振汉．可扩展的冲击－接触并行计算研究[J]．计算力学学报，2003，20(3)：325-329.

[32] 寇哲君，程建钢，姚振汉．机群环境下汽车碰撞的并行模拟[J]．清华大学学报(自然科学版)，2003，43(5)：666-672.

[33] 亓文果，金先龙，张晓云．冲击—接触问题有限元仿真的并行计算[J]．振动与冲击，2006，25(4)：68-72.

[34] Zhang Xiaoyun, Jin Xianlong, Sun Yi, et al. Vehicle crashworthiness simulation based on virtual design of auto-body[J]. Journal of Dong Hua University, 2004, 21(2): 63-68.

[35] 张晓云，金先龙，亓文果，等．面向汽车安全性的材料及制造工艺改进模拟实验[J]．农业机械学报，2005，36(5)：105-108.

[36] Qi Wenguo, Jin Xianlong, Zhang Xiaoyun. Improvement of energy-absorbing structures of a commercial vehicle for crashworthiness using finite element method[J]. International Journal of Advanced Manufacturing Technology, 2006, 30(11-12): 1001-1009.

[37] 亓文果，金先龙，张晓云，等．汽车车身碰撞性能的有限元仿真与改进[J]．上海交通大学学报，2005，39(9)：1152-1156.

[38] 亓文果，金先龙，张晓云，等．汽车碰撞有限元仿真的并行计算及其性能研究[J]．系统仿真学报，2004，16(11)：2428-2431.

[39] Zhang Xiaoyun, Jin Xianlong, Qi Wenguo, et al. Parallel computing with domain decomposition for the vehicle crashworthiness simulation[J]. Vehicle System Dynamics, 2007, 45(11): 1051-1064.

第九章　交通事故数字化重构的远程计算方法

第一节　引　　言

随着计算机硬件和数值模拟技术的发展,通过数字化重构的方法能够为交通事故的责任认定与防范提供科学的理论依据和数值参考,但是,将数字化技术应用于交通事故重构领域遇到了两方面的障碍:①计算机硬件资源的使用。通过优化计算的方法对具有复杂模型的交通事故过程进行数字化重构分析,往往需要用到高性能计算机及并行计算技术,因此将计算资源有效提供给交通事故处理和鉴定部门对于技术推广具有非常重要的现实意义;②计算机软件资源的使用。目前,适用于交通事故数字化重构分析的计算机软件一般局限于单机应用或者局域网内应用,软件的使用成本较高,另外,数值建模的复杂性也是导致数字化重构技术不能广泛推广的重要原因,因此,如何使软件资源发挥更大的作用是本章需要研究的另一个主要问题。

本章将计算机仿真技术与现代网络技术运用于道路交通事故分析,研究实现道路交通事故远程仿真的方法,并从以下 3 个方面展开研究:

(1)网络化与参数化建模方法的研究。数值模型是道路交通事故远程计算的基础,数值模型的精度将直接影响到数字化重构结果的可靠性。而复杂、烦琐的建模过程需要消耗大量的时间,从而成为数字化重构技术在基层进行推广的主要障碍。但是,应该看到的是,尽管事故中所涉及到的各事故元素具体尺寸各有不同,但是同类模型间具有一定的相似性,因此,本章提出了基于 XML(extensible markup language,可扩展标记语言)技术的网络化与参数化建模方法[1~3],从而为用户在本地机进行参数化建模提供了便利。

(2)基于 Web(万维网)的道路交通事故远程仿真服务设计方法的研究。引入科学计算领域中问题求解环境(PSE)的概念与理论,建立道路交通事故仿真问题的求解环境(TA_PSE)软件体系结构的层次化模型,通过远程计算服务的形式来实现道路交通事故仿真问题求解环境,并提出该系统的实施方法。

(3)道路交通事故远程仿真服务系统(R-TASS)实现方法的研究。通过参考 B/S(浏览器/服务器)架构的 Web 应用程序开发模式,分析并设计了基于 Web 的道路交通事故远程仿真服务系统,所研究系统将远程仿真的步骤表述为本地参数化建模、本地任务提交、异地仿真分析、本地查看结果。本章探讨了该系统各个功能模块的实现方法。

第二节　远程计算的基本原理

在 20 世纪 80 年代中期以前,很多研究人员都是排队等候小型机的分机时服务来运行自己的计算程序，这是早期计算服务的典型形式。

随着网络时代的到来，在 Internet/Web 环境下，为远程异地用户提供的计算服务被称之为远程计算服务（RCS），该服务体系一般具备网络化和跨平台的特点。相应的，用于完成计算任务或提供计算服务的计算分析软件、软件包、数学方法库被统称为计算服务软件。

对网络远程服务的技术支持经历了 ISP（Internet 服务提供商）和 ICP（Internet 内容提供商）之后，产生了另一种更为强大的服务提供商—应用服务提供商 ASP（Application Service Provider），ASP 给传统行业和信息技术行业带来了一种新的发展形式，它以向中小企业提供完整的信息系统和相关服务为目标[4~6]，不仅提高了 ISP、ICP 的技术含量，提供信息服务、资源管理和资源计划等服务，同时也从原先简单的 Internet 接入服务向专业服务、增值服务转变。

在上述技术支持的基础上产生的 RCS，专门提供专业领域的远程数值计算服务，RCS 包含了 ASP 的初衷，但是更强调专业领域计算软件的发布和知识共享。在实际应用中，为实现对远程计算的支持，远程计算服务需要包含 3 个基本属性：基于 Web、面向对象、基于消息和协同。

一、基于 Web 的远程计算

Web 是目前最重要的基于文档的远程计算系统，该系统是一个拥有成千上万分布在世界各地的服务器的客户/服务器系统。每个服务器接受获取文档的请求并将之传送给客户，访问文档最简单的方式就是使用 URL 地址。绝大多数的 Web 文档都是用超文本语言 HTML 编写，HTML 符合文档对象模型（DOM）规范。目前，可扩展标记语言 XML 也开始在 Web 系统中广泛得以应用，与 HTML 不同，XML 仅用来结构化一个文档，更适合于数据的交换、组织与存储。HTML 与 XML 除了传统的文档元素外，还能支持适合多媒体的特殊元素。

最初，Web 采用简单的客户机/服务器（C/S）体系结构，后来做了许多功能扩展。三层客户机/服务器是一种增强型客户机/服务器架构，这种先进的架构使得许多中小型企业可以在开放系统上构筑性价比非常高的业务系统，并且达到稳定、可靠、高效、大容量的业务处理。在这种架构下，原有的客户机/服务器模式下的技术得到了更大的发展，它们靠着这种新应用架构取得了巨大的市场成功。但由于服务器连接个数、数据通信量和维护工作量的限制，这种架构的软件系统只适于在局域网内使用。

浏览器/服务器（B/S）架构是随着互联网技术的逐步发展和成熟而产生的。自 20 世纪 90 年代中期开始，客户们要求能够随时随地访问企业的信息、应用和服务，随时随地享用更个性化的自助服务，但这在主机/终端和客户机/服务器应用架构下是无法实现的。在浏览器/服务器架构下，软件应用的业务逻辑完全在应用服务器端实现，用户表现完全在 Web 服务器实现，客户端只需要浏览器即可进行业务处理，是一种全新的软件系统构造技术。这种架构的技术已经成为当今应用软件的首选体系结构。

MVC 的设计思想可以说是在 Web 应用系统设计中最成熟和最先进的设计方法。其中，M 代表模型 Model，V 代表视图 View，C 代表控制器 Controller，MVC 的目的是增加代码的重用率，减少数据表达、数据描述和应用操作的耦合度，同时也使得软件可维护性、可修复性、可扩展性、灵活性以及封装性大大提高。

数据库系统和数据库访问技术也是Web应用系统开发的一个关键环节。Oracle 9i是具有分布式体系结构的关系型数据库,许多开发商都选择它作为服务器端数据库系统。同时,如果在设计系统时,考虑到用户不同平台的需求,选用的技术应支持跨平台和多种数据库,因此系统就可以在开放源代码平台下运行,例如Linux操作系统。随着Java语言的风行,出现了大量用Java语言编写的程序,其中也包括数据库应用程序。在发展的最初,由于没有Java语言接口访问数据库的API,编程人员不得不在Java程序中加入C语言的ODBC函数调用,这使得Java语言的平台无关性、面向对象特性等优势无法发挥出来。随后Sun公司开发了Java程序与数据库系统通信的标准API,即JDBC API,如同ODBC一样,JDBC API为访问不同的数据库提供了一种统一的途径,对开发者屏蔽了一些细节问题,更为重要的是JDBC对数据库的访问也具有平台无关性等优势。

Web应用程序中,脚本语言的选择也会对系统的开发和功能产生很大的影响。

JSP(Java Server Pages)是由Sun Micro-system公司推出的基于Java Servlet以及整个Java体系的Web开发技术,利用这一技术可以建立安全、跨平台的大型动态网站。JSP页面由HTML代码和嵌入其中的Java代码所组成,服务器在页面被客户端所请求以后对这些Java代码进行处理,然后将生成的HTML页面返回给客户端的浏览器。JSP的优点很多,首先它是一个基于Java的技术,拥有Java在开发和移植方面的优势。由于面向对象,所以它有很强的键入、封装、异常处理、自动存储管理能力,使用Java代码使得编程更为有效。[7~10]

PHP是开放源代码服务器端的网络脚本语言,在语法上与C语言非常类似。尽管最初是被设计用于基于Linux的Apache Web服务器系统,现在的PHP已经被移植到了任何操作系统并兼容任何标准Web服务器软件。

ASP最早是由微软将其引入Windows NT Server 4,并将IIS服务器作为动态Web应用程序的默认使用平台。ASP的优势是安装和实现都非常简单,但它无法实现跨操作系统的应用,而且在安全性、稳定性方面还受Window操作系统的影响。

二、基于对象的远程计算

在远程计算服务系统中,对象是最基本的概念,计算的基本单元就是对象组件。对象之间只能通过预先定义好的接口访问,这些接口构成连接客户和服务器的协议。任何对象都可向其他对象请求和提供服务。对象之间实现互操作时,客户和服务器表示对象在具体申请中的角色。

通过对象可以很方便地模拟现实世界,基于对象的接口可以很好地隐藏内部实现和分布的细节。常见的基于对象的远程计算系统实现技术有三类,即CORBA、DCOM和J2EE。

1)CORBA

CORBA是由对象管理组织OMG提出并倡导的[11]。CORBA的系统框架如图9-1所示。CORBA通过网络间的对象请求代理协议(IIOP)实现对象之间的通信。ORB是CORBA规范的核心,他提供了许多机制,这些机制用于接收请求、定位请求的对象实现,或用于准备对象实现及与构成请求的数据通信等。它在CORBA体系中扮演着“对象总线”的角色,将客户端程序与它将调用的对象连接起来,所有的CORBA对象都是通过它与其他不论是本地的还是远程的CORBA对象进行透明的互操作。为请求远程服务CORBA客户端需要获取一个 CORBA 服务对象引用,通过这个对象引用来调用远程方法。在这个过程中,ORB 主要负责查找 CORBA 对象实现,让对象实现准备好接受请求,发送请求给对象实现以及将结果返回给客户。CORBA 对象通过 ORB 接口或对象适配器[基本对象适配器(BOA)或可移植对象适配器(POA)]与 ORB 进行交互。因为 CORBA 是一个标准的系统,所以它适用各种不同的平台,只要这个平台有 ORB 实现,都可以使用 CORBA,但是利用 CORBA 来建立远程计算系统的代价比较高,主要原因在于其技术的复杂性。

2)DCOM

另一种主流的面向对象的远程计算系统实现技术是微软的分布式 COM,简称 DCOM[12]。DCOM 由组件对象模型 COM 发展而来。DCOM 未能提供一个良好的框架和设计,仅包含一些最小的核心元素集合,类似的工作还可通过不同的方法来完成,这些方法有时无法保持一致性。虽然 DCOM 有很多不足,但是其应用非常广泛。DCOM 的总体结构如图 9-2 所示。

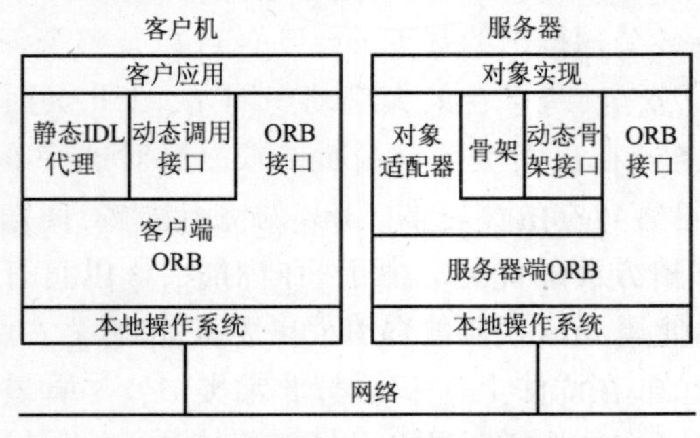

图 9-1　CORBA 系统的框架

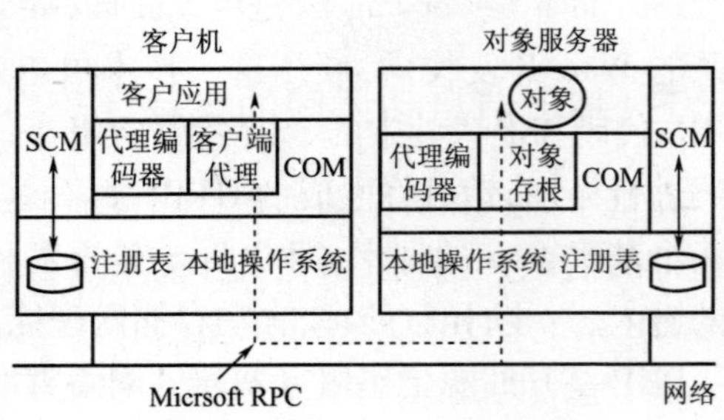

图 9-2　DCOM 的总体结构

DCOM 通过对象远程进程调用(ORPC)协议来支持对远程对象的调用。ORPC 位于分布式计算环境(DEC)RPC 的上层与 COM 执行库交互。DCOM 服务对象能够支持多个接口,每个接口描述了对象的不同行为。DCOM 客户程序通过先获取服务对象接口的指针,然后通过该接口指针来调用服务对象的方法,其方法和调用本地指针一样。因为 DCOM 是基于组件对象模型(COM),所以服务对象也是采用了 C++中虚拟函数表(Vtable)的方法进行存储的。DCOM 定义了一个平台二进制标准,所以 DCOM 服务组件可以采用各种不同的编程语言,所有支持 COM 服务的平台,都能采用 DCOM,DCOM 目前主要应用于 Windows 平台。

3)J2EE

作为建立远程计算系统服务器方应用平台,J2EE 提供了基于组件的方法来设计、开发、装配和部署企业级应用,有效地降低了开发多层应用的成本和复杂性[13]。J2EE1.3 的结构如图 9-3 所示。

J2EE 最基础的通信方式是远程方法调用 RMI,RMI 是基于 Java 的分布式对象应用的一种主要机制。Java/RMI 通过 Java 远程方法协议(JRMP)实现对象之间的通信。Java 通过将 Java 对象序列化,实现对象的字节流传输。Java/RMI 远程服务对象定义实现了远程接口,当前 Java 虚拟机以外的或其他机器上的 Java 虚拟机就能够通过该接口实现对该服务对象的访问。每个接口都提供了一套方法,这些方法也就是服务对象所提供的服务。客户第一次加载服务对象时,RMI 通过运行在服务器上的命名机制 RMIRegistry 保存可使用服务对象的相关信息。Java/RMI 客户则通过查找远程服务对象所在服务器上的注册表来获得 Java/RMI 服务对象的引用,并通过该引用调用服务对象的方法,其方法几乎与调用本地对象的方法完全一样。Java/RMI 对象采用 URL 命名,如果客户要获取服务对象引用,就必须正确输入服务对象 URL,就像使用 URL 访问 HTML 一样。正因为 Java/RMI 基于 Java,所以它能适用于所有实现 Java 虚拟机的操作系统平台。

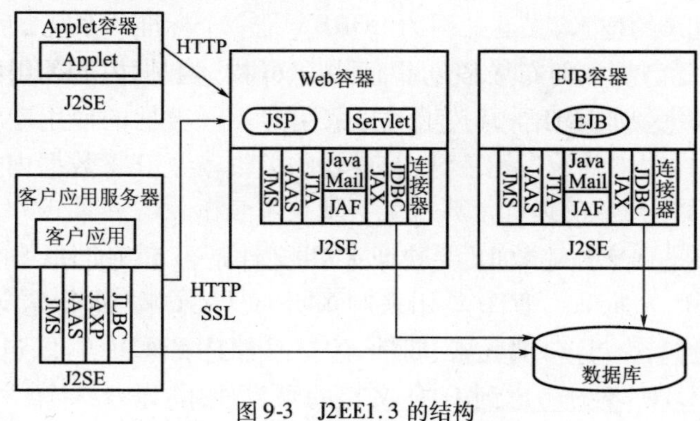

图 9-3　J2EE1.3 的结构

三、基于消息和协同的远程计算

在基于消息和协同的远程计算系统中,它自身的组件原本就是分布的,因而需要协调各种组件的活动,也就是说,把关注的重点由组件的分布透明转移到组件之间的活动协调中。

TIB 系统(TIBCO 公司开发)、JINI(Sun Microsystems 公司开发)以及 Web 服务(Web services)是常见的、具有代表性的 3 种基于消息和协同的远程计算系统[14~16]。这 3 种系统都支持进程的松散耦合,如果需要的话,可以保持进程匿名。TIB 通过发布/订阅机制实现,JINI 通过 JavaSpace 使用生成通信,而 Web 服务则通过注册动态发现服务提供者。TIB 和 JINI 都是基于进程松散耦合达到远程计算的小型分布式系统,其中事件发挥着主要作用。Web 服务主要是为了提升 Web 应用的交互能力,更多的是一种接口和交换协议的规范,主要在 Internet、广域网上使用。

第三节　交通事故数字化重构的网络化建模

一、基于 XML 的多刚体系统模型

W3C 是由 MIT、INRIA、Keio 共同创立的一个全球性非盈利性技术组织,致力于开发和推广 Web 应用所涉及的各个领域的规范。可扩展标记语言 XML 是由 W3C 所制定的用于描述文档中数据组织和结构安排的语言。理解 XML,首先要理解标记,在 HTML 里每个标记都有确切的含义,例如标签(B)的含义是要求 HTML 浏览器将一段文本加粗表示,而标签(CENTER)的含义是告诉浏览器将这段文本在一行的中间显示。而 XML 并非像 HTML 那样,提供一组事先已经定义好了的标签,而是提供一个标准,利用这个标准,用户可以根据实际需要定义自己新的置标语言,并为这个置标语言规定它特有的一套标签。

XML 起源于 SGML(Standard Generalized Markup Language),SGML 是用于定义怎样描述不同种类的电子文档的数据结构和内容的一种语言标准。[17~19]XML 可以说是 SGML 的一个

简化版本,它去除了 SGML 中一些用得很少却又十分复杂的特性,使其更加简洁、精炼并便于理解和使用。XML 不像 HTML,HTML 仅仅提供了在页面上显示信息的通用方法(没有上下文相关和动态功能),XML 则对数据赋予上下文相关功能,它继承了 SGML 的大部分功能,却使用了不太复杂的技术。

XML 关注的不是数据如何布局和显示,而是怎样描述数据内容的组织和结构以便于进行交流和处理。通过这些组织结构信息,可以来引导不同数据的使用者将其关心的数据内容提取出来。XML 在很多领域运用广泛,其成功的关键就是其将数据内容与应用分开从而提高效率的思想。

单纯的 XML 只是用来描述数据,要验证 XML 文件是否正确合法,则需要参考文件格式定义(DTD)或是 XML Schema。DTD 是用来对 XML 文件的格式进行定义的,它本身有自己专用的语法,基本上包含一连串的元素、属性、注释或者是实体声明,以定义文件结构。XML 文件可以直接内含 DTD,不过考虑到 DTD 文档的重复使用,以及 XML 文件的简洁性,往往由 XML 文件调用外部 DTD 文件。

以多刚体系统力学模型中基本元素的 DTD 定义为例,从而说明满足该 DTD 语法的 XML 是如何表达多刚体系统模型的。一个刚体由质量、重心位置以及转动惯量和惯性积描述。DTD 定义如下:

```
<! ELEMENT BODY. RIGID (COMMENT?, CRDSYS_OBJECT_1?, (COMMENT | DISABLE)*)> <! -- #
related objects: 1 -->
<! ATTLIST BODY. RIGID
    DESCRIPTION CDATA #IMPLIED
    ID CDATA #REQUIRED
    NAME CDATA #IMPLIED
    CENTRE_OF_GRAVITY CDATA "0.0  0.0  0.0"
    MASS CDATA "1.0"
    INERTIA CDATA "1.0  1.0  1.0  0.0  0.0  0.0"
    ORIENT_INERTIA CDATA #IMPLIED
    >
```

当刚体与其他物体接触时需要考虑其外形,矩形平面、(超)椭球面和(超)椭圆柱可以作为依附于刚体上的外形。使用这 3 种基本元素几乎可以表示任意的多刚体形状。下面以椭球体为例说明 DTD 定义。

```
<! ELEMENT SURFACE. ELLIPSOID (COMMENT?, (% CRDSYS _ OBJECT _ 1;), (COMMENT |
DISABLE)*)> <! -- # related objects: 1 -->
<! ATTLIST SURFACE. ELLIPSOID
    DESCRIPTION CDATA #IMPLIED
    ID CDATA #REQUIRED
    NAME CDATA #IMPLIED
    CHAR CDATA #IMPLIED
    SEMI_AXIS CDATA "1.0  1.0  1.0"
    DEGREE CDATA "2.0"
    >
```

多体系统中的每一个元素都使用了 ID 或者 NAME 属性来标示，CHAR 属性用于表示刚体的刚度信息，SEMI_AXIS 属性指定椭球体的半轴长度，而 DEGREE 说明椭球体的度数，当度数大于 2 时，椭球体为超椭球体。

对于铰链元素的表达方式，以下为自由铰链示范，对于球形铰链、平移铰链、圆柱铰链、旋转铰链以及万向节铰链等的表达方式以此类推。

```
<! ELEMENT JOINT. FREE (COMMENT?, (%CRDSYS_OBJECT_1;), (%CRDSYS_OBJECT_2;), (COMMENT | DISABLE) * ) > <! -- # related objects: 2 -- >
<! ATTLIST JOINT. FREE
    DESCRIPTION CDATA #IMPLIED
    ID CDATA #REQUIRED
    NAME CDATA #IMPLIED
    STATUS (FREE | LOCK | INITIAL) "FREE"
    D1 CDATA "0. 0"
    D2 CDATA "0. 0"
    D3 CDATA "0. 0"
    R1 CDATA "0. 0"
    R2 CDATA "0. 0"
    R3 CDATA "0. 0"
    Q1 CDATA "0. 0"
    Q2 CDATA "0. 0"
    Q3 CDATA "0. 0"
    Q4 CDATA "0. 0"
    Q5 CDATA "0. 0"
    Q6 CDATA "0. 0"
    Q7 CDATA "0. 0"
    ORIENT CDATA #IMPLIED
    >
```

上面的 DTD 定义中使用了欧拉参数来描述自由铰。D1，D2，D3 表示在铰链坐标中 ξ，η，ξ 方向的位移，R1，R2，R3 表示各方向的转动，Q1 ~ Q7 为欧拉参数表示的 7 个自由度的铰位置。对于外力元素，以系统加速度的表达方式为例：

```
<! ELEMENT LOAD. SYSTEM_ACC ( (FUNC_USAGE | COMMENT | DISABLE | TABLE)* ) > <! -- # related objects: 1 -- >
<! ATTLIST LOAD. SYSTEM_ACC
    DESCRIPTION CDATA #IMPLIED
    DYNAMIC_RELAX (NORMAL_ONLY | RELAX_ONLY | BOTH) "BOTH"
    SYSTEM_LIST CDATA #REQUIRED
    SYSTEM_LIST_EXCL CDATA #IMPLIED
    AX_FUNC CDATA #IMPLIED
    AY_FUNC CDATA #IMPLIED
    AZ_FUNC CDATA #IMPLIED
    >
```

SYSTEM_LIST 属性指定多刚体系统，AX_FUNC、AY_FUNC、AZ_FUNC 指定 X 、Y、Z3 个方向的加速度分量。

由此可见，XML 能清楚简洁地表达多刚体系统的每一个元素，此外，通过元素与子元素的关系，以及元素与元素之间的引用可以实现多体系统的拓扑构型信息。

以上示例表明 XML 组织多刚体系统的模型是参数化的模型，通过修改 XML 元素的属性值，从而修改多刚体系统模型。这个特点为事故对象的网络化和参数化提供了坚实的基础。

二、事故对象的参数化模型

尽管交通事故中所涉及车辆型号及外形尺寸各有不同，但是车辆本身具有参数化的特征。参数化的结果使得建模过程可以简化为通过一系列参数来描述，从而将繁琐的人机交互转变为按部就班的参数输入。车辆模型的参数化实现主要体现在两个方面，一是如何使用一系列参数来描述车辆实体对象（模型的参数化）；二是如何将参数的改变映射到车辆模型的改变（建模过程的参数化），即实现参数驱动的数字化模型。

以下为车辆数值模型参数化实现的 3 个步骤：

（1）使用一组模型参数集合来描述具体的车辆实体。目前随着汽车工业的发展，车型种类繁多，而且新车型不断涌现，如果对于每一款车型都独立建模，工作量是相当繁重的。然而就交通事故数字化重构工作而言，许多车型具有相似性，这就为车辆建模的参数化提供了可能。

参数集合分为两类，第一类是独立参数，描述车辆实体的总体信息，此类参数又分为两类，一类是质量参数，如空车质量、乘员质量、载荷质量等；另一类是尺寸参数，如车外形长、车外形宽、车外形高、前轮距、后轮距、轴距等。此外为了表达某一类车型的具体外形，还需要对该类车型的外形使用一组参数来描述，如图 9-4 所示，此类参数也是独立的，归类为第一类参数。

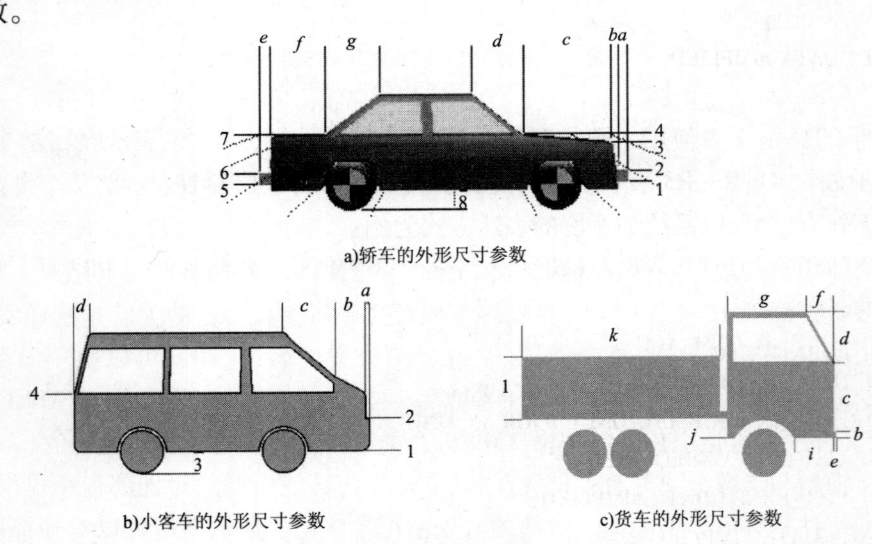

a)轿车的外形尺寸参数

b)小客车的外形尺寸参数

c)货车的外形尺寸参数

图 9-4　车辆实体的外形尺寸参数

第二类参数是与某些独立参数对应的参数链，车辆刚体的惯性矩随着载荷质量的变化或者车外形尺寸的变化会发生变化，此类参数归类为第二类参数。描述车辆实体的部件信息，例如描述保险杠的尺寸参数值与位置参数值，当车外形的长、宽、高发生变化后，其参数值也随之发生变化，此类参数同样属于第二类参数。

第一类参数与第二类参数构成一种层次关系，第一类参数影响第二类参数，第二类参数的值直接关联实体模型，将参数分为两层可以使得建模过程逻辑清晰，实现过程也变得容易。

(2)在前一步参数集合确定以后，需要实现将第一类参数集合与第二类参数集合的关联，下面为关联方法与途径。

车辆部件用若干个椭球体来表达，椭球体依附在刚体质心上。假设保险杠通过一个椭球体来表示，则需要6个参数来描述保险杠，一类是保险杠的外形参数，即椭球体3个方向的轴半径；另一类是保险杠在车辆实体的相对位置，即椭球体的中心相对于车辆的质心坐标系的坐标值，如图9-5所示。当车的第一类参数发生变化时，势必影响到这6个参数的变化，因此需要使用第一类参数集合来表达这6个参数，第一类参数与这6个参数是一种简单的线性关系，限于篇幅，在此不列出其数学表达式。

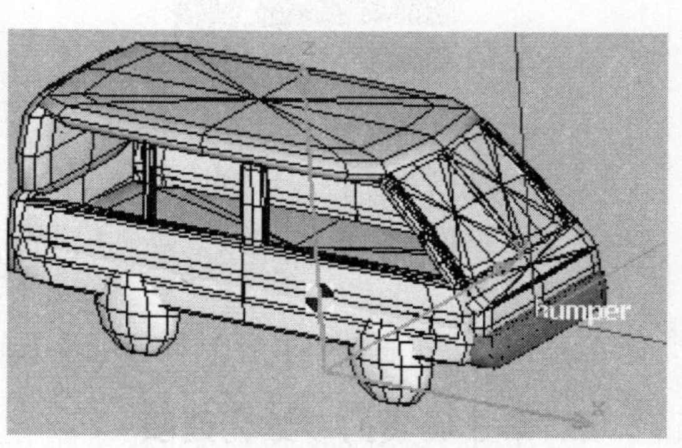

图9-5　车辆模型部件的位置描述

这样当改变第一类参数集合的值以后，第二类参数集合的值随之改变，由第二类参数集合的值直接形成车辆实体的多刚体模型。

(3)为了方便事故对象参数化模型的使用，需要对事故对象模型的数据组织与存储做进一步的说明。将第二类参数按照参数名/参数值的格式定义在DEFINE节点，并将所有的DEFINE节点保存到XML文件中。定义该文件为对应车辆实体的参数文件，参数文件的格式如图9-6所示。

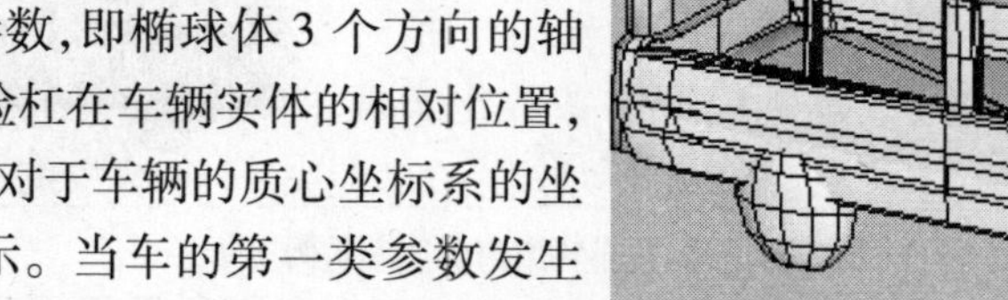

```
<MAD YMO_INCL UDE RELEASE="R6.2">
<DEF INE VAR_NAME="cg_mass"
REDEF INE="OK"VALUE="1300.0"/>
...
</MAD YMO_INCL UDE>
```

可修改的参数

图9-6　参数文件的格式

车辆实体模型的数据同样保存到XML文件中，该文件由各种节点元素组成。将存储车辆实体模型数据的XML文件称为模板文件。模板文件与参数文件的关联是这样实现的，在模板文件中的INCLUDE节点的FILE属性指定参数文件名，这样就可以引用参数文件中DEFINE节点定义的参数，引用方式是# + 参数名。当参数文件中的参数值(VALUE)发生变化时，模板文件中参数值引用处的值由XML语言的解析器自动更新为相应的值。

这样将模型与参数分离开来存储，以参数文件作为数值模型的对外部程序提供的接口，而模型模板文件是数值模型实体。分离的好处使得参数化的数值模型可以对外部提供统一的访问界面，外部程序编写变得容易，同时可以降低访问程序的复杂度。另外，不同仿真对象的模型模板文件与参数文件的集合可以构成仿真模型库，为了所要实现的系统原型，建立仿真模型库如图9-7所示。

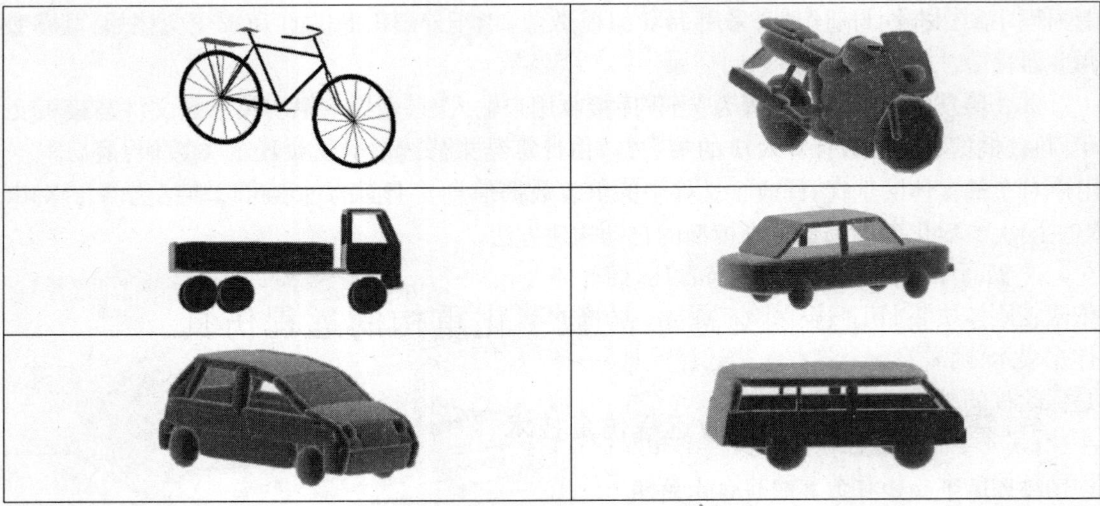

图 9-7　参数化车辆数值模型库示例

三、事故场景的参数化建模

在事故车辆参数化模型的基础上，事故场景的建模就是如何组织事故仿真对象，构成事故场景模型文件，事故场景模型的参数化主要是对建模过程的参数化。

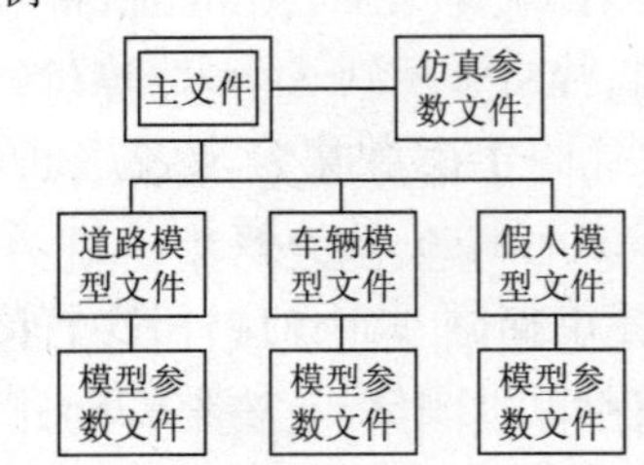

图 9-8　交通事故场景模型的文件组织结构

由于事故仿真对象的模型分别由参数文件和模板文件存储，模板文件与参数文件一一对应。事故场景模型的文件结构如图 9-8 所示，一个主文件由若干个事故仿真对象模板文件以及与其对应的参数文件，加上仿真参数文件构成，将计算时间、计算时间步长、仿真数据的输出步长、路面摩擦系数等按照仿真对象模型的参数文件形式存储为一个文件，称该文件为仿真参数文件，在主文件中同样以 INCLUDE 语句来引用仿真参数文件的参数。事故场景模型主文件的数据格式如图 9-9 所示。

由上面的讨论可知，交通事故场景模型的内容分为 3 个层次，第一层是主文件及仿真参数文件；第二层是事故对象模型文件；第三层是对应事故对象模型文件的仿真参数文件，因此可以说，场景模型是基于 XML 的三层次的参数化模型。

面向交通事故远程计算的自动化建模是指由程序根据若干组仿真对象的第一类参数与仿真计算参数自动生成可以提交远程计算的事故场景模型文件。建模过程自动化的基础是三层次的参数化模型。考

<MADYMO RELEASE = "R6.2"
>

全局参数：
<CONTROL_ANALYSIS.TIME
</CONTROL_ANALYSIS.TIME>
<CONTROL_OUTPUT>
</CONTROL_OUTPUT>

子模型：
<SYSTEM.REF_SPACE
</SYSTEM.REF_SPACE>
<SYSTEM.MODEL
ID = "2"
NAME = "car"
>
<INCLUDE
FILE = "car.xml"
/>
</SYSTEM.MODEL>
…
<SYSTEM.MODEL
</SYSTEM.MODEL>

关联约束参数：
<CONTACT.MB_MB
</CONTACT.MB_MB>
<CHARACTERISTIC.CONTACT
/>
<FUNCTION.XY
</FUNCTION.XY>

</MADYMO>

图 9-9　主文件数据格式

虑到程序的标准性与通用性，采用 Java 编程语言和基于 W3C 提供的 DOM 模型来编写模型构造器程序。

事故场景的自动生成过程为：当程序接收用户输入时，选择车辆实体参数文件与模板文件，并且根据独立参数计算对应的参数链，由计算结果修改参数文件中的参数值，最后根据用户对车辆实体的选择，修改主文件中的组装数据信息。上面的过程可以概括为基于 XML 的三层次参数化事故场景仿真模型的自动构建方法。

第四节　交通事故数字化重构的远程仿真

一、基于 Web 的交通事故远程仿真技术

1. 交通事故远程仿真逻辑体系结构

在 IT 领域，ASP（Application Service Provider）的出现给信息技术行业带来了一种新的发展形式。ASP 以向中小企业提供完整的信息系统和相关服务为目标，但目前 ASP 的服务范围仅仅局限于信息服务、资源管理和资源计划服务，很难提供专业领域的数值计算服务。为了解决这个问题，随之产生了新一代远程服务—远程计算服务（RCS），RCS 包含了 ASP 的初衷，但是更强调专业领域计算软件的发布和知识共享。RCS 在 Internet/Web 环境下，为远程异地用户提供网络化、跨平台的计算服务。远程计算服务体系下引入了 3 种代理概念：

（1）计算服务代理（CSA），是一种 Daemon 程序，由它针对用户提交的计算任务和请求，组织和分配计算资源，调用和驱动后台仿真计算服务软件，获取和组装计算结果，并送回客户端用户。

（2）用户代理（UA），实际上是一种图形用户接口（GUI，Graphical User Interface），在客户端呈现图形化用户界面，用户在图形化界面上定义和指定完计算任务后，UA 根据用户 GUI 的输入，形成参数化、脚本化的计算任务，并将这些脚本化的计算任务提交到计算服务代理（CSA），由 CSA 根据计算模型和领域知识库的匹配，动态生成仿真计算所需的计算脚本程序。

（3）资源代理（RA），是专门用于监控和分配系统计算资源的代理程序，它为计算服务代理 CSA 提供系统资源状况的参考消息，并为 CSA 分配计算资源。

可以把远程计算服务 RCS 描述为六元组：

$$\mathrm{RCS}=\{U,S,T,A,R,M\}$$

式中：U——使用远程计算服务的用户及相关的图形化用户界面；

S——具体执行计算服务的数值计算软件或数学方法库；

T——数值计算任务；

A——代理，指服务于本次计算任务的所有代理程序；

R——本次计算任务所需的资源和运行时环境；

M——与本计算服务相对应的计算模型和知识库。

RCS 六元组是道路交通事故仿真问题求解环境（TA_PSE）九元组概念的简化和实例化。从六元组的定义可以很清楚地看出远程计算服务 RCS 的组成和结构：用户在图形化界面下

定义和描述计算任务,然后通过层次化的代理程序提交给后端的数值计算软件,计算软件根据任务和计算模型知识库的综合和匹配,产生具体的计算脚本程序,并分配相应的计算资源,实现数值计算。

远程计算服务 RCS 从根本上由 3 种角色组成:用户、代理和计算服务软件。因此从逻辑上看,RCS 是一种典型的三层结构模式[20~22],RCS 的逻辑结构如图 9-10 所述。远程用户通过用户代理 UA 来登录计算服务网站,选择所需计算服务类型,定义计算任务后提交给计算服务代理 CSA,计算服务代理和资源代理 RA 协商来分配计算资源,驱动后台的计算服务软件完成计算任务[23~25]。

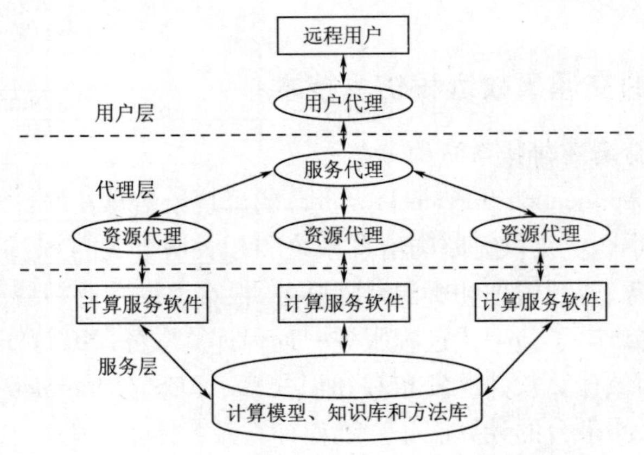

图 9-10 远程仿真服务系统的逻辑体系结构

2. 交通事故远程仿真关键技术

在交通事故远程仿真系统(TA_PSE)中,数值分析技术、交通事故数字化重构技术和科学计算可视化技术是必不可少的关键技术。此外,基于 Web 的远程计算技术、XML 技术和二次开发技术等也是 TA_PSE 的重要支撑技术。

TA_PSE 的根本任务是利用先进的数值仿真分析技术服务于道路交通事故分析和处理。因此,数值分析技术是 TA_PSE 的关键技术之一。数值分析技术的主要内容包括代数方程(组)、微分/偏微分方程的数值解、函数的数值逼近、矩阵特征值的解法、最优化计算问题及概率统计计算问题等等。

在交通事故数字化重构技术中,二维方法包括基于能量/变形原理的交通事故数字化重构方法、基于冲量/动量原理的交通事故数字化重构方法、离心力分析方法、弹射和跌落分析方法等,这些方法在一定范围内可以对事故进行有效分析。另外,在三维数字化方法方面,有基于多刚体模型的交通事故数字化重构方法和基于有限元理论的交通事故数字化重构方法。以上方法的基本原理、应用范围及局限性分析请参考第三章至第七章。

科学计算可视化是指运用计算机图形学和图像处理技术,将仿真分析过程中产生的数据和计算转换为具体而形象的图形或图像,在屏幕上显示出来,并与用户进行交互的理论、方法和技术。可视化技术可应用于交通事故仿真分析问题的模型可视化和结果显示可视化。

3. 交通事故远程仿真服务系统的实施框架

从软件实现框架上看,交通事故远程仿真服务系统可以分成多层结构,图 9-11 说明了采用 Web 技术实现此系统的实施框架。

在该实施框架中,客户端主要由 Web 浏览器、HTML 页面和 Java Applet 组成。中间层由一些代理程序组成,代理程序可以是 Java Servlet 程序,各个代理程序都通过各种远程调用机制来相互调用。遗留软件通过遗留系统封装器(CSA)进行封装,CSA 被设计为 Web 服务器端程序,用户代理或 Java Servlet 程序通过远程调用机制来访问 CSA 以达到驱动遗留软件系统,完成仿真计算的目的。计算模型库和知识库都注册到实现远程调用机制的软总线上,利用 Web 程序服务来提供统一的访问途径。

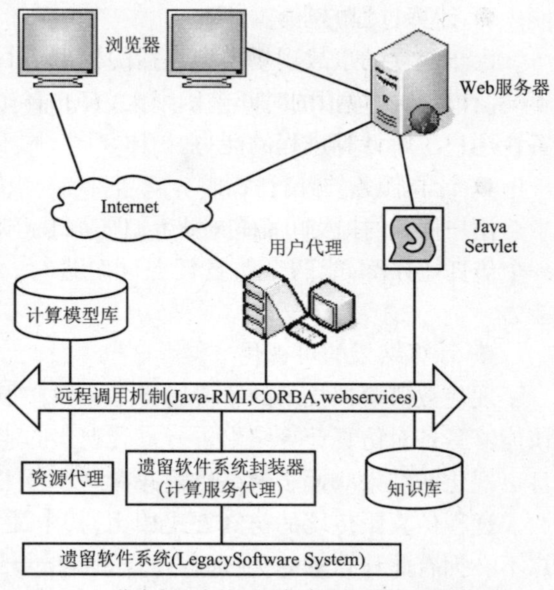

图 9-11　道路交通事故远程仿真服务系统的实施框架

二、交通事故远程仿真服务系统的设计与实现

1. 基于 Web 的交通事故远程仿真服务系统的设计

1)系统的需求分析

考察传统的交通事故数值分析软件,其模拟流程通常分为以下 3 个过程:前处理、求解、后处理。前处理也就是系统的输入,主要是用户根据前处理软件建立事故现场模型以描述事故现场信息;求解过程就是求解一系列描述事故过程的微分方程;后处理是系统的输出,主要是用户以仿真动画和图表等形式对计算的结果进行分析。

交通事故远程仿真服务系统(R-TASS)运行也应按照这 3 个过程进行[26],不同的是用户与系统的交互异地进行,与系统交互的用户在同一段时间可能不止一个用户,这就使得远程仿真与传统的仿真系统在 3 个过程都应有不同的表现而且系统应该满足不同用户在同一段时间的仿真任务请求。因此,远程仿真系统的 3 个过程可以重新表述为:用户本地建模、用户本地作业提交,系统异地仿真求解,用户本地查看分析结果。具体说来,R-TASS 应该具备以下特征:

● 较少的用户交互次数

以往的事故模拟软件完成一次模拟需要用户经过图形化界面与系统长时间的、复杂的、频繁的交互,基于 Web 的交通事故模拟如果采用这样的交互过程,限于现有的网络环境,系统的运行速度将大大降低,而且用户端的事务处理变得复杂,反而使得远程仿真失去自身的优势,因此需要简化事故模拟的过程。

● 内容丰富的模型数据库

交通事故场景包括道路、车辆、人员和环境对象。每一种对象模型的建立都会需要较多的几何形状参数和物理性能参数,在较少的用户交互次数条件下,系统应当提供丰富的模型数据库,并且具备根据用户需求自动完成交通事故场景建模的能力。

● 计算过程的非实时性

由于建立的事故现场模型包括的模型数目及模型复杂程度不同,用户指定的计算时间不同,计算一次模拟的时间差别很大,有的需要几十秒,有的需要几个小时;所以系统应该具备让用户了解计算进程的能力。

● 计算任务的并行性

用户任务的提交可能同时进行,但是商业软件通常是单机版的,即在一段时间内只能完成一个仿真任务,不能两个仿真任务同时进行;因此系统应该提供满足计算任务并行处理的能力。

● 计算结果的可视化

现代数值模拟技术的主要优势之一就在于能让人们直观地观察分析结果,因此,系统应该能够具备对仿真计算结果进行直观观察的能力。可视化的结果一般包括图表、动画等,而且可视化的结果应便于网络传输并在 Web 页面上进行显示或操作。

远程仿真跟传统的仿真方式相比,其中最大的优势是能够为用户提供计算服务而该用户不必拥有此计算软件,在远程仿真系统的设计过程中始终都应该围绕这一点来进行。

2)系统总体目标

基于对系统功能的需求分析,交通事故远程仿真服务系统的总体设计目标如下:

● 将用户的建模过程用一系列参数来描述,系统根据用户提交的参数生成交通事故场景模型,因此系统的输入为用户参数。这样系统要求用户具备确定仿真参数的经验;

● 建立包括全三维数值仿真模型数据库系统。为仿真服务的提供者提供一个管理和存储已有的事故模型,并作为用户异地参数化建模的物理基础,保存用户在仿真过程中生成的数据以支持系统的运行;

● 在商业软件求解器的基础上建立接收特定参数的仿真模块。该仿真模块具有封装商业软件求解器的功能,接收特定的参数和文件,输出仿真动画和关键仿真数据。为仿真软件资源的所有者提供发布软件功能的能力;

● 建立用户信息和仿真资源管理系统。保存用户的使用记录与计算结果,保护系统的资源,方便仿真资源的加入与解除;

● 系统的使用过程大致为,用户本地建模、用户本地作业提交、服务器远程仿真计算、用户本地下载和分析仿真结果。

按照上述目标,交通事故远程模拟分析过程主要分为以下 4 个步骤,工作流程如图 9-12 所示。

步骤 1:用户在 Web 表单上输入建立事故场景的参数,并且提交至 Web 服务器;

步骤 2:Web 服务器存储用户数据,将用户需求生成一个作业,并加入作业队列;

步骤 3:计算服务器节点启动,根据作业数据信息,生成事故场景模型,进行分析计算;

步骤 4:计算完毕,用户端通过浏览器察看分

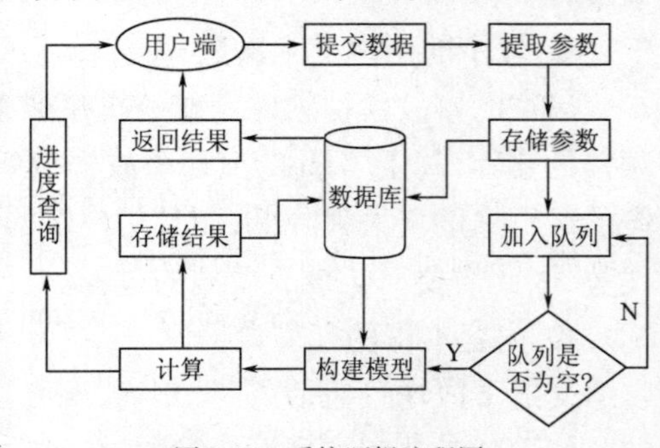

图 9-12 系统逻辑流程图

析结果。

交通事故远程仿真服务系统需要处理的事务主要分为两类,一类是Web事务;另一类是仿真事务。Web事务的主要特点是频发性,仿真事务的主要特点是持久性,这两项业务除了要各自单独运行良好外,还需要进行相互的通信,而且都需要与数据库相互连接。考虑到以上的要求,在系统的设计方面,应该遵循稳定性、扩展性、兼容性、安全性和可维护性的原则。

3)系统的三层结构

为了使用户能够随时随地使用到交通事故远程仿真服务,软件应用的业务逻辑大都在应用服务器端实现,用户表现则在Web服务器端实现,用户端只需要浏览器或者在浏览器上安装所需插件即可进行业务处理。

考虑到系统的设计准则,在基于java技术的B/S三层体系应用程序结构中设计了系统的体系结构,分为界面层、逻辑层和数据层。

用户层负责处理用户的输入信息和显示分析结果,以浏览器作为交互工具进行操作。

逻辑层是系统事务处理的逻辑核心,包括Web服务器与仿真服务器,是上、下两层的纽带,其主要功能是:将用户层数据翻译成系统能识别的数据,并传递到数据层,将数据层的处理结果翻译成人类语言并传送到用户层。当用户发出计算请求时,任务分配器从数据库中读取信息,建立分析模型,对仿真服务器进行协调,指定一个服务器节点响应用户请求。

数据层包括了数据库管理系统和文件管理系统。主要功能包括:管理用户信息、管理参数化建模的参数、记录计算服务器的状态及管理计算后的结果文件。

从功能上划分,系统大致分为3个子模块,这3个子模块相互联系如图9-13所示。

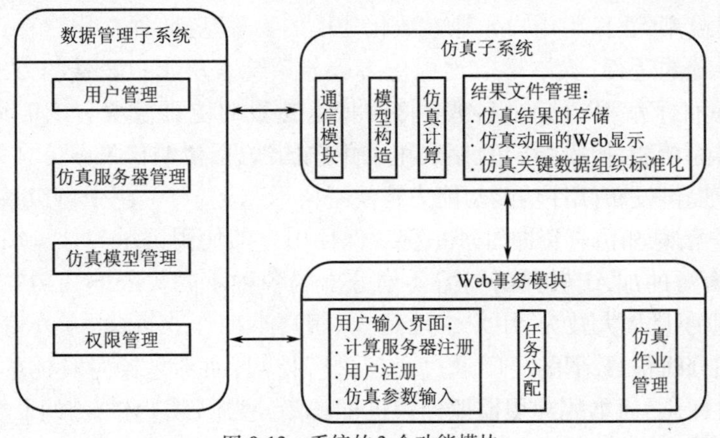

图9-13　系统的3个功能模块

4)系统的开发环境

● 软件环境

系统在B/S环境下实现,在连接到Internet上的所有计算机用户经授权后都可以登录到系统服务器上。在此系统中使用了基于MVC的框架进行软件开发,系统软件运行环境为:

服务器端操作系统:Windows Advance Server 2000;

客户端浏览器:IE5及以上并带GLview插件;

Web服务器:Weblogic Server;

数据库:Oracle 9i;

Web 编程语言:JSP、Java;

仿真模型建模语言:XML;

客户端语言:HTML、JavaScript。

在系统设计的过程中考虑到系统的推广价值,要求系统能够跨平台和跨数据库运行,因此使用的技术是跨平台的,而且封装了 JSP 的数据库连接接口,使系统可以方便地移植到其他数据库平台。

● 硬件环境

在本章研究中,所建立系统 Web 服务器采用 DELL Dimension 4550,数据库与 Web 服务器放置在同一计算机上。仿真服务器采用多台 DELL Precision 420 工作站构成。

2. 数据管理模块的实现

数据管理模块为交通事故远程仿真服务系统提供了一个基础平台,其作用包括接收 Web 事务模块递交的参数并传递参数至仿真模块。

1)数据模型设计

在系统的开发设计中,数据模型起到了基础性的作用。数据模型由概念数据模型和物理数据模型组成。概念数据模型表示的是信息系统的整体架构,它描述不同信息类型之间的概念关系,而不是它们的物理架构。概念数据模型是独立于数据库管理系统的。概念数据模型首先考虑的是设计上的问题,而不纠缠于具体的物理实现细节。物理数据模型表示的是数据的物理架构。通过定义物理数据模型,可以优化数据库性能。物理数据模型处理的是表、索引、视图、键、触发、存储过程,考虑数据的完整性。

2)用户与权限管理

Web 是无状态的系统,交通事故远程仿真服务系统采用用户账号的方式来跟踪用户在仿真系统中的各种行为,以及每一种操作的状态。因此有必要建立针对不同用户的权限管理子模块。在本系统中使用了角色、用户组和用户的概念,说明如下:

● 使用用户组来进行用户管理,用户组使用树形结构,每个用户可以属于多个用户组,用户自动继承其所属的用户组的所有权限;

● 角色分为两种:系统根据功能需要划分出的各种不同权限的角色;在创建用户组和用户时系统建立的用户默认角色;

● 对系统中页面和数据的访问通过角色进行控制,而不是针对具体的用户,因此可以灵活地调整用户权限,比如用户甲需要用户乙的功能,只需要把用户乙的业务角色和用户默认角色赋予用户甲就可以了。

每个角色所具有的权限按照下面的方法实现:

● 角色对页面访问的控制通过对角色与 Action 的访问对照表实现;对数据库中数据的访问使用角色与数据表(包括表名、字段名和条件判断)的访问对照表实现;

● 对每个事务角色预先在系统中设置它们的权限,如果在系统中找不到对用户权限定义的记录,则用户不能访问任何界面,因此所有初始创建的用户默认自动被赋予 Guest 权限。

3)计算服务器管理

计算服务器可以自由加入和解除,当有仿真服务器需要加入时,通过 Web 页面方式提交注册，得到准许后，在数据库中记录、保存其位置及性能等参数，成为仿真服务器的一个节点，Web 事务模块在进行任务分配时将其包含在内，需要求解的任务根据仿真服务器的当前运行状态、历史运行记录和仿真服务器的性能参数分配到合理节点上进行分析。当仿真服务器因为某种原因想退出时，同样也只要通过 Web 方式注销自己的节点信息。任务分配器只在已注册的资源中寻找合适的节点。采用这种方式，当能提供仿真软件资源的计算机加入和退出时，整个系统的架构和代码并不需要变动。

4）日志系统管理

负责系统的日志记录，记录用户在系统中的所有操作信息。日志系统中可以记录的数据包括：

● 用户对页面的访问操作

记录用户访问的 Action、用户名、IP 地址、时间、页面请求方法（GET、POST）、浏览器信息、GET 信息和 POST 信息。

● 系统截获的错误信息

有两类错误信息，一类是数据或逻辑错误，这些错误是由程序执行过程中的验证程序发现并记录在日志系统中，如失败的用户登录尝试和跨权限的页面访问等；另一类是 SQL 语句执行错误，这些错误由系统的数据库接口程序捕获，系统中屏蔽了此类错误在界面的报错信息，因此这个功能主要用于系统调试，以便在不影响用户使用的情况下及时发现问题。

● 用户对数据库的访问操作

这项功能主要用于在系统试运行期间，它能够记录用户对数据库所作的所用 SQL 操作，日志记录独立于数据库存放。主要目的有两个：一个是在试运行期间尽量保护数据，防止一旦发生意外，用户所录入的数据无法恢复。特别是由于系统程序的逻辑错误导致数据破坏的情况，这时使用每日的数据库备份是无法解决问题的；另一个目的是为了跟踪程序执行的正确度，分析程序的有效性。

在日志系统中还提供了日志分析工具，可以按时间、IP 地址、日志事件来统计和查询日志信息。由于日志增长的速度很快，在系统中定期把日志信息进行汇总，并把日志信息转移到日志备份表中。

3. 基于模型—视图—控制器模式的 Web 事务模块实现

Web 事务模块的开发是在 WebLogic Workshop 平台上实现的，在 WebLogic Workshop 中页面流的概念将业务逻辑、表示和集中化的导航控制相分离，反映出模型-视图-控制器（MVC）设计模式。

图 9-14 显示了由页面流概念下的 MVC 设计模式，其包含了各种 MVC 组件在内的典型事件序列。

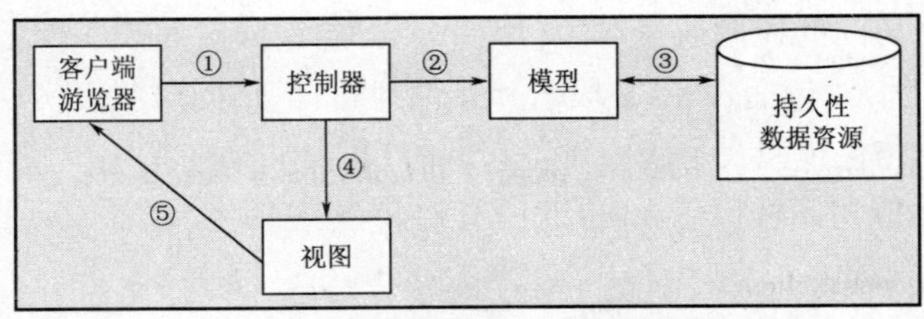

图 9-14　由页面流实现的 MVC 设计模式

在 Web 事务模块中,页面流实现任务分配器的逻辑功能,组件包括两类,一类是与数据库进行交互,一类是与计算服务器进行交互。视图即一组负责用户界面的 JSP 文件。

1)用户界面设计

结合如前所述的车辆与碰撞环境参数化建模方法,用户可以很方便地通过 Web 界面予以实现。交通事故场景的参数化过程按照下列过程来进行,首先是模型选择,然后根据事故情况对模型参数进行修改,模型参数的修改也按照两个页面来实现,一个是外形尺寸的修改,一个质量参数的修改,当确定了模型的仿真参数以后,进入全局的仿真参数修改,当参数递交成功后,可以进入仿真作业进度查询界面,最后是仿真动画的查看界面。

界面设计中除了导航功能设计外,还必须考虑到用户输入参数的合理性。用户的输入大都经过表单的方式来完成,表单的验证通过客户端 JavaScript 来实现,比如在一个输入车身外形长度的对话框: < netui:textBox dataSource = " {actionForm. length} " onBlur = " isValidAge ( )"/ > ,使用 JavaScript 函数 isValid( )进行检验,

```
function isValid( ) {
    if(document. forms[0]. elements[1]. value  < = 0)
    alert('不合理的输入');
}
```

当用户输入值并转到下一个表单字段后,onBlur 属性会调用函数进行检验,如果长度值无效,将跳出对话框。

另外服务器端的验证可在服务器端检查用户输入。后一方法的优点是,可以使用控制器文件中的其他业务逻辑封装验证逻辑。从而在受影响表单字段旁的表单中显示错误消息,而无需弹出对话框。

用户通过浏览器界面与系统交互时,系统需要在页面中显示复杂数据集,这可以通过数据绑定机制来实现。在本系统中,主要使用到方法调用标记以及 Repeater 标记来实现复杂数据集的客户端显示。方法调用标记用于调用控件或页面流实例中的方法。前一个标记允许从 JSP 直接访问控件,后面的标记允许从 JSP 直接调用控制器方法。Repeater 标记集中的标记用于将数据集渲染到 JSP 页面。Repeater 标记负责将给定数据集中的每个项目或项目子集渲染到页面。下面给出一种在页面上显示复杂数据集的实例:

```
< netui:form action = "submit" >
  < netui-data:repeater dataSource = " {pageFlow. strArr} " >
      < netui-data:repeaterHeader >
        < ul >
      </netui-data:repeaterHeader >
      < netui-data:repeaterItem >
        < li >
  < netui:textbox dataSource = " {actionForm. name} " defaultValue = " {container. item} " / >
        </li >
      </netui-data:repeaterItem >
      < netui-data:repeaterFooter >
```

```
        </ul>
      </netui-data:repeaterFooter>
    </netui-data:repeater>
    <netui:button type="submit" value="submit"></netui:button>
  </netui:form>
```

实例将显示一个字符串的项目符号列表，每个字符串位于一个单独的表单字段。在这里 netui:textBox 从上下文接收其默认值，并使用表单 Bean 的名称属性提交该值。表单 Bean 变量是字符串数组：

```
public static class SubmitForm extends FormData
{
    private java.lang.String[] name;
    ...
```

在提交表单时调用的操作方法中，使用标准的 Java 数组表示法访问各个元素：

```
/**
* @jpf:action
* @jpf:forward name="success" path="submitPage1.jsp"
*/
protected Forward submit(SubmitForm form)
{
    System.out.println(form.name[1]);
    ...
    return new Forward("success");
}
```

2）控制器的程序设计

控制器是一个 Java 页面流。Java 页面流实现用户界面控制逻辑，包含操作方法、表单 Bean、Forward 对象，在 Java 页面流类中，操作方法可以执行下列几项功能：实现导航决策、使数据流入或流出页面和通过调用控件来调用后端业务逻辑。下面以仿真作业的启动界面到仿真作业的查询界面来说明控制器是如何实现的。

局部流图如图 9-15 所示，表明 start.jsp 文件引发一个名为 afterStart 的操作。此操作方法在页面流控制器文件 AccidentsimulationController.jpf 中定义。afterStart 操作方法运行时，其 Forward 对象返回一个“query”逻辑名称，其结果为加载 query.jsp 页。图 9-16 解释了该局部流图的详细实现。

start.jsp → afterStart —query→ query.jsp

图 9-15　局部流图

在控制器中，同样需要考虑到对于异常的处理，在本系统中主要考虑以下异常：

当用户试图执行一个用 roles-allowed 标记的操作，但用户登录到账户却没有与任何所需的角色关联时，将发生一个 UnfullfilledRolesException 的异常；

当用户试图执行一个用 login-required 或 roles-allowed 特性标记的操作，但用户没有登录时，将发生一个 NotLoggedInExeption 异常。如果请求的 session-ID 与当前的 session-ID 不同，则将引发 LoginExpiredException 异常。下列代码显示了一种在登录中处理会话超时的方式。

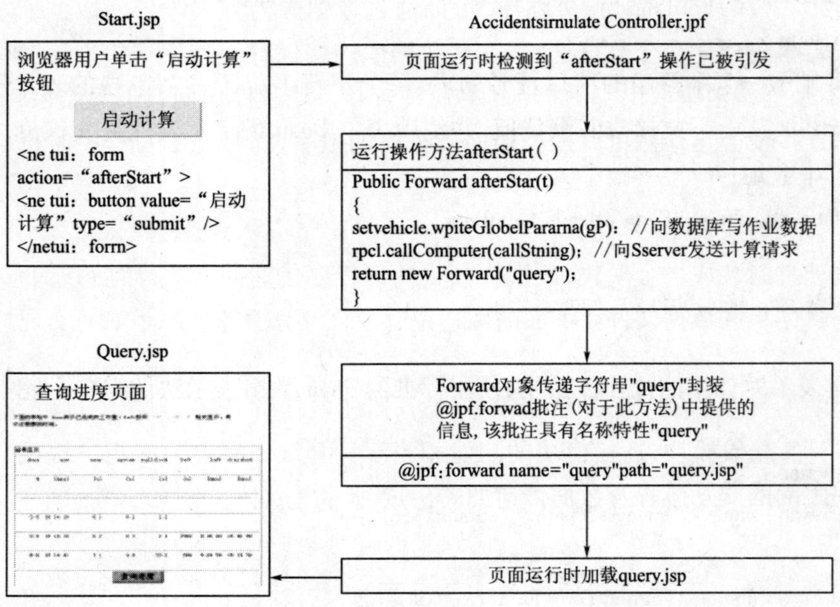

图 9-16　页面流运行实例

```
* @ jpf:action
* @ jpf:forward name = "loginPage"  path = " Login. jsp"  redirect = " true"
* @ jpf:forward name = "loginTimeoutPage"  path = " LoginTimeout. jsp"  redirect = " true"
*/
protected Forward begin( )
{
    String requestedSessionID = getRequest( ). getRequestedSessionId( );
    if( requestedSessionID ! = null && ! requestedSessionID. equals( getSession( ). getId( ) ) )
    {
        return new Forward( " loginTimeoutPage" );
    }
    else
    {
        return new Forward( " loginPage" );
    }
}
```

3）模型组件的程序设计

模型组件主要有两类，一类是与数据库的交互；另一类是与计算服务器的交互。在这里，模型组件都由 Java 组件来实现。下面分别说明这两类组件的实现方法。

对数据库的访问主要是编写JAVA程序使用JDBC(Java Database Connectivity)来实现。在SUN公司提供的JAVA JDK中包括了JDBC API,但是JDBC API并不能直接访问数据库，它依赖于数据库厂商提供的JDBC Driver,在本系统中主要使用ORACLE公司提供的数据库驱动程序[27~29]。在WebLogic服务器中,可以通过数据源的方式来访问数据库。这种方式首先由服务器事先建立多个数据连接,这些数据库连接保存在连接池中。Java程序访问数据库时,只需从连接池中取出空闲状态的数据库连接。当程序访问数据库结束时,再将数据库连接放回连接池。这样做可以提高访问数据库的效率,而且在编写程序时可以不必编写连接数据库的代码。

4. 仿真模块的实现

将仿真软件封装成一个模块,该模块接收外部程序传递的参数,然后查询系统数据库，最后输出仿真结果和数据文件。下面的叙述说明了该计算服务程序是如何实现的。

1)通信模块的实现方法

通信模块的交互对象主要是位于Web服务器端的任务分配器与计算服务器端的场景生成器以及计算仿真模块,通信模块的功能相当于计算服务器对外部程序提供一个访问的接口。它们之间的交互流程及数据传递如图9-17所示。具体工作流程为:

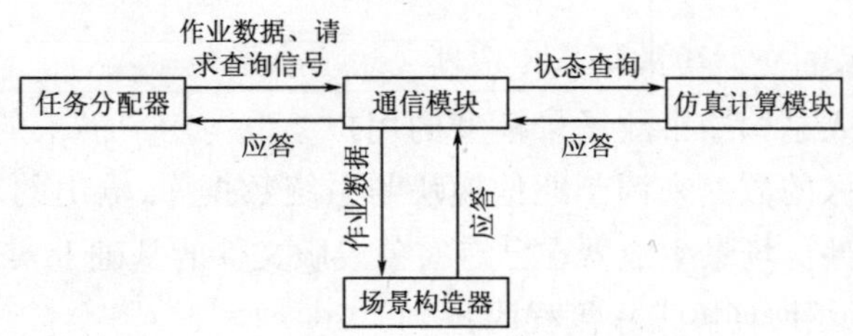

图9-17　通信模块的功能示意图

- 任务分配器发出计算请求,通信模块接受请求后访问计算模块的运行状态,然后将状态信息作为应答返回任务分配器;
- 任务分配器得知计算模块空闲的消息后,传送作业数据,通信模块接受并解析数据，然后将数据转交给模型构造器,并返回作业递交成功的消息应答任务分配器;
- 任务分配器查询作业的计算情况,通信模块接收到查询请求后,访问计算模块当前作业的日志文件,以日志文件的关键信息返回任务分配器。

任务分配器与通信模块位于不同的机器上,考虑到系统的可移植性与计算服务器的管理,任务分配器与通信模块的通信使用TCP协议的Java网络程序,这样只要是在互联网上的计算机进行了计算服务器上的软件安装与配置后就可以在系统中注册成为计算服务器。

通信模块的编程模型示意图如图9-18所示。该编程模型基于套接字的原理,从网络的角度来看,Socket是通讯连接的端点,但从Java程序设计的角度来看,Socket提供了一个良好的接口,使得程序设计者不需要知道下层网络协议运作细节,便可编写网络通讯程序。

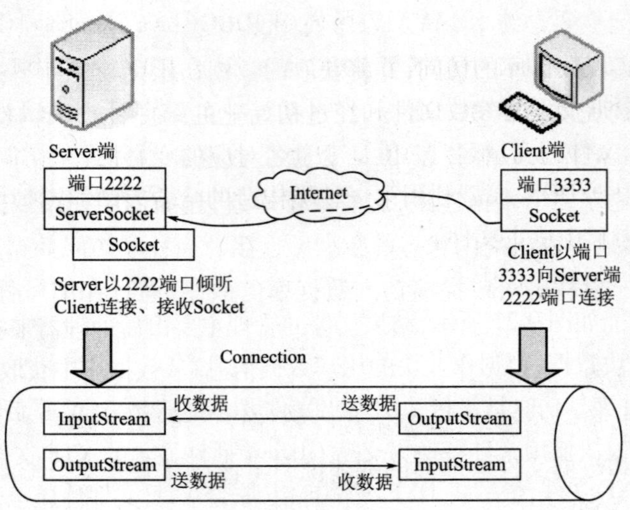

图 9-18 通信模块的编程模型

当使用 TCP 的"Client 端"与"Server 端"建立连接之后,两端的 Socket 对象,都可用来向对方"收"和"送"数据。在仿真服务器与 Web 服务器两端都应布置 Client 端程序与 Server 端程序。

2)基于 DOM 技术的交通事故场景生成器

场景生成器的输入是构造事故场景模型的用户参数与用户需求的模板文件,输出是事故场景模型文件。输入的数据来源于通信模块与系统数据库,输出的对象是用于事故重构软件所需要的输入文件。场景生成器在已有对象模版文件的基础上实现构造场景模型的逻辑,其功能如图 9-19 所示,具体工作流程为:

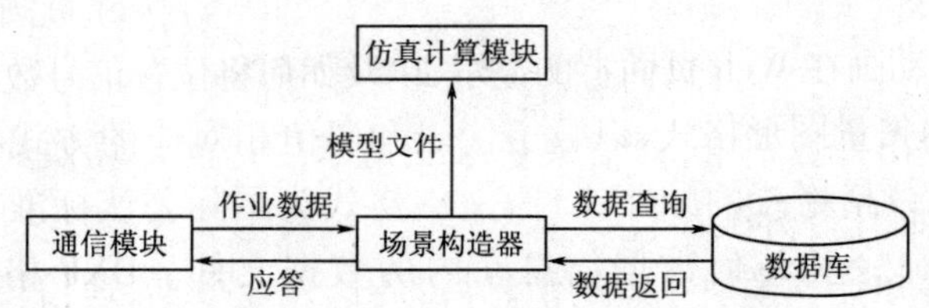

图 9-19 场景构造器功能示意图

● 接收通信模块转交的作业数据以后,按照作业数据的内容从数据库中读取相关数据,然后构造场景模型文件并向通信模块发送 success 信号;

● 构造模型;

● 将场景模型文件提交至仿真计算模块。

以基于多刚体动力学理论的典型软件 MADYMO 为例,场景模型文件是符合软件语法的 XML 文件,对数据库的访问将用到 JDBC 技术。所有的逻辑由 Java 代码来实现。模型生成器程序流程如图 9-20 所示。

模型生成器主要由五大 Java 类构成。

● 第一种类用来存储表达模型的参数,对应不同的物理模型有不同的类。车辆模型由一个父类和不同的子类组成,父类记录车辆的共性数据。继承自父类的子类记录特定种类的车外形参数；

- 第二种类实现数据库的访问，并将获取的数据初始化第一种类；
- 第三种类根据模型的参数文件和经过初始化的第一种类来构造哈希表（HashMap），哈希表的键是参数文件的变量名[30]，值是变量名对应的变量值；
- 第四种类根据 DOM 模型利用第三种类构造的哈希表填充参数文件；
- 第五种类用来构造主文件。

3）后处理器的设计与实现

后处理器的功能如图 9-21 所示，结果文件的管理主要由后处理器来实现，后处理器接收通信模块传递的作业块数据，根据作业块的用户数据信息，从数据库中获取模板文件与命令流文件，保存至临时文件夹。仿真计算模块的输出文件并不能支持在 Web 页面上显示或者输出数据。该模块将仿真模块输出文件转换为支持 GLview 插件显示的 VTF 文件，将事故对象的位置信号数据存储到 DXF 文件，最后将 DXF 文件打包，联合 VTF 文件传递至数据库。

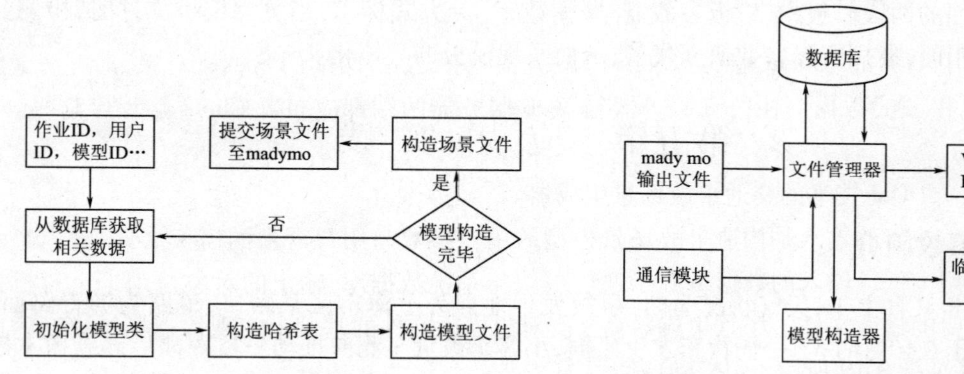

图 9-20　模型生成器程序流程图

图 9-21　后处理器功能示意图

在这里主要讨论动画在 Web 页面上的显示，以及如何将位置信号数据存储到 DXF 文件。

DXF 文件是一种矢量图形格式，以数字代码和码值相对应的方式存储数据。DXF 图形交换文件是一种具有严格格式的顺序文件，文件格式为国际公认标准。它是在一定的组码号规定下，包括实体命令和几何数据信息在内的数据文件。DXF 格式本身包括 5 部分：HEADER（标题）段、TABLES（列表）段、BLOCK（块）段、ENTITIES（实体）段和 END OF FILE（文件结束）段。标题段描述了系统所有标题变量的当前状态，如可用图形范围、已用图形范围等；表段描述了当前图形的外观形状，由顺序排定的四张表组成，即线形表、层表、字体表和视图表；块段描述了各块的块名、图层名、块的类别、组成成员等；实体段记录了每个实体图形的名称、所在图层的名称、线形名、基面高度、厚度以及相关的几何数据，实体段中描述了块引用，但不包含块的实体，它与块段构成一个图形 DXF 文件的核心部分。结束段标志一个 DXF 文件的结束，无需更多的信息。

各个段都是由组组成的，组是 DXF 文件的基本组成单位，每个组分两行：第一行为组代码，代表该组数据的意义，其数据类型规定为整数，每个组代码的具体含义是由标准约定好的；第二行为组值，即该种数据的具体数值。组代码和组值合起来表示一个数据的含义和它的值。数据信号文件也是文本文件，其格式也是有规律可循的。

当用户的仿真作业完成之后，GLview Pro 软件启动，脚本模板被读入，GLview 按照脚本语言来执行计算输出文件到 VTF 的转换。GLview 插件在 Web 页面中"征用"一块区域来显示动画，"征用"的方式也是由一段插入 JSP 文件的脚本模板来实现。可视化程序插件代码如下：

```
<object
  id = "GLview3DPlugIn"
  classid = "clsid:D37577A1-960C-11D5-A482-006094EB12E8"
  codebase = "http://www.glview.com/GLv3DPlugIn.cab#version = 6,3,0,5"
  type = "application/x-oleobject"
  width = "800"
  height = "533" >
    <param name = "FileURL" value = "/%1/GLview.vtf" >
    <param name = "TOOLBAR" value = "ON" >
    <param name = "SWRENDERING" value = "OFF" >
</object>
```

在上面的两段模板中，模板参数以"% + 数字"的方式标示，当复制模板文件时，检测到该类字符串时，使用实际参数值来代替，从而实现模板的具体化。

第五节　应 用 实 践

一、事故简介

2004 年某日上午，天气状况为晴，事故发生地点为上海市区某路口，道路为沥青路面。一辆小客车在转弯时，与一辆货车发生碰撞，小客车被货车侧向推动一段距离后遇到树木停止。事故现场照片如图 9-22 所示[31]。

图 9-22　事故现场照片

事故发生后，经勘察发现路面上留有清晰的小客车被拖滑形成的印迹，因此，小客车碰撞后运行轨迹及两车停止位置都是已知的。

在本案例中，需要解决的焦点问题是碰撞接触时刻两车的速度，由于小客车在侧向移动过程中遇到树木停止，两车的部分动能被吸收，因此通过计算所得到的货车速度应为最低可能速度。

二、车辆参数化建模

本章研究所开发的交通事故远程仿真服务系统是以多刚体动力学方法作为理论基础

的，因此所建立模型为多刚体模型。另外，由于在上述事故中两辆车停止位置及小客车侧向移动印迹明确，因此可以选择基于冲量/动量原理的事故重构方法对计算结果进行校验。其中，以事故车辆的停止位置及中间运行过程作为优化目标，以车辆碰撞接触时刻的速度等参数作为优化变量进行计算分析。

无论是基于多刚体动力学理论的交通事故重构方法还是基于冲量/动量原理的事故重构方法，均需对车辆基本参数进行了解。经过调查，得到事故车基本参数如表9-1所示。

车辆基本信息　　表9-1

车　辆	外廓长（mm）	外廓宽（mm）	外廓高（mm）	轴　数	轴距（mm）	前轮距（mm）	后轮距（mm）	总质量（kg）
小客车	4945	1695	1970	2	2435	1445	1380	2400
货车	7650	2500	3700	3	4500	1840	1820	25400

获得车辆信息后，还需要把它放置在合适的事故现场模型中，在计算机中绘制现场图如图9-23所示。

事故现场图的绘制首先要确定直角坐标系，然后在该坐标系中绘制小客车在事故现场留下的印迹以及两辆车事故后的停止位置，最后根据上述信息拟定车辆碰撞发生时的初始位置、车速大小及方向等作为优化计算的设计变量。车辆模型在事故现场中的位置由3个参数来确定，参考点的X、Y坐标值以及车辆模型的方位角，参考点选择位于车身对称面内的保险杠的中点在地面的投影点，确定方法如图9-24所示。

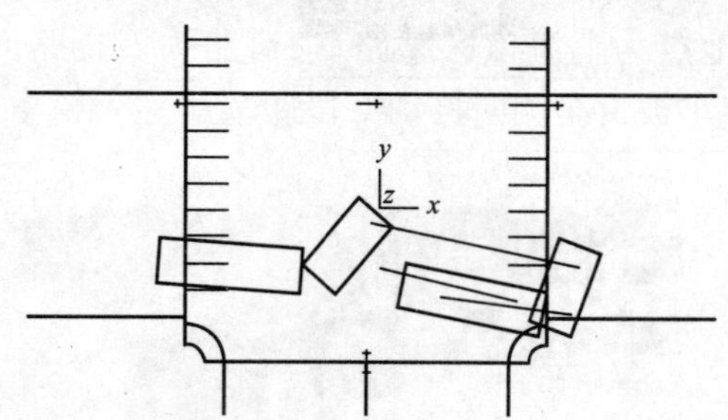

图9-23　计算机中绘制的事故现场图

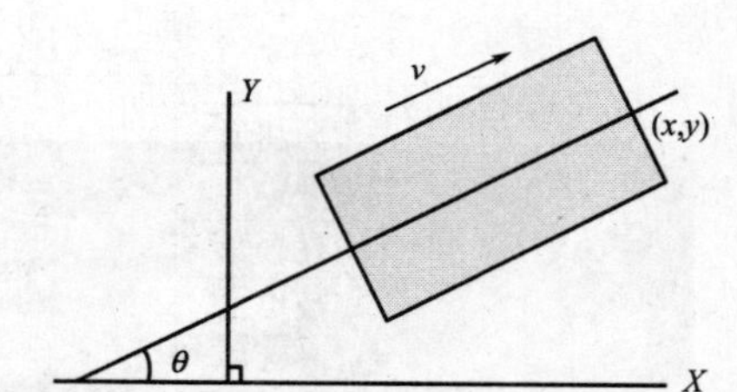

图9-24　在参考坐标系中的车辆模型

用户通过浏览器登录道路交通事故远程仿真服务系统（R-TASS），如图9-25所示：

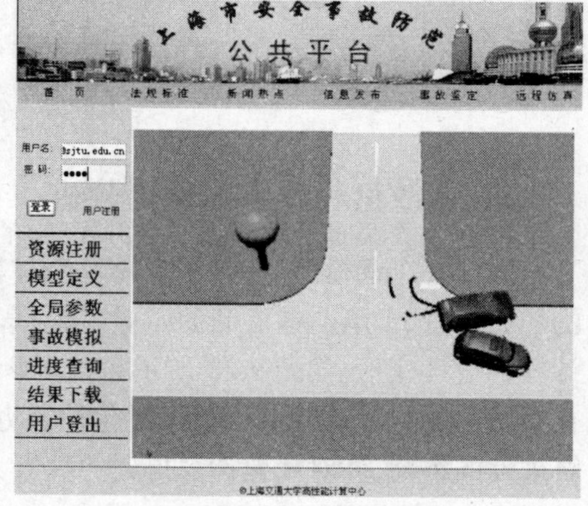

图9-25　R-TASS的登录页面

用户通过Web页面选择或者定制车辆仿真模型，在本次事故案例中，分别需要考虑两类车型的数值模型。通过定制仿真模型的方式，用户可以在系统提供模型的基础上对车辆的长、宽、高等参数进行修改，如图9-26所示。同样的方式，用户通过Web页面可以定义车辆模型的质量参数，如图9-27所示。在系统中，对于不同的车型会提供一个默认的初始值，用户可以根据真实事故中参数的变化而进行适当的调整。同时，系统所提供的仿真模型参数的默认值也可以根据具体情况作相应的修改。

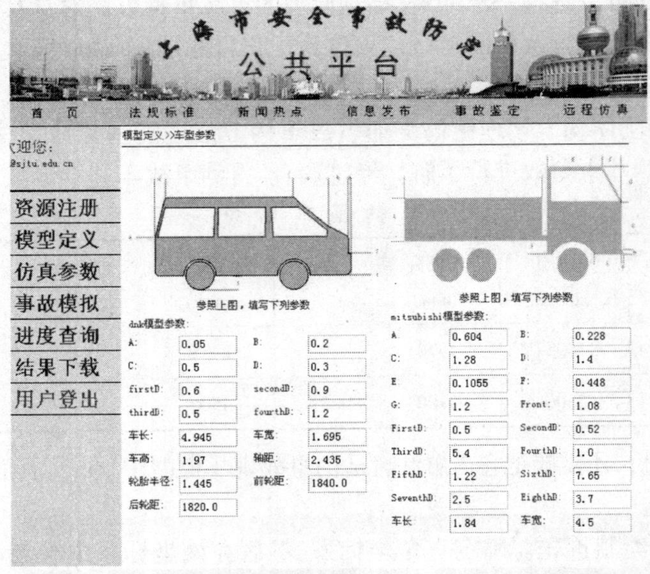

图 9-26　车辆形状参数输入页面

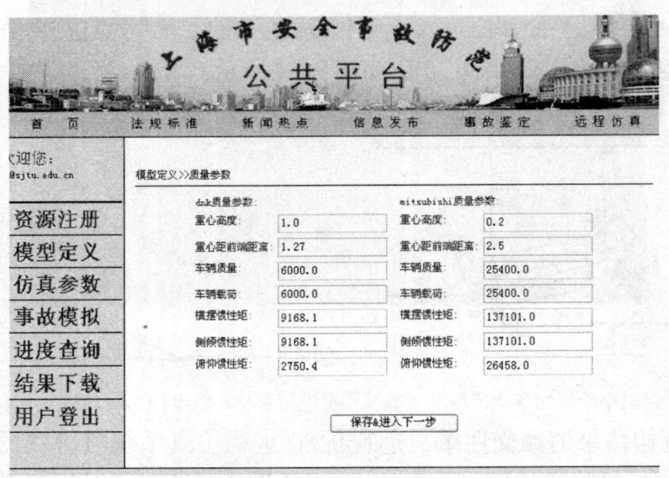

图 9-27　车辆质量参数输入页面

三、事故远程数字化重构分析

建立好车辆模型后，将对事故发生过程进行数字化重构分析，首先，用户输入事故对象的初始位置、车辆与地面间的摩擦系数、车辆与车辆间的摩擦系数及其他相关参数作为优化计算的设计变量，如图 9-28 所示。以车辆停止位置及小客车侧向移动位置作为优化目标，在系统中执行默认的事故重构优化计算方法。同时，系统提供了用户通过网页界面进行计算进度的查询，并对优化计算得到的数值文件和动画文件进行输出，在本次事故中输出碰撞过程重构结果如图 9-29 所示。

上海市安全事故防范公共平台

首页　法规标准　新闻热点　信息发布　事故鉴定　远程仿真

欢迎您：
@sjtu.edu.cn

资源注册
模型定义
仿真参数
事故模拟
进度查询
结果下载
用户登出

模型定义>>仿真参数

参数说明：

1. 车辆方位角、速度方向相对于X轴逆时针方向测量。
2. 车辆位置的参考点取为保险杠前端中点在地面的投影点。
3. 等效减速度为轮胎与地面的磨擦系数。

dnk仿真参数		mitsubishi仿真参数	
车辆方位角	-2.286	车辆方位角	0.0
初始速度大小	2.5	初始速度大小	15.0
速度方向	-0.78	速度方向	0.0
车辆位置X	-2.286	车辆位置X	0.0
车辆位置Y	-1.2	车辆位置Y	0.0
摩擦系数	0.5	摩擦系数	0.5

保存&进入下一步

图9-28　仿真参数页面

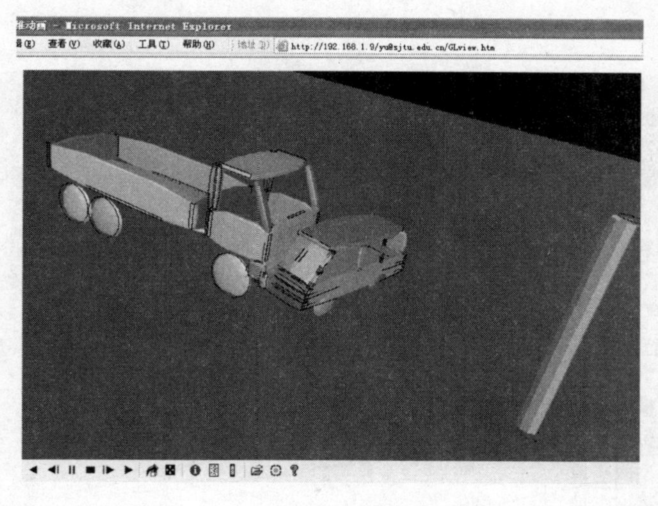

图9-29　事故过程重构结果动画输出

为了对事故重构结果的准确性做一个判断，将远程仿真系统所得到的事故重构结果和基于冲量/动量原理的事故重构结果进行比对，事故发生过程模拟分别如图9-30a）和9-30b）所示。另外，由于此次事故现场路面上留有清晰的小客车被拖滑形成的印迹，因此该拖动印迹也可以作为检验远程仿真系统精度的一个标准。

交通事故远程仿真服务系统所输出结果表明，接触碰撞发生时刻货车速度应不低于54.0km/h，小客车速度约为9.0km/h，同时将通过上述两种方法计算出的小客车轮胎与地面接触所形成印迹点的数据输入UG软件，分别得出两组印迹曲线如图9-31所示，虚线表示在远程仿真服务系统中得到的小客车拖动印迹，实线表示基于冲量/动量方法计算得到的拖动印迹，细实线表示现场勘测图，统计计算表明，两种事故重构方法的计算精度均高于95%。因此，通过本案例的研究表明，结合使用多刚体动力学理论及事故优化算法的交通事故远程仿真服务系统可以对真实事故进行有效分析，从而为交通事故的远程鉴定提供帮助。

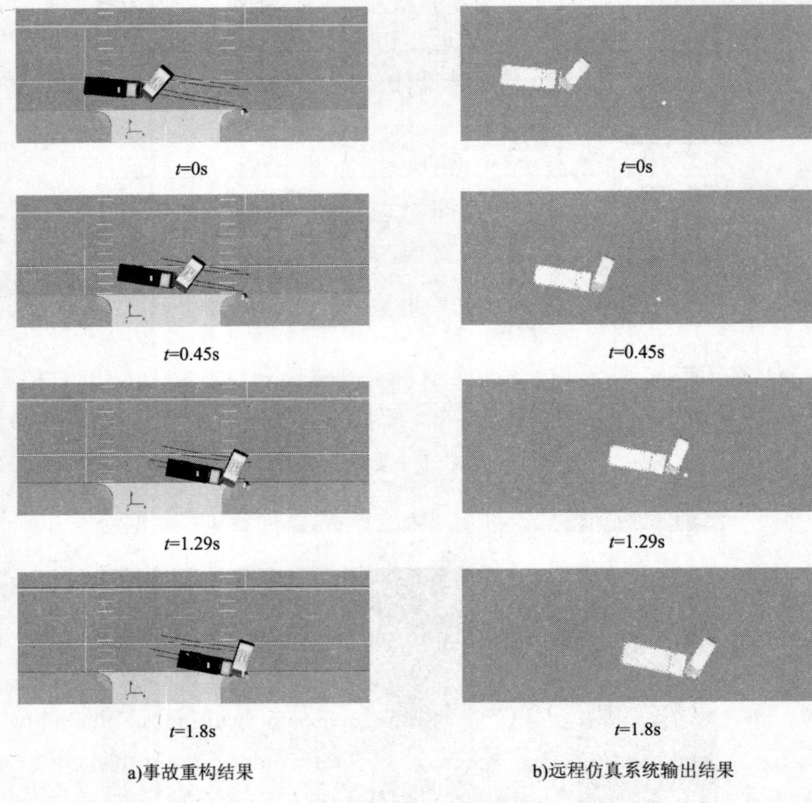

图 9-30　基于冲量/动量原理的事故重构结果与远程仿真系统输出结果对比

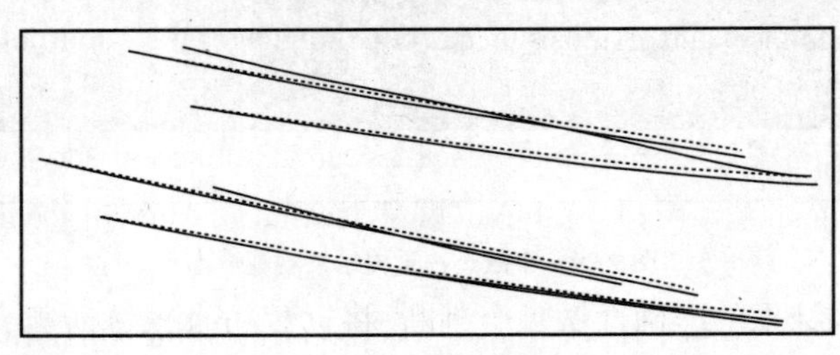

图 9-31　两种事故再现方法与真实现场勘察印迹的对比

第六节　本 章 小 结

目前,适用于交通事故数字化重构的计算机硬件及软件资源还不能充分的被各级事故分析、处理和鉴定部门所应用。为了解决这个问题,本章提出了道路交通事故的远程计算方法,并从以下 3 方面进行了探索:

(1)以多刚体动力学理论为基础,提出了事故主要元素的网络化和参数化建模方法,由于事故主要元素具有一定的相似性,因此,用户可以通过 Web 页面对诸如车辆外形尺寸及质量参数等关键因素进行设置,从而简化了事故建模过程,提高事故处理和鉴定的效率。

(2)通过引入科学计算领域中问题求解环境(PSE)的概念与理论,建立了道路交通事故仿真问题求解环境的层次化模型,并提出该软件系统的实施框架。

(3)开发了基于Web的道路交通事故远程仿真服务系统(R-TASS),所研究系统将远程仿真的步骤表述为本地参数化建模、本地计算任务提交、异地仿真分析、本地查看结果,并探讨了该系统各个功能模块的实现方法。

以一起典型的车—车碰撞事故为例,分别应用冲量/动量方法及远程仿真服务系统进行事故过程重构分析,计算结果表明,利用道路交通事故远程仿真服务系统可以对真实事故进行有效分析,从而为交通事故的远程鉴定提供有力的支持。

通过本章的研究为道路交通事故数字化重构软件的开发提供了一种新的模式和思路。远程仿真服务的实现,为道路交通事故处理提供了一种全新的技术手段,用户只需使用连接在Internet上的计算机,通过输入相关参数即可得到事故数字化重构结果与相关数据,为道路交通事故处理提供了科学的理论依据,同时也有效的提高了交通事故的处理效率并降低事故分析的成本。

参考文献

[1] Lee J K, Sohn M M. The extensible rule markup language[J]. Communications of the ACM, 2003, 46(5):59-64.

[2] Ekawit N, Vilas W, Anutariya C, et al. Toward reasoning with unified modeling language diagrams based on extensible markup language declarative description theory [J]. International Journal of Intelligent System, 2004, 19(1-2):89-98.

[3] Bae K L, Kim J H, Huh S Y. Federated process framework in a virtual enterprise using an object-oriented database and extensible markup language[J]. Journal of Database Management, 2003, 14(2):27-47.

[4] Lee H, Kim J, Kim J. Determinants of success for application service provider: an empirical test in small businesses[J]. International Journal of Human Computer Studies, 2007, 65(9):796-815.

[5] Ahn J G, Leem C S, Yang J H. A framework for certification and audit of application service provider-ASP[J]. Journal of Systems Integration, 2001, 10(3):239-252.

[6] Lee T S, Kim Y H, Lee D W, et al. An application service provider based project management system[J]. Lecture Notes in Computer Science, 2006, 4101:327-335.

[7] Al A R, Al R M. Java-based home automation system[J]. IEEE Transactions on Consumer Electronics, 2004, 50(2):498-504.

[8] Goularte R, Moreira E D S. Managing access to a video server through a metadata base[J]. International Journal of Computers and Applications, 2001, 23(1):25-29.

[9] Hall S E, Ramamurthy M, Wihelmson R B, et al. Weather visualizer: a Java tool for interactive learning[J]. International Geoscience and Remote Sensing Symposium. 1996, 3:1498-1500.

[10] Li C L. Java based approach for developing web application system[J]. Journal of System

Engineering and Electronics, 1999, 10(3): 15-21.

[11] Aleksy M, Korthaus A, Schmoigl N. Design and implementation of an enhanced CORBA property service[J]. Software-Practice and Experience, 2006, 36(10): 1028-1050.

[12] Davis A, Zhang D. A comparative study of SOAP and DCOM[J]. Journal of Systems and Software, 2005, 76(2): 157-169.

[13] Brebner P, Gosper J. J2EE infrastructure scalability and throughput estimation[J]. Performance Evaluation Review, 2003, 31(3): 30-36.

[14] Alisantoso D, Khoo L P, Lee I B H. A design representation scheme for collaborative product development[J]. International Journal of Advanced Manufacturing Technology, 2006, 30(1-2): 30-39.

[15] Slimani K, Silva D, Ferreira C, et al. Conflict mitigation in collaborative design[J]. International Journal of Production Research, 2006, 44(9): 1681-1702.

[16] Tseng K C, Abdalla H. A novel approach to collaborative product design and development environment[J]. Proceedings of the Institution of Mechanical Engineering, Part B: Journal of Engineering Manufacture, 2006, 220(12): 1997-2020.

[17] Chamberlin D D, Goldfarb C F. Graphic applications of the standard generalized markup language[J]. Computers & Graphics, 1987, 11(4): 343-358.

[18] Smith J M. Standard generalized markup language and related standards[J]. Computer Communications, 1989, 12(2): 80-84.

[19] Burkett W C. Product data markup language: a new paradigm for product data exchange and integration[J]. CAD Computer Aided Design, 2001, 33(7): 489-500.

[20] Huai J P, Sun H L, Hu C M, et al. Rost: remote and hot service deployment with trustworthiness in CROWN grid[J]. Future Generation Computer Systems, 2007, 23(6): 825-835.

[21] Li Y H, Chen D, Yuan X H. Trustworthy remote compiling services for grid based scientific applications[J]. Journal of Supercomputing, 2007, 41(2): 119-131.

[22] Talwar V, Agarwalla B, Basu S, et al. Resource allocation for remote desktop sessions in Utility grids[J]. Concurrency Computation Practice and Experience, 2006, 18(6): 667-684.

[23] Brambilla M, Ceri S, Comal S, et al. A case tool for modeling and automatically generating web service enabled applications[J]. International Journal of Web Engineering and Technology, 2006, 2(4): 354-372.

[24] Grishikashwlli P E, Pereira R. Simulation of fault monitoring and defection of distributed services[J]. Simulation Modeling Practice and Theory, 2007, 15(4): 492-502.

[25] Savsar M, Al A, Fawaz S. Reliability of data allocation on a centralized service configuration with distributed servers[J]. Computer Journal, 2006, 49(3): 258-267.

[26] 喻学兵, 金先龙, 申杰,等. 基于 Web 的交通事故远程仿真系统[J]. 上海交通大学学报, 2006, 40(11): 1864-1868.

[27] Sgarciu V, Vlad M S. Secure personal identification system using Java cards[J]. WSEAS Transactions on Information Science and Applications, 2007, 4(1): 203-208.

[28] Hobona G, James P, Fairbairn D. Web based visualization of 3D geospatial data using Java 3D [J]. IEEE Computer Graphics and Applications, 2006, 26(4): 28-33.

[29] Jordi S, Joaquin D R, Enric T, et al. A meteorological data distribution system using remote method invocation technology[J]. IEEE Transaction on Instrumentation and Measurement, 2006, 55(5): 1794-1803.

[30] Eddon Guy, Reiss S. Transactional HashMaps in the myrrh framework [C]. Proceedings — Third IEEE International Workshop on Engineering of Autonomic and Autonomous Systems, 2006: 99-108.

[31] 黄靖, 金先龙, 张晓云, 等. 车对车碰撞事故计算机模拟再现方法的研究[J]. 上海交通大学学报, 2005, 39(9): 1149-1151.